·世界历史文化丛书·

罗马文化

Roman culture

朱龙华 ⊙ 著

上海社会科学院出版社

目录

- 1　第一章　罗马的兴起
- 16　第二章　罗马文化的源流
- 38　第三章　罗马文化的形成
- 66　第四章　群星璀璨、风云聚汇的时代
- 99　第五章　凯撒和西塞罗
- 127　第六章　奥古斯都的文化政策
- 147　第七章　诗坛的兴旺与建筑的辉煌
- 175　第八章　帝国初期的政治与文化
- 194　第九章　法学与史学
- 216　第十章　帝国初期的罗马建筑
- 238　第十一章　艺术与文学
- 266　第十二章　科学技术与经济生活
- 286　第十三章　丝绸之路通大秦
- 309　第十四章　帝国后期的危机与古典文化的衰落
- 326　结束语
- 330　注释
- 339　后记

第一章 罗马的兴起

公元1776年,正当美国独立战争处于紧急关头,英军已在纽约附近登陆,革命部队司令华盛顿和其他领导人还聚集在纽约城内谋筹对策。然而,就在那些风云骤变的日子里,据独立运动领袖之一的约翰·亚当斯的回忆,他和华盛顿以及亨利·诺克斯将军畅谈的话题却是古罗马的历史,特别是罗马名将费比优斯(费边)临危不惧终于拯救祖国的故事,这些谈话可能给日后继华盛顿任美国第二任总统的亚当斯留下了深刻的印象,十余年后,他特将此转告于后来继他出任第三任美国总统的杰斐逊,杰氏遂郑重地录之于自己的日记中。①

这段历史佳话形象地说明了罗马文明在西方人心目中的地位。千百年来,罗马对于他们始终是一个震撼人心的名字,它既指一座名城,一段古史;也代表着一个文明,一种传统,而且在西方人眼中,这是可作楷模的、第一流的文明和传统——古典传统(西方语文中"古典"一词源于拉丁文classicus,意即"第一流的"、"最上乘的")。因此,他们口口声声"言必称希腊罗马",承认他们的古典传统源于希腊,而发扬光大于罗马。多少年来,罗马及其代表的古典文明成为西方人士迈向各个新领域的引导,就像但丁在《神曲》中开始神游时尊罗马诗人维吉尔为向导一样。无论从政治到军事,从法律到诗词,从建筑到美术,人们以罗马古典为良师益友,因此西方近代第一个新文化称为文艺复兴,即以复兴古典达到实质上的创新。从文艺复兴到18世纪的启蒙运动,又到华盛顿、杰斐逊的时代亦莫不如是。这就不难理解,当独立战争危急之际,亚当斯和诺克斯将军会以费比优斯为激励人心的话题,而当杰斐逊将此事写入日记的同时,在大洋彼岸的法国,新古典主义艺术大师达维德劝勉学生去创作伟大题材的关

罗马文化

键窍门也是："快去翻翻普卢塔克②的书……"

从世界文明史的全局看，罗马文明除了其固有的成就外，确实在西方文明的发展上起了承先启后、继往开来的关键作用。人类文明的长河固然是全球各地各族人民共同参与创造的，但若择其大势，就不难看出有一个我们通常说的东、西方两大文明、两大系统争荣并茂的格局，如果说东方文明是以繁花似锦、色彩纷呈见长，那么西方文明便是一脉相传、自成一体。从希腊罗马到近代、现代，西方文明总有那么一条迥异于东方文明的、我们可笼统称之为"西方传统"的东西贯穿其间。而罗马文化承先启后的关键作用正是促成这种格局的一个重要因素。

为什么这样说呢？

按照古代文明发展的惯例，一个世界性的古代文明地区或文明古国，是在其帝国阶段达到文明的繁荣高峰，这种情况概见于东西方，希腊罗马自不例外③。然而，在共同受制于这一规律的情况下，希腊作为西方文明开倡者的特殊之点就在于：它的城邦以小国寡民的规模却建立了奴隶制民主政治或公民政治，而希腊文明的重要成果大多是在民主城邦环境中取得的。但是，在上述规律影响之下，希腊仍将走上建立大国和帝国的道路，因此它的城邦很快陷入危机，接着便是马其顿王国的称霸、建立了亚历山大帝国和希腊化时代的帝国与王国。亚历山大的远征使希腊文明的范围从欧洲扩及亚、非两洲（在非洲达到埃及，在亚洲包括从叙利亚到印度河的广大地区），许多西方学者喜欢就此而说其后的希腊化时代是东方希腊化了。然而，就像亚历山大到了埃及就自居为埃及阿蒙神的儿子，到了波斯就自封为波斯皇帝大流士三世的继承人那样，建立在东方的希腊化帝国和王国是完全承袭东方体制的，甚至希腊化文明之吸取东方遗产也是它取得积极成果的一个重大因素。因此，对比于东方希腊化之说，我们毋宁说是希腊东方化了，若从城邦终于归入帝国的格局看，希腊化各国日趋东方化更是占主导地位的趋势。在这种情况下，希腊文明是否能保持其特点、作为西方文明的滥觞而继续在欧洲发展下去，是值得怀疑的。正是在这一点上，罗马文化的出现解决了这个问题，罗马也是以城邦起家，它的文化也是基本上全盘继承希腊的，但罗马却在希腊化后期（公元前2世纪）从一个城邦发展为统治整个地中海区域的大帝国，又仍然保持共和国的体制。虽然罗马后来也从共和国转化为帝国（帝制下的帝国），其帝国体制却具有一些不同于东方帝国的西方特点，充分继承希腊遗产

第一章 罗马的兴起

的罗马文明也在帝国初期达于繁荣鼎盛,从而使东西方文明双峰并立之势在世界历史舞台上确立起来。罗马人对自己肩负的这种历史使命是有所预感并引以自豪的,它反映在维吉尔的那段著名诗句之中:

"毫无疑问,别人
会把青铜像铸造得精美无比,
会把大理石刻得栩栩如生,
会在法庭诉讼上说得头头是道,
会用规尺计量天体的运行,
会预告星辰的升起。
但你们,罗马人呵,
却要牢记以威力统辖天下万民。
这正是你的天才所在——
在世界推行和平之道,
对顺服者宽宏大量,
对桀骜者严惩不贷。"④

在维吉尔的诗句中,"推行和平"就是传播文明之意,可见他(以及他那个时代的人士)对罗马文明承先启后的意义已有所领悟。但他的诗中也接触到了评价罗马文明的一个老问题:正如诗中"毫无疑问"承认的那样,希腊人(诗中的"别人")在文化领域的建树要比罗马人更多、更出众。在维吉尔心中,这种承认还包含着后学对师辈的崇敬,就像他的《伊尼阿特》是处处以荷马的《伊里亚特》为楷模一样。但在近人文化史研究的论坛上,这种承认却涉及评价罗马文化的一个关键方面:既然希腊优于罗马,那么罗马在文化方面是否只是抄袭而无创造?更有甚者,既然罗马也像东方那样建立帝国并在帝国阶段达于文明的鼎盛,那么罗马文明是否与希腊文明有根本区别?如果把希腊文明作为西方文明的源泉和楷模,那么罗马文明是否仍有与希腊并称的重要地位?从历史上看,这些问题对于维吉尔和罗马人自然不会存在,对于文艺复兴直到18世纪的西方人士说来,它也不会成为什么问题,因为他们那时接触的古典文化遗产主要来自罗马,对希腊的了解也多半经过罗马的折光,希腊罗马并称在他们看来是天经地义。但是,从19世纪以来,人们对希腊文明有了直接的接触和更深入的理解,相对说来贬低和否定罗马的倾向就逐渐加强,到了20世纪,这种倾向在古典文化研究领域中几乎成为主流。手边的一个著例就是美国学者伊迪丝·汉密尔顿写的《希腊方式——通向西方文明的源流》一书[5],它虽然承认"罗马精神不是东方类型的精神",却强调罗马与希腊有着根本的区别,用伊迪丝的话说,那就是罗马与希腊相距之远,犹如罗马之如东方[6]。因为"当领导地位从希腊转移到罗马的时候,希腊的思想、科学、哲学、数学以及对于世界本质及其各种形式的执著研究也就终止了许多世纪。而上述各领域的研究正是希腊不同于其他国家的标志"[7]。因此,结论很明确:希腊罗马并称实属虚枉。"在人们的印象中,古代的希腊、罗马世界具有共同的特征。其实这是神话式的虚构。……西方与东方之区分,在于人们事中的理性至上原则——它诞生在希腊,而且在整个古代世界中只存在于希腊一个国家之中"[8]。

伊迪丝·汉密尔顿的书对希腊文明的评述是相当杰出的,它对其哲学、文学、戏剧、历史、宗教和艺术皆有生动介绍与精辟分析,唯独上述否定罗马的论断未免有失偏激。其实,伊迪丝提到的那些研究在罗马时代仍有人不同程度地进行着,只是成就可能不如希腊之高罢了。至于相距遥远之比,如果我们着眼于世界文明总发展中东西方两大系统并立的大势,那么就应该看到希腊罗马既然皆有异于东方,它们彼此之间的差别就是次要的,更何况罗马还有前面提到的那种承先启后的作用呢?因此,近来人们开始比较客观全面地评价罗马,即使在维吉尔首先指出的"青铜像、大理石"之类艺术创作,也是一般人认为罗马最逊于希腊的领域内,近年来不少学者亦另倡新说,主张罗马有自己的创造,它在更为复杂的社会生活环境中接触到也解决了一系列新的问题。例如,被西方学术界评为"宏篇巨著"[9]的德国学者贝尔纳·安德烈亚的《罗马艺术》一书(1973年法文版,1978年英文版)[10],就强调罗马文化和美术在共和末期、帝国初期与后期皆紧密联系于社会政治的需要而不断有所创新。显然,这种褒贬起伏的变化,也是和人们对罗马文化的深入研究(包括考古发现提供的新资料)分不开的。可以说,经过这么一段反复,我们对罗马文化以及整个古典世界的了解将更为全面、更为充实。

我们这本小册子将从这种新的理解出发,历史地考察罗马文明发展的全过程,在评价其具体成就的同时,也注意到它与西方古典传统的联系。有趣的是,当我们想到一个中国人应当如何看待罗马文化时,我们祖

第一章 罗马的兴起

先对于第一次(当然是极模糊地)传来的罗马信息的反应却是很有启示性的。可能出于古人素朴的直觉,当时的汉朝人士立即友好地把罗马类比于我们的神州,竟给它取了一个中国化的名字——"大秦",因为"其人民皆长大平正,有类中国,故谓之大秦"⑪。这个"有类中国"的赞词岂不隐含着某种东西方文明互为呼应的历史感受么?或许,它也可能为我们对罗马的考察带来一些亲切感吧?!

让我们从罗马的兴起说起。

罗马,现代意大利的首都,数百万人口的大城,在古代,它一直是罗马共和国的首都,历时几近500年(公元前510—前27年),接着又戴上了罗马帝国首都的荣冠达503年(公元前27—公元476年)。然而,当它破天荒第一次出现于历史舞台上时,却只是台伯河边乱草丛中一只母狼的栖身之地。直到今天,罗马市民对那只母狼仍深怀感恩之情,在他们的城徽上刻着母狼的形象,在市中心的市政厅广场(卡彼托林广场)边,墙角处还特别保存着一座自古以来就放在那里的兽笼,其中永远饲养着一只母狼……细心的读者不难想到,这母狼一定和罗马城最初的建立有密切关系。确实,它是罗马建城的美丽传说中的一个关键角色,正是它用狼乳救活、喂养了日后建造罗马城的罗慕路斯!尽管传说无法确证,母狼的形象却为我们标明了罗马建城初期的原始时代的背景。

对于这个远古原始时代,只有考古材料能为我们提供一些确切但又零散的信息,从其中我们知道罗马城所在的台伯河沿岸山丘在公元前2000年代中叶便有人居

表现罗马建城传说的浅浮雕,左下角有母狼哺婴的场面

罗马文化

住,建立了青铜文化的村落,到公元前1000年代初,又进入铁器时代。这里的青铜时代居民并非罗马人,可能只是当地几个土著民族的混合。罗马人则属于拉丁族,而拉丁族又是分好几批由北而南进入意大利的印欧语族的一支。拉丁族进入意大利的年代,各家说法不一,大致是在公元前2000年代中期到1000年代初期之间。但拉丁人的主要聚居地不在台伯河沿岸,而在其东南面广袤达百余里的拉丁姆平原。比较靠近河岸的是另一批印欧语族——萨宾人,而在拉丁人和萨宾人的周围,还居住着其他几批先后迁入意大利的印欧语族人,如埃魁人、伏耳西人、翁布里亚人、萨莫奈人等等。在罗马诸山的铁器文化遗址中,约从公元前8世纪起已出现一些拉丁姆地区的典型文物,如茅屋形骨灰罐之类,可看作是拉丁人来到罗马的物证。这一变化可能和台伯河北岸的广大地区建立了一些伊达拉里亚人的国家有关,因为他们和拉丁人、萨宾人皆有贸易联系,建成了好几条南来北往的商道,其中较重要的一条穿罗马诸山而过,其渡口更位于日后成为罗马城的母狼栖身地附近。拉丁人为了控制这个渡口,可能派人常住于此,后来这些人和萨宾人混合建立一个联盟,这大概就是罗马建城的最初由来。可是,在古人的传说中,这段相当平常的过程却被渲染为一个动人的神话故事了。

据说,拉丁姆的亚尔巴·龙加城的国王努米托被他的弟弟阿穆略篡夺了王位,他的儿子也被杀而只剩下一个叫西尔维亚的女儿。阿穆略害怕他会被西尔维亚的子嗣推翻,遂强迫西尔维亚充任维斯塔女祭司,这种女祭司必须终身保持童贞,不得婚配;他又将西尔维亚囚于孤塔之中,不许外人接近。但是,战神马尔斯却来到塔中,和西尔维亚相爱,使她生下孪生子罗慕路斯与勒摩。阿穆略知道后,除迫害西尔维亚外,还将孪生兄弟投入台伯河中。战神马尔斯设法救了西尔维亚,投在水中的双婴也被漂到岸边,由一只母狼喂乳养活(罗马人认为狼是归马尔斯驱使的野兽)。后来,双婴又被牧人法斯图卢斯收养,他们长大成人后,便杀死阿穆略,使努米托重登王位。但他们不愿在亚尔巴·龙加生活,遂来到台伯河畔母狼哺养他们之处建一座新城,以罗慕路斯之名而叫它罗马。罗马城就这样建立起来了,而罗慕路斯选定建立城寨的具体地点,自然是罗马诸山中最靠近台伯河岸、也就是最靠近母狼哺乳处的巴拉丁山。

建城以后有关罗马历史的传说还有两件:一是罗慕路斯和他的孪生弟弟勒摩争吵的事,据说勒摩竟被其兄杀死,葬于和巴拉丁相对的阿芬丁

第一章 ● 罗马的兴起

法国17世纪画家普桑的油画《萨宾妇女被劫》

山,罗慕路斯登王位,建立了独自一人的国王统治,史称王政时代;另一则是著名的罗慕路斯与其部属抢劫萨宾妇女的故事,因为拉丁移民中没有妇女,罗马人只有从邻近的萨宾人中寻找配偶,可是和平求婚难以奏效,罗慕路斯便用计施以武力掠夺。据说他大肆宣扬召开了一次竞技会,特邀萨宾妇女踊跃参观,暗地里却让手下武士都埋伏在会场四周,待他一声令下,他们便把所有萨宾妇女掳为妻室。这就是西方艺术中常用的"萨宾妇女被劫"的题材,由于罗慕路斯是罗马开国之君,他的劫掠又出于不得已的苦衷,因此后代艺术家往往对这个实际上是极端野蛮无礼的情节有所淡化,而乘机尽情表现在激烈对抗中的男女人体的运动。对于罗慕路斯说来,这次抢劫虽然解决了罗马社会生活的一大难题,却招致萨宾人的深恶痛绝,结果是双方大动干戈,激战不已,最后又引出另一个萨宾妇女的故事:她们在一次大激战中奋不顾身冲进战场,以自己的血肉之身隔开罗马人和萨宾人的刀枪,恳求双方停战言和,因为这时无论哪一方都是她们的亲人:罗马人是丈夫,而萨宾人是父兄。由于她们的干预,罗马人和萨宾人才从仇敌变成亲家,两族和睦定居于罗马城中,罗慕路斯一度邀萨

罗马文化

宾国王共治罗马,他死后继任为第二位罗马国王的就是一位萨宾人。毫无疑问,这段萨宾妇女化干戈为玉帛的故事,也成为西方艺术家喜爱的题材,而表现得最称杰出的则是达维德的那幅油画。

正如许多古代传说那样,有关罗马建立的种种故事也包含一定的真实历史内容的内核。罗慕路斯从亚尔巴·龙加来到台伯河畔建立新城,实为拉丁移民这一历史事实的反映;移民带军事驻防性质,因此给它添上战神和母狼;担负驻防任务的只能是壮男组成的"小分队",所以要去抢掳萨宾妇女,而罗马人最终是和萨宾人组成混合的村落,因此有萨宾妇女恳求和平的插曲。甚至勒摩被其孪生兄长杀死并葬于阿芬丁山也可看作是为日后罗马社会内部激烈的斗争埋下伏笔,因此反对贵族的平民和一切反对当权者的被压迫群众都为勒摩洒下同情之泪,而阿芬丁山日后一直是平民反对派的一个大本营。

传说中的王政时代在罗慕路斯之后还有六位国王,且各有其具体的在位年数,但罗马建城(亦即建国)的第一年究竟如何推算则各家说法不一,其中以瓦罗[12]之说最为流行。按他的推算,罗马建城之年折合公历当在公元前753年,由此可得各王在位的具体年代[13]:

罗慕路斯　公元前753—前715年

努玛·庞皮留斯　前715—前673年

图鲁·霍斯梯留斯　前673—前641年

安库·马尔修斯　前641—前616年

塔克文·普里斯库斯　前616—前579年

塞维·图里乌斯　前579—前534年

塔克文·苏佩布　前534—前509年

传说也为罗慕路斯以后诸王添加一些政绩和武功,例如说努玛·庞皮留斯热心宗教,修订日历和组建僧团,图鲁·霍斯梯留斯(拉丁人)则举兵征服了罗马人的母邦亚尔巴·龙加,而安库·马尔修斯(萨宾人)在整顿军旅之余也注重建设,他修造了罗马的海港奥斯提亚并在台伯河上架起第一座桥梁。可是接下来的第五位国王却是一位外族——伊达拉里亚人塔克文,他的母亲是伊达拉里亚贵妇,父亲却来自更远的希腊,是科林斯人德马拉图斯。这个传说就把我们带入了更为复杂的历史环境。

原来,罗马所在的台伯河对岸一带,早就是伊达拉里亚人控制的地区,正如前所述,拉丁人来到罗马建立据点的主要原因,就是为了加强和

第一章 罗马的兴起

控制与伊达拉里亚的贸易联系,所以从罗马建城伊始,就与伊达拉里亚人有密切接触,不仅有一些伊达拉里亚人来此经商居留,罗马人在政治斗争和作战中甚至请求过伊达拉里亚人的援助,说明他们也插手罗马的军政活动。例如,据传在那次由于抢劫萨宾妇女而引起的战争中,就有一位名叫凯里乌斯的伊达拉里亚将军率领一支人马来帮助罗慕路斯,由于他的贡献,罗马城中一座山丘就命名为凯里乌斯山,而罗慕路斯手下将领中亦不乏来自伊达拉里亚的人。既然伊达拉里亚人在罗马已有强大的经济政治实力,罗马诸王世系中最后出现几位伊达拉里亚人的国王也就可以理解了。传说中把塔克文的践位形容为和平登基、臣民共庆,实际上却是罗马人出于民族自尊而掩盖了伊达拉里亚人一度统治罗马的事实。有一个故事说塔克文以显贵身份来到罗马,扈从甚众,当他的车驾临近罗马城时,突然一只老鹰从天而降叼走了他的帽子,在空中盘旋一周之后又把帽子戴回他的头上,家人遂以此为将践大位之兆,这就说明他不仅有自己的一批人马,而且进城之前就有做国王的预谋。因此,塔克文来到罗马后,就千方百计取得老王安库的信任,在安库死后便排挤其子嗣而自荐为王,建立了伊达拉里亚人的王朝,此后第六任国王塞维·图里乌斯虽是拉丁人,却是他的女婿,而在塞维之后王位又归塔克文家族,这就是王政时代的最后一位国王塔克文·苏佩布。

我们在这里用较多篇幅介绍王政时代的传说,倒不在于考核其史实的真伪,而是要从文化史研究的角度,以这些多半属后人编排的古史传闻探究罗马人如何塑造自己最初的历史和文化形象。如果说,我们从罗慕路斯的传说看出罗马立国的尚武精神和适应环境的能力,那么有关伊达拉里亚诸王的传说则反映了罗马兴起的复杂背景及其走上希腊式城邦国家发展道路的机遇。就像黄帝、尧、舜的传说在我国古史研究中尽管争论颇多,却是探索我国民族精神的形成绝不可少的内容一样,罗马王政时代的种种传闻也是我们剖析罗马精神的一把重要的钥匙。从考古材料上看,公元前8世纪出现于巴拉丁山上的茅棚只意味着当时的罗马仍是原始社会晚期的农业村落,因此罗慕路斯建城和登基为王皆属虚妄,实际上罗慕路斯和他以后的三位国王都只是军事民主制(原始社会最后阶段的政治组织)的军事首领。考古材料反映的罗马真正建立城市和国家的标志不在于巴拉丁山上是否有人居住,而在于巴拉丁山脚下的那片沼泽荒地从什么时候变成了罗马人进行经济和政治活动的场所,也就是日后在

罗马文化

罗马历史上一直起着重要作用的"罗马广场"。这个广场位于巴拉丁山、卡彼托林山、奎里纳尔山、凯里乌斯山和厄斯奎林山之间,是联络各山的一个理想地点,罗马建城后自必居城市中心之位,但在农业村落时期,这片荒地却起不了这个作用而只被当作墓地坟场。考古发掘表明大约从公元前7世纪末6世纪初开始,这儿不再有墓葬,沼泽逐渐被排干,路面铺了砾石,并出现了市集、房屋之类建筑,也就是说,荒地开始变成了广场。从日后罗马严禁城内置墓一事看,可见这儿已被圈入城区,排水铺路、建筑房屋等工程自然也属于真正建城的内容,而其时也正好和塔克文·普里斯库斯在位之年相符,因此目前史学界都认为到伊达拉里亚统治时期罗马城才真正建立。罗马人自己的传说中也曾提到塔克文兴修水渠、排干沼泽、大建神庙等事,并把修筑囊括诸山的城墙的功绩归于塞维·图里乌斯(至今罗马火车站附近还残留着一段称为"塞维城墙"的土城),只是他们过分强调了拉丁族的罗慕路斯首先建城的开国元勋的大功,这些后代诸王的建设就只是继续前人而不甚突出了。但考古材料证实建城开始于伊达拉里亚统治之时却点破了罗马人"欲盖弥彰"的苦心。但伊达拉里亚王朝不仅带给罗马一些耻辱与怨恨,还有其他更重要的东西,以至了解真相的历史学家可以得出这样的结论:伊达拉里亚的统治无论从正反方面看都可作为罗马走上自己特有的发展道路的起点。

伊达拉里亚人统一了罗马各山上的村落而建立起真正的王国统治,同时也把伊达拉里亚较先进的文化和政治经济制度带入罗马,诸如城墙的修筑、广场的开辟、神庙的兴建、水利的开发等,皆有考古材料为证,而工商业的发展,生产技术的提高,国家体制、王权礼仪的渐趋完备等等,也是可从各种迹象中看到的。总而言之,我们可说是在罗马土地上看到了一个伊达拉里亚式的王国。关于伊达拉里亚文化对罗马的影响,我们将在以后两章详论,这里要指出的是,如果仅仅是在罗马出现一个伊达拉里亚国家,或者说,仅仅是在众多的伊达拉里亚国家中再增加一个罗马"小兄弟",那么历史上可能就不会出现什么称雄三大洲的罗马帝国。因此,重要的是不仅仅看到伊达拉里亚建立统治一事,还要看到这种统治建立后引发的罗马社会和文化演变的特色——罗马人如何在伊达拉里亚统治下走上自己独特的发展道路。在这方面的一个关键因素就是:在伊达拉里亚统治期间,希腊文化对罗马的影响日趋强烈和直接。对于这个乍看起来似乎十分奇怪的现象,我们只要回想一下前文提到的塔克文·普里

第一章 罗马的兴起

斯库斯的父亲是来自希腊科林斯城的人也就不难理解。原来，伊达拉里亚文化是充分吸收了希腊文化的，当时希腊殖民城邦遍布意大利南部和西西里岛，伊达拉里亚与之交往密切，甚至和希腊本土各邦也有所接触，因此，罗马最初接受的希腊文化影响多半以伊达拉里亚作中介，例如希腊字母便是经伊达拉里亚袭用后传于罗马，演变为拉丁字母。无论塔克文之父为科林斯人的传闻是否属实，但却暗示在罗马得势的伊达拉里亚人是和希腊有特别密切的联系的，因为从台伯河上溯罗马而北往伊达拉里亚各地的商路，正是希腊产品运至伊达拉里亚的重要通道；考古发掘也证实，在伊达拉里亚统治后期，雅典黑像式陶器运往罗马的数量有大幅度的增长。然而，当这股希腊风猛吹的时候，伊达拉里亚的王朝统治者也为自己带来了麻烦，因为这股风不

伊达拉里亚人的壁画《吹管乐手》

仅传播希腊的商品和文明，还传来希腊民主政治的信息。正是在塔克文为王之时，雅典进行了梭伦改革（公元前594年），奠定了雅典民主政治的基础。这类信息如何传入罗马，我们不得而知，但其后发生的两件大事却证实了它的影响：一是继塔克文登位的塞维·图里乌斯进行了民主改革，而且他的各项改革措施几乎可说是梭伦改革的翻版；另一则是继塞维为王的塔克文·苏佩布（高傲的塔克文）暴虐无道，终为罗马民众所逐，他们决定废除王政，改建共和，开始了罗马共和国长达500年的历史。显而易见，发生了这两件大事后，罗马就走上了一条其他伊达拉里亚式国家从未经历过的发展道路，变成了类似希腊但又拥有自身特色的古典城邦。

按古代国家从小到大最后建立帝国的通例，各个文明地区由原始社会进入阶级社会时最早建立的国家都是若干奴隶制小国，都有国王主事

罗马文化

（由军事民主制的军事首领变为各小国的国王），然后各小国经联合、吞并而形成一个大国，最终达于帝国。而在这整个过程中，王权亦逐渐加强，由小王而成霸主直至位居皇帝至尊。在世界历史舞台上，可以说大多数古代文明地区在其形成之初都有王权逐渐加强的趋势，唯一的例外是希腊的古典城邦，它们的王权（各城邦最初都有国王）不是加强而是很快便被削弱，终于建立共和国，激进的还实行奴隶制民主政治。现在罗马又开始步希腊的后尘，跻身于古典城邦的行列，尽管罗马在公元前509年成立共和国时只是意大利诸多政治势力中一个很不起眼的小国，它在这片地区中却可谓得风气之先，若能充分发挥其地利人和的优势，前途将未可限量——而罗马日后的发展也证实了这一点。因此，分析一下传说中的王政时代后期伊达拉里亚统治造成的这些历史机遇，实为我们了解罗马文化启开了一道门扉。具体地说，它至少有助于形成在整个共和时期都对罗马社会和文化的发展很有影响的几个传统：一是以塞维·图里乌斯的改革为表征的推崇民主改革、强调适时应变的传统，日后罗马社会内部的激烈斗争（例如贵族与平民的斗争）常能以一系列改革摆脱危机并促进民主的发展，虽然原因众多，这个传统却也起了不小的作用。另一则是以高傲的塔克文被赶下台为反面教员的憎恶专制独裁、反对暴君霸主的传统，在共和国存在的数百年间，王权一直是带有严重贬义的字眼，"想做国王"更是可使任何政治家身败名裂的劣迹，甚至在共和末年，建立帝制已是大势所趋的时候，这一传统仍足以使盖世英豪凯撒付出了自己的生命，它实际上也影响了日后终于建成的帝国体制的一些特色。最后一个传统（也是对罗马文化最有影响的传统），则可说是罗马人由此形成的对希腊文化的亲切感和"认同感"。它首先表现为要在历史上和希腊人攀亲带故，要把罗马人的先祖形容为希腊远古历史上的一个成员，这就是著名的特洛耶英雄伊尼阿斯的故事。在希腊史诗中，特洛耶城与希腊联军大战十年，双方都出现许多英雄豪杰，特洛耶王子伊尼阿斯更在其中有突出地位，因为他是美神维纳斯的亲生儿子，特洛耶城破后，只有伊尼阿斯得以背负老父携带妻儿出逃。罗马人便认为伊尼阿斯是他们的远祖，传说他几经风险才渡海而达意大利，其时父、妻皆已亡故，他便娶意大利王拉丁努斯之女拉维尼亚，建拉维尼亚城，此即拉丁族的起源。伊尼阿斯死后，其子阿斯卡尼亚斯（又名朱理乌斯）在拉丁姆建立亚尔巴·龙加城，开启了罗马人所属拉丁支系的嫡派，而朱理乌斯以后又是罗马最重要的一个氏族的

第一章 ● 罗马的兴起

名字(凯撒即出自此族)。亚尔巴·龙加王位历经数代而传至努米托,努米托生女西尔维亚,这就是我们前面说到的罗慕路斯故事的由来了。因此,通过维纳斯——伊尼阿斯——罗慕路斯这条线,罗马人就不仅和希腊人攀了亲,还成为希腊天神的后裔。这个传说虽然是编造出来的,它的形成却很古老,可上溯到伊达拉里亚统治时期,因为近年在伊达拉里亚地区的考古发掘曾获得一尊约公元前6世纪的表现伊尼阿斯背负老父出逃的雕像,可见类似传说已在伊达拉里亚一带流行,罗马人只要把伊尼阿斯在家谱上和罗慕路斯联接起来,就顺理成章地找到了表达他们这种认同感的最好形式。无怪乎这一传说日后被奉为罗马正式历史的开篇,而维吉尔倾毕生心血写成的巨作便是以它为内容的《伊尼阿特》。远古攀亲之后,下一步就是宣扬罗马历史古往今来的发展趋势是"希腊有过的,我们总会有"。雅典出现梭伦改革,罗马便应之以塞维·图里乌斯的改革,如此类推,双方历史大事和杰出人物可以对比配套,罗马虽追随希腊却又有彼此平起平坐的地位,并不丧失自己的民族尊严。这种做法牵强附会之处自必不少,但它却在一定程度上决定了罗马社会和文化的发展方向。与此相伴的必然结果便是罗马人对希腊文化采取的"拿来主义"和倾心仿效,几乎可说达到全盘吸收的程度。然而,由于这种吸收立足于社会体制大致相同的基础,其积极意义要比其他民族(例如伊达拉里亚人)之吸收希腊文化强烈许多,从而促成罗马担当起上面提到的发展西方文明的承先启后的作用。

　　从公元前509年(或510年)罗马建立共和国到公元前146年罗马成为整个地中海地区的主人的几百年间,罗马历史发展的主要内容可归结为以下三方面:一、在内部发展上,先是通过平民反对贵族的斗争促成一系列政治改革,平民取得胜利,但贵族亦未失势,而是与平民上层组成新的显贵——元老阶级,这一过程约完成于公元前3世纪初,接着便是以元老阶级为奴隶主统治的核心,建立发达的奴隶制经济,使罗马成为世界历史上最后一个奴隶制帝国。二、在外部发展方面,则是不断开疆扩土,从吞并四邻到海外远征,终于建立地跨三大洲,以地中海为中心的大帝国。也可以说,罗马外部发展的历史,就是在数百年间陆续进行千百次大小战争的历史。最初的征战还是出于自卫求存,因为共和国初年罗马仍处强邻包围中,北有伊达拉里亚诸邦,他们不仅以其强大的经济政治实力控制着罗马所在的整个中部意大利,还有一股像塔克文家族之类被逐出罗马却准备复辟的势力,与罗马的关系自是形同水火;此外,罗马周围的埃魁

罗马文化

人、伏耳西人、翁布里亚人也是虎视眈眈,时有侵扰,甚至与罗马同族的拉丁人也不免常起衅端。由此可见罗马初起之际对外斗争任务极其艰巨,若不能克敌制胜,就只有国亡家破,受人奴役。古代奴隶制国家这种你死我活的关系决定了罗马先则以征战谋生存,继之以武力求扩张的基本国策。同时,罗马的对外斗争又和内部的平民反对贵族的斗争互为联系,贵族往往迫于对外斗争的需要而对平民有所让步和妥协,平民在斗争中取得的进展又加强了国内团结和公民军队的威力,因而内外互为促进,这不能不说是罗马对外扩张所以始终保持不败的一个重要原因。大致而言,从建立共和到公元前4世纪中叶,是罗马击败近邻各族而称雄于中部意大利的阶段,它以公元前351年罗马攻克伊达拉里亚首邦塔奎尼亚为标志,从此罗马得以统治伊达拉里亚全境,埃魁人、伏耳西人、翁布里亚人和拉丁人也次第降服。下一步,就是罗马统一意大利的征战,这时的顽敌是盘踞南部意大利山区的萨莫奈人,罗马连续发动三次萨莫奈战争(第一次:公元前343—前341年;第二次:公元前327—前304年,第三次:公元前298—前290年)将它彻底打败。萨莫奈人既降,散处南意的各个希腊城邦便处于"唇亡齿寒"的窘境,只好承认罗马的霸权,于是意大利半岛全由罗马控制。再下一步,就是罗马要向地中海东部和西部左右开弓,建立大罗马帝国了。当时地中海东部各希腊化王国混战不休,难以成为罗马的劲敌,但西部地中海的迦太基却非等闲之辈,它占有从突尼斯到西班牙的广大领土,国富兵强,实为罗马实现帝国梦的最大障碍,因此罗马倾全力进行与迦太基争夺地中海霸权的"布匿战争",也先后打了三次(罗马人称迦太基为布匿,第一次布匿战争:公元前264—前241年;第二、三次布匿战争各为公元前218—前201及公元前149—前146年)。迦太基战败后,罗马对东部地中海的征服就有摧枯拉朽之势了,它以三次马其顿战争(第一次:公元前214—前205年;第二次:公元前200—前197年;第三次:公元前171—前168年)征服了马其顿和希腊,又以叙利亚战争(公元前192—前188年)控制了叙利亚与近东地区,埃及虽未与罗马兵戎相见,却已噤若寒蝉,俯首服从罗马的支配。至此,罗马可以说已把它能接触到的文明世界皆置于自己统治之下。但各地仍多有反抗,罗马再报之以血腥的镇压和征服,因此一般史书以公元前146年罗马同时在东部摧毁科林斯和在西部灭亡迦太基作为建立帝国统治的标志。

和上述内外两方面的发展相伴,还有第三方面的发展,即罗马文化的

第一章 罗马的兴起

形成。如前所述,早在王政时代后期,罗马即已经历了充分吸收伊达拉里亚文化和希腊文化的过程,并确立了对希腊文化全盘拿来的传统。随着罗马相继统治了伊达拉里亚地区、意大利南部的希腊殖民城邦,一直到统治希腊本土全境,罗马对这些文化的吸收与拿来自然更为全面和直接。特别是罗马征服希腊以后,许多希腊艺术珍品源源流入罗马,各类哲学科技和文学著作也大量传入,还有不少受过良好教育的希腊人被当作奴隶和人质带到罗马,为罗马奴隶主充任保姆、教师、医生、演员、建筑师等等,其中有些人获得自由后又成为罗马社会的知名文化人士,而罗马人来到希腊参观学习的也日益增多。从这些迹象看,罗马文化的形成几乎和吸收希腊文化等同,罗马成了希腊文化的俘虏,甚至罗马人自己也有"征服者被征服"之叹,即征服了希腊的罗马却在文化上被希腊征服了!这句话虽然警辟,却不够全面,因为罗马文化并非被动地依从希腊,更谈不上简单抄袭,罗马自身的拉丁传统和伊达拉里亚的背景

庞贝古城出土的雕刻作品,画面中少女形象反映出罗马人的艺术风格深受希腊影响

已为它的文化奠定了固有的特色,何况它为了适应内外发展的需要还不断有所革新和创造。更有甚者,罗马从蕞尔小邦建成空前帝国这件事本身,就是罗马文明的最大成就。实际上,相比于"征服者被征服"的感叹,我们更普遍看到的却是对罗马成功建立帝国的举世震撼。试听听一位曾作为人质长期居留罗马、并且和罗马显贵建立良好友谊的希腊历史家吃惊的呼声:"罗马人凭借什么,在不到五十三年的时间里把人类居住的几乎整个世界置于其统治之下?"[14]他这种仰天长啸式的发问典型地代表了目睹罗马兴起的人们对其文明成果的赞赏,这显然也是我们在探讨罗马文化时应给予充分注意的一个中心问题。不过,在谈到罗马文化形成之前,我们仍须对罗马文化的源流作一番考察。

第二章 罗马文化的源流

罗马在王政时代后期开始采用希腊字母,略加变通,形成拉丁字母,有了自己的文字。但在此后近四百年,罗马竟无文学创作问世,直到第一次布匿战争以后,当罗马已是统一了意大利全境的强国,将要做地中海的霸主之时,才有一位出生于希腊而教学于罗马的人用拉丁文翻译荷马史诗《奥德赛》,揭开了拉丁文学的序幕。虽然我们决不能说没有文学作品就等于没有文化(这在古代尤其如此),但罗马这种情况却不免使人产生这个民族"略输文采"的印象,特别对比于希腊,荷马史诗的民间口头文学创作早在文字使用之前已延续数百年,到希腊人开始拼写字母之时,《奥德赛》、《伊里亚特》已由荷马加工整理成为不朽的诗篇,因此希腊文学可说是随文字出现的同时便拥有了宏篇巨作,而罗马竟是在有文字四百年后才开始在文学舞台上踽踽学步,然而,从文化史研究的角度看,这种"略输文采"的特点不仅反映了罗马文化形成的特殊道路,也说明我们对罗马文化源流的考察应该从更广阔的角度着眼。

周一良先生在《中外文化交流史》中曾经指出,我们通常所说的"文化"概念,应当包含"一个民族通过长期体力和脑力劳动所取得的物质的、精神的全部成就"[1]。他并且指出,我们可以从狭义、广义和深义三个层次考察人类社会各时代、各民族的文化[2]:

一、狭义的:哲学、文学、美术、音乐、宗教以及科技、教育等等可与政治、经济相对而言的文化形态;

二、广义的:诸如政治生活中的典章制度、经济生活中的生产交换、社会生活中的衣食住行、婚丧嫁娶等风俗习惯,以及各种生产工具、生活用具,都标志着民族的文化成就与劳动结晶,可说是广义上的文化。

三、深义的:在狭义文化的某几个不同领域,或者在狭义和广义文化的某些互不相干的领域中,进一步综合、概括、集中、提炼、抽象、升华,得出一种较普遍地存在于这许多领域中的共同的东西,亦即一个民族文化中最为本质或最具特征的东西,可称之为深义的文化。

我们前面所说的"略输文采"一例,就涉及对罗马文化深义层次的理解。因为罗马人在略输文采的同时,已经完成雄踞一方的霸业,人们自不难从罗马这种略输文采的特点看到其民族精神中更为深刻、执著的质朴务实的内蕴。罗马的对外扩张不断取得进展,其原因是多方面的,除了罗马的各个对手自身的问题而外,罗马的军政实力以及我们前面提到的它的内外发展之间的相互促进都是重要的因素,而这些实力的发挥与关系的改善又在一定程度上得力于罗马人这种质朴务实的民族素质。同时,在内外斗争中,罗马人也进一步培养和发扬了质朴务实的精神。由此可见,虽然在文化上,特别在上面所说的那种狭义的文化形态方面,罗马人在共和初期的数百年中主要以学习和吸收希腊文化为主,却不是被动和没有自己民族特色的。如果说在王政后期伊达拉里亚统治的情况下罗马人尚能掌握历史机遇既大量吸收伊达拉里亚文化也积极吸取希腊文化,那么当他们推翻伊达拉里亚王朝建立共和国之后,他们对外来文化的吸收就更有"为我所用"的特色,首先是服务于罗马内外斗争的需要。可以说,紧张而频繁的内外斗争使罗马民族把主要精力贯注于军政生活之中,他们也以这方面的成就自豪——这就是前一章引维吉尔诗句中说的罗马"天才所在"。而在纯文化的创造方面,他们就较少顾及,或者相比而言起步就晚得多,并且心安理得地采取"拿来主义"。然而,从深义的文化层次看,这一切却标志着罗马固有的民族精神的成长与发扬,于是,在吸收与拿来的同时,一个自有其民族特色的罗马文化也就逐步形成。因此,我们在本章对罗马文化源流的考察也应立足于罗马传统本身而不像通常那样只注意于罗马所吸取的外来文化。

罗马作为拉丁民族的一支,其民族文化的渊源似乎不仅可上溯于拉丁,而且可追及于更遥远的祖先——孕育了从印度到欧洲许多同一语系民族的印欧语族的祖先。印欧语族的老家在东欧多瑙河下游以至黑海北岸一带,由此而向四方播迁出这一语族的支派,向东达于最远的是进入印度的雅利安族,其次是中亚、伊朗各族;向南有希腊、意大利各族(拉丁人

罗马文化

是其中之一),向西则有凯尔特、日耳曼各族。除了有共同的母语外,这许多印欧语系民族是否也有某种共同的文化传统呢?从考古材料看,上述各地在公元前2000年和1000年之间,确有新民族的迁入,但他们的物质遗存、武器、工具、装饰风格、墓葬形式等等,却表明他们的文化是很不相同的。尽管日后的文献和语言材料证实他们都属印欧语族,在印欧广大地区的考古文化上却看不到一个共同的印欧语族文化的存在。这就告诉我们,这个语族的适应性是很强的,在长期迁移和随后的定居生活中,他们适应了各地的环境和接触到的其他民族的文化,不断有所演进,有所改变,终于发展为不同的文化。也可以说,如果一定要看到他们之间有某种共同点的话,那就是这种适应性,而适应性本身却导致多样性与差异性,反而促成共同性的消失。因此,历史上并不存在什么印欧语族的或雅利安的民族精神,更不消说那些种族主义的谬论。但在突出适应性这一点上,罗马却充分发扬了祖族的固有特色,不仅在拉丁一支中堪称独秀,并终于凌驾于地中海各民族之上。

罗马以拉丁族一个"小分队"的形式入据巴拉丁山,在台伯河畔开始了自己的历史。这种情况表明,罗马人成立自己的"小社会"时,就出自一定的有组织的行动,虽然罗慕路斯建城的传说有神话色彩,它却反映了这个行动的历史特色。当时罗马尚实行军事民主制,所谓组织也就是氏族部落的组织,它以父权制家族组成的氏族作为社会的基本细胞,氏族之上有胞族,合胞族而组成部落。罗马的胞族叫库里亚,部落叫特里布,10氏族组成1库里亚,10库里亚组成1特里布,而罗马全族共分3个特里布,因此总共有30库里亚,300氏族。按罗马、萨宾两族联盟的体制,萨宾人的氏族和拉丁人的氏族共容于库里亚、特里布之内,再无血缘异己之分。从数目完整和两族融合等情况看,罗马的氏族部落组织带有更多人为的性质,和一般氏族社会仅凭血缘自然组成不同。可以说,这种人为的组织性,是和罗马小分队的军事移民性质相适应的,不失为罗马立国实力的一个重要支柱。在以后的发展中,特里布、库里亚和氏族这些标志原始社会血缘关系的组织都逐渐失去其重要性,但家族(或家庭)却始终是罗马社会组织中起着关键作用的一环,它不仅代替氏族成为社会的基本细胞(这在所有文明社会中都是一样的),还继续在培育和维护上述组织性方面起着极其重要的作用,在罗马人的政治生活、精神生活方面也有很大影响,以至于我们可以说,对罗马文化深义层次的了解,首先得从家族、家庭的

第二章 罗马文化的源流

突出作用入手。

　　罗马人的家庭一般以男主人(家长)、他的妻子和未婚嫁的子女组成,除赤贫者外,通常还有家奴若干人(贵族家庭的亲属成员和奴隶当然要比普通人家为多)。我们这里所说的家庭结构是大多数公民具备的,因此它所起的作用是深入到各阶层之中,影响及于整个社会,虽然在典型意义上,贵族或统治阶级的家庭往往占据更为突出的地位,但忽略它这种普遍代表性却是错误的。就其成员主要由父母子女两代直系亲属组成而言,它已和以前的家长制家族(大家族)有所区别,但罗马人的特点是,适应于他们社会发展的需要,他们又在自己的家庭中继续保留着一些家长制家族的传统,并在共和国的政治条件下给予它新的涵义。具体说来,它们主要表现在家长法权、家庭宗教和家庭教育三个方面:

　　家长法权:罗马人的家长继续对整个家庭有财产的支配权和对妻子儿女的统治权,可谓生杀予夺皆置于家长手中③,罗马人称它为 patriapotestas,我们可译之为家长法权,这种权力既有绝对主权的含义,也有得到国家法律认可的意义,可谓家长制家族的家长权力在新条件下的继续。通过保证家长至高无上的权力,罗马人使家庭在公民社会生活中的核心地位得以常存。但是,在新条件下,法律认可的含义也可理解为家长本人亦须依法行事,对家长法权的强调当有助于使家长避免成为专制暴君而更像一个执法公正的审判官。当然,从阶级统治的意义上说,罗马家长的统治权实际上包含奴隶主对奴隶的统治权,家长既可把家人当作奴隶,那么家奴的地位就更为卑贱,只等于会说话的牲口,所以家长法权对于强化奴隶主的统治也是很有利的。更妙的是,通过对家长法权的强调,罗马人找到了加强公民组织性与纪律性的一个很好的途径。对家长的尊重意味着对祖先、传统、法制和秩序的尊重,由此引导出罗马人崇拜祖先、维护传统和遵纪守法的风气习俗,并在他们的内外斗争中发挥巨大作用。因此一位研究有关问题的西方学者早在数十年前就已指出:"家长法权确实是罗马人常用不衰的一个法宝,它首先保证了罗马民族生存发展必不可少的纪律性。"④就这一点说,罗马人的经验倒比较接近我国儒家宣传的那套"齐家治国"的理论,而罗马人的家庭观念在西方各民族中可说也是最接近于我们中华民族的。

　　家庭宗教:发挥家庭在公民社会生活中的核心作用的另一个重要方面是罗马人特有的宗教活动,我们可称之为家庭宗教。罗马人的宗教崇

罗马文化

拜可分为公共的和家庭的两个层次,公共的是指由国家或地方当局主持

罗马人敬神奉献的仪式

的各类仪典所崇奉的天地诸神,家庭的则是指在住宅内设坛祭奠的祖先神灵和家宅土地诸神,包括灶神(Vesta)、门神(Janus)、仓神(Penates)、家神(Lares)、花木五谷之神(Flora)等等。罗马人的宗教活动只涉及这些祭典,没有礼拜听道、神学讨论的内容,所有祭典也不外敬神求福的简单形式。如果说公共的宗教活动因归国家主持,和公民个人关系不是太大,那么家庭的宗教活动是由自家负责并直接供奉着祖先和家宅诸神,关系就重大得多了。这就是我们所说的家庭宗教的意义。它使罗马人给自己的家宅带上一定的宗教神圣意义,尤其是对祖先神灵的崇拜使他把自己对家庭的责任提高到神圣委托的地步,宗教情感遂与公民的义务感互相融合。由于家庭宗教活动经常、直接而且责无旁贷,罗马人习惯于以认真执著的态度对待自己的宗教信念,就像他们之遵纪守法、强调纪律性那样。罗马宗教的神学内容尽管异常简单,它对罗马社会产生的精神力量却相当强烈。我们在前一章提到的那位对罗马征服世界感到无比震惊的希腊史学家波利比乌曾观察到罗马宗教信仰的这些特色,并把它推崇到决定罗马霸业成功的重要程度。他说:

第二章 罗马文化的源流

"我认为,罗马共和国最明显与众不同的特点是罗马人对宗教的信仰。我相信,正是这种执著认真近于迷信的信仰——它在其他民族可能被讥为一种羞辱——保持了罗马国家的凝聚力。这种信仰在罗马人的公私生活中都采取极为隆重的形式,而且可以说已达到没有什么东西能超过它们的程度。许多人对此疑惑不解,但至少我个人认为,罗马人这样做有其政治原因。如果一个国家都由智人组成,这种做法可能并不需要。但民众往往是感情多变,充满着放纵的欲望、无理智的冲动和暴烈的愤怒,他们就必须用敬畏神明这种精神力量加以箝制。由于这个原因,我认为古人在公众中引进对神灵的信仰和对阴间的恐惧是有所考虑的,而我们当代希腊人却极为轻率愚蠢地抛弃了这种信仰,结果是世风日下,不可收拾。其他事情不说,仅就政府官员而言,只要小有才干会耍手腕,那么即使有十个书吏、同样多的印章和双倍的证人层层设防,也不能保证忠诚。可是罗马管理大量金银财物的官员却能保持廉正之风,正是因为他们信守对神明的誓言,因而始终忠于职守。在其他国家,要找到不侵吞公共财物的人绝非易事,相比之下,罗马人的有关文献记载却清楚表明,在他们中要找一个犯这类错误的人相当困难。"⑤

波利比乌所说的廉正之风和忠于职守等等,也就是我们所说的组织性、纪律性的一个反映,他把这些事例用来说明罗马人的宗教信仰所起的政治作用,在古代作家中可说是很有眼光的了。

家庭教育:罗马人让家庭担负的教育作用比重之大,较宗教尤有过之,因为宗教尚有公共和家庭两个层次之分,教育则在我们所说的这段时间无公共学校之设,所以可说家庭包揽了整个对青少年的教育任务。罗马家教的主要内容不在于文化学习而是强调品德培养。家长的训诫、宗教的约束以及一些简单的格言、事例,加上家长法权的威严和公民社会生活的实践,成为引导青年发展为有用之材的基本手段。按罗马社会的需要看,这些手段虽然简单却很有效。原来罗马统治阶级在这几百年间最需要的就是在军政方面能有所建树的人,他们的家庭教育着重品德培育也完全是为了这个目标。品德(virtus)一词的原意,就是指男子汉、大丈夫的气质(它出自 vir,男子),因此英勇为品德之首,神话中也把他们开国

罗马文化

始祖罗慕路斯的父亲托于战神马尔斯之身。当然,假若只有英勇善战一种本领,还难以全面承担齐家治国的重任,何况勇武作为品德的内蕴,也太过简单,因此罗马人在长期探索中又总结出品德教育要培养的三大品格:即严肃(Gravitas)、虔敬(Pietas)和质朴(Simpliciras),这三者再加上英勇,那就是罗马统治阶级理想的军政兼通的全才了。按罗马人的理解,严肃既指端庄稳重,还要处事审慎、考虑周到,力戒浮夸虚荣,尤其反对玩世不恭;虔敬既意味着敬神守法,还特别强调尊重传统、模范地执行纪律,胜不骄而败不馁;简朴则在简单朴素之余还要清净坦诚,表里如一,讲求实效,脚踏实地。人非圣贤,这些理想品格显然很难凑齐,何况罗马社会要求的实质上是奴隶主阶级的代表人物,要他们做的也无非是巩固奴隶主阶级的血腥统治,并无什么道德可言。所以,从文化史的角度看,这些理想目标的提出,倒不在于表示罗马人如何高尚,而在于揭示他们深义层次的文化精神的某些特质。奴隶主阶级的统治当然是极其野蛮、黑暗的,罗马在走向帝国时是如此,建立了奴隶制大帝国后更是如此。然而,在这些罗马统治阶级津津乐道的培养目标上,我们却可看到前面所提的质朴务实的罗马精神的具体表征。

按齐家治国之理,我们可以想见罗马人在国家体制的建树方面也会体现同样的精神与路线。共和国建立之初,只是设两位一年一任、由选举产生的执政官以代替国王,其他体制一仍其旧。但在设两位(而不是一位)并且完全平起平坐的国家元首这一点上,却表现了罗马人的政治智慧,因为他们认为两个元首可以互相牵制,从而避免一人独裁。由于贵族在推翻王政、建立共和的斗争中起了领导作用,执政官的选任遂由他们垄断,终于形成只有贵族才能任执政官的体制。但是,在王政时代后期就推行了可能是仿效希腊梭伦改革的塞维·图里乌斯改革,民主政治风气已开,贵族垄断政坛的局面当不能为平民大众忍受。在塞维改革中,按财产划分公民等级,按等级组成百人队,以百人队为投票单位建立百人队大会,取代了原来的库里亚大会成为主要的公民政治组织,建立共和以后,执政官的选举就由百人队大会担任,它还有权决定国家军政大事。虽然在百人队大会全部的193个百人队中,第一等级(也就是贵族阶级)占了98个,其余四个等级只占95个,贵族拥有绝对多数票,所以百人队大会成为贵族统治的壁垒,但它的组成原则却反映了公民政治的模式,因而日后的平民斗争又以建立新的公民会议、新官职和新法令为途径,限制、取

第二章 罗马文化的源流

消贵族之专权,同时改善罗马国家的政治体制,进一步显示了罗马民族适时应变的能力和政治措置的智慧。平民取得的第一个重大胜利是有权自选保民官,它虽位于执政官之下,却有否决权(这也是罗马人的一大发明),而且平民由于选举保民官而有了自己的组织——平民会议,因它是按特里布选区组成,又称特里布大会,它不仅选举保民官,还可通过平民决议,保护平民利益。贵族纵然专横,但为保持国内稳定、争取平民支持以应付对外斗争,也不得不在平民顽强抗斗面前略作让步与妥协。于是接着又有成文法典的制定(《十二铜表法》,公元前451—前450年),允许平民与贵族通婚(卡努优斯法案,公元前445年),以及经历连续十年激烈斗争而取得的每两位执政官中必有一人为平民的重大胜利(李锡尼·绥克斯都法案,公元前367年,此法还包括限定占有公地最高额和减轻债务等内容)。其后又明令禁止公民为奴,使罗马公民永远摆脱债务奴隶制的压迫(公元前326年的彼提留法案),最后,特里布大会也取得最高立法权,其决议全体罗马公民皆须遵守,元老院亦得服从(公元前287年的霍腾西阿法案),通常即以此标志连续两百余年的平民斗争的胜利结束。然而,贵族特权虽被取消,贵族势力仍有保留,元老院和百人队大会继续行使其职权;更有甚者,由于元老是从担任过执政官的资深人士选拔,平民上层分子做了执政官以后也能跻身元老,从而形成一个新的显贵阶级,我们可称之为元老阶级,它是罗马奴隶主统治阶级的核心。虽然我们在本书中无须对政治历史作过多评述,但从上举一些重大事例已可看到罗马人在政治措置上变通务实的特色,前面提到的那位很有眼光的希腊史家波利比乌,对这一点也是赞不绝口的。

法国中世纪的画作,从上至下图解王权、贵族、民主三种政体

罗马文化

他认为罗马体制比较符合希腊哲学家推崇的民主、王权、贵族三合一混合政体的理想,三者互为牵制又有所合作,从而保持政治的稳定。试看看波利比乌是怎样赞赏罗马这种三合一政体的合理与完美:

"它在运用这三种成分制定宪法和随后的行政管理等等方面如此恰当合拍,甚至连罗马人自己也难以肯定这一套制度究竟是贵族政体、民主政体还是君主政体。这种说法确有其充分理由,因为如果注意到执政官的权力,它似乎是君主或王权政体;如果注意到元老院的权力,它似乎又是贵族政体;若再注意到民众的权力,它似乎又是很明显的民主政体。"⑥

波氏认为罗马这种体制可使国家在惊涛骇浪中安全航行,"足以应付一切紧急事变"⑦。罗马在争霸地中海的艰苦斗争中胜多败少,终获成功,就充分显示了它的巨大优越性。因此这位善于分析的希腊史家竟不得不惊叹"不可能找到比这更好的政治制度了"⑧。当然,这种过誉之词只能看作罗马统治阶级观点的一种反映(波氏和他们关系很深,我们将在第三章详述有关情况),如果从它实质上是建立了新的显贵——元老阶级的统治和奴隶制大帝国的情况看,不仅对奴隶的剥削变本加厉,对平民的压迫和榨取也会加强,波氏这位有眼光善分析的史家自不能不注意及此,所以在另一处他也承认,"(罗马)国家只是在名义上拥有自由民主"⑨。从文化史研究的角度看,罗马人的这些政治表现既属于广义的文化内容,也不失为深义层次的文化精神的一种体现。

由政治及于军事,我们同样可以看到这种精神的发扬。罗马人的军事行动夙以稳扎稳打、沉着应战、处变不惊、顽强坚定著称。早期的军事单位百人队后来发展为数千人的军团,重装步兵为骨干,以方阵密集队形摧坚或固守,以纵队灵活阵形突袭或猛攻,但所有行军活动都特别讲究安营扎寨、布哨置岗,因而军阵井然有序,军纪亦甚严格。在军事指挥方面,带兵出征的执政官必两人协议,将领之间亦强调协同配合,主要战略决策往往经过元老院讨论,着重军事外交双管齐下,体现了罗马统治阶级集体智囊的作用。因此,在罗马军事史上,我们可以看到一个其他民族很少见到的现象:在经历数百年、大小千百次的战斗中,尽管不缺值得一提的将才,但真正叱咤风云、雄绝当代的军事天才却很少见。可以说,凭靠基本的军事素质,而不是依赖个别将帅的军事奇才,是罗马人常胜不败的关键,甚至罗马将领的主要优点也是沉着坚毅,善于审时度势,谋略周详缜密,以稳取胜。这些特点,当可看作质朴务实的罗马精神在军事方面的反映。其中最突出的事例,恐怕要算我们在本书开头时提到的罗马名将费比优斯(费边),他不愧为在第二次布匿战争中拯救罗马并使战局转败为胜的英雄。但这次战争中出现的最伟大的军事天才,却不在罗马一边而

罗马瓷碟上的图案表现汉尼拔用于与罗马人作战的战象

出自其敌手迦太基,那就是英勇智谋兼备的汉尼拔。费比优斯的坚定沉着终于打败了汉尼拔的雄才大略,不能不说是罗马精神最精彩的一次历史表演。当年汉尼拔亲率数万精旅(其中包括近百只战象——"古代的坦克")出人意料地由西班牙经法国南部翻越阿尔卑斯雪山进入意大利,有如晴天霹雳使罗马举国震惊。在北意,罗马军队多次迎战皆告失败,元老院遂于次年(公元前217年)推举费比优斯任独裁官⑩,希望他能"挽狂澜于既倒",他针对汉尼拔锐不可当之势提出的竟是不得人心的"拖延战略",避免与汉尼拔作主力决战,以周旋拖延的方法磨其锐气,然后伺机打击之。这套战略显然是有真知灼见的,但它使罗马军队处处躲藏,而让广大地区(特别是农村)受敌方军旅蹂躏,自然很难为群众谅解。当费边任期届满,军队归下届执政官指挥时,他们就执行了和他的主张完全相反的冒进决战之策,结果招致公元前216年的康奈大败,此役汉尼拔以少胜多,几乎全歼罗马主力,创下军事史上打歼灭战的著名战例。康奈之后,罗马已面临亡国的危险,费边又在公元前215年再度当选为执政官,并于次年连任,说明罗马公众开始认识拖延战略的正确,而他也尽力团结全国

罗 马 文 化

军民,在极端困难的情况下组建新的军团,终于使得胜的汉尼拔逐渐陷于困境,为最后战胜迦太基奠定基础。公元前 209 年,他又被选为执政官,这是他第四次担任此职,可见罗马公民对他的充分信任,他也不负众望于当年率军攻克南意的塔林敦城,使汉尼拔不得不对他的韬略表示折服。虽然费比优斯没能亲眼见到第二次布匿战争的胜利结束(他于公元前 203 年亡故,享寿 80 岁以上),他拯救罗马的功绩却永远使人难忘,无怪乎华盛顿、亚当斯等在独立战争的紧急关头一再想起他来了。在这位以坚毅沉着挽救罗马的名将身上,我们不是可以看到那质朴务实的罗马精神的最佳体现么?

伊达拉里亚文化是罗马人最先接收的外来文化,虽然它不像希腊文化那样使罗马人产生强烈的亲切感和认同感,它却有"先入为主"的优势,而且伊达拉里亚在地域上靠罗马最近,又一度统治罗马,它的文化影响(特别是在早期)自是不可低估的。甚至可以说,罗马作为一个真正的城市建立起来的最初一百年间,实际上是一座伊达拉里亚类型的城市,无论工程建筑、生产技术、工艺风格以至典章礼仪等皆有伊达拉里亚色彩。共和国建立后,原居统治地位的伊达拉里亚上层分子多被驱逐,伊达拉里亚文化的影响有所削弱,但罗马人在工程技艺部门聘用伊达拉里亚匠师的传统仍然继续,当罗马人征服了整个伊达拉里亚地区后,这种情况甚至有增无减,直到公元前 3 世纪罗马人开始征服希腊城市时才有根本改变。

谈到伊达拉里亚文化,首先遇到的问题自然是有关它的起源与来历,因为史学界至今仍不清楚伊达拉里亚人从何而来。古代文献和考古材料都证实他们不是印欧语族,从当时地中海区域民族分布的大势看,作为非印欧语族的伊达拉里亚人来到意大利的途径最可能的是东来一线。这种东来说在古代希腊即有人提倡(例如历史学家希罗多德,他认为伊达拉里亚人是从小亚细亚一带渡海而至);从考古材料看,目前在小亚细亚沿岸岛屿上确曾发现几例与伊达拉里亚语言接近的古代铭文,伊达拉里亚本身也有一些带东方色彩的遗物(如贵族墓葬、水利灌溉等),可见东来说有一定道理。但伊达拉里亚人究竟从小亚细亚何地移来,他们属于小亚细亚众多古代民族中的哪一族,争论仍然很多。另一方面,自古以来即有伊达拉里亚文化本土起源一说(例如希腊史家迪奥尼修),考古发掘亦表明几乎所有伊达拉里亚城市皆植根于意大利本土铁器时代的维兰诺微文

第二章 ● 罗马文化的源流

化,其日用器物、居宅布局、普通墓葬也与维兰诺微文化一脉相承,因此本土说也有其根据;东来与本土两说中究竟以谁为主,学术界至今犹无定论。其中最大的一个困难是伊达拉里亚文字始终未能读通,伊达拉里亚采用希腊字母拼写本族语文,虽然伊达拉里亚文字的古代文献已完全丧失,现在从器物上搜集到的简短铭文却有不少,但我们只能从其字母得到人名、地名和器物名称的读音,意义则全无所知。由于这种情况,伊达拉里亚人的来源就同其文字一样是当今史学研究的一个难解

罗马铜表,上下两种文字分别为伊达拉里亚文和拉丁文

之谜。但从现今掌握的种种资料看,目前日渐流行的综合说仍是比较接近真实的,它认为东方来的伊达拉里亚族因渡海远航人数必然很少,要和本土的维兰诺微居民混合同化才形成自己的文化,所以是一种以维兰诺微文化为底基而带有东方移入因素的综合文化。

伊达拉里亚人建立国家要比罗马人早一两百年,公元前 6—前 5 世纪是其文化的鼎盛阶段,他们在罗马建立统治也始于此时。从罗马渡台伯河而北,连绵数百里一直到北意波河流域的边缘,当时都属伊达拉里亚(现今中意的托斯卡纳地区是其核心,其名亦由伊达拉里亚转化而来)。但伊达拉里亚始终未统一,各城建立独立的国家,重要的有塔奎尼亚、凯列、武尔奇、丘西、维爱等十二邦,可能组成过松散的联盟。这种分散状况是罗马人得以把它们逐个征服的有利因素,罗马先从最靠近它的维爱下手,经略百余年而终于成为伊达拉里亚全境之主(公元前 351 年)。在其鼎盛时期,伊达拉里亚和希腊、迦太基都有频繁的贸易交往,控制了罗马、拉丁姆和中意各地的商业,还和阿尔卑斯山以北的凯尔特人做买卖。他们的城市或靠海滨、或据山巅,皆有较好的地形,善于开发水利、发展农业,城市用水和农业灌溉均较具规模,这在当时的意大利是独一无二的,即使是希腊城市中亦属少见,一般相信这是伊达拉里亚从东方带来的生

罗马文化

产技术。伊达拉里亚的手工业也很兴盛,它和各地的贸易除转销希腊产品外,也以自己的手工产品为大宗,它的冶金工艺比较发达,金银铜铁皆能冶铸,所制首饰、铜镜、金银细工器物畅销各地,尤为凯尔特人喜爱,特别是金银细工技艺中一种叫做微型颗粒加工的技术,是伊达拉里亚匠师称雄古代世界的绝技,它在黄金首饰和器皿上以微型颗粒覆盖表面,坚固圆润,还有突出的反光聚光作用,使这些金器更令人喜爱。据说这种特技在中世纪时失传,西方的金银匠师在近代经过长期摸索才得以恢复,但所制产品仍难以达到古代伊达拉里亚遗物那般精美,由此可见其工艺技术之高。可以说,在大多数技术性的文化领域内,罗马人首先是以伊达拉里亚人为师,不仅最初的罗马城是用伊达拉里亚的工艺构筑起来的,共和国初年罗马工农业技术中较高层次的项目也以伊达拉里亚工艺为基础甚或以伊达拉里亚匠师为主力。虽然这时罗马在意大利各民族中并不以技术知名,它却从伊达拉里亚文化中吸取了一种比较重视技艺的传统,这对其质朴务实的民族精神也是有所促进的。例如,工程务求坚固实用,美观尚在其次;城市设施比较注意引水工程,军事设施强调营寨的建设和道路的修筑等等,在一定程度上都可追溯于这种伊达拉里亚传统。

在宗教信仰、艺术风格等方面,伊达拉里亚文化对罗马也有强烈影响。在这些方面,伊达拉里亚本身又受到希腊较大影响,因此伊达拉里亚文化带给罗马的教益是双重的:既有伊达拉里亚独创的因素,也有它从希腊移植过来的因素。在宗教信仰方面,伊达拉里亚

罗马妇女的金银宝石首饰

第二章 罗马文化的源流

对罗马的影响主要在国家和公共的宗教崇拜范围内,前已提到,罗马人的宗教崇拜大致可分为公共的和家庭的两大类,其家庭宗教接受外来影响很少,公共宗教则从伊达拉里亚影响开端,以后又大量吸收希腊成分,演变为一种希腊罗马的混合宗教,和家庭宗教带有的民族特色互相配合。罗马最初信奉的主神有三位:一是天神(天帝)朱彼特,其他两位则是马尔斯神与奎里努斯神,马尔斯(战神)是罗马人的部落神,奎里努斯则是萨宾人的部落神,两神在天帝之下共治,反映了罗马人和萨宾人的部落联盟关系。当王政时代后期伊达拉里亚人建立统治之时,他们也把伊达拉里亚信奉的三位主神带入罗马。原来,伊达拉里亚最初可能从东方传来的信仰就包括对天帝、天后、天女三神的崇拜,以一位男性神为天地主宰,两女神分别为其妻女。后来伊达拉里亚受希腊影响,把自己的神和希腊诸神融合,天帝就等于希腊的宙斯神,天后是希腊的赫拉女神,天女则是雅典娜女神。传入罗马后,伊达拉里亚的天帝袭用了朱彼特之名,两女神则分别取名朱诺和米涅瓦,朱诺为家庭和婚姻之神,米涅瓦则为工艺与智慧之神。罗马人在伊达拉里亚统治下,接受这三位神灵为国家崇拜之神,最初可能有不得已的因素,但此例既成,倒促使罗马人在公共信仰方面采取比较开放的态度,不仅纳入伊达拉里亚诸神,以后还大量纳入希腊诸神。我们知道,古代社会的精神生活受宗教支配的程度是很深的,罗马人自不例外,因此这种比较开放的态度并不意味着罗马人在信神方面有何削弱,但它却有助于使罗马人在吸收外来的精神文化方面也采取比较开放的、甚至开明的态度。随着伊达拉里亚的(以后则是希腊的)宗教的大量吸入,与之有关的建筑、雕刻、绘画和神话等也纷纷而至,成为罗马人建设自己文化的取材之源。

伊达拉里亚神庙建筑的特色是有较高的台基,庙前设阶梯登临(其余三面则不能登临),由于主要庙宇都供奉朱彼特、朱诺和米涅瓦三神,庙内并列三座神堂,平面布置显得宽阔而近乎方形,柱廊也只设于前面而不是围绕全庙,结构多用木材,屋顶、檐部和其他装修以彩色陶瓦和陶像雕刻为主。虽然伊达拉里亚神庙也基本采取希腊神庙那种柱廊加山墙的门面形式,这些特点却使它明显地有别于希腊的总体设计,尤其在突出前面部位和强调中轴线的效果方面,它给予罗马建筑某种更符合其庄重严肃的精神要求的因素。因此,虽然以后罗马建筑接受希腊风格更为彻底和全面,它早期承袭的这些伊达拉里亚传统却使它从一开始便也有自己的一

罗马文化

些特色。在雕刻、绘画方面,伊达拉里亚文化对罗马的影响也有类似作用。若按伊达拉里亚最初可能从东方引进一些东方美术作品的情况看,那么这些东方风格的因素恐怕只涉及为数不多的一些装饰图案和像斯芬克斯之类东方传统的神像、神兽。但是在伊达拉里亚文化的鼎盛期,它的美术却产生了很大的变化,它在充分学习希腊艺术的同时形成了自己的现实主义风格。伊达拉里亚这时不仅和意大利南部的希腊城邦接触频繁,也和希腊本土各邦有直接联系,雅典、科林斯和东希腊爱奥尼亚沿岸(今土耳其)的城邦都有人来伊达拉里亚经商和输入各种商品,其中最受欢迎的就是画有精美图画的陶器。考古资料证明,像雅典这些希腊陶瓶的生产中心,已出现专门制作运往伊达拉里亚产品的作坊,而在伊达拉里亚的凯列、武尔奇等城市,也有希腊陶艺家开设的工场,在当地生产希腊风格的陶器。这不仅表明两地经济关系密切,更突出反映希腊陶画的风格已完全为伊达拉里亚所接受。这种希腊陶画风格(实际上也就是它所代表的希腊艺术风格)最为可贵之处是其人物形象的真实生动已奠基于一定的科学表现法则,例如人体表现接近于解剖学的精确、有初步的透视缩形等等,这些东西东方艺术不能说完全没有,但比较零星而较多受到各种程式的约束,在希腊则开始有以它们为主而逐渐摆脱程式约束的倾向。当希腊艺术的这种现实主义倾向在公元前 6 世纪开始酝酿而在前 5 世纪

壁画上画的是伊达拉里亚人在角力

第二章 ● 罗马文化的源流

达于高潮时,步步紧跟其后的就是伊达拉里亚人。举一个具体例子:侧面人像的眼睛,若严格按实际所见(亦即透视缩形)画出来,应是眼球靠鼻子一边,眼角则伸向耳朵一边,整体呈三角形。但这种侧面的、真实的眼睛形状和人们意识中正常的眼睛形状——眼球在中央、两边有眼角的"杏仁眼"完全异趣,因此所有古代民族在画侧面人像时都避开这种真实的三角眼而采用正面所见的杏仁眼,最突出的是古代埃及艺术,在它近三千年的发展过程中始终严格袭用这一程式,画人物脸部必以侧面表现,而眼睛又必以正面的杏仁眼表现,数千年来不容丝毫改变(我国绘画似亦未脱这一俗套)。但是,希腊艺术家在其古典风格成熟之际,却认识到这种杏仁眼的画法与视觉真实格格不入,便大胆抛弃了它而破天荒第一次画出侧面人像上的三角眼。根据瓶画遗物提供的资料,我们可以断定这个突破发生在公元前490—前480年之间,它虽是一个很小的细部上的改动,却有"一叶知秋"的代表性,说明当时希腊艺术的现实主义已达前无古人的深度。这一成果很快就从雅典传到意大利南部的希腊城邦,近年在南意佩斯顿发现的约属公元前470年的墓葬壁画就采用了这种新画法,而伊达拉里亚也不落后于南意的希腊邻居,紧接着就在自己的壁画上大用此法,佳例之一就是塔奎尼亚奥尔库斯墓中的维尼亚女像头部残片(约作于公元前450—前400年间),突出表现了一个妇女的侧面形象,以新画法勾出的眼睛炯炯有神,极富光彩。但伊达拉里亚艺术学习希腊的同时也发挥了自己的特色,它的写实风格似更注意于环境和情绪的真实表现而较少理想化的加工,也不像希腊艺术那样完全倾注于人物甚至人体的表现,因此它在刻画风景、草木鸟兽以及肖像般的追求酷似方面又有别于希腊。伊达拉里亚艺术的这些特色亦为罗马承袭,虽然罗马以后主要是学习希腊,它拥有的这份伊达拉里亚遗产却使其根基和背景比较丰富,而且有助于它自己的朴实风格的形成。

罗马人对伊达拉里亚文化的袭用也是有选择的。推翻伊达拉里亚统治后,凡与宫廷奢侈风习有关的东西多被摈弃,例如伊达拉里亚盛行厚葬风俗,贵族皆于地下营建华丽墓室等等,在罗马则无迹可寻。但有些仪典和习俗也常存于罗马,以至成为罗马文化的一个组成部分。例如,伊达拉里亚国王所用的"法西斯"王权仪仗(在一束捆紧的棍棒上插以斧头,表示握有生杀予夺的最高权力),以后为罗马执政官袭用,在古典图案中遂有象征国家最高权力之意[11]。伊达拉里亚人喜欢在胜利后举行凯旋式,让

罗马文化

罗马角斗士举盾挥矛格斗

得胜君王统领率其部众和掳获列队入城,居民夹道欢迎,这种仪式也被罗马人继承且大有发扬,凯旋式的举行及其次数成为表示官员功绩的重大标志,有关的建筑、艺术作品也列为罗马文化的大项。伊达里亚人以流血角斗为娱乐庆典活动的风俗对罗马也产生类似作用,罗马人还把它发展为一套完整的人与人斗、人与兽斗和兽与兽斗的血腥娱乐,其野蛮残酷表面看来似乎与古典文化的精神相悖,实际上却正好揭示罗马国家以及古典文化之属于奴隶制社会的本质。

希腊文化作为罗马文化的良师益友的重大意义,我们在前面已有多处提及。现在我们要探讨的是,使罗马对希腊产生如此强烈的认同与服膺的社会历史背景究竟何在?文化史研究者通常都把希腊文化成为包括罗马在内的西方文化源泉的原因归之于其质量与成就的卓越。用伊迪丝·汉密尔顿的话说,那就是:"希腊所创造的艺术作品,所产生的思想观念,直到现在都没有被人们超越,达到它们水平的例子也寥寥无几。西方世界中所有的艺术和思想意识都有它们的烙印。"[12] "没有别的雕塑可以同他们的作品相媲美;没有别的建筑物更典雅雄伟,没有别的文章比他们的作品更精粹。在历史学方面,还没有人能与修昔底德相匹敌;就散文而言,除了《圣经》以外,谁也不能成为柏拉图的对手。至于诗歌,希腊人的作品都是上乘精品:荷马的史诗无与伦比,品达的抒情诗篇首屈一指,谁也不能同他相提并论,四大悲剧鼻祖,三位是希腊人。"[13] 伊迪丝的毫无保

第二章 ● 罗马文化的源流

留的评价说明她还属于本世纪初期的古典主义学者,我们今天的看法可能更带一些分析,但她这些赞词却表明西方人已把希腊文化的"质优取胜"当作某种不辩自明的真理。实际情况当然不会这样简单,尽管伊迪丝揭橥的希腊文化精髓所在——它的理性精神,符合我们通常所说的科学性民主性的精华,在人类文化遗产中有其普遍性。但各民族各时代都从自己历史条件出发而对文化的优劣精粗有不同的标准,别的不说,在西方的中世纪,古典文化就不是"质优取胜"而被当作异端邪物予以排斥。可见标准既有不同,质优取胜之说就应作具体分析,从历史上看,西方各民族对希腊文化的充分吸收无不取决于当时当地在社会条件和价值标准上有所相似和共通。有了这一点,希腊文化对它们的影响就不仅可从狭义的层次扩及广义的层次,而且在深义层次也激起回响与共鸣,从而达到伊迪丝·汉密尔顿所说的那种境界——"(希腊文化)创造了这样一个精神与智慧的世界,以致我们今天的心灵与思维不同于一般","它们是我们今天所拥有的文化遗产中最珍贵的东西"[14]。以罗马而言,这方面的一个主要条件就是我们前面多次谈到的,罗马经过一系列民主改革而走上的类似希腊的古典城邦发展道路。在此我们不妨拿伊达拉里亚和罗马作一比较。从前举侧面人像表现采用三角眼新画法一例看,伊达拉里亚紧跟希腊的程度远在罗马之上;但历史的结论却可说伊达拉里亚之学希腊仅得其形似,而罗马则兼得其精神。只要想到在伊达拉里亚学这新画法的同一时期,罗马虽文化落后却已推行了塞维改革、保民官制度等等,奠定了公民政治的体制,两者的区别也就了然。再以宗教影响为例,伊达拉里亚也引进了希腊诸神及其神话,但从它仍盛行魔力鬼怪崇拜、阴间迷信、厚葬习俗等情况看,它的宗教仍是东方类型的宗教。罗马仿效伊达拉里亚也大量引进希腊诸神与神话,以至于所有希腊天神都有了罗马(拉丁)名字,成为罗马的神或与原有的罗马神合二为一,但更重要的是,罗马人因有与希腊人接近的社会体制,它对希腊宗教的带有古典色彩的精神也欣然接受,终于使罗马宗教成为希腊类型的宗教。这方面有决定意义的特点,就是我们通常所谓的希腊宗教的"神人同形同性论"[15],它认为神即人之最完美体现,神与人同一形象同一性格,由此而得出与东方宗教大相径庭的看法,例如东方宗教强调神、人之间有天渊之隔,神性高逾九霄,人性贱同草芥,只有帝王可以庶几接近于神,凡人与神则无任何认同可言。但希腊宗教则可说是把神拉到凡人——公民群众之中,神只不过是最有智

罗马文化

慧、最为健美并永葆青春的人,神性与人性不仅没有不可逾越的界限,并且是互为辉映的,可以用神的形象体现人的智慧与美质可能达到的最高境界。这种宗教思想和公民政治显然有鱼水相得的联系,经它潜移默化,遂使整个希腊文化都带有人本主义的色彩,而罗马文化对希腊文化的充分吸收,也以接受这种精神为前提。更有甚者,我们在前面提到的,罗马家庭宗教中那种使宗教情感与公民的义务感互相融合的精神,和罗马接受的希腊宗教的这种人本主义思想也是互为促进的,不仅因为它们都植根于、服务于以公民为主体的古典城邦社会,当罗马的公共宗教渗透了人本主义思想时,它也就进一步肯定了家庭宗教在培育公民道德素质方面的重大意义,公私结合,相得益彰,遂有波利比乌那段推崇罗马宗教信仰巨大作用的赞词。由此可见,这种基于相同社会体制而产生的深义层次的文化精神的共鸣,才是希腊文化作为罗马文化源泉的无可比拟的重大意义之所在。若按伊迪丝的希腊文化精髓是其理性精神的说法,那么我们也可以说罗马文化的质朴务实的精神是一种理性精神,它与希腊不仅有息息相通之处,而且通过对其吸收借鉴而使罗马文化日臻成熟与完善。

罗马是从公元前3世纪开始直接接触与大量吸收希腊文化的,这时已是希腊文化发展的后期阶段——希腊化时代。我们通常所说的希腊文化精华却主要产生于公元前5—前4世纪的古典时代,例如伊迪丝的《希腊方式》一书所谈就全是古典时代的作品(还包括像《荷马史诗》之类更早的作品),于希腊化时代只字未提。这就出现了一个问题:尽管罗马吸收古典时代的希腊文化遗产的渠道始终畅通,它直接接触并吸收最多的毕竟是后期的希腊文化——希腊化文化。因此,谈希腊文化与罗马文化的关系时,犹须探究一下希腊化时代及其文化的特点,并由此看到希腊罗马关系的一些新的演变。

顾名思义,希腊化时代是指希腊文化传播、"化及"东方广大地区之时。由于亚历山大远征几乎遍及希腊人当时所知的东方文明地区,马其顿—希腊人的统治遂在欧、亚、非三洲建立起来。虽然亚历山大的帝国在他死后立即分裂瓦解,各地的希腊化王国的统治仍延续两三百年,使希腊化时代成为世界文化史上的一个重要时代。就文明的延伸扩展、文化交流互相促进的意义说,希腊文化传播各地自有其积极意义,以它作为希腊化时代的一大特点也不为过。但是,正如我们前已指出,这时不仅是东方希腊化了,希腊也东方化了,东方的希腊化各国基本继承东方的体制,希

第二章 罗马文化的源流

腊化文化亦从吸收东方遗产中取得发展,所以只看到希腊化的一面是不妥的。应该说,从文化史研究的角度看,不仅是东方希腊化,还有希腊的东方化,都是具有积极意义的,它们在各个文化领域结下的丰硕成果都是值得肯定的。但是,除了上述特点外,希腊化时代还有另一个重要特点,却是一般研究者未予充分注意的。那就是我们在第一章提到的,在希腊化时代,希腊世界已从小国(城邦)纷立走上建立大国和帝国的道路,而且这是古代奴隶制国家发展规律的一个反映。这一发展对希腊文化的影响就相当复杂(对东方文化则比较一般,因为东方早已走上了这条道路)。对于希腊说来,它是经历了城邦危机并依赖马其顿建立的霸权才走上了这条道路。既经历了城邦体制的危机,则公民政治已濒衰败,民主理想有名无实,古典文化所由以产生和发展的社会基础已遭到较严重的破坏;马其顿的霸权和以后的亚历山大帝国以及希腊化各个王国,总的说来是走着一条君主专制统治的道路,和希腊城邦的民主政治自是格格不入;君王的宫廷所欣赏、扶持的文化当然也有别于民主城邦的古典文化。所有这些,说明希腊化的历史发展对古典传统有其积极面也有其消极面,而罗马文化与希腊化文化的关系在这个重大问题上却是能发扬其积极面、遏制其消极面,因而如我们在本书开头时所说的那样起了很好的承先启后的作用。

　　罗马文化充分吸收与发扬了的希腊化文化的积极方面,主要是指它在东西方一统融会的新环境中所取得的成果,其中有些是继续发扬了古典文化的固有传统的,如文艺中的现实主义、哲学中的多种流派的哲理探讨和科学技术知识的增进等等,也有一些是新时期出现的新思潮,如对个性的强调和伦理观念的重视、世界主义的眼光和四海为家的心态、综合通达的学术研究和古典遗产的整理考订等等,显示出希腊化的特色。由于罗马这时也走上了成为世界霸主、建立空前帝国的道路,希腊化文化的这些积极成果对它无疑是很有用的,无论是娴熟的文艺、发达的科技、追求幸福的哲理、东西交流的硕果、世界公民的鼓吹等等,可以说都能为罗马的帝国统治服务,只需拿来,即奏显效。这些希腊化文化很快就转化为罗马文化,有些学者甚至认为希腊化文化的最后一个阶段,就是"希腊·罗马阶段"[16]。两者密不可分已到如此地步,可见罗马文化与希腊化文化的关系之亲近当较它与希腊古典文化更甚。

　　但是,罗马文化与希腊化文化关系的另一更为重要的方面,则是它不

罗马文化

埃及托勒密王朝的奢靡宫廷生活,反映希腊化世界后期的堕落

仅充分吸收其积极成果,对其消极面亦有所回避扬弃,显示出罗马有它自己的优势。罗马在取得外部扩张的同时能保持内部团结稳定与共和体制的改造,因此它建立了帝国却未经历城邦危机与长期动乱,这就是它的优势所在,这就决定了它可以抵制、消除某些来自希腊化文化的消极因素,使罗马的文化建设更为生气勃勃。我们从前引波利比乌的那段话中,已可看出这位希腊史学家对希腊化时期希腊世界普遍出现的腐化盛行、世风日下的景况的愤懑。他在赞扬罗马人信仰坚定、正气昂扬的同时,又痛感于希腊的堕落,实际上无异于承认罗马虽在文化的成熟方面低于希腊,却在文化的气质方面优于希腊。希腊化文化的这些消极面,既与当时各王国混战不休、古典城邦处于衰败残破局面的恶性循环有关,也和当时奴隶制经济的畸形发展有关。大奴隶主阶级挥霍浪费、醉生梦死,希腊化各国的王公贵族更过着骄奢淫逸的生活,宫廷的豪华较东方尤甚,因而首都大邑和通商口岸又有纸醉金迷般的畸形繁荣。这些情况使希腊古典时代确立的对城邦政治的信心、乐观开朗的气度一扫而光,代之而起的是对命

第二章 罗马文化的源流

运反复无常的迷惘与惊叹,逢场作戏,随波逐流,风纪松弛,民心涣散,这些消极的东西构成了希腊化文化中不可小视的一面。那些文化后期发展阶段常见的形胜于质的现象,这时更是甚嚣尘上,讲究技巧、追求形式、艳丽浮华的风格等等,皆不乏其突出的表现。但这些东西在处于上升阶段的罗马民族的质朴务实精神面前却无计可施,所以像波利比乌这样的明智之士对罗马不得不表示折服。他既然认为罗马在政治体制上已找到符合希腊理想的"不可能更好"的形式,那么,罗马也就理所当然地能建设一种符合希腊理想的更优越的文化。此外,从发展的总趋势看,希腊化各王国将随长期混战和无穷的宫廷阴谋而日益专制腐败,希腊化世界的恶性循环将愈演愈烈,文化中的消极倾向亦将有喧宾夺主之势,希腊文明的优秀传统能否继续就会成疑问。对比之下,罗马文化的创建就更有其承先启后、继往开来的伟大作用了。这些历史发展,波氏及其同时代人当然不可能洞见,但就他们作为见证人目睹的种种事态,已可令他们相信古典世界(希腊和罗马共同的世界)的未来是属于罗马的。正因为如此,波利比乌才抛弃前嫌,毅然与罗马为友,和那击败汉尼拔的另一位名将斯奇比奥的后裔斯奇比奥·埃米利安努斯结为知交(参见第三章),共同致力于罗马文化的创树。在他们两人身上,我们岂不看到了罗马文化形成时期很有启发意义的典型形象么?

第三章 罗马文化的形成

共和国建立初年的罗马文化活动,我们知之甚少,不仅古代文献对它们的记载极为缺乏,考古发掘获得的资料也非常零碎,因此目前对共和初建百余年间的文化尚难有系统的了解。相比之下,这时的雅典正处在古典文化的顶点,文学、艺术、哲学、史学的登峰造极之作繁花似锦,美不胜收,更反衬出罗马文化起步之际与希腊差距之大。然而,尽管情况相当模糊,有些特点仍是可以确定的。总的说来,这时的罗马是在伊达拉里亚影响下开始自己的文化史,建树范围主要在城市建筑、工艺和工程方面,文艺活动只有一些自古相传的宗教节庆,如"驱狼节"的赛跑、"七丘节"的集会、"萨利节"的战士舞、"土地节"的草人舞等等,文学创作则完全是一张白纸。这种简朴的文化是和罗马当时夹在拉丁族和伊达拉里亚人之间的一个蕞尔小邦的地位相符合的。

但是,也有一些迹象表明共和的创建激发了罗马人民空前的建设热情。现已可大致确定,在建国的同年(公元前509年),罗马人在他们最神圣的山丘——卡彼托林山上建造了规模空前的大庙——供奉朱彼特、朱诺和米涅瓦三神的卡彼托林大神庙,接着在公元前496年建农神萨冬庙,次年在阿芬丁山建谷神塞勒斯的神庙,又建商业神麦库里的神庙,公元前484年又建造供奉拉丁农神之庙[①]。这一系列突出的建庙活动不能不说是日后作为罗马文化特征之一的宏伟建筑设施的一个滥觞。尤其值得一提的是卡彼托林大神庙的修造。这地方位于巴拉丁山丘和奎里纳尔山丘之间,原是一座险峻的山头,新石器时代此地就设有祭坛,当罗马形成时,拉丁人(罗马人)据巴拉丁山,萨宾人据奎里纳尔山,他们形成联盟的时候,恰好位居两山之间的卡彼托林山便成为两族共用的祭祀最高天神朱

第三章 ● 罗马文化的形成

彼特的地点。罗马原来沿袭新石器时代农业村落的惯例，各自在村中设坛建庙，据考古发掘所见，所谓庙坛也不过是些茅屋棚舍。但是卡彼托林山上的朱彼特神庙因是各族共奉的最高神，地位超过其他村落中的庙坛，即使是茅棚，恐怕也要高大一些，使它成为各族聚会和举行最重要的宗教仪式之处。当国家形成以后，卡彼托林山就具有代表国家中央政权的意义，它的朱彼特神庙既是举行国家祭典之处，也具有国家金库、军火库和防卫中心的职能。伊达拉里亚统治时期已开始把朱彼特庙改为奉祀伊达拉里亚的朱彼特、朱诺、米涅瓦三神之庙，并按伊达拉里亚神庙的形制予以扩建。不知是否由于伊达拉里亚国王(据说是老塔克文)扩建的神庙还难以令人满意，抑或是在驱逐伊达拉里亚王朝时神庙遭到破坏，反正是在公元前509年罗马人又大修了一次，这就是我们现在所说的卡彼托林大神庙了。这次修建在规模宏大和雄伟壮观方面可能已使罗马人感到相当的满足和自豪，这一年便作为一个难以忘怀的年代载于史册[②]。尽管后人对这座神庙的辉煌壮丽传述甚盛，但从各种迹象看，它仍是按伊达拉里亚形式并请伊达拉里亚匠师修建的，因此仍属木石结构，以石建台基墙垣，柱梁屋顶等则为木构，尚无日后全用大理石建的神庙的气概。不过，近年考古发掘在神庙原址获得的一些陶瓦装饰碎片，却表明雕镂花纹不仅精美而且有很纯正的希腊图案风格，可能建庙匠师中也有来自希腊的艺人，因此它的建造仍是尽可能吸取了当代的精华，足为一方的表率了。正因为这样，这次令人难忘的修造活动在罗马文化史上留下不小影响：以后罗马统治下的地区都在城中心建造奉祀朱彼特的最重要的神庙，并冠以卡彼托林之名，遂使卡彼托林逐渐演变为国家或当地最高权力机构所在地的代名词，著例如美国华盛顿市中心的国会山和国会大厦都称为"卡彼托"，其他各国各地之例更不胜枚举。

公元前496年修建的萨冬神庙又把我们引导到和罗马文化发展关系密切的地点——罗马广场。这座神庙在卡彼托林山下，位于广场的西南角。我们在第一章中已经提到，由于这儿位于罗马诸山之间，是理想的联络地点，在王政后期经排水铺路建房以后，这个诸山之间的凹地遂成为罗马最早也最重要的广场，以后罗马城中续建的各个广场都按建造者或其他特征而取专名，只有它能拥有"罗马"的尊称而一直保持最高的荣誉。在古罗马千余年历史中，许多重大政治事件不断在这儿演出，历代统治者也不断在此大兴土木，罗马文化取得的各项成就常聚焦于此，尤其在建筑

罗马文化

和美术方面它更成为罗马的一个最大橱窗,所以我们以后也要不断提到它。在广场西南角修建萨冬神庙一事,告诉我们罗马共和国开始把这个广场作为其政治、经济活动的中心。萨冬是农业之神,在此神庙举行的各种宗教祭典自然和农业有关,以后遂演变为管理农业的机构,国家金库亦移置其中。随着萨冬神庙的修建,罗马广场的经济活动亦见加强,一般的集市买卖交换上升为贸易业务的洽谈、签约以及有关法律事务的仲裁、判决,广场上遂有会堂、法厅的修筑。另一方面,罗马广场的政治作用也日渐加强,它南面的巴拉丁山成为贵族聚居之地,东北角与萨冬神庙相对则是元老院开会之处,由于共和政权实归元老院掌握,这时已为元老院建了一座坚固的会堂,但因最初这里是库里亚会议集会的地点,所以元老院大厦仍沿旧制称为库里亚堂。在广场东面入口处有一排房屋,日后世代相传都称它为"王宫",可能是王政时代国王办公和接见臣属的地方(王族与贵族都住在巴拉丁山,因此以后罗马帝国的皇宫亦建于巴拉丁山),共和建立后,这儿自然是执政官驻地,罗马国家最初的一批档案(包括以执政官命名的大事记年、成文法典、国际条约、政府公文、元老院决议等等)也庋藏于此,虽然这些档案后来全部毁失,它的管理却表明日后成为罗马文化特色之一的政法建设这时已见开端。更重要的是,随着平民与贵族斗争的开展,罗马广场又成为平民大众政治集会之地。元老院会堂前面的一大片空地因原属库里亚会议用地而自古相传成为群众集会之处,可是在王政末期,由于百人队会议的组成,库里亚会议权势大减,而百人队会议因是军事单位不能在城里举行③,这儿就不免显得冷落了。平民大众开展斗争后,发现这儿既有自古相传的神圣传统,又靠近元老院便于对贵族施加压力,便经常在这里示威性地举行集会。他们原以阿芬丁山的塞勒斯神庙为自己的大本营,但那儿偏离城中心,只宜作为斗争时避难和秘密集会的场所,正式开大会仍以广场名正言顺,影响也最大,所以,他们不顾贵族的阻挠,坚持在这里举行平民会议,以后各种公民大会也都在这儿开,这片空地遂有大会场(Commitium)之名,在会场北面一带设立了演讲台,无论开会休会,在这儿发表的演说对群众总是最有号召力的,于是这个广场又以政治讨论风气之盛著称,在日后的西方语文中,"广场"(forum)一词遂具有"论坛"、"讲台"之义。而且,由于大会场临近卡彼托林山,那儿的大神庙遂成为平民群众聚会论说之地,和大会场连为一体,"卡彼托林"(英语中的卡披托 Capitol)也就有国家最高立法权力的政治含义了。

第三章 ● 罗马文化的形成

由此可见,尽管我们对共和初建时期的文化活动知之甚少,却可想见

母狼哺婴青铜雕像

它对日后罗马文化某些传统的形成仍有开创之功。那么,在这时子余的文化遗物中,我们是否能找到反映这个初创时期的精神风貌的作品呢?既然当时无文学创作可言,我们只能求之于艺术品或工艺品。实际上,纪念性的艺术品虽有些传闻,考古发掘却无迹可寻,因此入选的就只有硕果仅存的那尊青铜母狼雕像了。它虽然表现的是野兽而非人物,高度还不到3尺,却不失为罗马艺术最初的一件杰作。因为这只母狼并非一般兽类,而是罗马人民的恩祖——那只用乳汁哺育了罗慕路斯兄弟的母狼,这尊青铜雕像的来历也非同一般,它原为罗马人感恩而造,一直供奉在卡彼托林大神庙中。罗马帝国灭亡后,这座大神庙及其各类神像荡然无存,这尊母狼像却因其哺乳之恩在中世纪仍被罗马市民敬慕而幸存下来,现在也继续陈列在卡彼托林博物馆中。我们今天所见的这尊青铜像,在肚腹下有两个吮吸乳汁的婴孩,那是文艺复兴时期佛罗伦萨艺术家波那尤奥略的补作,他这样做显然是为了使母狼哺育罗慕路斯的故事表现得更为

罗马文化

完整,可是原作是否有这两个婴孩,学术界存在争论,我们现在可把他们略去而只注意于母狼形象本身。从青铜冶铸技术和形象的装饰风格看,它和伊达拉里亚文化仍有密切联系,可能制作它的仍是一位伊达拉里亚匠师。它的制作年代,一般相信大约在公元前500年,距卡彼托林大神庙修建时不远。这样就产生了一个问题:它究竟应归属于伊达拉里亚艺术还是罗马艺术?一般艺术史家多主前说,但也有一些研究罗马艺术的著名学者力持后说④。我们认为,若按这尊雕像与罗慕路斯传说的具体联系和它被置于罗马最重要的神庙中的地位看,它的政治、文化含义固然只有从罗马方面理解,但更重要的是,它的形象所体现的精神也属于罗马而与伊达拉里亚有别。此像的躯干四肢表现得精瘦有力,仅母狼的两串乳房略显鼓胀,暗示它与哺乳传说的关系,前后肢筋骨突露且以脚爪紧扣地面的姿态则说明它主要是在聚精会神应付某种眼前的危险。这种姿态的富于气韵却和遍布颈部的鬃毛、仅连成一线的脊鬃与胸毛的卷纹图案表现极不协调,后者应看作是当时伊达拉里亚匠师很爱采用的古拙风格的流露,但却无形中加强了整个形象的紧张感。这种矛盾在母狼头部的表现便达于极致,它两耳竖起,嘴唇微张半露牙尖,如果说这些紧张姿态还不脱动物的本能,那么在眼神的表达上艺术家却突破了这个界限而使它具有某种与人共通的情感了。艺术家有意突出母狼圆睁的双眼并把它们较宽地平摆于头部两边,使它们仿佛具有人眼的模样,并让眼珠随着头部转向左侧而略向左上方移动,眼神不仅灵活且有深邃之感,从而使整个形象表现的精神带有人的灵性。母狼的沉着、坚定、警惕、顽强实际上成了罗马共和初年在危机四伏、强邻压境情况中奋力自强的民族精神的写照。我们前面已提到,伊达拉里亚艺术善于表现动物并有肖像般的写实技巧,这尊母狼像无疑充分发挥了这方面的特色,但又在许多方面有所超越。例如伊达拉里亚的动物形象强调如实刻划原貌和属性,不作理想化的加工,不赋予它们以"人性"。这尊母狼像的杰出成就正好是突破了这些伊达拉里亚传统,即使它是伊达拉里亚匠师之作,却是按照罗马人的要求与意图制作的,在理想化的加工方面可能也学习了希腊的艺术,就整体而论,这尊青铜雕像应看作罗马精神的产物。可能正因为它的表现如此符合罗马人的心态,日后罗马人选它作为罗马城徽时,其形象的启发意义恐怕比罗慕路斯传说本身更令罗马人民心醉。

第三章 ● 罗马文化的形成

公元前4世纪是罗马文化初创的第二阶段,这时罗马已由一个台伯河边的小国变为中部意大利唯一大邦,开始向控制整个意大利迈进。然而,这一百年间的文化活动我们仍然知之不多,但从罗马终于走上强国大邦的道路看,它的文化建设也必然再上一个台阶。这方面的显例仍得首推其城市建设。罗马在进入公元前4世纪的头几年,就取得了一个军事上的大胜利:它终于征服与之拼搏百余年的劲敌、伊达拉里亚大城维爱(公元前396年)。正当它踌躇满志之时,却不料天降横祸,在北部意大利阿尔卑斯山一带的高卢人突然南下侵扰,他们长驱直入,势如破竹,罗马城竟一度失守⑤。幸亏处于部落社会的高卢人无意久占城池,罗马人也及时从城外组织反攻,高卢人索得黄金千磅后便告退兵。但这段极为惊险的插曲却使原来比较自满的罗马人开始猛醒,除了痛感自己的军事实力亟须加强外,尤其认识到必须加倍构筑牢固的城防工事,以保罗马不再遭到城破国亡的厄运。于是,在高卢人退兵以后不几年、罗马国力有所恢复之际,罗马便开始了加固和扩建城墙的工程,主要是在王政时代的塞维土城的基础上以砖石构筑新墙,有些地方还按居民增多和防卫的需要予以扩展延伸,并在交通大道和形势险要之处建造坚固的城门、塔楼、碉堡。整个工程到公元前378年全部完成,后人为纪念其先行仍把新城墙叫做"塞维之墙",实际上却是共和国自强不息的一座宏伟纪念碑。这道新城墙把卡彼托林山、巴拉丁山、奎里纳尔山、维米纳尔山、厄斯奎林山、凯里乌斯山和阿芬丁山全都包入城内,使罗马真正成为"七丘之城"⑥。原来王政时代在台伯河上建立的桥都是木桥,现在也都改为石桥并加固防卫。从罗马城通向四面八方的道路也开始统一用石料铺路面,加强了桥涵工程。这些设施结合起来,就使罗马拥有金城汤池般牢固的防卫体系,此后近千年一直未被敌军攻克,遂获得"永恒之城"的美名。此外,罗马城内续有神庙、会堂、市场等的修建,街道网络渐趋完备,台伯河边原有的牲口市场现在又新辟码头口岸,增建仓库店铺,成为仅次于罗马广场的第二大贸易中心。最有特色的罗马市政设施——引水道工程,这时也随城市用水的增加而增大规模,公元前312年修建了第一条长16公里的地下引水道,从东郊把泉水引入罗马城内。

所有这些建设工程都体现了罗马人重实效讲技术的特色,它们在艺术美观方面暂时尚无大创树,在建筑工程技术上却积累了不少新经验,接近于实现古代建筑史上的一大突破:在石造建筑中广泛运用拱券。拱券、

罗马文化

拱门的结构原理在古代东方文明中很早就已知晓,例如埃及在古王国时期,两河流域在苏美尔时期即已知用拱,但只偶尔用于地下结构,地面庙堂建筑绝少用。到亚述帝国时期,王宫大门用拱之例渐多,但在整个建筑艺术中仍居很次要的地位。希腊人虽也知拱券原理,他们在其精益求精的古典建筑中却完全排斥了拱券的应用,其程度反而不如东方。因此,真正广泛运用拱券于建筑术,在古代各民族中是从罗马和伊达拉里亚开始。过去多认为伊达拉里亚人似乎应该更先享受这一荣誉,而罗马人用拱是从伊达拉里亚学来的。现在据考古材料研究,可以说他们几乎是同时、即在公元前5—前4世纪间开始广泛用拱的,而且恐怕都是从希腊人那儿学得这种技术。以前,人们都把现存罗马台伯河畔的一个用拱券建造的、连接于罗马广场的下水沟当作王政时代建造(即传说中塔克文疏浚积水开辟广场所建之沟),但近年考古研究却证明它的建造要晚得多,大约在公元前3世纪左右,因此,过去把这个规模较大、技术也较成熟的拱券归入伊达拉里亚建筑的看法已难维持,而考古发掘也证实伊达拉里亚地区的拱券遗迹未有早于公元前5世纪者,所以目前把广泛用拱同时归之于罗马和伊达拉里亚两族,因为双方在建筑方面的交流这时已很密切,两地匠师常有往来,而伊达拉里亚地区后来又全都归属罗马统治。在前述罗马各项建筑工程中,拱券已大量用于城门、桥梁、水道、碉楼等处,罗马人显然已认识到以切割成一定形状的石料进行建筑时,拱券是最经济又坚固的方法。但罗马人很快就发现,即使是毫无修饰的半圆形拱门,当石质的浑厚、切割的规整与砌筑的严实皆达成熟境地时,也自有一种粗壮坚强之美。如果再在建筑立面上对拱券的半圆形曲线巧加处理,还可以带来生动气韵和丰富多彩的变化,并不逊于按横梁立柱原理组成的希腊古典柱式。何况更可把拱券与柱式结合起来(即以古典柱子、檐部作为框边置于每一拱门四周),让古典建筑形式发展出新的组合,那么拱券的应用就前途无限了。从各种迹象看,罗马这时用拱券于建筑内部仍属罕见,但它既已把这一技术用得比较得心应手,向内部结构发展自是必然趋势,实际上我们在下一阶段就可看到罗马人在这方面的突出进展。把拱券用于内部结构的关键意义在于拱的跨度从理论上说几乎可以不受限制,即按古代技术水平说,它也很容易超过石质梁柱结构所能达到的最大跨度数倍甚至数十倍,用拱不仅可使壁面门窗开得更多更大,更重要的是,用拱建造的砖石屋顶——券顶、交叉拱顶和穹隆圆顶可以为建筑物内部提供前

第三章 罗马文化的形成

所未有的宽阔高敞的空间,一个没有任何支柱夹杂其中的人造大空间,开始实现建筑艺术的另一个极其重要的职能,而这一点是古代东方和希腊建筑都未触及的,尤其在日后罗马人把混凝土(天然水泥)和砖石并用之后,内部空间和建筑用途皆有更大发展,从而完成了古代建筑史上可说是具有革命意义的一项大变革[7]。

如果说公元前4世纪初期罗马城防的各项工程还是以防御为主的话,那么这个世纪后期随着罗马扩张的矛头伸入北意和南意,它的另一项极有特色的工程技术——修筑道路,就主要是为对外征服服务的了。公元前312年,正当罗马和南意的萨莫奈人进行第二次萨莫奈战争之际,罗马极欲加强它与新近获得的南意坎佩尼亚地区的联系,遂由监察官阿庇乌斯·克劳迪乌斯主持,修筑了从罗马直达坎佩尼亚首都卡普亚的大道,历史上名之为阿庇乌斯路,这是第一条高水平的罗马道路,它的特点是工程质量可靠,坚固牢实,"全天候"使用,无论雨雪风暴、翻山过桥都随时保证畅通。当时交通工具军旅以坐骑为主,货物则用车运,因此这种道路必须宽度划一,足容数队车骑来往通行,还要保持路线基本平直,上下坡度力求低缓,桥涵设施配套齐全。路面本身要以沙石铺筑上下四层,最下一层

阿庇乌斯路

45

罗马文化

是垫基石,平铺于夯牢的路基上;第二层是石块与灰土混合铺筑,用以充实路面、保证一定高度;第三层是混凝土(或石灰),为路面提供牢实的基底;最后一层,也就是车骑直接接触的表面,全以凿刻平整、接缝严密的石块铺成,而且中间略为凸起,以便雨水流向两旁。路边皆以石墩保护,大道两旁还设水沟,疏排积水。这一套工程技术标准以阿庇乌斯路首开其例,以后罗马修的各条道路都严格贯彻,遂使罗马道路以优质高效名扬天下。这条阿庇乌斯路全长212公里,以长度而言并不足道,但它联系的卡普亚和坎佩尼亚对罗马非常重要,卡普亚当时是意大利最大的工业中心[8],尤以青铜和铁器生产著称,它的陶器和工艺品也负盛名。更重要的是,卡普亚为首邑的坎佩尼亚地区土质肥沃(维苏威火山在其境内,火山灰是很好的天然肥料),农业繁荣,还有那不勒斯等海港城市与南意、西西里和希腊通航,贸易兴盛。从文化上看,卡普亚和那不勒斯都是希腊殖民城邦,它们自身的文化和与希腊本土的文化联系都是罗马迫切需要之物,所以这条阿庇乌斯路不仅对罗马有极大的战略意义,经济、文化上的效益更是显著。后来此路又延伸到亚德里亚海边的布伦底西港,由此渡海就可直达希腊,它的作用就更大了。阿庇乌斯路是南下的大道,大致与它同时,罗马又修了一条北上的弗拉米尼乌斯路(亦以主持官员命名),直达亚德里亚海滨的北意重镇阿里米昂(今之雷米尼,全长368公里)。再从这条北上大道延伸入波河流域,就可和法、德、瑞士、奥地利等地相连,通达之途更为辽阔,所以日后也就留下那句"条条大道通罗马"的谚语。从某种意义上可以说,这种道路工程是罗马最有特色的文化纪念物,在古代历史上,东方帝国不乏修筑驿道的事例,长度且大大超过罗马(例如波斯帝国的"御道"由小亚细亚的以弗所直达伊朗都城苏撒,全程2 400公里),但论工程牢实、整齐划一和使用长久则不及罗马;若就西方而言,罗马在这方面则真是前无古人,后无来者,因此英国史家杜德利评述说:"这种道路工程的伟大体系纯属罗马人的事业,希腊化各大王国在这方面可说毫无作为。直至铁路时代到来以前,它使陆路旅行在方便快捷方面达到无可比拟的高度。"[9]

建筑和工程技术方面既有如此进展,其他文化领域自亦不会太落后。可是,相当稀少的遗物却告诉我们,这时的罗马整体而言仍属于那种"质胜于文"的技术型文明。它仍然没有自己的文学——至少是写下来的文学作品,在美术方面,它也还找不到可以称为纪念性的作品,甚至连前面

第三章 ● 罗马文化的形成

提到的母狼雕像那样的精彩小品也不多。但是,在造型艺术上已可看到某种罗马传统的、可以说是从那尊母狼雕像一脉相传下来的东西在成长。在这方面,应该说伊达拉里亚艺术(以及它传达的希腊艺术)的现实主义技法起了良好作用。前已指出,在公元前 5 世纪达到顶峰的希腊古典艺术的现实主义技法,很快便被伊达拉里亚吸取,它以后又继续影响于罗马。这时一般说来对美术尚无甚要求的罗马人,在个别场合却比较认真,其中之一就是他们在举行凯旋式时要展示一些描绘战斗经过和立功将领的图画。举行凯旋式是罗马人从伊达拉里亚继承下来的风俗,到共和时期变得极为隆重,成为授予得胜而归的将军的最高荣誉,按例只有执政官、独裁官等握最高权力的将帅在获胜后才能由元老院颁令授予凯旋式。只有行礼当日,将军才能率队入城(平时军队不准进城),元老为其前导,公民则夹道欢迎,尾随凯旋将军之后的士兵队伍则高举战利品和上述那些"凯旋画",并杂以掳获的敌军旗帜、武器,最后还有那些镣铐加身的被俘敌方王侯与各类头目。凯旋将军身披锦袍,头戴荣冠,乘驷马之车,从"圣道"经过罗马广场一直进入卡彼托林山上的朱彼特大神庙,行敬神献俘之礼,大典才告完成。由于这个仪式的隆重,罗马人自然希望"凯旋画"能比较精彩出众、逼真表现战斗情景,从而使这些图画在群众中留下深刻印象,古代文献亦时有记述。可是,由于这些图画作于布帛、木板等易毁材料上,它们已完全无迹可寻。幸而近年的考古发掘为我们提供了一点有关讯息:考古学家在厄斯奎林山的一座公元前 4 世纪后期的墓葬遗址中发现了一些壁画残片,其中有表现萨莫奈战争的图景,按其规格形式可认为是仿效凯旋画之作。据推测,墓主大概是一位中级指挥官,他自己尚无权举行凯旋式,只能作为某次战役的有功人员参加战后的凯旋式,然而这一点已足够他和他的家族视之为殊荣,并把凯旋式中展示的那些图画、特别是有他本人在场的画幅请人复制于自己墓墙之上(可能那些复制者就是原画的作者或他的门徒)。尽管壁画残片已很模糊,仍可辨认其中罗马和萨莫奈官兵的形象是达到了当时条件下可能达到的那种"如实反映",例如双方装束、武器、队列皆有自己的具体特征,动作、姿态的叙事意义亦较明显等等。按罗马当时的文化发展水平,这些图画只能是沿袭伊达拉里亚的绘画艺术,不过,在强调如实反映和具体叙事上却表现了罗马人认真务实的倾向,可说是日后罗马艺术中的叙事写实传统的萌芽。

另一个起了类似作用的场合则是罗马人家庭宗教中的祖先崇拜风

47

罗马文化

俗。大约也在此时,罗马人形成了崇拜祖先必须保留先人容貌的习惯。一般而言,古代民族中供奉先人遗像之事并不罕见,可是罗马人对这种习惯却抱着他们特有的那种执著、认真,一定要先人遗容"逼真酷肖",用现代的比喻说,就是要达到"照相"般的准确。这一点在当时无论绘画和雕刻都达不到,罗马人不得不求助于某种"机械代用品",即在断气后的先人面容上用蜡托制模型(范型),然后再用蜡制一个以此模为范的面具,由于它是在真人脸上托出,当然有酷肖的模样,可是却说不上生动美观,因为刚死的人面容自不免憔悴枯瘦,从其上托出的容貌即使逼真,也毫无气韵可言。但长期以来,罗马人对这些蜡制先人面容极为尊重,把它们放在家宅中最重要的房间,祭典必在其前敬拜,某些重大节庆还亲手托出供人瞻仰。然而这些蜡像的缺点和它之不易保存仍使罗马人不得不想到最好还

陶棺上男女主人宴饮对坐雕像

第三章 罗马文化的形成

是有石刻的先人遗像,这种造像应根据蜡像或面对本人创作,并要在真实酷肖之余,还作一些艺术加工使它显得富于生气而不只是一副死人面孔。这个要求,对当时的艺术家说来恐怕是太高了,他们从伊达拉里亚那儿学来的雕刻术虽有一定水平,人物仍是类型化的,例如伊达拉里亚墓葬中陶棺上常有男女墓主宴饮对坐的雕像,面容体现贵族男女的雍容华贵,但每个人的脸孔并不要求酷肖某人,因此它的"肖像般的写实"只是指刻画现实生活情景比较注重具体环境,不作希腊艺术那种理想化的加工而已,并非真的制作肖像。因此,若按罗马人对祖先遗容的酷肖要求,罗马艺术家还有很长一段道路要走,实际上是经历了两百多年的努力之后,罗马艺术才在公元前 1 世纪创作出既逼真酷肖又气韵生动的肖像。因此,我们所谈的这个时期只能说是应这种要求而产生的肖像写实倾向的一个萌芽。当然,这种倾向影响所及,也不只是供祖先崇拜用的先人遗像,它对各种人像雕刻都可能有所启发,例如,佛罗伦萨考古学博物馆收藏的一尊罗马少年头像,是属于公元前 3 世纪初的作品,它的写实风格就已有较明显的进展。如果追本溯源,当不得不说它的成就在一定程度上是得力于前一世纪萌芽的这种肖像写实的倾向了。

从公元前 3 世纪到前 2 世纪中叶的一百多年间,是罗马文化形成的最后阶段,它已由萌芽而走向成熟。这一两百年正是罗马逐个战胜强敌,成为地中海的霸主,建立奴隶制大帝国之时,罗马文化此时走向成熟,当然是和它建立帝国的历史发展互相配合,同时,它也说明罗马文化就其阶级内容而言,更加具有奴隶主阶级的文化形态的性质。这时期罗马文化的一个重大发展,就是它开始有了自己的文学——罗马文学,若按其语言文字看,通常也称为拉丁文学。一般以文学为主轴的文化史学者,往往认为只是从这时开始,才有罗马文化可言。例如写了《希腊方式》的伊迪丝·汉密尔顿,也写了一部姊妹篇《罗马道路》(初版于 1932 年),此书开篇即从这时出现的罗马喜剧作家普罗塔斯和特伦斯说起,它的第一句话便是:"当我们看到通常称为古代罗马的了不起的一幕终于鸣锣开场时,令人惊奇的是首先上台的竟为两位喜剧作家。"[⑩]虽然这种说法未免有点片面,它却点明罗马文学出现在罗马文化史上的重大意义,它确实是罗马文化走向成熟的一个显著标志。

严格地讲,如果把用拉丁文写下文学作品当作罗马文学之始,那么第

罗马文化

一批"罗马"作家还不能算这两位喜剧大师,而是那些用拉丁文翻译希腊文学作品,把"文学"用拉丁语言介绍给罗马公众的人,他们是希腊人,而且往往是被俘为奴后当罗马人的保姆、教师的人。其中知名的一位叫李维·安德罗尼库(Livius Andronicus,约公元前284—前204年),他是南意希腊城市塔林敦人,在战争中被俘为奴,后得释放,为罗马人当家庭教师,大概他的希腊文和拉丁文在当时都称精通,便首次把荷马史诗《奥德赛》译成拉丁文,在罗马大为流行,被称为罗马的第一部文学教材。因此,当公元前240年罗马政府为庆祝第一次布匿战争的胜利而大搞赛会之时,便请他把一些悲剧译成拉丁文在赛会上演出。这类赛会原来只有角斗、赛马(车赛)之类,可能是罗马政府觉得这次庆祝要搞得文明一些,便仿效希腊搞一些悲剧演出。安德罗尼库的剧本现已全部失传,不过,从应罗马政府之命为祝捷演出看,他可能也添加了自己创作的一些东西以适应当时的形势。从此以后,罗马便出演一种主要由希腊原著译来但有所修改补充的戏剧,俗称"希腊装戏"(Palliatae, pallium是希腊袍),以别于罗马土生土长的"罗马装戏"(Togatae, toga是罗马袍)。普罗塔斯和特伦斯这两位大师的喜剧是按"希腊装戏"的路子发展而来,但内容完全是罗马的,它是罗马人自编自演的真正的"罗马喜剧"。

安德罗尼库这种以翻译起家兼搞少许创作的道路,表明罗马文学首先是以希腊为师然后才自立门户。但罗马人对希腊的学习非仅限于文学体裁与技巧,更重要的是得其现实主义与人本主义的精神。有了这一点,罗马文学起步虽晚,它的进展却较快。普罗塔斯(Plautus,约公元前254—前184年)与安德罗尼库不过一代之隔,但他写的喜剧则是比较成熟之作。普

庞贝古城壁画上的喜剧演员

罗塔斯出生于罗马北面的翁布雷亚山区,曾在剧场干杂活,后经商失败而去开为建筑工程起吊重物的踏车⑪,在车内干活的苦力一般都是奴隶和被罚作苦工的囚犯,因此开车的人也属贱业。据说他是在业余时间写剧本,很受群众欢迎,遂成为喜剧大师,生平创作竟达130部之多。普罗塔斯的这些经历告诉我们,他的喜剧成功的基础在于他有较丰富的生活体验,特别是有社会下层生活的体验,所以他笔下的普通人尤其是奴隶的形象生气勃勃、聪明伶俐,令人喜爱。从文学源流看,普罗塔斯的喜剧主要学习了希腊化时代的"新喜剧",它的代表作家是公元前4世纪末3世纪初的雅典喜剧家米南德。它所以称为"新",是相对于雅典喜剧大师阿里斯多芬的"旧"喜剧而言,后者立足于雅典城邦环境,凡嬉笑怒骂、语气双关之处皆与雅典公民政治风习有关,不是雅典公民的听众便很难领略其妙。新喜剧则从希腊化时代"四海一家"的心态出发,它的情节故事、人物类型都是各城各地的日常生活中常见的,可以说是冲出了城邦政治的具体环境,滑稽笑料通俗易懂,其戏剧冲突与讽刺幽默亦从一般的人情世态出发而不像阿里斯多芬那样包含深刻的政治内容。因此,新喜剧的水平虽有所下降,在当时却流传甚广,尤其受到罗马人的欢迎。普罗塔斯不仅在创作上充分借鉴仿效米南德,还常在剧本的前言和台词中公开宣称他是亦步亦趋地追随米南德,因为在当时人看来,这种仿效追随并不是什么不光彩的事,反而可使这些作品添加价码,更易为群众接受。可贵的是,普罗塔斯以及其他罗马作家虽不惮于仿效甚至有一些抄袭,他们的创作实践却总是能推陈出新,形成自己的风格。推而广之,可以说整个罗马文化形成的道路也是这样在学习希腊中自我成长。

普罗塔斯的作品现存有《安菲特里翁》、《阿辛纳纳里亚》、《商人》、《吹牛长官》等共20部⑫,残片流传的尚有7部,相比于其他古代作家来说,这数目是惊人的了。也有人认为,虽然相传在其名下的作品达130部之多,实际属其真作的也不过20—30部,那么他的作品流传于世的比例更是相当的高了。无论如何,这些情况说明他的喜剧在古代很受欢迎,而流传数量之大也使他成为文艺复兴以来西方近代戏剧创作中影响最盛的一位古代作家。从现存作品看,其中虽不乏取材于传统的希腊神话故事者(如《安菲特里翁》),但多数是那些在取笑中略带讥讽的"家庭喜剧",情节不外因风流情爱金钱遗产等引起的纠纷打闹,并多半以离奇巧合阴差阳错而获得大团圆的结局。剧中人物大都是那些吝啬贪财的父亲、花天酒

罗马文化

地的浪子、卖弄乖巧的情妇、自作自受的小人之类,虽然格调不是很高,却都属社会中下阶层的群众,在通俗之中自有其普遍代表意义。但是,在古典文学领域中最放异彩的形象却不得不算普罗塔斯笔下的那些以奴隶身份出现的家仆。他们聪明伶俐,正直而富于同情心,既机智又通情达理,这对于一位奴隶主阶级的作家说来,已经难能可贵了,我们当然不能要求他写出奴隶阶级勇于斗争之类更高贵的品质。根据自己的生活体验,普罗塔斯对奴隶阶级是有所同情的,因此他在所写喜剧的大团圆结局中往往也给奴仆一些"出路",让他们逢凶化吉,免遭一些痛楚。有一次他甚至写一个奴隶因功获赏好酒一桶并得以宴请其奴隶朋友,在罗马这个奴隶制统治很严格的国家,让奴隶聚会是最犯忌的大逆不道,因此普罗塔斯在剧中让那位奴隶向罗马观众先作一番解释:"诸位切勿大惊小怪,生怕奴隶饮酒欢聚,请他们的朋友赴宴。在雅典,我们是可以这样做的。"其实,雅典对奴隶也未必如此宽容,倒不如说是剧作家本人在情感上对奴隶开了绿灯。

　　当时的舞台设备和剧团组织都非常简陋。希腊化各国已有剧场建筑(石造的半圆形露天剧场),罗马则尚付阙如,只是在山坡和平地上摆几排木凳,算是观众席。前面的舞台是用木材搭盖,只以一块画布作固定的"布景",其上一般画左右两间房子,中间有一神龛。舞台两边有供演员出入的两个门,一个代表城镇,一个代表海洋,分别从这两个门出入的演员就意味着是在城内活动还是远行或从海外归来,因此舞台上的场景总是置于街头户外,即使剧中有闺房、室内的情节,布景和道具也无差别。与此相伴的是,舞台上没有帷幕,所以剧本也无场、幕之分,一口气把故事演完。观众看不到什么"节目单"、"说明书",往往由演员甚至剧作者在开场来一个"前言",亦即道地的"开场白",交待一下全剧情节、角色与故事的由来。演员一般只有三四人,最多不过五人,剧中角色往往也只有这么几位,若多几个配角和群众,就由演员兼职,一人扮几个角色,("群众"往往只用一人代表)。当时女性演员很少,剧中女角多由男演员扮演。扮装是类型化的,如奴隶以衣衫破烂表示,老头挂白胡子之类,还像希腊新喜剧那样使用面具。不难想见,表情和手势也是程式化的,一招一势皆有定型,喜剧对白全用韵文,有时还插一段唱词,基本的诗韵是古典的抑扬格(短长格),演员大声朗诵,配以笛、笙等管乐器的伴奏,由于演出多在赛会和节庆期间进行,剧场旁边就有体育比赛和角斗表演,声音嘈杂,秩序混乱。在这种情况下,普罗塔斯的喜剧尚能达到较高的文学水平,不能不说是他的一个很有开创性的功绩,因此他的作品在日后的罗马舞台上历数百年而屡演不衰,后人亦难有比肩之作。

戏剧面具

从艺术技巧看,普罗塔斯的主要特点是以修辞学的功底对喜剧冲突和角色语言作适当的夸张加工。新喜剧本来就以修辞见长(据说米南德即以修辞学专家知名),很讲究语言技巧;普罗塔斯按其贫贱出身原无专门攻读修辞学的机会,但他善于向生活学习,对米南德的范本钻研尤殷,终使自己对拉丁语文的运用达于得心应手的境地。一位行家评论说:"当普罗塔斯开始写作之际,拉丁语文仍处于原始程度。可是,在他以超人的快捷掌握它之后,拉丁语文便成为一种灵活生动、适应性很强的语言工具了——尽管比之于奥古斯都时代的优雅,他还有一段距离。"⑬ 然而,作为一个受群众欢迎的喜剧作家,他这种略欠优雅却和他的通俗、夸张分不开。试以《商人》一剧为例(这是他最受欢迎的剧作之一),故事是说在一个奴隶主家庭里,儿子被其父派往外地经商,当青年人从外地买回一位漂亮女奴时,其父便把她据为己有。这本是奴隶主家庭常见的纠葛,普罗塔

罗 马 文 化

斯能做的也不过是对这类家庭丑事添加一些喜剧的笑料。且看看他如何描写青年人从服侍他的男奴口中打听事情经过⑭：

主人（即青年人）
（在连续要求把事情说清之后）
　　快说！事情究竟怎样了？不要怕把坏消息再说一遍。
奴隶（即男奴）
　　啊！别问我，那太可怕了。
主人
　　请上天见谅，恐怕你要挨鞭子了——
奴隶
　　如果要逼我讲，我就讲。你的父亲——
主人
（大惊失色）
　　父亲！怎么啦？
奴隶
　　他见到那姑娘，
主人
　　天啊，他还干什么？
奴隶
　　用他的眼睛
主人
　　那还有什么？你这个蠢货！
奴隶
　　他张开双眼，
主人
　　该死的！与我命根有关之时你还结结巴巴。
奴隶
　　啊，鼓起勇气说吧，坏事来了。当他一见到她，这老恶棍就把她抱在怀中。
主人
　　苍天在上！抱着她？

第三章 ● 罗马文化的形成

奴隶
（高声大笑）
　　当然哪！难道会抱着我？

剧情的进一步发展自然是主仆二人商量如何把那女奴抢出来，并转移到安全之地。而这时，作者就让那位好色的老奴隶主上场了。对这位"坠入情网"的"父亲"，作者用他和友人的一段对白来表现⑮：

父亲
（容光焕发地）
　　来呀！朋友，你看我现在如何？
友人
（漫不经心地看了一眼）
　　风烛残年呗！一只脚已跨进坟墓了。
父亲
（像挨了一闷棍，但迅速恢复）
　　唉！你一定视力大减。你看不出我是一个少年吗？我的老友，我——正是八岁少年！
友人
　　你疯了？哦——也可能返老还童。是的，我相信会这样。
父亲
　　不，不是那样。
（调皮地）我开始上学堂了，老友——
　　今天我认识了两个字。⑯
友人
　　什么？两个字？
父亲
　　"爱情"。

普罗塔斯就是用这些生动夸张的语言，配合着离奇的情节、滑稽的讽刺，以及种种正反错位、祸福乱调的生活中的幽默，对罗马社会作了杰出的反映，从而使他的喜剧成为罗马文化形成阶段最有代表性

罗马文化

的作品。

提到代表性,就接触到评价普罗塔斯以及整个罗马喜剧文学经常遇到的一个问题:这些喜剧中的典型形象,岂不是和罗马人引以为傲的质朴坚定的民族精神和他们崇尚的严肃、虔敬、单纯的美德背道而驰么?实际上,古今观众都不难从普罗塔斯笔下大大小小、老老少少的奴隶主身上看到罗马统治阶级的真实写照,如果说这些罗马社会中的真实形象和罗马人的理想有所矛盾的话,那么,这种矛盾正是罗马这个奴隶制社会以及一切阶级社会必然存在的一种本质的反映。西方的研究者喜欢说,由于这些喜剧,罗马人的威严形象变得更丰满、更多样化了,它使我们看到盾牌的背面,穿白大袍正气凛然的罗马元老现在成了穿睡衣拖鞋、贪财好色的奴隶主,似乎这样一来我们就看到了罗马人更为全面的"人性"。这种说法显然过于肤浅,实际上,应该说从喜剧看到的"盾牌的背面"更能揭露罗马统治者作为奴隶主的阶级性的本质。罗马人在长期历史发展中形成的一些精神特点以及他们标榜的道德理想只是覆盖在他们奴隶制社会之上的民族色彩,而且归根到底,它们是为建立罗马奴隶主的统治服务的,它们本身既带着奴隶主阶级的烙印,也受制和服从于这种阶级性。随着罗马成为奴隶制大帝国,奴隶制经济取得更大发展,作为奴隶制统治的本质的黑暗面更成为社会上司空见惯的现象,这就是喜剧反映的罗马社会的现实。因此,它的代表性不仅不会由于它与罗马理想之矛盾而减轻,反而更加鲜明。此外,从文化史研究的角度看,这种矛盾也是民间文化、群众文化和统治阶级的文化存在矛盾的反映。受到群众热烈欢迎而被统治阶级斥为"粗俗"的喜剧,确实与民间文化有较密切的联系,因为它的来源之一就是罗马各地当时广为流传的民间滑稽剧。这种戏剧由民间艺人演出,即兴创作,没有脚本,情节根据传统的故事核心展开,角色也限于几个简单的类型,但它植根于群众之中,在城乡各地皆有大同小异的剧种出现。例如,在文化发达的坎佩尼亚地区,就有一种名叫"阿蒂兰"的寓言滑稽剧(Atellan,取名于阿蒂拉城 Atella,它是坎佩尼亚的一个小城)。它使用当地的意大利族方言,约于公元前3世纪初传入罗马,并与罗马的民间曲艺混合流传。我们在前面提到的"罗马装"的戏剧,可能就吸收或包含了这类民间滑稽剧。据说它的主要角色是由糟老头、馋嘴汉、骗子、小丑四类喜剧人物构成,可见和日后的罗马喜剧有一定联系。普罗塔斯出身下层,又在剧场干过杂活,他对这类民间滑稽剧当不只是熟悉且一定很喜

第三章 ● 罗马文化的形成

罗马戏剧场景镶嵌画

欢,而他的剧作面向的观众也多半是原来喜爱民间戏剧的群众。因此,作为文学源流,普罗塔斯的喜剧应有两个主要的来源:希腊化的"新喜剧"和罗马的民间滑稽剧,这是他能够平步青云般迅速取得较高成就的原因。普罗塔斯喜剧的这种民间文化渊源不仅使其创作倾向与统治阶层标榜的道德理想有所矛盾,也使它深得罗马城乡群众喜爱,流传数百年而不衰。试看罗马文化形成时期的著作传世若凤毛麟角般稀少,唯独普罗塔斯能享有数十卷不受时代淘汰的荣誉,就可知道他植根于群众的深度了。

在充分评价普罗塔斯喜剧的群众意义之余,我们也不要忘记一个基本的事实:它是作为罗马文化传统的一个组成部分并得到罗马政府和统治阶层认可的,尽管有上述背道而驰的矛盾,但总的说来,它仍属于罗马奴隶主阶级的文化形态。首先,罗马政府和统治阶级对文艺作品的审查控制仍是极严厉的,罗马法律中有一条,若犯有损害共和国尊严之罪,便

罗马文化

可判以大刑,元老院和权力很大又以"澄清风俗"自诩的监察官随时可援引此法而对犯禁的作家、作品大肆镇压。我们下面将要谈到的另一位作家尼维阿斯,便因在喜剧中对罗马权贵的恶习予以嘲笑而被捕入狱,死于流放之中。所以每位作家都知道有无数只眼睛对他们虎视眈眈,嬉笑怒骂最好别越出元老院划定的大框框,有时还得绕些圈子以避免麻烦,例如把喜剧的人物、地点都放在希腊,对某些事物有意给它一个"张冠李戴",群众心里明白它们指的是谁,但若拉上法庭,作家却可凭此做些申辩,群众也便于为之求得开脱。普罗塔斯在这方面显然比尼维阿斯"策略"得多,他的剧作几乎全用希腊人名、地名,还不时让角色出面向观众作些解释。当然,政府当局的禁锢只有消极意义,更重要的还是作家本人的思想感情,在这方面,应该说所有古典作家都不脱奴隶主阶级的烙印,普罗塔斯亦不例外,尽管他出身较低,但从他曾经商和做踏车工头看,仍应算作一个小奴隶主,至于成为著名作家之后,更是非奴隶主莫属了。同时,作为一个罗马公民(普罗塔斯按其出身地原非罗马公民,但他的喜剧却为他获得了公民权),他对罗马传统观念亦有自觉维护之处。例如,对罗马人极为重视的家庭观念,他就无丝毫正面触动,不管他描写的父子为争夺女奴闹得如何不可开交,"家长法权"仍是必须维护的,儿子总是服从父亲,当问题摆在桌面上时,儿子总是说父亲对而自己错,婆婆和妻子吵架时,儿子也总是说母亲对而媳妇错。同样地,尽管家庭中的风流丑闻层出不穷,女方却永远是女奴、妓女或外国人,家庭主妇尤其是贵族妇女绝不牵涉其中,她们要永远保持罗马人宣扬的贞洁妇道。最有趣的一个例子,就是《安菲特里翁》剧中塑造的阿尔喀梅娜的形象,按希腊神话,阿尔喀梅娜是安菲特里翁之妻,他俩分别居国王、王后之位并相爱不渝。有一次安菲特里翁出外远征,天帝宙斯乘机化作安本人而与阿尔喀梅娜同床共寝,他们的结合诞生了希腊最著名的英雄赫拉克勒斯。在普罗塔斯笔下,阿尔喀梅娜被当作高贵完美的罗马贵妇的典型,尽管她命中注定要上当受骗,她却始终对家庭和丈夫抱着最崇高的信念。当安菲特里翁出征时,她高歌一曲畅抒心怀:

"丈夫离我而去,
我应毫无怨言,
因他为英名荣誉出征,

将带胜利凯旋而回。
无论多少痛苦折磨,
都只会使我信心更坚。
即使日日夜夜思念,
我也能忍受。
即使考验再多一些,
我也能迎接。
只要我能听到他终获胜利的凯歌,
就足以补偿我忍受的一切。
他的英勇成果也将为我所有,
我又还有何求?
英勇超过一切。"⑰

这种劝夫出征、忠贞不二、勤俭持家、坚信丈夫功绩也有自己一半而任劳任怨的家庭主妇,正是罗马统治阶级梦寐以求的理想女性。虽然让它出自阿尔喀梅娜之口,多少带有一点喜剧般的讥讽,但由此也可以看出普罗塔斯是多么典型的一位罗马作家。

特伦斯(Terence,约公元前 195—前 159 年)是继普罗塔斯之后可以与他齐名的喜剧作家,但他在 30 多岁即去世,生平著作远不如普氏之多,今传世者亦仅 6 部。特伦斯在喜剧创作的成就和对后世的影响方面可说与普罗塔斯相当,但他俩的精神气质和风格倾向又很不相同,从而使罗马喜剧遗产内容更见丰富。特伦斯的出身比普罗塔斯更低(他是北非一罗马殖民城市中的家生奴隶),但由于他为奴之家是罗马显贵,主人赏识他的才华而让他受较好教育并恢复他的自由,他遂得以厕身罗马社会上层,成为罗马元老较开明集团的座上客。这个集团的首领,不是别人,正是前面提到的波利比乌的知交斯奇比奥·埃米利安努斯,他所庇护的文化名人,除特伦斯与波利比乌而外,还有罗马的讽刺作家卢西利乌斯和希腊哲学家帕奈提奥。因此,特伦斯和普罗塔斯相比,是属于一个档次更高的文化圈子,这有助于使他的文风更显高雅纯净,但也相对削弱了他与广大群众的联系,语言不如普罗塔斯通俗和生动鲜明。同样地,在对待希腊新喜剧和罗马民间戏剧这两个来源方面,特伦斯也不像普罗塔斯那样处理得好,他更偏重于希腊遗产,对罗马民间传统则多有回避,他学习米南德有

罗马文化

罗马戏剧浮雕,剧中人物戴着面具

升堂入室之妙,凯撒曾誉之为"米南德的化身"。这些发展,显然更为鲜明地表示罗马文艺(以及整个文化形态)具有官方正统的特色,民间文化很难再登大雅之堂了。但这种发展,对群众性较强的喜剧艺术并不有利。实际上,在特伦斯之后,罗马再也没有产生伟大的喜剧作家。特伦斯为喜剧艺术带来的新进展,则是其哲理思想的加深与心理描写的细腻。他以优雅的语言、别开生面的描绘使其人物形象活跃于舞台之上,因此后人称他是以艺术扣人心弦。但更重要的是,无论他的人物在喜剧冲突中显得多么滑稽可笑,他却善于为他们覆盖一层"人性"的光彩。他剧中人物最著名的一句话便是:"我是一个人,凡人性所属我都能够理解。"这句话被当作罗马的人本主义思想成熟的标志,至今传诵不绝。从当时情况看,应该说他表达的正是斯奇比奥文化圈子中谈论最多、提倡最力的一种思想,它把希腊人本主义强调的人与神的共同发展为人与人的共同,体现了在奴隶制帝国阶段罗马文化所追求的那种以人为本而世界一体的理想。这句简单的话甚至为历代哲学家赞不绝口,关键就在于此。

尼维阿斯(Naevius,约公元前270—前201年)是另一位有代表性的

第三章 罗马文化的形成

文化人物,从年代看,他是普罗塔斯的前辈,也曾进行喜剧创作(前述因触犯元老而被流放的就是他),但作品皆不传于世。尼维阿斯更有影响的文化活动是史诗创作,他写了一部名为《布匿战争》的史诗,记述罗马人建立帝国之初最顽强的一段斗争经历。此书也告失传,只有个别诗句经后人引用而为我们所知。史诗体裁显然仿自希腊,尼维阿斯的文采也不见突出,但他的著述开启了罗马文化非常重要的一个方向:以文学形式记述罗马建立帝国的丰功伟绩。继他之后,恩尼乌斯(Ennius,约公元前239—前169年)写了名为《年代记》的史诗,历述罗马史事,止于公元前171年,但第二次布匿战争中与汉尼拔的斗争显然是他的最大主题(尼维阿斯写的是第一次布匿战争)。恩尼乌斯的著作也已失传,今存者仅少量残篇[18]。他不仅写史诗巨著,也写悲剧、喜剧和教谕诗,被后人尊为"罗马诗学之父"。与此同时,罗马人也开始用散文记述历史大事,而且写这类作品的往往是富有军政阅历、位居高位的人物。其中最早的两位,还是用希腊散文形式写作的,他们就是与前述费比优斯同族的费比优斯·皮克托与秦奇·阿里门图斯,前者曾在第二次布匿战争时任外交使节,后者曾任公元前210年的执政官,都亲身参与抵抗汉尼拔的斗争。他们的著作以年代记形式记述罗马历史,都没留传下来,从个别引文中可知仍属摘录古史传闻性质,看来还不如史诗所述精彩。他们之后,才有用拉丁散文著述的作家,首开其风的当推著名的监察官加图(Cato,约公元前234—前149年),他也是这时期唯一有拉丁散文作品传世的作家。

加图精于修辞与演说,在他漫长的政治生涯中,演说是他运用得非常成功的一种斗争武器,据说他被后人奉为名篇的演说词不下150之数,今存残片亦有80余件,时人把他与希腊最著名的演

加图

罗马文化

说家德谟斯提尼并论,誉之为"罗马的德谟斯提尼"。他将修辞演说的功力移之于散文写作,生平著述丰富,据说共有 7 部,涉及历史、军事、法律、医学、农业等等方面。但从前述罗马文化的努力方向看,军政历史仍是加图拉丁散文创作的主轴。他在这方面的代表作是名为《创始记》的史书,可惜此书已失传,从后人介绍得知它共分 7 卷,前 3 卷叙罗马古史,4、5 卷专记布匿战争,后两卷谈战后事态直到他逝世之年,可见他已打破了年代记的框框,按大事组织章节,记述连贯、脉络鲜明,气势当与其富有感染力的演说词不相上下。然而,具有讽刺意义的是,加图这部可作表率的史书荡然无存,留传至今的却是他的散文著作中最不起眼的一部——他写给子侄作家庭教育之用、介绍管理农庄诀窍的书《农业论》。这种治家经验谈的文风当然平易得多,不过,我们反而可从其中更直接地看到罗马奴隶主的精明和他们民族质朴务实的精神,试以它谈管庄职责的段落为例:

"奴隶农庄的管理人应安排完善的秩序,遵照节日惯例,勿拿他人之物,细心保护全庄财物,他应审理奴隶的纷争,若有人犯过失职则应按过失轻重严加惩治。他不可虐待奴隶,不得让奴隶处于冻馁以至影响劳作。他当使奴隶永不停息地干活,如此,管庄方能较易制止奴隶的邪恶与盗窃。如果管庄约束奴隶严而有方,奴隶必不会胡作非为。假若管庄竟容忍奴隶

乡村庄园耕作场景,奴隶在碾麦

第三章 罗马文化的形成

的恶习,主人则不能让他逍遥法外。他应嘉许有功之奴,使其他奴隶愿循正道。管庄不应无事闲游,他要永不醉酒,不往他处用饭。他务令奴隶经常工作,并监视他们服从主人的命令。管庄不应自以为比主人高明,他要以主人之友为友,听从其中任何人之吩咐。不得主人之命,他不得向任何人赊卖,并必须为主人讨债。他不得把种籽、存粮、小麦、酒和油借给任何人。他要经常在主人面前报告收支情况。未经主人同意,管庄不得冒昧购入任何物品,也不得对主人隐瞒任何事情。"⑲

在这些治家格言式的经验之谈中,我们不难从其精明之余看到奴隶主悭吝刻薄、冷酷无情的凶相,他一再强调要让奴隶们永无休止地干活,若有反抗则必严惩直至处死。但是,作为罗马人治家理政的特点,加图也处处强调要按规程办事,不厌其烦地列举管家职责与注意事项,体现了罗马文化重视技术性细节的传统,因此他这部书也包括一些农业科技的内容,是罗马这类科技著述的滥觞。

加图在罗马文化史上另一很有影响的举措是他在监察官任期内为克尽"整饬风纪"的职责而掀起的反对奢侈腐化的斗争。他于公元前184年被选为任期五年的监察官,此时他已是德高望重的元老,早在十一年前已担任过一届执政官,在任时就以反对奢华、为官清廉著名,在其后的仕途生涯中他也不断抨击官场腐败和贵族劣迹,加以他本人刚直不阿、自奉极俭,因而夙孚清望,就任监察官后他便把一贯坚持的斗争发展到白热化的程度,使"监察官加图"成为罗马历史上反腐化斗争的典型。他制订了对奢侈品课以重税的法律,不许元老家内摆设金银餐具,贵族妇女不得穿华丽衣衫,并把一些不体面人物逐出元老院,有位元老仅因当着女儿的面与妻子亲吻即被革职,并被取消竞选执政官的资格。在加图严格督促下,社会风气为之一变,奢侈放荡行为大有收敛。这种斗争当然有其积极意义,也很得群众拥护,据说罗马公民特为他立像纪念,不谈一般的军政业绩,专门歌颂他澄清风俗的大功大德。但是,在文化方面,这个斗争却牵涉到如何对待希腊文化影响的问题,因为社会上的奢侈浮华风气多半由希腊化各国传入,罗马人不难把希腊文化和希腊生活方式与腐化堕落等同起来,加图的演说中也有把罗马风气败坏归之于希腊影响的言论。这样一来,反腐化斗争不免带上抵制希腊文化、恢复罗马古风的保守排外色彩。

63

罗马文化

不过,从加图本人一生的全部作为和当时罗马文化发展的主流看,这种排外倾向所起的消极影响并不严重。如前所述,我们毋宁说这是罗马对希腊化文化本身产生的一些消极方面的抵制(参见第二章),它反而有利于罗马文化的成长。在日后的罗马统治阶级文化政策中,我们就时常看到既有大量吸收希腊,也有维持罗马传统净化外来影响的两手,它们之间是相反相成的关系,使罗马古风与希腊新潮从并存而达到相融。就加图本人说,他对希腊文化精华的学习更是决不落于人后,实际上他是当时学习希腊的高手,否则就不会有"罗马的德谟斯提尼"之誉了,他的斗争也决无反文化和回归原始的倾向,因为他本人丰富的著述就表明他在建设罗马文化事业上的积极投入和巨大贡献。因此,总的说来,加图掀起的这场斗争对罗马文化建设有敲响警钟的作用,有助于罗马保持"门窗洞开、蚊蝇少见"的局面。这一点,不仅朝野上下有识之士皆予赞赏,甚至一贯以维护推广希腊文化自命、表面上站在加图对立面的斯奇比奥集团也是首肯的,前引波利比乌对罗马廉正之风的折服便是一例。波利比乌与斯奇比奥关系密切是尽人皆知的,他把罗马人的清廉归于信仰的坚定,可能是出于客卿地位而把问题说简单了,实际上,在罗马已成为奴隶制大国之后,若不经过斗争、整肃,岂能常保信仰的坚定与风习的清廉?

我们最后谈到的一座标志罗马文化形成的纪念碑,也直接与斯奇比奥集团有关,它就是庆祝罗马战胜马其顿的皮德纳战役纪念碑。指挥皮德纳战役的罗马统帅是埃米利乌斯·包卢斯,他当然也是修建这座纪念碑的主持人。那么,这位埃米利乌斯跟斯奇比奥集团又是什么关系呢?只要看以下两点就明白:他是那位进军北非、打败汉尼拔的斯奇比奥(史称老斯奇比奥)的妻弟,当老斯奇比奥有位儿子无嗣时,他又把自己次子过继给他,这孩子长大后就是斯奇比奥·埃米利安努斯(史称小斯奇比奥),这种姻亲加父子的关系,自然使埃米利乌斯成为斯奇比奥集团最重要的成员之一,可与老小斯奇比奥鼎足而立。他们三人武功文治的显赫也不相上下:老斯奇比奥赢得第二次布匿战争的胜利,埃米利乌斯征服了马其顿和希腊,小斯奇比奥则是第三次布匿战争的罗马统帅,他们多次出任执政官,举行凯旋式,埃米利乌斯在皮德纳获胜后于公元前167年举行的凯旋式盛况之空前尤被后世传为美谈[20]。从老斯奇比奥开始,他们都把罗马的一些著名文化人团结在自己周围,这个传统历三代而愈盛,遂使他们成为主导罗马文化潮流的统治阶级代表。在我们前面提到的一系列

第三章 ● 罗马文化的形成

作家中,恩尼乌斯与老斯奇比奥、特伦斯与小斯奇比奥、波利比乌和其他被迎聘到罗马的希腊艺术家、哲学家都与埃米利乌斯和小斯奇比奥有知交之谊。在这个背景上,我们可对埃米利乌斯主持修建的这座胜利纪念碑的历史意义有更深的理解。它并不建于罗马,却竖立在希腊圣地德尔菲的阿波罗神庙前,原来埃米利乌斯获胜后曾来此参拜,他看到这儿放着一座尚未完工的马其顿王伯尔修的纪念碑,而伯尔修已为他所俘,遂决定推倒另建自己的纪念碑。此碑设计方案由罗马方面制定,制作则由希腊匠师担当,可看作双方合作的结晶。当时罗马人掌握希腊建筑艺术已相当精到,公元前175年叙利亚国王重修雅典的奥林匹克宙斯庙,请的建筑家竟是罗马人科苏提俄斯[21],而同时在希腊提洛岛经商的罗马商人也把罗马已臻成熟的肖像雕刻介绍到希腊,受到当地重视,可见罗马的建筑与美术这时已比较发达,能和老师并肩工作了。埃米利乌斯主持修建的这座纪念碑,就有两方面艺术家参加,它的形制和希腊化时代的同类作品相仿,风格却简洁牢实,碑身高达9.58米,呈长方形,底座线脚起伏有致,轮廓硬朗,碑壁袒露毫无装饰,碑顶以古典檐部形式挑出,上置骑马青铜巨像,表现埃米利乌斯的英姿,檐壁下横列一道浮雕,表现皮德纳战役的实况。如果说碑的总体设计和碑顶的骑马铜像还不脱希腊艺术的窠臼,那么这道围绕碑顶的叙事浮雕就完全按罗马的"凯旋画"的路子创作了。前已指出,这些为配合凯旋式而制的图画有如实描绘具体战役情景的特点,它和希腊纪念碑用神话故事形象表现征战截然有别。现在考古学家已把纪念碑残片挖出并基本复原,从中我们确实可以看到许多细节描写为希腊艺术所未见,特别是浮雕中央部分表现一匹无鞍之马奔入敌阵的情景,是这次战役特有的关键情节(因此马狂奔而促使双方开战),更显罗马本色。因此,这座纪念碑既显示了罗马的胜利,也标志和预告着罗马文化的成熟以及广泛传播。

第四章 群星璀璨、风云聚汇的时代

从公元前146年到前27年的一百多年,是罗马共和国的晚期,这是一个群星璀璨、风云聚汇的时代,因为在这时罗马社会的各种矛盾发展达于高潮,在其引发的斗争中出现无数风云人物,罗马国家体制亦在此期间经历巨变,由共和制转为帝制。这一切都反映罗马为适应奴隶制发展的历史要求而不断探索与更新,而在这些探索更新之中罗马文化也取得辉煌成就,迎来了罗马文化史上一个被人称羡的"黄金时代"。

这时罗马的奴隶制帝国已由扩展进入巩固阶段,帝国既已确立,其历史后果自必是奴隶制经济得以充分发展,由此而进入古代奴隶制的最后一个高峰。罗马社会从生产领域至家务劳动用奴之多,较希腊有过之

罗马角斗士

第四章 群星璀璨、风云聚汇的时代

无不及,对奴隶压榨之苛酷也居古代前列。我们在上一章摘引的加图《农业论》的段落,已可窥见罗马奴隶主如何周密考虑"有效"剥削奴隶之方,实际生活中的情况当比这些纸面上书写的"常规"恶劣黑暗无数倍!更有甚者,罗马奴隶主还以奴隶的生命取乐,逼迫他们接受角斗训练,然后驱上竞技场分批对阵血战,或与野兽搏斗,总之是要以他们的流血牺牲为奴隶主带来娱乐。为此,不知多少最健壮的奴隶血沃角斗沙台而无辜葬送青春。既然奴隶劳动成为罗马社会整个物质生活的基础,并且还有不少来自希腊和东方的奴隶因有文化、有技能而被用作教师、医士、演员、乐工、建筑技师和雕工画匠等等,他们便参与文化艺术和生产技术方面的创造,因此,我们完全可以进一步说,奴隶劳动是罗马文化的基础,无论狭义、广义、深义层次的文化,无不直接或间接奠基于奴隶群众的劳动。在我们回顾罗马文化进入繁荣发展阶段之际,尤不能忽略这个基本的原理。同样地,当我们回顾这个风云聚汇的时代掀起的各类斗争的时候,我们首先应注意的就是奴隶群众的斗争,特别是奴隶的起义战争。按规律而言,随着奴隶制生产达于最大规模,奴隶的斗争也愈演愈烈。罗马在这时期的情况也正是这样,其奴隶起义之频繁、规模之大与水平之高,在整个古代世界无出其右。先是有第一次西西里奴隶大起义(公元前138—前132年);30年后,又爆发第二次西西里奴隶大起义(公元前104—前101年);其后再历三十年,便出现了古代最伟大的奴隶起义——斯巴达克奴隶起义(公元前73—前71年)。对罗马奴隶主阶级说来,具有最大讽刺意义的便是,伟大的斯巴达克和他的主要战友、骨干队伍就是在角斗奴隶训练场"锻炼"出来的,他们用与奴隶统治者不共戴天的深仇大恨铸造了自己,使这次起义斗争对罗马社会震撼最大,对其统治核心元老奴隶主打击最重,因而有助于社会其他阶层反元老的斗争,显示奴隶起义扭转乾坤的威力。

在文化史研究中,如何充分评价奴隶阶级在古代文明创造中的功绩是个犹待解决的问题。它有明确的一面也有困难的一面:明确的是其基本事实与原理如日中天,不辩自明;困难的则是具体材料极其欠缺,这方面的研究也只是刚刚起步。在对罗马文化的考察中,由于奴隶制发展已达最高阶段,奴隶起义斗争也是空前绝后,这个评价问题就显得更为尖锐,特别是上述三次奴隶大起义和罗马文化的关系,更是史学界尚未接触的问题。西方研究者中有个别人曾提到两次西西里奴隶大起义期间奴隶

罗马文化

的文化活动①,例如起义奴隶在占领的庄园和城市中组织戏剧演出,在起义军中也有文艺演出,甚至以文艺形式向敌方官兵进行宣传、"攻心战"等等。这两次西西里起义奴隶都长期占领几个城市,立国称王,有大将军、顾问院、人民议会和人民法庭等组织。他们占领广大地区后,也用奴隶主的庄园发展生产,为起义部队供应粮草马匹与军需物资,可见社会生活各方面都井然有序,那么文化方面也有一些相应的组织活动是完全可以理解的,何况奴隶大众之中本来就不乏富有文艺细胞并从事文艺工作的人才。可惜的是,对这些演出的具体内容我们毫无所知,起义奴隶可能进行的各种文艺创作更是无迹可寻,我们也很难从资料同样极其缺乏的民间文化中找到它们可能留下的影响。斯巴达克起义的规模更大,吸收的人才自必更多,斯巴达克和他的一些战友还有较高的文化水平(斯巴达克在被俘为奴之前是色雷斯的王族,显然受过良好教育),按西西里奴隶起义的情况类推,我们可以说他们领导的起义大军之中显然也有各种文化活动,但这方面的材料比西西里奴隶起义更为缺乏,现在也只能出于推测。此外,古代某些进步的或激进的思想,例如认为自由高于一切,奴隶制不合理,不合乎自然法则,奴隶也有优秀品质和卓越才干等等,也有所激励于奴隶,并反过来受到奴隶斗争的启发和影响等等,也是可以肯定的。我们知道,恰好在西西里第一次奴隶起义之后,公元前132—前130年即在小亚的柏加马地区爆发了阿里斯多尼库领导的奴隶起义,他提出建立"太阳国"的口号,这既是西西里起义奴隶建立"新叙利亚国"思想的一个回响,也包含了当时某些激进思想家(例如雅穆布拉斯)希望建立包括奴隶在内的人人自由平等的理想之邦的幻想,可以说它是这方面的一个显例。从这些蛛丝马迹而看其大略,我们不难想见在罗马文化走向繁荣的过程中,必然显示着奴隶劳动和斗争的壮丽火花。更有甚者,如果把一个时代文化的整体当作各类英雄人物活动的总合,那么在我们所说的这个时代中,那些叱咤风云的奴隶起义领袖无疑也是文化史上不可或缺的光辉人物。特别是斯巴达克,他的智勇兼备,雄才大略,军事指挥的出奇制胜、统辖全局,政治策略的远见英明、宽严并济,甚至连他的敌人、罗马的奴隶主也不得不表示折服,赞他有将帅之才,马克思对他的崇高评价——"具有高贵的品格,为古代无产阶级的真正的代表"②,更为我们所熟知。因此,如果说这个时代是群星璀璨之世,那么斯巴达克不愧是其中最光辉灿烂的一颗明星,他的周围还有无数奴隶起义将领英才为伴,众星闪烁,组成

第四章 群星璀璨、风云聚汇的时代

了罗马历史星空中最引人注目的一角。

在奴隶阶级的矛盾斗争基础之上,当时罗马社会还存在各种内部矛盾,它们的发展、解决牵动着国家体制的变化,对文化发展的影响也很大。由于帝国进入巩固阶段,外部斗争总的来说已趋平稳。唯一的敌对大国是东方的安息,它与罗马沿幼发拉底河一线为界,呈拉锯之势,常有争战,却都无力深入对方,因此始终保持双方对峙相对稳定的格局,只有公元前53年安息大败罗马将领克拉苏一役,罗马全军覆没,克拉苏亦被击毙,在罗马引起很大震动③,但罗马日后仍保住了叙利亚的边陲。其他地区的对外冲突,例如小亚一带的米特拉达梯战争和北非的毛里坦尼亚战事等,多半和罗马统治下当地人民的反抗斗争联为一体,可看作帝国统治矛盾的一部分。因此,在下面考察与文化发展有关的历史情况时,我们将以罗马社会内部矛盾斗争为主,至于罗马与安息接触而形成的东西方经济文化的交流,特别是丝绸之路的开通与联络,我们将在第十三章详论之。

罗马社会当时的内部矛盾相当复杂,斗争此起彼伏,互为牵连,以风云聚汇形容决不为过。这些矛盾产生的根本原因,当然是奴隶制发展本身。由于奴隶制发展已达帝国的最高规模,奴隶主阶级空前强蛮霸道,不仅使他们和奴隶群众的矛盾白热化,也使他们和公民中的平民大众矛盾激化,平民斗争再次高涨。甚至在奴隶主阶级中,作为统治核心的元老贵族和拥有财富但政治上无元老特权的骑士等级也有矛盾,垄断罗马共和国政权的罗马奴隶主和非罗马公民的意大利与外省奴隶主也有矛盾。一般而言,这些非公民的奴隶主以中小奴隶主为多,因此他们和罗马的矛盾也代表着中小奴隶主和元老大奴隶主的矛盾。此外,在罗马征服、镇压与统治下的各民族、各地区人民群众与罗马的矛盾也是

元老院旧址

罗马文化

有如水火,经常爆发反抗斗争。这许多矛盾集中的焦点,显然是那个垄断共和政权的元老贵族阶级。他们是在前一时期平民与贵族斗争结束后形成的,既包括原来的老贵族,也加入了能当上执政官和元老的平民上层新贵,以元老院为其大本营,故有此名。由于他们长期主持军政事务,并在不断取胜的对外扩张战争中日益壮大,他们终于又变成一个封闭性的、拥有最高特权的阶级,凭其在共和政治舞台上约定俗成的一套手法和雄厚的经济势力,总能制造声势、垄断选举,使执政官和元老的最高职位始终在他们的圈子之内循环,外人极难问津,终于形成只有元老家族出身才能任执政官、外省总督、最后又成为元老的官场惯例。自公元前218年的法案禁止元老经商以后,元老财富便以地产和奴隶为主,组成大小奴隶农庄,遍布意大利各地,尤以南意、西西里岛为多(因此这儿成为奴隶大起义的温床);那些经商、包税、管理财政的奴隶主,因非元老出身而被排斥于最高官职之外,便以骑士为名④,自成一个等级。既然连骑士这类大奴隶主阶级都无法打入元老贵族的圈子,普通公民要想当上执政官便比登天还难。这样一来,共和国本身又成为一种历史的讽刺,名义上它在平民与贵族斗争之后对公民进入政坛已无限制,实际上它却成为元老贵族垄断的工具,平民政治上无权,经济上备受兼并压榨,依然如故;尤其是以共和国名义进行的对外扩张战争,使元老贵族田连阡陌,奴仆成群,而为战争卖命的公民群众却颠沛流离,无处藏身,对比十分鲜明。试听听一位为民请命的改革家对这种惨状的控诉:

> "漫游在意大利的野兽,个个还有洞穴藏身;但是为意大利奋身作战、不惜一死的人,却除空气而外,一无所有。他们无家无室,携妻挈子,到处流浪。他们在作战时出生入死,都只为了保全别人的豪华享乐。他们虽然被称为世界的主人,却没有一寸自己的土地。"⑤

更有甚者,元老贵族对共和国政权的垄断,同时也是对被征服地区(现在已置为行省)的统治权的垄断,他们出任行省总督,实际上就是当地的太上皇,因为按古代城邦共和体制,被征服之地无公民权利可言,总督行使军政全权,只受罗马政府节制,对当地居民作威作福则全无限制。因此,对帝国地区的广大居民而言,共和制度也无非是罗马元老压迫剥削他们

第四章 群星璀璨、风云聚汇的时代

的一个工具。这样一来,随着各类矛盾之集中于元老阶级,同时也就集中于成为元老垄断工具的共和制度,由此我们就看到了罗马内部矛盾斗争的另一个重要方面:转变国家体制本身,其结果是以帝制代替共和制,使罗马成为一个名副其实的真正由皇帝统治的帝国,这是历史的要求,也是奴隶制进一步发展的要求。

  表面看来,共和国无论如何要比皇帝专制进步一些,但若对历史情况作具体分析,我们便会看到,在古代奴隶制条件下,帝国统治仍以皇帝专制的形式最为合适,也最为常见,这可从古代东方各国包括我们中国的历史得以证实。因为我们在这儿所说的帝国统治,是指古代奴隶制达到繁荣阶段的国家对本国以外的各地区、各民族的统治,是以"广土众民"言其帝国的规模。但在具体的历史发展中,这种奴隶制帝国却不一定和皇帝统治有必然联系,罗马就是这样,它是在共和制之下建立了广土众民的奴隶制大帝国,因而大有别于东方。可是,东方历史证明了的"最为合适"的规律仍在起作用,其表现就是共和制不仅不能缓解、反而加深了上述罗马社会的各类矛盾,于是答案很明显:只有从共和制转为帝制,才能有个出路。历史的辩证法就是如此,表面看来似乎是一种倒退的共和转为帝制,在罗马当时条件下却意味着实质上的进步,在帝制之下,罗马奴隶主阶级内部矛盾有所调整,元老特权不再存在(帝制只有皇帝的特权),元老与骑士之区别渐趋消失,意大利和各行省奴隶主阶级的利益得到照顾,中小奴隶主也得到一定保护(因为他们都是皇帝的"臣民")。另一方面,奴隶和下层人民若有反抗,则会遭到更为严厉的镇压,皇帝统治无疑加强了奴隶主的专政。所以,帝制的建立反而是适应了社会发展的要求,在当时就是奴隶制发展的要求。可是,罗马人自己却不能对此有自觉的认识,改制斗争阻力极大,不仅盘踞垄断之位的元老贵族决不让权、拼死力争,那些投入反元老斗争因而是改制动力的各阶层也只从自己利益出发,互有牵制,情况复杂,终于演变为一场延续甚久、流血极多的内争与内战,其高潮迭起、矛盾错综、英雄人物层出不穷的景象,正是这个时代风云聚汇的主要内容。

  首先出现的是格拉古兄弟的改革运动。他们系出名门(其母为老斯奇比奥之女,其妹又嫁与小斯奇比奥),但按家境而言是元老中的清流。他们的母亲是著名的贤淑妇女,教子有方,使他们品学兼优,不愧为罗马青年一代的佼佼者。他们从军远征和接触平民的社会实践,更使他们认

罗马文化

识到公民基层群众已处水深火热之中,遂自愿为民请命而致力于改革。他们的目标是限制元老侵夺征服所得的国家土地⑥,把限额以外的公地收回再分配给破产失地的贫穷公民。这应该说是比较温和的民主改革,特别是他们兄弟两人都迷信合法斗争,凡事皆求诸正式立法。可是受到触动的元老当权派却不肯作丝毫让步,并且不惮大打出手,雇用一批流氓打手以暴力消灭改革派。结果兄长提比略·格拉古在公元前132年被活活打死于选举会场(他争取连任保民官),弟弟盖约·格拉古继续斗争,又于公元前121年被害,同时被屠杀的平民群众达3 000之多。这次改革虽告失败,却揭开了反元老斗争的序幕。虽然平民运动的目标是争取更多的民主,但历史的辩证法却把他们反元老的斗争纳入改变共和体制的洪流,竟使平民派、民主派成为建立帝制的一股动力。

格拉古改革以后,斗争就更为复杂了,民主派拥戴平民出身的军事将领马略,先后7次选他出任执政官,马略在政治上虽无大作为,但他确实团结了反元老的各方面力量,他的主要助手秦纳的思想也比较激进,因此马略派和元老对峙达数十年之久。马略还进行了军事改革,把罗马的公民兵制改为雇佣兵制,士兵长期服役,终身追随一位主帅,遂使各派将领拥有自己的军队,政治斗争演变为军事斗争,双方大打内战。元老院重用另一位军事将领苏拉,他阴险狠毒,拥有实力后和马略派轮番作战,内战更见升级。公元前83年,苏拉率部众从小亚细亚打回意大利,意欲血洗马略派占据的罗马(此时马略与秦纳皆已去世),沿途战斗异常残酷,死者达10万之众;次年攻入罗马后,恐怖统治更属空前,成千上万的马略派人士和平民群众被杀害,腥风血雨笼罩首都。此后苏拉被元老院推举为任期无限的独裁官,元老统治更为专横,虽然苏拉不久便因病引退并于公元前78年死去,但此后数年仍是苏拉

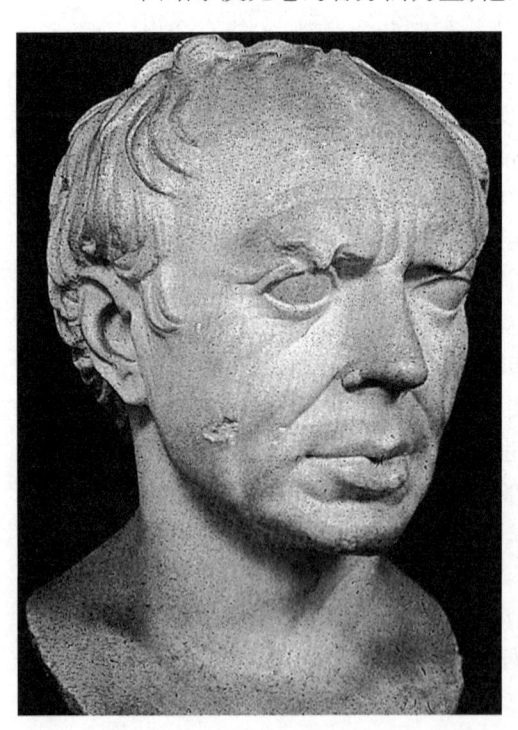

马略

第四章 群星璀璨、风云聚汇的时代

余党和元老统治的最黑暗的时代,而霹雳一声打破这漫漫黑夜的就是公元前73年爆发的斯巴达克起义,它极其沉重地打击了元老贵族,客观上为反元老斗争的再起加了一把火。

镇压斯巴达克起义的克拉苏,原为苏拉部将,在元老势力大受打击后,不得不向平民和接近马略派的骑士讨好,另一位苏拉部将庞培也有易弦跳槽之意,他们的眼光共同转向一位很有胆略的马略派军官凯撒。他是马略的外甥、秦纳的女婿,在苏拉独裁时他顶住压力不与妻子离婚,其后又为其姑母、马略之妻举行盛大葬礼,抬出马略像游行,遂被群众奉为马略派新起之秀。但凯撒是一个比较有眼光的人,志在称雄天下,他利用马略派的旗帜只不过是为了争取群众,因此他很快便与克拉苏、庞培这两位实力人物联络起来,终于组成三头政治联盟(史称前三头),约定克拉苏、庞培帮助他出任公元前59年的执政官,他在任期内则设法通过他们两人提出的一些法案。凯撒的真正目标是执政官任期届满后出任高卢总督的肥缺,三头相约凯撒在高卢任期五年,后又再续五年,给凯撒以十年在高卢征伐掳掠的全权。因为凯撒已看到称雄称霸全凭实力,公民选举之类纯属形式,他去高卢的宏愿是为自己建立一支强大军队,积累丰厚财富,以作日后问鼎中原的资本。应该说他做得相当成功,除了兵多财足而外,他还写文章记述自己东征西讨的功绩,在宣传上大有声势,他的手下还在罗马积极活动,收揽人心,赢得朝野上下口碑甚众。在这种情况下,元老院知道凯撒已是大敌,便拉拢庞培,而庞培也觉得凯撒咄咄逼人,加以这时克拉苏已在远征安息之役败死,庞培更只有和元老院联合以求自保。于是接着出现的就是凯撒与庞培的火并,庞培终于在公元前48年被击溃,逃至埃及被杀,凯撒遂成为罗马帝国唯一的统治者。

在这段斗争中,元老院也出现一位叱咤风云的人物,他就是著名的演说家和修辞学家、有"罗马散文泰斗"之称的西塞罗,他的演说极有动人心弦之力,虽然手下无一兵一卒,谈不上对政局有什么实质性的影响,他却使罗马公众对共和制度油然而生一种惜别之前的依恋,似乎使它镀上了一层夕阳余辉般的光彩。凯撒击败庞培之后,允许四散逃亡的残余元老回到首都,本来是元老首领的西塞罗这时也回到罗马。但是,认为大局已定、踌躇满志的凯撒却犯了两个错误:一是他没能清醒估计共和传统的习惯势力可能产生的影响,特别是他没能觉察自己身边的近臣也会受其影响而反对他的独裁;二是他跑到埃及时却和埃及女王克列奥帕特拉大谈

罗马文化

凯撒被刺

恋爱,并生下一个取名凯撒里昂的孩子,这就犯了罗马人的大忌。原来罗马朝野早把希腊化各国看作东方专制王权的化身,而且早已被罗马降服(埃及这时虽保持名义上的独立,实已为罗马控制),现在凯撒却投于埃及女王裙下,并传说他要与她共治天下,立凯撒里昂为继承人,那罗马就有受东方君王统治的危险,这当然是罗马人万万不能容忍的。因此,当凯撒紫袍加身,被宣布为终身独裁官,并拥有祖国之父、统帅和大教长等尊称时,他的群众威望已在下降,一个刺杀他的阴谋已在亲信之中酝酿。公元前44年3月15日,布鲁图斯与卡西乌斯合谋刺死凯撒,建立帝制的斗争又出现一大转折。

凯撒集一切军政大权和至尊荣誉于一身,实际已是罗马历史上的第一个皇帝,所以日后西方各国惯用凯撒作为帝王的同义词[⑦]。他所推行的政策也基本体现了我们上文所说的调整奴隶主内部关系和加强对奴隶平民的军事统治等等方面。然而,共和制虽已寿终,埋葬却需时日。凯撒被刺后,布鲁图斯等与原来的元老派联合起来(西塞罗亦参与其中),组成共和派,力图最后挣扎。凯撒部众则由安东尼率领,仍然有强大的实力。双方经短暂妥协后,又掀起大规模的内战。这时凯撒派的阵营里出现了

第四章 ● 群星璀璨、风云聚汇的时代

一位极有政治权谋的年轻人,他就是凯撒的甥孙(凯撒姐姐的孙儿)屋大维,他已被凯撒认为养子,继承其庞大家产。本来没有任何政治实权、年仅 18 岁的屋大维很善于利用元老院、共和派与安东尼的复杂矛盾,东投西靠,并凭其凯撒继承人的名望与财富招兵买马,自立门户,居然在隙缝中脱颖而出,成为一方势力而和安东尼及另一位凯撒部将雷必达组成新的三头同盟(史称后三头,公元前 43 年)。三人联合以后,对付共和派便无太大困难。他们首先对元老大肆搜捕,几乎将旧的元老贵族斩尽杀绝。西塞罗被列入公敌宣布名单之首。他虽逃离罗马,却终被擒处死,他的头和手被带回罗马,悬于他经常发表演说的讲台之上示众数日,由此可见双方仇怨之深与诛杀之酷。次年布鲁图斯与卡西乌斯皆在希腊战败自杀,后三头遂成为罗马帝国的全权统治者。但他们三人中亦有由谁独登帝位的问题,雷必达对政治无大抱负,先行引退,便剩下安东尼和屋大维两人争斗。安东尼这时却步凯撒后尘,跑到埃及就中了克列奥帕特拉的美人计,与她打得火热,丑闻较凯撒尤甚(其中可能也有屋大维方面故意夸大

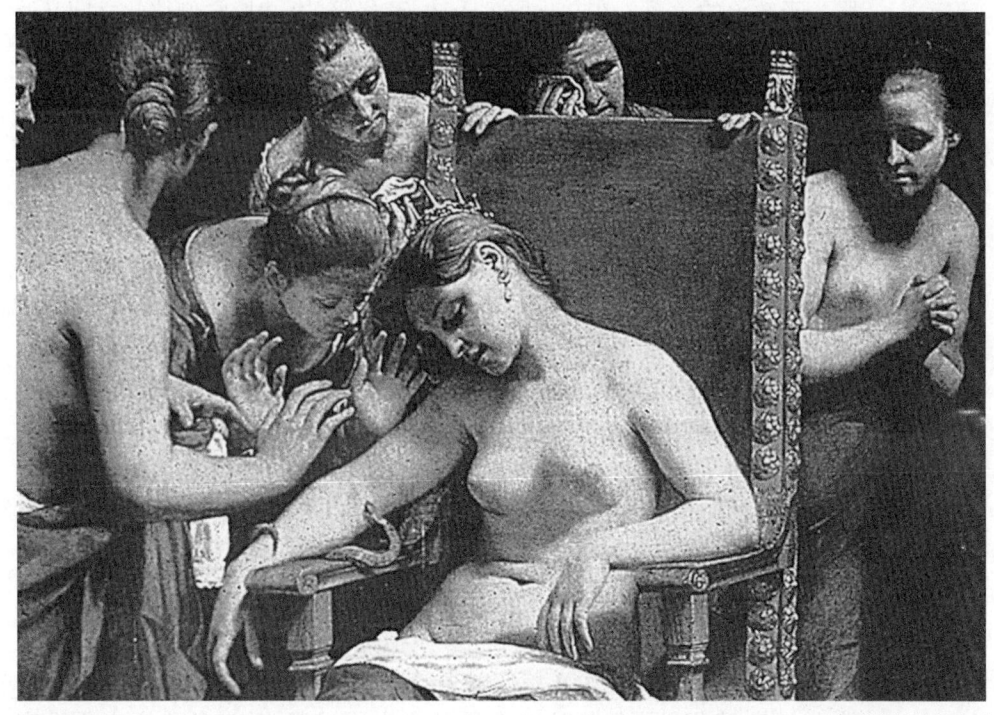

克列奥帕特拉自杀

罗马文化

中伤之处),因此形势对屋大维有利。公元前31年,屋大维重创安东尼与克列奥帕特拉的联合舰队,他俩逃归埃及,次年,屋大维尾随而至,安东尼自杀。克列奥帕特拉还想故伎重演,但屋大维不予理睬,她怕被俘而在凯旋式中示众,遂服毒自杀,埃及并入罗马。屋大维从此大权独掌,他登上罗马帝位的历史标志,则是公元前27年他获得"奥古斯都"(意为神圣)的尊号,一般即以此年作为共和国结束之年。

在人类历史上,常可以看到时代风云与文化创造有一定的内在联系,但凡历史舞台上万马奔驰、变化激烈之时,文化方面也是人材辈出,佳作纷呈。例如我国历史上的三国时期,在群雄称霸之中又可见建安文学的辉煌,曹氏父子的才华,出师、洛神等等名篇,木牛流马之类奇迹。我们所考察的罗马这个时期也是一个典型,可在风云聚汇之中看到文化舞台上群星璀璨,美不胜收,既标志着罗马文化由成熟而进于繁荣,也为随后而至的奥古斯都的黄金时代奠定基础。其实,质而言之,这种内在联系无非是体现了上层建筑服务于经济基础的关系,而在上层建筑之中,还有文化服务于政治的关系。在文化服务于政治、经济的同时,它们彼此之间又互相有所促进,有所呼应,从而组成一幅气血交融、文质并茂的兴旺发达的时代景象,益显这种内在联系的深沉与灵通。就这个意义说,那么这种内在联系就不仅仅表现在具体的文化创树方面,也涉及我们所说的那种深义层次的文化精神的演变、发扬,通过这种深层脉搏的律动,各个文化领域才焕发出共同的时代精神。以罗马而言,我们在其文化形成时期已看到它的质朴务实精神的酝酿、成长、发挥与丰富,现在它当随时代的要求而有更大的发展变化。虽然用短短几个字来概括它们极其困难(实际上以往的研究者极少从事这种表面看来有点愚蠢的尝试),我们仍可以求其大略轮廓。从这个时代泉涌起伏而出的各个历史与文化代表人物身上,从斯巴达克、格拉古兄弟、凯撒、西塞罗到屋大维·奥古斯都,从当时的建筑、艺术、哲学到文学,显然可见质朴务实四字不足以总领一切。呈现在我们面前的是这个时代更见坚定开阔的气质:一方面是对帝国统治的执著的追求,一方面是人性共通、自由崇高的理想的交流,在统御天下的同时又求人文的增进,在坚持传统之余又兼容并蓄,广采博收;既有人本主义的理性的发扬,也有组织才能和实用精神的加强;虽然这一切都有其奴隶制的烙印,但无疑是深义层次的罗马文化的精神财富。尽管难免有简单化之嫌,我们仍不妨说这时在质朴之上更显坚强,在务实之中更求变

第四章 ● 群星璀璨、风云聚汇的时代

通、博大与综合,以"朴质务实、坚定开阔"八个字形容这种深义层次的文化精神当不为过。从它为整个帝国时代的罗马文化奠定基调看,那么它不仅有助于我们进一步了解当前这个时期的文化发展进程,对于考察日后各时代罗马文化的发展也有其提纲挈领的意义。

我们可从这时期建筑、艺术方面的发展谈起。在建筑方面,随着帝国统治的建立和奴隶制经济的发展,具有罗马特色的建筑艺术也达于成熟、兴旺。由于统治规模的扩大、资源的充足和奴隶劳力的丰富,罗马建筑在整体规划的集中、开阔,结构的复杂、多变,用途的广泛,类型的众多方面大大超过了希腊建筑。它由于使用拱券、水泥等等而取得的技术上的突破和建筑空间效果的追求等等,更是希腊建筑所未曾见的。可是,在基本的风格形式上,罗马又是完全承袭了希腊建筑的柱式体系的,因此,在外人看来,希腊罗马建筑是大同小异,两者共同构成西方古典建筑的传统,而这些小异却正是罗马特色之所在,从文化史角度看尤其值得我们重视。罗马建筑界对希腊风格掌握的娴熟,可从前述叙利亚国王竟请一位罗马建筑家到雅典修建希腊神庙一事看出,我们从公元前2世纪和前1世纪的罗马建筑上,也可看到它们运用希腊柱式已达炉火纯青之境。大家知道,柱式体系是希腊建筑的精华所在,古典时期形成的多利亚、爱奥尼亚、科林斯三大柱式,罗马建筑师亦莫不奉为圭臬,一招一式都按照希腊的典范,然而,在实践之中,他们仍有所发展和创新。希腊的多利亚柱式粗壮牢实,富有阳刚之美,这一点罗马人也很赏识,往往把它用在建筑物的基层最需显示强劲承重之处。但这个柱式又有一些特点是讲究技术性的规整和实用的罗马人难以接受的:它的柱身曲线(在柱子一定高处逐渐膨起最后又向柱顶收缩的曲线,我国俗称"减杀")虽有气韵之美,在大规模施工中却很难保持得恰到好处;它的檐壁(又称柱顶楣构)按三垅板和间板的次序排列,每块三垅板的中心必需对准位于其下的柱子的中心,可是三垅板的宽度一般都小于柱子,这样,在转角处就产生了难题:转角柱子上的三垅板若按常规放在正对柱子中心的位置,靠外边的檐壁就留下一段空隙。希腊人的做法是干脆把三垅板尽量往外边靠,即使其中心不与柱子对齐亦无所谓,可是这种破坏常规的不合逻辑之处却是罗马人不待见的,他们喜欢处处划一,不容例外,宁可在外边留段空隙,也要把三垅板与柱子对齐——但这样却破坏了建筑物的美观。这些问题,希腊化时代的

罗马文化

建筑家已注意到,但在他们主要还是一种学术探讨,罗马人却以其固有的执著而贯彻于实践,并由此而对多利亚柱式作些改动:取消曲线,把整体比例拉高一些,三垅板的处理则难免呆板——正因为这样,他们后来就不太常用这个柱式,反而在其基础上形成一种新的简单朴实的柱式:罗马多利亚式或托斯堪式,除采用上面那些改动外,还为原来没有柱础的多利亚式柱子添加一个柱础。建筑史家往往批评这种新柱式实用有余而美感不足,尤其缺乏希腊原有的气韵,而这可能正合乎重视实用的罗马人的口味。爱奥尼亚柱式和科林斯柱子没有这些麻烦,罗马人就使用得更多。按希腊人的看法,爱奥尼亚柱式秀丽灵巧,富于阴柔之美,而科林斯柱式则是晚出的(它在公元前5

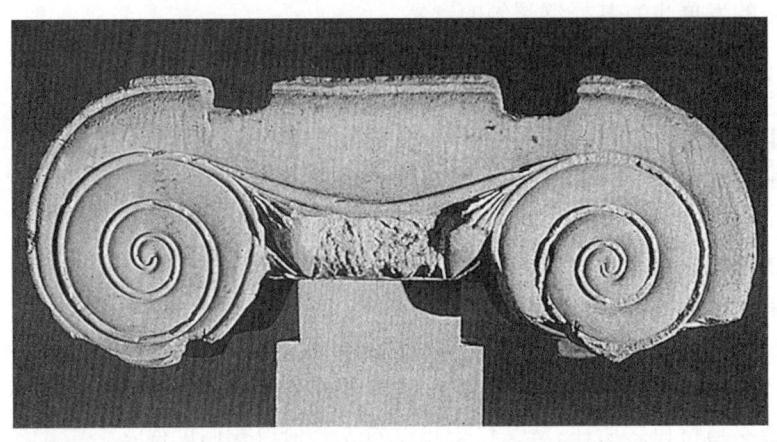

爱奥尼亚柱式

科林斯柱式

世纪末才见使用),它基本上按爱奥尼亚式的体制,仅柱头图案略有变化:爱奥尼亚柱头冠以一对涡卷纹样,科林斯柱头则是用莨苕草叶和卷须组成的图案,更显华丽(多利亚柱头则是简单的圆盘上加一方板,虽然圆盘有优美的曲线)。它们的檐壁往往雕以一列连续的花草图案,上下有较丰富的线脚装饰。总的说来,它们给予人的美感较多带一些装饰性的因素,效果强烈,工艺上也易于掌握,更能适应罗马人大规模建筑工程的需要;特别是科林斯柱式,以其雍容华贵而最得罗马人的青睐。过去喜欢强调科林斯柱式只是以形式的华丽取悦于罗马人,近年的研究揭示了科林斯式在希腊最初使用时可能具有更为神圣的意义,因为它只是用在庙内标志对神崇拜之处。由此类推,科林斯柱式在古人看来可能是更为高贵的,因此罗马人把它广泛用于有最隆重尊荣意义的纪念性建筑中。为了表示对爱奥尼亚和科林斯两种柱式的厚爱,罗马人还把它们合二为一,组成一种新的集合柱式(即在科林斯式的花草纹样上加以爱奥尼亚式的涡卷)。集合柱式的最早遗物出自奥古斯都之时,但其酝酿形成应当更早一些,可能和凯撒扩建罗马的宏图有关。经罗马这些发展,古典柱式便由三种变成五种,它们构成了西方古典建筑传统的主轴。

　　希腊建筑以神庙为主要的、压倒一切的类型,罗马建筑的类型则丰富得多,它的创造性发展在这方面表现得尤为明显。就神庙建筑而言,罗马在继承希腊的制式时也有所改变。现存共和国后期建筑遗迹已相当稀少,其中神庙类型之可为代表者,按不同柱式我们可分别举以下三个:罗马东南面拉丁姆地区科里城的赫拉克列斯神庙(多利亚柱式,建于公元前2世纪末)、罗马牲口市场上的命运女神庙(爱奥尼亚柱式,公元前1世纪初)、罗马东面避暑胜地蒂沃里的茜比尔女祭师庙[8](科林斯柱式,公元前1世纪初)。它们的柱式风格都在符合希腊规范之余又有罗马的特色,尤其是后两庙,因都位于游人必经之处,从文艺复兴时代以来便成为人们考察学习古典柱式的范本。在神庙的总体设计上,罗马从伊达拉里亚建筑承袭了基座高、前面设台阶、庙身分前廊后墙两部分等特点,便对希腊的模式作了改动。希腊的长方形神庙是四面环以柱廊(建筑学上称"环柱式"),四面基座皆较低平可以登临,现在罗马神庙用了高基座,使只能从庙前的台阶登临,加强了神庙威临于前的效果。虽然这些特点源于伊达拉里亚,经罗马人的发挥,却使原来适合民主城邦的希腊神庙变成了适合帝国统治需要的罗马神庙,有位学者分析这一点说:

罗马文化

"罗马神庙的设计和环境常常迫使参观者占据直接面对神庙的正面位置。人们一旦站在罗马神庙的中心线的位置上,就不可避免地有一种正当其位的感觉,层层台阶引起人们登临的兴致,而阴凉的门廊又吸引着人们走进去。高高的门面带有强烈的垂直线赫然耸立,突出了对它的前面的空间的支配,就像威严的帝王雕像那样用其强有力的抬起的手臂支配他面前的空间。"⑨

然而,对比于已成为希腊正统模式的环柱式,伊达拉里亚原有的前廊后墙的做法就显得简陋了,于是罗马人又想出一种变通方法:后墙还是像以前那样直接立于基座之上,这样可使庙堂内部空间宽一些(这一点罗马人是很重视的),可是为了符合环柱式的要求,又在墙面上砌出(或在砌墙的石

为灶神建的圆形神庙

第四章 群星璀璨、风云聚汇的时代

料上雕出)柱子的一半,好像另一半已嵌入墙体那样,墙面半柱的间隔大小完全与柱廊的柱子一致,遂产生柱子仍环绕全庙的视觉效果,建筑学上把它叫"假环柱式",罗马牲口市场上的命运女神庙是运用此法较早的佳例。这座庙规模不大,却显得富丽雅致。蒂沃里的西比尔女祭师庙是圆形的,同样立于高基座上,却不用假环柱式而以柱廊环绕全庙,予人以浑圆通透之感。希腊也有圆形神庙,但罗马人喜欢用圆形庙堂恐怕还有自己的缘由,因为巴拉丁山出土的最早的茅棚神庙遗址多为圆形,日后罗马人对圆形厅堂的形式似乎有某种偏爱,这对触发他们构筑圆顶穹隆显然很有关系。

罗马人在神庙类型之外创造的新的建筑类型大致可分两大类:一类是技术性较强的各项建筑工程,如道路、桥梁、城寨、引水道等等,以实用为主,不作装饰,和使用柱式无关;另一类则是为帝国政权和城市公众服务的带纪念意义的建筑,如凯旋门、会堂、剧场、公共浴场等等。豪华的住宅,如宫殿、别墅、贵族邸宅等,也是罗马人大有发展的一个方面,只是住宅作为一种基本建筑类型,是古今各种文明必不可少的,希腊和希腊化时代奠定的有关传统亦为罗马人所承袭,仅在设计和装修方面多有更新,我们将在介绍帝国初期的建筑时另作评介。以上说的第二类罗马新创的建筑物,既在用途和空间效果上为希腊建筑所未尝见,它使用柱式的广泛、灵活多变以及把柱式作为一种装饰手段等,也是前所未有的,犹需逐一略加介绍:

一、凯旋门 罗马人在举行凯旋式时就有搭门于主要通道以示庆祝的习惯,不过这类门楼都是木构且属临时性的,到共和国晚期,才有砖石结构的永久性的凯旋门,以后又发展为全用大理石构筑,更显富丽堂皇。它的意义也从与某一凯旋式有关而发展为普遍的纪念,与我国的牌坊差不多,到了帝国初期,凯旋门便成为专门向皇帝歌功颂德的纪念性建筑,臣民不得擅用了。凯旋门的结构,最初只是一个简单的拱门(直到现在西方语文中仍简称它为"拱门"),为显示隆重之意,仅把两边及拱顶上的墙砌得厚些而已。后来开始考虑用柱式装饰它的两边,使拱券置于两柱之间,柱上檐部或承一小山墙或加高成一顶阁,再加以一些雕刻装饰,它的形象就丰富多彩了。再后来门道也由一变为三:中央一大门,两旁两小门,柱子也用四根甚至更多,雕饰更为华丽。尽管凯旋门本身只是实心的墙体,它的立面设计却体现了罗马建筑有关庄严隆重门面形象的理想,在

罗马文化

君士坦丁凯旋门

古典建筑传统中有重要意义。

二、会堂

罗马人用一个奇怪的希腊字来称呼它：巴西利卡（Basilica，意为国王的厅堂），但希腊建筑中并无这种形制，因此它的起源至今仍有争论。从现存遗迹看，它主要仍属罗马人的创造，最初可能源于广场两边的带走廊的长厅，原为木构，共和国后期开始配以柱式体系，以石柱代木柱，屋顶仍用木梁。它的形式是一座长方形的大厅，但不像神庙那样以窄边作正面，而是以宽边横列于前，有点像中国的殿堂。大厅内部用两列柱子分隔为一座主厅两个侧厅，在两列柱子(亦即主厅的两边)上方构筑一层顶阁，开两列侧窗取光(高侧窗)，使大厅内部显得宽阔明亮。大厅的两端往往也置列柱，使柱子环绕厅内四周，两端柱列之外则置半圆形的耳室，大厅供人们聚会讨论，耳室则是法官开庭会商审议之处。如果把希腊神庙和罗马会堂作一对比，可以看出两者各执一端，有相反相成之妙，例如神庙为宗教用途，会堂则全供世俗之需；前者为纵列，后者则以横列；前者用柱廊环绕外部四周，注重外部形体效果，后者以列柱环绕内部四周，注意内部空间效果等等，由此可见罗马建筑开拓创新的一面。高侧窗的做法，古人也早有先例，埃及和希腊都知此法，但应用它不及罗马之成功。会堂的外墙多开门窗以求空气流通，后来代以一系列的拱门(列拱)，就更显开敞，再在拱门两边配以柱式装饰，效果就更好。到帝国后期，还有用拱券和交叉拱券代替木梁屋顶的佳例，遂使罗马建筑达到一个新的水平。罗马会堂对日后

第四章 ● 群星璀璨、风云聚汇的时代

欧洲建筑影响很大,早期基督教的教堂就由此发展而来,因而它们也通称"巴西利卡"。

三、剧场　希腊也有剧场,但罗马的剧场类型与希腊大不相同。希

半圆形剧场

腊剧场是筑于山坡的露天结构,观众席以山坡的自然倾斜面构成,只在舞台背面有一层楼阁作背景。罗马剧场则建于城内平地之上,它的观众席全用多层结构组成坡面,舞台楼阁也相应地变为多层。希腊剧场只有半圆形的一种,罗马则有半圆形的剧场和圆形(或椭圆形)的用于角斗和斗兽的竞技场,它们都以拱券构筑多层、复杂而又牢实、外观气魄宏伟著称。由于剧场、竞技场都向公民群众开放,观众席容量很大,一般都在数千至万人以上,最大的角斗场可容四五万人,有些小城的剧场能容纳的观众甚至比全城公民总数还多,有关结构的牢固、出入的方便、通道的周全等等便都成为古代建筑面临的新问题,它们的完满解决要到帝国初期才实现,但这种建筑类型的出现,已显示了它将要努力的方向。由于剧场特别是竞技场高大宏伟,外部划分层次明显,罗马人遂注意用层叠的各种柱式和各层列拱相配合而组成立面设计,即以粗壮的多利亚柱式位于底层,秀美的爱奥尼亚柱式居中层,华丽的科林斯式居上层,顶层还可用半柱、方柱

罗马文化

或集合柱式,使各层列拱的整齐划一和柱式的风格递变形成韵律的对比,为多层的古典立面设计提供一个范例。尽管近代的剧场设计与古代很不相同,罗马的这种列拱与柱式配合的多层立面设计对西方建筑影响却很大,它的应用也非常广泛。

四、浴场 这种浴场是包括冷、热和温水浴池的建筑群,也像剧场那样是供公民群众使用的,容纳人数很多,附属建筑还包括健身房、会议厅、图书馆等等,起着公民俱乐部的作用。它在共和国后期开始出现,最初可能是从城市或神庙附近公用的某种温泉浴池转化而来,只有一两个较大的热水浴池,由于要经得住水气侵蚀,因此一开始便采用砖石结构,以圆形为主,屋顶也用穹隆圆顶。到帝国初期,浴场规模发展得非常庞大复杂,建筑也一律用砖石水泥和拱券圆顶等等,各类浴池厅堂复杂曲折,中央大厅高畅明亮,罗马建筑追求空间效果和华美装饰的特色与多样化的用途配合得完美无缺,其水平只有近现代的火车站、航空港可以超过。

罗马统治不列颠时的巴思温泉浴场

我们上面说的这四类新建筑形制的充分发展均在奥古斯都时代和帝国初期,其萌发则在共和国后期的百余年间。由于这段时期最重要的建筑中心罗马随后经历了大规模的扩建、改建,处于萌发阶段的这些新建筑的遗迹就相当难找了,唯一可以有所弥补的是庞贝古城留下的残迹。这座城市及其附近的几个小镇位于维苏威火山脚下,距海不远,当时是比较

第四章 群星璀璨、风云聚汇的时代

繁荣的旅游避暑胜地,别墅甚多。公元 79 年,维苏威火山大爆发把它们全埋于火山灰下。由于这场天灾,它们反而有较多残迹留存下来,经考古发掘而得以重见天日,其中许多文物古迹都是其他地方(包括罗马)极难留存的。虽然庞贝的建筑以公元 1 世纪的居多,但也有一些是属于公元前的两个世纪,也就是我们所说这个时期的。在庞贝的建筑遗迹中,公元前 1 世纪的会堂、剧场、浴场等都已较具规模,在某些方面甚至比罗马还早一些,说明庞贝所属的加普亚地区在当时是文化最称发达的,因为这一带原是希腊殖民城市所在。不仅是建筑,庞贝及其附近地区保存的古代壁画遗迹也是我们研究这时期的罗马绘画艺术最重要的资料。

在建筑方面,这时期的另一重大进展是建筑群的整体设计。希腊古典时期的建筑活动犹未很注意于这一点,其时的建筑群多随自然环境而因地制宜组合,不太强调自成一体的设计。例如古典时期最著名的建筑群——雅典卫城,就没有一条明显的中轴线,它的主要中心建筑帕底隆庙和主要入口门厅既不对称,也乏呼应关系,从门厅进去后看到的只是帕底隆神庙的半侧影,若要看到神庙的主要门面还得绕一段路,这样做有随遇而安的自然情趣,但却是喜欢强调正面中轴线效果的罗马人难以接受的。希腊化建筑在这方面有较大改进,开始按中轴线布置整个建筑群,例如科斯岛上的医疗之神埃斯克列皮乌斯的圣所,依次在三个台地布置三个庭院,台阶和门厅都设于正中,两旁辅以回廊,最重要的埃斯克列皮乌斯神庙位于最后也是最高台地的正中央,中轴突出,主次分明,这是希腊建筑未之前见的。它的完成大约在公元前 160 年左右,那时罗马人已统治希腊地区,对这个成果显然很赏识,遂结合他们自己对中轴线的爱好而发展了整体设计的艺术。在这方面,罗马建筑的杰作是帕莱斯特里纳(今名普奈恩斯特)的命运女神圣所,它约建于公元前 1 世纪初。帕莱斯特里纳位于罗马东南两百里,是中意与南意交接处的一个山区城镇,为什么在这儿修建一座如此庞大的建筑群,目前还不完全清楚,它的最后发现也很有些曲折。原来,它的遗迹直到中世纪时尚依稀可见,文艺复兴时代的建筑家就曾对它作过考察并从中得到启发,可是 18 世纪后遗址却受到较大破坏并被民房完全覆盖,变成现在的普奈恩斯特城的一部分,原址竟无迹可寻。第二次世界大战期间,此城遭到轰炸,民房被毁甚多,却把这个古代圣所的遗迹重新暴露出来,经过考古学家和建筑史家一番发掘研究,它的全貌才大白于世,现在学术界已公认这个圣所建筑群是共和国后期最大的建筑杰作。至于它的修建过程,现在较多的学者相信它是由苏拉的老兵在帕莱斯特里纳组建一个新移民点时建造起来的。苏拉曾在此地打过一次胜仗,他又喜欢自夸命运女神对他特别照顾,而此地原来就有一命运神坛;老兵们解甲归田时,缅怀军旅生活的艰辛危险,对命运女神大发感恩之情等等所有这些因素可能都是它得以大兴土木的由来。但更重要的是,老兵们集资(也可能得到苏拉和罗马政府的赞助)规模不小,修建时能使用的人力物力并不弱于首都的一些大工程,但此地却没有首都那些建筑惯例、条件限制来约束建筑家的手脚,有利于他们提出一个完整的、不受干扰的方案,奠定了它成功的基础。这个圣所建筑群实际上把整个山丘的坡面按设计要求彻底改造了,从山脚起就以对列的两梯道长廊导向第一平台,这一对长廊是封闭性的,以拱券作屋顶,两旁不开窗户,使登临者从隧道式的长廊走出时感到豁然开朗,而依次通往各层的阶梯摆在面前。设计者把这对长廊尽头交接处放在建筑群的中心,由这儿开始一条向纵深和高度伸展的中轴线,以各层中央阶梯为其体现。在阶梯两旁对称地展现各层平台上变化丰富的廊庑建筑:第一层平台是有较高檐部的柱廊,台面平地较狭窄,但是两边柱廊的中央各有一个半圆形的凹厅,使柱廊有曲折起伏的韵味;第二层平台和第一层的布局相似,但不用柱廊而代以墙面和很深的壁龛的组合,两边各列五个壁龛,用半柱装饰;第三层平台宽阔得多,整个台面呈长方形,用两端加山墙的柱廊环绕左、右和后面,前面则完全敞开,可俯视整个原野;第四层也是最后一层平台因接近山顶,地面收缩,宽度只有前三层的一半,但居整个建筑群的中央最高处,更须显示其居高临下的优势,建筑家便把它设计为类似剧场那样的半圆形梯状坡面,顶端留出余地盖一座和第三层的柱廊规格相似的半圆形柱廊,这样第三第四两层便又有变化呼应的关系,它们都以敞开前沿以利远眺,但一为长方形平地一为半圆形坡面;它们都以同样的柱廊绕其三面,但有一方一圆的不同布局。在第四层平台柱廊的后面,也是靠近山顶之处,又盖一座圆形小庙,那才是供奉命运女神的神坛。由此可见,整个建筑群的绝大部分,梯道、廊庑、平台等等,都只是供游人聚会观赏之用,特别是第四层半圆形剧场似的布局,更似乎是专为群众歇息远眺而设。群众坐在类似观众席的地位,他们眼前看到的不是戏剧的演出,而是建筑群本身层层开阔的布局和远处山川拱卫于前的景象,据说一直可看到两边柱廊的尽头和远处两座山峰的背影相接,益见设计考虑的周到。这样杰

第四章 群星璀璨、风云聚汇的时代

出的整体设计,在古代世界堪称独步。

帕莱斯特里纳的圣所建筑群对罗马建筑有深远影响。苏拉以后,庞培和凯撒都来过这儿,建筑家来此学习观摩获得的教益自然更多。此后,罗马建筑的整体设计水平不仅上了一个大台阶,城市规划亦大有改进。罗马人向来重视安营扎寨,只要条件许可,营地四边便要方正整齐,在中央开纵横两条大道,相交的十字路口正好位于营寨中心,由此再像棋盘般划出各队驻地。这种营寨模式后来成为罗马城市规划的基础,但它只适用于新建的城市或移民点,许多老城市是在长期发展中逐渐形成其街道布局的,很难整齐划一,罗马尤其如此,城中夹峙七山,高低不平,街道曲折,若要使它成为真正的伟大帝国首都,便需按整体设计和统一规划的要求予以重建或改建。这种想法在苏拉之时已成为罗马朝野的共识,政府对此也很重视。当时罗马已是人口数十万的地中海最大都市,又是帝国首都,改建计划的重点便放在公民往来聚会最多、政治意义也最大的罗马广场上。前已提到,自共和初年以来,罗马广场便不断有神庙、会场、殿堂等等的建造,经营数百年后,各类建筑杂然并陈,虽有一番热闹繁华的景象,却显得比较零乱,缺乏中心统辖之势;而且还保留较多的伊达拉里亚样式,木质柱梁,砖墙瓦顶,不太有帝国首都的气派。共和末期对罗马广场的改建,也就是要对以上两点加以整饬优化。当时罗马广场各建筑分布的情况是:东头有旧王宫和维斯达女祭司邸宅和圆形的维斯达庙,西头靠北有元老院会议厅,靠南有萨冬神庙,两者之间,位于公民大会场之外还有庆祝平民贵族斗争结束的协和神庙。广场的南北两长边,则分别有两间大会堂,靠元老院(北边)的是埃米利乌斯会堂,对着元老院(南边)的则是辛普隆尼亚会堂,它们都有百米之长,但仍为木石结构,不够轩昂。苏拉及其手下策划的重点,是首先要为广场西头元老院、大会场一带最显零乱的地方增加一座能起统辖作用的高大建筑,那就是建于公元前78年的档案馆。它倚靠在卡彼托林山的两个山头之间,对广场有居高临下之势,并与卡彼托林山上的朱彼特大神庙遥相呼应,为从东面沿圣道进入广场走向卡彼托林山(这是举行盛大游行必走的路线)的群众带来良好而又深刻的印象。它本身还是一座连基座共有三层的高大建筑物,正好对广场西北端杂乱一片的建筑起整顿终结之效。这座档案馆全用水泥结构,像帕莱斯特里纳的圣所建筑群那样在技术上也是最先进的。它的立面设计尤为杰出,上下三层巍然矗立,各层楼面都用半圆拱廊面向广场,以柱

罗马文化

式装修外部,全用大理石为柱子,灰华石贴墙面,每层共有12座拱门,门内置以雕像,顶阁之上也置雕像。这座建筑的宏伟和它的重要用途互为配合,它代替旧王宫成为国家档案和珍贵文物的贮藏处。像这样气魄雄伟的建筑物,罗马是未之前见的。

到凯撒之时,罗马广场的改建工程便全面展开了。凯撒和他的建筑师们继续对新建的档案馆已加整饬的西北端再作修建扩充,计划对元老院会议厅彻底重修并扩建公民会场的讲坛;同时又准备把广场原有各栋老建筑一律改建为大理石的豪华殿堂,首先是把辛普隆尼亚会堂拆掉,在原址新建一座以凯撒家族命名的朱理亚会堂。它既为罗马市政当局提供新的法庭,也为罗马公民提供一个宽敞明亮的会堂。它的设计虽一仍会堂建筑的惯例,以长方形的主厅和侧厅组成,两旁凭高侧窗为厅内取光,屋顶也还是木构平顶,面临广场的各边却用拱廊环绕,又以柱式装饰,材料采用名贵的大理石,厅内装修也极豪华。这样,这个朱理亚大会堂便以其非同寻常的气概为朱理亚家族的权势和威望作了宣传。虽然凯撒改建其他会堂和神庙的计划未能动工他本人即遭暗杀,他的宏图却由其后继

凯撒广场遗址

第四章 ● 群星璀璨、风云聚汇的时代

者奥古斯都一一实现。此外,凯撒当时已认识到,改建广场难免受现有条件的掣肘,最好是按整体设计另建一座新的广场,以作他君临天下的纪念。这种设想的结果是在罗马广场西北角靠近元老院的地方新建了一座"凯撒广场"。它的规模虽然不大(只及罗马广场的五分之一),却是平地起高楼,一切出自周密的规划。广场呈长方形,四周以柱廊环绕,靠北的一边建作为朱理亚家族祖先的维纳斯女神庙(朱理亚是伊尼阿斯的后裔,伊尼阿斯则是维纳斯女神所生)。这个凯撒广场开了罗马皇帝为自己建立新广场的先例,以后一座座以皇帝为名的广场便在它旁边陆续建起,而且一个比一个豪华、壮观,罗马广场之北遂出现一系列"皇帝广场"。凯撒时期对罗马城市的规划、旧广场的改造和新广场的兴建等等,使罗马城市建设进入一个新的阶段,预示了帝国时期在这方面的成就。凯撒的继承人屋大维·奥古斯都在这方面贯彻凯撒遗愿也相当卖力,在他手下罗马开始成为确可称雄天下的最豪华的帝国之都——一个砖土的罗马变成了大理石的罗马。

  在建筑方面最后要谈的重大进展便是水泥的应用。水泥—混凝土在当时当然不是现代那种人工造成的材料,它是用火山灰拌合的泥浆,由于在火山爆发时产生的高温高压使火山灰经历了类似人造混凝土那样的物理化学反应,它就具有同样性能,干凝后同现代混凝土一模一样,所以也可称之为天然水泥。罗马使用这种天然水泥大约开始于公元前2世纪,到共和末年已比较普遍,我们前面提到的建筑物中,如蒂沃里的西比尔神庙、庞贝的浴室、帕莱斯特里纳的圣所、罗马的档案馆等都使用了水泥,尤其是帕莱斯特里纳圣所用得很彻底,它的全部建筑除了柱子用石料外,都是用水泥制成。考古发现的一座在罗马牲口市场附近台伯河畔的仓库,是公元前2世纪建成的,它也使用水泥构筑一系列拱券屋顶的库房,极为坚固结实,还有防水的作用。使用水泥的方法比较简单,只需在夹板或夹墙间铺满碎石砖头等填料,灌以泥浆即可。它很适合于罗马这种拥有大量奴隶劳力的国家,既简易又能使工程质量较一般砖石建筑更为坚固。水泥的另一特点是有较强的可塑性,尤能适应圆形或曲线的结构,因此罗马建筑爱用的拱券、圆顶穹隆、半圆形凹厅、耳室、圆形殿堂等等,借水泥而相得益彰,也可说水泥的使用更有助于这类结构的推广。在建筑史上,古代东方和希腊都曾尝试过近似罗马水泥那样的沙土或三合土的砌筑,但只用于地基和地下结构,而且不知火山灰的这种用途。虽然罗马人用

罗马文化

水泥最初可能从希腊得到一些启示,但发现火山灰的性能并把它制成真正的天然水泥则是罗马人的创造,因为只有在意大利有适用的火山灰,特别是在维苏威火山附近的波佐利城的名为波佐兰纳的灰石,质轻而干凝后又非常坚硬,制成的水泥具有难以比拟的优越性,为罗马建筑在帝国初期达到古代世界的最高水平提供了物质与技术基础。

在雕刻和绘画方面,罗马这时期的进展也像建筑一样丰富多彩,同样很好地起着继往开来的作用。如前所述,罗马雕刻的成果主要围绕着叙事浮雕和肖像制作两类,而以写实求真为其基本的创作方向。这些特点至此时当然更有所发扬,而且达到接近于它的老师——希腊雕刻的水平。叙事浮雕之作,本来是仿效罗马土生土长的"凯旋画"的,现在则充分吸取了希腊古典浮雕善于塑造人物形象、布局井然有序的优点,浮雕技法也有很大提高,因而时有接近希腊古典风格的佳作。与此同时,罗马雕刻家(或者是罗马人雇用而长期在罗马工作的希腊雕刻家,他们为数不少)也继续保持了叙事浮雕固有的民族的甚或地方的特色,铺陈具体,细节确

刻在石棺上的九位文艺女神(缪斯)浮雕

第四章 群星璀璨、风云聚汇的时代

实,人们的神情气势不失罗马人的质朴与认真。这方面的一个典型作品可举多密图斯·阿亨诺巴尔布斯祭台浮雕(现藏巴黎卢浮博物馆),它的主要栏板以一长列浮雕带描述罗马公民应征入伍、献祭送行的情景,由于在马略军事改革后这种公民兵制已不实行,可断定它作于改革之前不久,即公元前2世纪末。它以罗马人特有的认真执著刻画了公民征兵的每一细节:从社区户籍审查、宣布名额、应征登记、复核资格、体格检查、入伍编队、领取装备一直到祭神谢恩、奔赴疆场,事事皆有交待,人物较多却层次分明,有些形象体形健美,动作优雅,显然较多地仿效了希腊浮雕,但有些人物却古拙有趣,又不失罗马风韵。总的说来,艺术家在浮雕构图上有了较大的加工,个别地方可以不拘于细节的真实而作一些改动,例如奉献牺牲⑩的场面,按规定祭神的三牲应以猪羊在前、牡牛在后,可是由于祭台位于构图中心,按这个次序则猪羊的矮小形象接近中心,牡牛的高大形象却偏居后侧,气势上很不协调,艺术家便作了大胆的改动,把牛置于最前面,并夸大其尺寸,以其高大肥硕的身躯和稳定的步态显示祭礼的庄严隆重,可见罗马人对希腊艺术的学习已达升堂入室之境。这类叙事浮雕日后在祭台、讲坛、神庙、凯旋门等等纪念性建筑中应用非常广泛,佳作层出不穷,到奥古斯都时代臻于登峰造极,其代表作就是著名的"和平祭台"。

罗马的肖像雕刻在这时期更有杰出成就,有些方面甚至为希腊雕刻所难及。一般说来,这时的肖像雕刻在酷肖逼真之余还有一定的气韵,达到写真传神兼工的水平,某些突出的作品更通过肖像(特别是著名人物的肖像)而塑造出一定的典型。我们前面已提到,罗马人对肖像逼真的要求,源于他们崇拜祖先必欲保存先人遗容的习俗,他们甚至用蜡模在死者脸上托出遗容面型以供祭奠纪念,这种未免有点极端的做法使罗马人常把肖像的逼真酷肖看得高于一切,因为在他们眼中,肖像雕刻无非是石制的蜡模,或者说蜡模面型在石头上的翻版。务实而略输文采的罗马人最初显然很难了解艺术创作的复杂与微妙,当他们看到请来的外籍艺术家(最初是伊达拉里亚人,后来是希腊人)按蜡模面型复制的石刻肖像很难令人满意时,他们才意识到蜡模的机械制作和艺术创作之间存在着多大的距离,而克服这段距离的重任只能放在罗马自己培养出来的艺术家身上,并要经历长期的努力——实际上是经过两三百年的努力,罗马才成功地创作出令人满意的肖像。由此可见,这里的关键是要把机械地、简单地肖似转变为写真传神兼备的艺术创作,在当时情况下,实现这一点离不了

罗马文化

对希腊雕刻的学习。通过学习希腊雕刻善于理想加工的精髓,罗马的肖像创作才在如实模写之上有了精神和气韵。到公元前1世纪时,这类佳作已比较普遍,可以使罗马人放心地把蜡模遗容面具当作过时之物抛在一边;然而,从蜡模面具留下来的那种极端追求真实的传统却并未抛弃反而益见其发扬,并影响到整个罗马雕刻都具有这种肖像般的写实精神。例如,我们可以在罗马托尔隆尼亚宫收藏的那尊老人肖像上既看到一个饱经风霜、皱纹满面、粗鼻大耳的具体的罗马人的面容,又看到在他的宽额深颊、眼眉嘴角之间有一种坚定强韧的精神。因此,在这个逼真得几乎有点丑陋的老人脸孔上我们仍可意会到典型的罗马人的风貌。它约作于公元前80年代,是标志罗马肖像雕刻开始步入炉火纯青之际的作品。在它之后,就较普遍地出现了很能体现共和末期坚定开阔精神的罗马肖像佳作,只要我们在罗马、佛罗伦萨、巴黎以至维也纳的博物馆略作浏览,便可见到一些代表性的作品。到了前三头和凯撒之时,肖像雕刻又有新发展,对著名人物的肖像在求真之余,理想化、性格化的加工更见加强,肖像不仅有祖先崇拜的家庭意义,也开始有政治宣传的社会意义,不仅要肖似本人,还要反映他的权势、地位和"标准形象"。传世至今的庞培、西塞罗、凯撒等人的肖像,便具有这类特点。庞培之像(例如藏于罗马卡彼托林博物馆的那尊)于壮实肥厚之中显示他位居统帅的尊严;西塞罗的肖像(藏于罗马梵蒂冈博物馆)则在表现他的深沉聪慧的同时特别突出他富于谋略的政治家风度。凯撒的肖像就更有意义,由于传世之作较多,研究者已能按时代先后和主题倾向分出若干类型,可见凯撒在世时就对他的肖像要传达什么很为注

庞培像

第四章 群星璀璨、风云聚汇的时代

意,后人从崇拜帝王出发,也有意制造各类"标准形象"。为简便起见,我们至少可以把凯撒的肖像分为两大类,以他独揽大权之时作为分界线。在此之前的肖像多表现凯撒作为智勇双全的将领、深思熟虑的政治家的形象,有的甚至侧重青年凯撒的顽强奋斗与豪情壮志,总之是在凯撒的脸孔上较多地表现了他作为一个具体的人的性格,但握大权后的凯撒肖像就带有日后帝王像或领袖像那样的君临一切、神圣尊荣的气派,尽管脸孔还是那副,气质却大有不同,而精神内容和性格反而显得有点空虚。凯撒肖像创作的得失,日后也可以见于一系列的罗马帝王造像,但可庆幸的是,前一类侧重性格表现的雕像仍居主流,即使王族的肖像也有此类佳作,从而使肖像雕刻始终成为罗马艺术的优秀代表。

  如果把体现坚定开阔精神的写实倾向作为此时期罗马雕刻艺术的精华所在,那么它的体现当不仅限于上述叙事浮雕和肖像雕刻两类,也可见于其他各类雕刻作品。由于这里说的其他各类雕刻的作者大多数是希腊人,那个究竟算希腊艺术还是罗马艺术的老问题在此就表现得更为尖锐。按我们的理解,即使是希腊艺术家,只要他是被罗马人雇请、在罗马进行创作、表现内容以罗马为主并体现了上述罗马写实倾向的,他的作品就应属于罗马艺术的范围,他本人实际上也应称为罗马的希腊艺术家,何况其中有的还终身定居于罗马,甚至成为罗马公民。若从文化史研究的角度看,其中最关键的还是体现罗马精神这一点,有了它,我们就可看到罗马风格如何在自己民族基础上吸收希腊成果而逐渐发荣滋长,并为古典传统的形成贡献自己的力量。因此,尽管在作品考证、流派分析、作家归属等等美术史研究的具体问题上争论很多,我们仍可把一些过去被认为是希腊艺术的作品归于罗马风格的范围,并且重新评价它们在古典艺术史上所起的作用。为简明起见,我们只举两个著名的代表作为例,那就是藏于罗马特尔美博物馆的角斗士青铜像和藏于梵蒂冈博物馆的贝尔维德宫的赫拉克列斯残雕(亦称胴体),前者刻画一个角斗士在歇息或准备进入下一次角斗之前忙里偷闲的情态,五官粗犷,筋脉暴露,身上可见伤痕,关节已显疲乏,他那长满胡须而又骨坚肉硬的脸庞似乎还留着汗痕血迹,而那略微向旁边张望的姿态和深凹的眼睛像是在对命运作无言的控诉。这个角斗士完全是罗马生活中常见的饱受磨难却仍强健结实的奴隶壮汉的形象,尤其以肌肉筋骨的表现真实生动,但又剔除了希腊艺术惯用的理想加工,求真不避露丑,生动得有点近于残酷,但整个形象的坚定沉着仍可

罗马文化

让观众得出某种积极的结论。过去一般认为这个角斗士雕像和第二件残雕的作者是同一个人，因为某些研究者肯定他的手套皮带上留有类似铭文的残迹，最近的考察则表明它纯属猜测[11]，但从整个身躯表现手法的接近看，它们应是同时代同风格的作品。第二件残雕，则是世界艺术史上最著名的艺术遗物之一，因为它在文艺复兴时代即成为艺术家学习的范品，极得米开朗琪罗的赞赏；到18世纪时，又被温克勒曼奉为古典雕刻的吉光片羽，认为它包含了整个古典精神的奥义。我们不妨先摘引温氏有关这个作品的评论来看看它与罗马风格的关系：

"试问一问那些认识人类本质里最美的东西的人，曾否见过能和这残雕的左侧形象相比的东西？它的肌肉里的作用和反作用是用一种聪慧的尺度把它们的变化着的起动和快速的力量令人惊叹地平衡着，这躯体必须通过它们才能来为完成一切任务做准备。就像在海的一个波中，那原先静止的平面在一雾似的骚动里用荡着的浪纹涨起来，一浪被一浪吞噬着，这浪纹又从这里面滚了出来，同样地，在这里一个筋肉柔和地涨了起来，飘然地渡进另一个肌肉，而在它们中间一个第三肌肉升了起来，好像加强着它的波动，而又消逝在它里面，我们的视线好像也同样地被吞噬在里面了。当我从背后看这躯体时，我惊喜着，就像一个人，在他赞叹过一座庙宇的宏丽的前门以后，被人引导到这庙的高处，他原先不能俯眺的穹隆，把他再度推坠惊奇之中。我在这里看见这肢体的尊贵的构造，这肌肉的起始、它们的部位和运动的根基；而这一切展开在眼前，好似从山顶上发现一片风景，大自然把它的丰富多彩的美倾泻在这上面。

就像这些愉快的顶峰和柔和的坡陀消失到沉沉的山谷里去，这一切逐渐狭隘着，那一边逐渐宽展着，那么多样的壮丽秀美：这边昂起了肌肉的群峰，不容易觉察的凹涡常常曲绕着它们，就像曲折的河流。与其说它们是对我们的视觉显示着，不如说它们是对我们的感觉显示着。"[12]

这残雕只剩下一段身躯(胴体)和半支残腿，无头无手，但它的筋骨肌肤表现之妙，正如温克勒曼所形容，有山海起伏磅礴之势。但作为它的最大特

第四章 ● 群星璀璨、风云聚汇的时代

色的条条筋肉起伏的强烈,从其风格看,是罗马人的那种"肖像般的写实",其艺术手法不啻前述老人肖像上的深沟般的皱纹的移植。这种深沉的大海律动般的浪纹,可看作是罗马写实风格的最高发扬。这件残雕的年代约在公元前50年左右,正是凯撒兴起之际,上距那尊老人肖像不过三十年,可是这三十年间我们看到了从斯巴达克到凯撒的一系列璀璨之星,它在艺术上有此发扬就更易理解。残雕的铭文写明此像是雅典人阿波隆尼奥所作,那么他应算是我们前面所说那种长期居留在罗马并与罗马人打成一片的"罗马的希腊艺术家"中的佼佼者。在温克勒曼之时,尚无我们现在所说的罗马风格、希腊古典、希腊化等等学术概念,他和华盛顿一样把希腊罗马视为一体,在对古典艺术的评介中,还常常把罗马视为希腊,我们今天固然不必对两百多年前的温翁要求什么泾渭之分的认识,但他对残雕的赞扬却告诉我们,罗马艺术在古典传统中的分量是不容忽视的。如果以山海之势形容这时期罗马风格深层的内涵,那么山喻其坚定,海示其开阔,也正是我们前面所说的那种坚定开阔的罗马精神的艺术体现。

庞贝古城遗址

罗马文化

在绘画方面,雕刻中体现的这种罗马风格和精神自必同样有所显示,不过绘画中归属希腊还是罗马的问题更为复杂。一方面由于从事绘画的艺术家,无论是在罗马还是庞贝,大多数是希腊人,所画的更几乎全是希腊名作的翻版(就完整的画幅而言);另一方面则是因为现有古代绘画(壁画)遗迹主要来自被火山埋没的庞贝,而庞贝原来就是一个希腊化的城市,它的绘画自然首先来自希腊。更有甚者,虽然在罗马的考古发掘找到了一些公元前4世纪的罗马壁画的残迹,但却一直未见公元前3—前2世纪的罗马绘画遗物,这两百多年的罗马本地的绘画活动我们一无所知,罗马和庞贝在这方面的交流联系也就无资料可谈。不过,根据我们前面有关雕刻归属问题的理解,可以看到庞贝绘画在公元1世纪以后将经历巨大的转变,因为从此庞贝变成了罗马人直接管理的城市,而且是罗马显贵富豪喜欢的一个避暑胜地,虽然这座城市规模不大,它与罗马政治、文化关系却非同一般。由此可见,在罗马已经发生过的那种希腊艺术家和他们的作品逐渐带有罗马特色,并终于成为罗马文化的一部分的转变,也将在庞贝出现。果然,在公元前80年左右的庞贝绘画作品中,开始明显地出现了这些变化。有趣的是,在同一时期的罗马考古文物中,我们也开始看到绘画的踪迹,此后出土的绘画遗迹便逐渐增多。因此,我们不妨把这个年代作为罗马绘画重新发展起来的标志,而以后的半个世纪,也就是我们通常所说的从斯巴达克到凯撒的时代,则是体现罗马风格的绘画首次高涨之时。

让我们先从庞贝绘画来看这一转变过程。按目前学术界公认的分期法,庞贝绘画在从公元前2世纪到公元79年的两百多年间共出现四种

庞贝壁画中的房屋(第二种风格)

第四章 ● 群星璀璨、风云聚汇的时代

风格,基本上是先后继起,有时也见交叉,而我们所说的这个转变就发生在第二种风格出现并取代第一种风格之际。它们两者的差别确实非常巨大:第一种风格严格地讲并不是绘画艺术而只是彩色墙面装饰,它是用色彩在墙上画出大理石的镶板贴面,故称贴面风格;第二种风格则完全另起炉灶,用古典柱廊结构作画框分割墙面,然后在框内空间画房屋楼阁,远近关系有近似于透视法的表现,令人觉得是在室内望穿柱廊远眺户外景致,真实感相当强,因而又有建筑风格之名。但有些第二种风格的壁画并不只是画楼阁景致,还在主要画面布满人物形象,表现宗教或喜庆仪典,近似叙事浮雕的构图。从艺术来源看,第一种风格纯然出自希腊,因为希腊各地已发现许多类似的镶饰贴面作品;第二种风格的来源则比较复杂,既有希腊因素(楼阁景物及其近似透视法的表现、人物造型等等),也不乏来自罗马和体现罗马风格的东西,例如对风景画的爱好就是罗马人从伊达拉里亚承袭的老传统。我们已发现了与第二种风格同时的罗马风景画作品(藏于梵蒂冈的《奥德赛风景画》,从埃斯奎林山出土),可见当时的罗

秘仪别墅壁画

罗马文化

秘仪别墅壁画局部

马人很喜欢追求"墙上开窗、远眺风光"的美学效果，与第二种风格的风景画法接近。此外，人物画的布局与叙事浮雕接近也是显著的。从全局看，第二种风格体现罗马精神的意义更具有决定性。可惜的是，对于为数众多且美不胜收的第二种风格的庞贝绘画，我们不能多作介绍，只能择其最著名的一件为例，那就是庞贝城外的"秘仪别墅"的壁画。它有几幅表现拱券柱廊和亭阁背景和图画非常出色，但登峰造极的则是表现宗教秘仪的人物构图（此别墅即因之得名）。在一个不大的房间里画有29个和真人一般大的人像，正在举行某种秘密宗教仪式（可能是对酒神狄奥尼修神的崇拜），有几个男女神仙参加，信众则全是女性，按入室、聆教、奉礼、入迷、幻觉、神人相会等情节表现有关活动，人物形象既庄重典雅，又灵巧秀丽，特别是画家在安排画面时极具匠心，使人物既有顶天立地、占满空间的气魄，又有回旋上下、左右生风的动感，无论坐立、走动、狂舞或跪拜，每一个女性形象都从其健美身躯透露出深沉但又柔和的力量。可惜温克勒曼未能欣赏到这一杰作（它发现于19世纪），否则他会用更热烈的语言来赞美这些"愉快的顶峰和柔和的坡陀"、这些有"丰富多彩的美倾泻在上面"的大海的波涛吧！如果说这是一个群星璀璨的时代，那么秘仪别墅壁画上的这些女性形象无疑反映着它的最迷人的光彩。

第五章 凯撒和西塞罗

凯撒(全名盖乌斯·朱理乌斯·凯撒,Gaius Julius Caesar,约公元前100—前44年),不仅是罗马历史上最重要的一位政治人物,对罗马散文的发展也有不小贡献。我们在前一章对其政治活动已作了介绍,现在将对其散文写作和与文化建设有关的活动作一评介。

凯撒的散文写作,实际上是他的军政生涯的一个不可分割的部分。他谦逊地名之为"手记随录"(Commentarii),实具很重要的政治宣传作用,虽在戎马倥偬之中写成,却不失其明快精审的风格。严格地讲,他的散文并非通常所谓的"纯文学作品",而是向罗马元老院和公民群众阐述宣传自己业绩的文件,相当于我们今天的"汇报"、"报告"之类。可是,在当时罗马的具体情况下,它却不像我们今天那种不堪一读的官方文件,反而能直接显示作者的性格与气质,竟使其文学成就与作者在政治舞台之叱咤风云不相上下。就这一点说,凯撒的散文有点像诸葛亮的《出师表》,目的不在为文而其文学成就反非他人所能及。这种经世致用、直陈简述的特点,不仅决定了凯撒散文的风格,也使它在体现罗马当时那种坚定开阔的文化精神方面独树一帜,成为拉丁文学中最能代表罗马民族性格的佳作。

我们在前面已经提到,凯撒出身的朱理亚家族自居为伊尼阿斯的嫡系,并以维纳斯女神作为本族的始祖,这个罗马历史最久、门第最高的贵族家庭的背景,对凯撒性格的形成不无影响。虽然凯撒出生之际家境已渐中落,财产难称厚富,其父仅担任过行政长官之职,且在凯撒15岁时即去世,在这个家庭环境中却能充分受到我们前面所说的那种传统罗马家教的熏陶,深解罗马人奉为圣德的严肃、虔敬、质朴的三昧。另一方面,他

罗马文化

凯撒

从目睹亲历的马略、苏拉派的血战,特别是苏拉独裁的暴虐与黑暗、斯巴达克起义前后罗马社会的腐败现象之中,也按自己的罗马性格得出一个现实主义的结论:必须念念不忘掌握政权,而掌握政权只有凭靠武力;既以武力制胜,当会无所不用其极,那就难免有点"宁可我负天下人"的奸雄味道了。所以凯撒的性格是很复杂的,坚毅之中又有权变,质实而外亦见巧黠,但在那风云聚汇的时代,这却是一种能成大器的性格。他青年时的一个故事可以为我们形象地说明这一点:据说有次他在海外旅行被海盗俘获,海盗索要一笔巨款为赎,他却答应拿出双倍的钱以示慷慨;可是,在他获得自由之后,却立即亲率一支部队直捣贼窠,既剿灭大批盗匪,还得到大批财物,名利双收,政敌为之侧目。如果有一部文学作品能把他的这些性格鲜明、真实地展示在读者面前,它岂不是一个很好的时代之镜么?何况它并非虚构而是具体的历史情况的记录,其中还包含着很多珍贵的历史资料呢!

凯撒的散文著作今存者有《高卢战记》和《内战记》两种,据别人记述,他还写了《论类比》、《论演说家》、《反加图》[①]、《旅途杂记》等篇,但都已失传;他的书信、演说辞也都无存于世。从内容看,应说现存两书是凯撒的主要著作,其中又以《高卢战记》最为重要,因为《内战记》的篇幅短得多,质量也有逊色,下面我们关于凯撒文学成就的论述即以《高卢战记》为例。从文学源流看,凯撒和当时所有著名罗马作家一样,是希腊传统的继承者。他自幼即受良好教育,一方面是传统的罗马家教,另一方面就是拜一些文化名人为师,接受希腊语文与修辞学的教育。据说他曾拜著名的演说家、希腊罗德岛的莫隆为师,亲赴该岛学习修辞学与演说术,甚得这一

第五章 ● 凯撒和西塞罗

派的要旨。原来,在当时的修辞学界,莫隆一派是新起之秀,他们一反当时流行的雕琢细巧、词藻华丽的文风,提倡归真返朴,以公元前5世纪的雅典演说家吕西亚斯为楷模,主张铺陈事实、以理服人,因而又称亚狄加派②。应该说,这一派所倡导的风格,看似复古,实际上却遵循着古典文化很重视的一种美学理想,即认为美在于单纯,藏而不露,所谓"真正的艺术即不见其为艺术",以简朴取胜。在希腊化时代,这种理想多半被豪华富丽的时尚所掩盖,现在亚狄加派把它重新提出来,自有其进步意义。然而,凯撒之能得此派精髓,恐怕还与罗马人崇尚简朴的民族精神、特别是日后凯撒的军政生活的实践有关。戎马倥偬之际,行文自求简短;为了获得良好的宣传效果,让群众听懂记牢,字句也必须平易、鲜明。这样一来,文学师承、个人气质与社会实践相结合、相促进,就产生了世界文学史上少见的平易简洁却又清雅有力的文风——这就是《高卢战记》的风格,也是这个不是文学家,却在文坛独步千古的凯撒的风格。《高卢战记》问世后,果然受到罗马公众的欢迎,他们不仅为获得许多外地作战信息和胜利捷报而兴高采烈,更因为一位重要人物也能写一手好文章而感到欣慰。我们先且听听他的一位部将对他的颂扬:

> "人们一致认为,即使别人极精心撰写出来的作品,都无一不在这部《战记》的优美文笔之下。这部《战记》的问世,虽说是要使史家不致缺乏有关这些伟大事业的知识;但它所博得的众口一致的赞扬,反倒弄得史家好像失去而非获得一个可供他们自己发挥的机会。不过,我们在这里的赞扬,要比别人给它的赞扬更多些,因为一般人只知道他怎样出色地、完善地写成了这些战记,但是我却知道他写作是多么得心应手、一挥而就。凯撒不仅有最流畅和最雅致的文笔,而且还有最确切的技巧来表达自己的意图。"③

如果说,他的部下难免称誉过甚之嫌,那么我们不妨再看看他的政敌对其文风清雅的高度评价,而且这位政敌不是别人,正是在文学上比凯撒成就更高、更居权威地位的西塞罗。有趣的是,西塞罗是借用了另一位亚狄加派的罗马演说家、后来亲手刺杀凯撒的布鲁图斯之口说这番赞扬话的,实际上这恐怕正是西塞罗自己心里的话:

罗马文化

"我非常喜欢他的演说。我读了不少他的演说词,也读过他的《高卢战记》。它们值得最高称赞,因为它们文风简朴不事雕琢、直率而优美。它们不需任何演说术的修饰,就像不着衣衫的裸体显露其天生丽质那样。在历史记述体裁中,没有比这种纯净清澈、简明扼要的文笔更令人满意的了。"④

对立两派对它都是这样有口皆碑,可见这部作品的成功。但这些高层人士对凯撒文风的评介还忽略了一个重要的群众因素:它的简单平易所达到的雅俗共赏、老少咸宜的程度。这个易读易懂的特点,加上凯撒本人的知名度,在古代就使他的《战记》进入寻常百姓家,普遍受到欢迎。近代自文艺复兴以来,它更被当作人们学习拉丁文的启蒙读本,在宣扬和普及古典传统方面非其他拉丁古典著作所能及。欧美学童读拉丁文第一课的范文,往往就选自《战记》,它之家喻户晓,有如我国的三字经、千字文,而它开卷第一句话"高卢全境分为三部分"就像我们的"人之初"那样成为群众的口头禅。英国爱说俏皮话的文学大师萧伯纳就曾以它为例说,凯撒的文字是他在所有拉丁文学名著中最赏识的,因为这句话"虽无风趣、又乏实据,但它至少是简单明白、人人都懂"⑤。

《高卢战记》总共8卷,前7卷出自凯撒亲笔,以一卷记一年度之事,从凯撒任高卢总督的公元前58年起写到前52年,后两年凯撒仍在高卢"大展宏图",但可能在写完第七卷后他因忙于回到意大利大打内战而停笔,公元前51、50年的战事遂由其部将奥卢斯·依尔久斯补写,辑为第八卷。虽然人们都承认凯撒写此书有政治宣传目的,并也确实为他大造了声势,但对此书写作的具体动因,历来却有向元老院作年度汇报和向其政敌小加图等辩白两说,现在看来两说皆有一定道理,年度汇报可能是《战记》的原本,因而决定了它以一卷记一年大事的体例;但针对小加图等人在元老院发起的攻势而以此书反驳,也确有其事,因此全书仍有上下联贯、一气呵成的气势,非年度报告的简单堆积可比。全书虽属凯撒自我介绍亲身经历,行文却不用第一人称,凡提及自己之处,都用"凯撒"和"他"。全书自首至尾皆不露主观语调和个人感情,益显其客观与冷静。当然,实际上凯撒无时无刻不在向读者显示他的形象,而且是精心塑造的形象,只是他遵循"真正的艺术即不见其为艺术"的古训达于出神入化而已。下面我们将摘抄几段《战记》的文字,以见其行文叙事之妙(《高卢战记》已有任

第五章 凯撒和西塞罗

炳湘先生的中译本,我们所引译文即据此书⑥,但对译名和个别文句略有改动)。

凯撒在公元前 58 年接任高卢总督,当时罗马在包括法国、比利时、瑞士以及意大利北部总称高卢的地区的军政布置是:意大利北部的山南高卢和法国南部的那滂高卢已属罗马领土,称内高卢,其中山南高卢已成为意大利本土的一部分,军事上虽受高卢节制,政治地位却较外地行省为高,那滂高卢则是归总督直接统治的行省,习惯上即以"行省"名之,因此今日法国南部沿海一带仍用拉丁文的行省之字名为"普罗旺斯"。但凯撒要"大展宏图"之地不是内高卢,而是当时罗马领土之外的大片地区,统称外高卢。凯撒《高卢战记》开门见山第一句话"高卢全境分为三部分"所指的即是外高卢。凯撒对外高卢的经略首先当然是军事征服,把那些统称高卢人的各个骁勇部族一一打败后,再建立行省统治。凯撒在外高卢首先对付的是号称"勇武超过所有一切人"的赫尔维提人(又译厄尔维几人),《高卢战记》第一卷便以和赫尔维提人的战事为主要内容。赫尔维提人住在今瑞士日内瓦北面法国边境一带,凯撒接任之时,他们正好举族南迁,要绕道行省而侵入法国西南部膏沃之地。凯撒首先便在日内瓦湖畔(罗马人称为莱蒙纳斯湖)和赫尔维提人打了一场攻防之战,攻者为赫人,守者为凯撒,而凯撒防守的主要手段仍不外罗马传统的筑墙设寨、以稳取胜。试看书中的描述:

在高卢的罗马人墓碑

"当赫尔维提人要在日内瓦强行渡河、绕道罗马行省之事报告给凯撒后,他便迅速离开罗马,以尽可能快的速度赶向外高卢,到达日内瓦。当时外高卢一共只有一个军团兵力,他命令在

罗马文化

全省多多益善地征召军队,并命令把通向日内瓦的那座桥拆掉。……同时,他利用在自己身边的那个军团,以及由行省征集起来的军队,从流入罗纳河的莱蒙纳斯湖开始,至分割塞广尼和赫尔维提领土的汝拉山为止,造了一条高16罗尺的城墙和壕堑,长达19罗里。这工程完成后,他布置了防御部队,给堡垒也设置了守卫,以便在敌人不问他愿意与否强行渡河时,能够方便地阻止他们。……当赫尔维提人看到请求通过的打算落空后,有的就用联起的船只和结扎在一起的大批木筏、有的就在罗纳河滩水浅之处,试探着强行涉渡过来,有时就在白天,更多的是在夜间。但由于一系列的防御工事和迅速集中到那里的军队、矢矛,他们无法强渡,被迫而退。"⑦

赫尔维提人牵家带口,向塞广尼人地区(今法国中部)溃逃,凯撒率罗马军团尾随其后,当来到索纳河边(罗马人称阿拉河),又出现一场围堵之战与技术优劣的对比:

"有一条河流叫阿拉河,流经杜依和塞广尼的领域,进入罗纳河,水流滞缓得难以想象,凭眼睛几乎无法辨别它流向哪一端去。赫尔维提人用联结在一起的木筏和船只,渡过这条河。当凯撒接到侦察人员的报告说,赫尔维提人已有四分之三完全渡过,大约还有四分之一留在阿拉河这边时,他就在夜间三更之时带着3个军团离开营寨,直扑向敌人尚未渡河的那一部分。他在敌方人员大都身负重伤、猝不及防之际攻击他们,杀其大部分,余众四散逃走,躲入附近林莽之中。这一部分人属几古林尼部(赫尔维提人共分四部),我们的父老犹能记忆,正是这一部族曾侵入罗马领土,杀死执政官卢西乌斯·卡休斯,使其部队蒙受轭门之辱。现在这一仗,不知是偶然巧合还是天神安排,曾经带给罗马人奇耻大辱的这个赫尔维提部落终于首先遭到惩罚。而且,对凯撒说来,还是国耻公仇与私人怨恨一举两得地皆获雪泄,因为在几古林尼部攻袭卡休斯之役中,还杀死了卡休斯的副将卢西乌斯·毕索,他就是凯撒岳丈卡尔普林努斯·毕索的祖父。这场战斗完毕后,为了追击赫尔维提余部,他命令在阿拉河

第五章 ● 凯撒和西塞罗

上架一桥梁,亲率大军渡河而进,使赫尔维提人大为惊异,因为他们眼见自己花了二十天时间才困难地渡过来的河流,凯撒却只花一天就过来了。"⑧

赫尔维提人既一败再败,自是元气大伤,但他们仍顽强坚持,继续向法国中部开拔,凯撒也不敢贸然进攻,仍尾随其后,双方相隔十余里,沿途扎营布哨,彼此都保持高度警惕。当接近与罗马人友好的爱杜依人市镇毕布拉克德时,凯撒欲去获取军粮,遂改道而行,赫尔维提人以为时机已到,便掉过头来猛攻行进中的罗马部队,凯撒急率部众退到一座山头,敌军潮涌而来,形势相当危险,这时我们就看到了凯撒临危不惧、指挥若定的将才:

"凯撒首先把自己的坐骑一直送到老远看不见的地方,后来又命令把所有别人的马也都这样送走,让大家都面对着同样的危险,不存逃脱的希望,然后对士兵鼓舞了一番之后,立即令他们投入战斗。兵士们居高临下,掷下轻矛,很容易地驱散了敌人的方阵。敌人散乱之后,士兵们拔出剑来,朝他们冲杀过去。高卢人的盾,大部分被轻矛一击中就穿透了,而且因为铁的矛头弯了过来,紧箍在盾里,拔既拔不出来,左手累累赘赘地拖着它作战又很不方便,大受阻碍,于是许多人在摇摆手臂很久仍无法摆脱它之后,就干脆抛掉盾牌,露着身体作战。最后,他们因受伤累累,支持不住,开始撤退,向离当地约一罗里的一座小山逃去,我军紧追于后……。(接着高卢人的盟军又从侧翼进行反攻)。罗马人回转身来,两面分开应战,第一列和第二列抵抗已被击败和逐走的敌人,第三列抵抗新来的敌人。战斗就这样分为两面,长期激烈地进行着,直到他们再也挡不住我军的攻击时,一部分开始退到山上去,第二部分集中到他们的辎重和车辆那边。尽管这场战斗从早上七点一直打到傍晚,但在整个战斗过程中,却谁也没有看到任何敌人转过身去逃走的。辎重附近,直至深夜还在进行战斗,他们把车辆排列起来当作堡垒,站在高处向我军进攻的人投射矢石,另有些人则躲在战车和四轮车之间,朝上发出梭标和投枪,杀伤我军。战斗持续很久,辎重和营寨终于为我军占领。"⑨

罗马文化

这次罗马人得以转危为安,予敌重创,罗马士卒奋勇苦斗固是基本因素,凯撒的坚定指挥也有很大作用。自此以后赫尔维提人一蹶不振,终于投降。可是,凯撒在安抚高卢人各部族的大会上却获知一个惊人的消息:有些高卢人部族已把莱茵河彼岸的日耳曼人引入他们中间,这些日耳曼人更为蛮勇傲慢,进入高卢后便作威作福,还扬言要统治整个高卢。凯撒深知日耳曼人比高卢人更难对付,但事已至此,他只有接受这个挑战,再接再厉和日耳曼人拼一下,把他们逐回莱茵河。他这个大胆计划却很难得到士兵的支持,据说当队伍向莱茵河开拔,宣布了与日耳曼人作战的意图之后,军营却是一片恐惧埋怨之声,原来士兵从当地与日耳曼人有接触的客商那里听到消息说日耳曼人身材魁伟、勇敢非凡、武艺惊人,当地人遇到日耳曼人时甚至不敢正视对方的面容。这样一来,全军官兵个个愁容满面,躲在营帐中自叹命薄,有的全营士卒都在签署遗嘱。这种情况被凯

罗马帝国的高卢马车

第五章 凯撒和西塞罗

撒知道,确实使他吓了一跳,如不及时整顿,这样一支队伍怎能拉上战场?凯撒最后不得不用罗马传统的精神法宝以振奋军心,他以发扬罗马坚定精神为主旨作了多次政治动员,才挽狂澜于既倒,再度使罗马军威大振。由于他所说的与我们前述坚定开阔的罗马精神关系密切,不妨将其演说详录如下:

"他注意到这些情况,就召集了一个会议,把所有各个百人队的百夫长都召集来。他激烈斥责他们,特别责怪他们竟然认为应该由他们来过问和考虑部队的开拔方向与作战计划,(他在分析自己的作战计划充分可行性之后说)为什么他们要对自己的勇气,对他本人的领导毫无信心呢?即使日耳曼人发动战争,他们又怕什么呢?在我们上一辈人的记忆中,就是这些敌人,曾经威胁过我们,但是在马略击败他们的那次战役中,军士们的值得赞扬,也绝不稍逊于那位统帅本人。就拿最近意大利发生的奴隶暴动来说,也是一样,他们学去的我们的经验和纪律,确实帮了他们不少忙。从这件事情来看,我们就可以判断,坚定能带来多大好处。因为暴动初起时,我们一开始就莫明其妙地畏惧他们,那时他们还未充分武装,后来他们武装起来了,还得到了胜利,正当他们不可一世之时,却被发扬了坚定精神的我们击败了。何况这些日耳曼人,连赫尔维提人也常常跟他们交战,不仅在赫尔维提人自己的领土上作战,甚至还跑到日耳曼人的领土中去,一再击败他们,而赫尔维提人早就被证明绝非我军对手。如果还有人对高卢曾被日耳曼人打败而感到惊惶的话,那么,这些人只要一调查就会发现,日耳曼人所以取得胜利,不是凭勇敢而是靠计谋。这种计谋,捉弄一下没有经验的蛮族或许还行,如果想用它来对付我们的军队,就连他们自己也不敢梦想。……至于有人报告说,兵士们会拒绝听从命令,不再拔帜前进,那么凯撒绝不会为此有何动摇,因为他知道,凡是被士兵拒绝听从其命令的人,不是因为措置不当,为命运所弃,就是因为被发现了某些罪行,贪污有据,而他凯撒的清白却可以从一生的行事中看出来,他的命运之好,也可以从赫尔维提之役看出来。因而,他要把本来想过一些日子再做的事情,提到现在来做,明天夜间第

罗 马 文 化

四更就要移营前进,以便尽可能早一些知道,在他们中间,究竟是自尊心和责任感占上风呢,还是恐怖占上风。即令真的再没别人肯跟他走,只剩第十军团跟着,他还是照样继续前进。毫无疑问,第十军团一定能够这样做,他们正可以做他的卫队。凯撒最宠爱这个军团,也最信任这个军团,因为他们很勇敢。"⑩

在这篇不可多得的古代整军演说中,凯撒有打也有拉,有训斥也有鼓励,有强调也有分析,而其中心思想是要发扬坚定精神,如他所说,坚定会带来多大好处?为此他甚至不惜以斯巴达克起义的历史教训激励全军。虽然从奴隶主统治阶级立场出发,他对起义奴隶自然充满仇恨,必欲灭之而后快,但从字里行间也可看出,这次伟大起义给凯撒留下深刻印象。为了遮羞,他不得不说起义的胜利是因为"他们学得了我们的经验和纪律",言外之意未尝不含某种赞赏,反映了他和斯巴达克之间未必具体发生但实际存在的一定的历史联系,从这一点看来,凯撒这篇军中训词倒是罗马文化史上很有意义的文章了。当然,就具体效果说,它确实兼有既如雷贯耳又春风化雨的两面作用,罗马全军立即转阴为晴,气势大变:

"这番话一说,全军的情绪极奇妙地发生了变化,产生了要求马上投入战斗的巨大热情和渴望。第十军团因为得到凯撒的好评,首先通过他们的军团指挥官来向他道谢,并向他保证,他们已作好一切战斗准备。其他各军团也通过他们的指挥官和首列百夫长,向凯撒作了解释,说他们既不怀疑、恐惧,也不想妄自干预作战机宜,认识到这是应由统帅绝对掌握的事情。"⑪

凯撒立刻趁热打铁,在次日四更启程,全军快速前进,来到莱茵河畔今缪尔豪森附近与日耳曼人摆开阵势。以后的战斗自然易见分晓:日耳曼人终被击溃,余众逃回莱茵河彼岸,高卢从此归凯撒掌握。次年,凯撒又北上高卢最边远的比尔及地区(今比利时),打了几个大胜仗,平定高卢全境,他要做高卢主人继而问鼎罗马的梦想初步实现。罗马人对他的成功自然也给予空前隆重的庆祝。但在《战记》中,凯撒却以他特有的轻描淡写的笔调对此只说了一句话:"元老院接到凯撒汇报信后,决定为这些战役作十五天谢神祭,这是前所未有的事。"⑫但每个罗马人都知道这句话

第五章 凯撒和西塞罗

力敌万钧的分量,因为谢神祭是比一般凯旋式更隆重神圣的全国宗教大典,由元老院决定,执政官宣布全国执行,仅在渡过大灾或取得大胜时才举行,通常仅一天至三天,五天以上就绝少见到,此前最大一次是庆祝庞培在东方的胜利,举行了十天,而这次凯撒得破天荒的十五天的殊荣,他那"前所未有"四字就以简短的语言传述了极隆重的内容!在随后两年(公元前56、55年),凯撒在高卢大地南征北战、东伐西讨,战绩更为辉煌,不仅取得大小胜仗无数,还越过莱茵河,首渡不列颠,对这些盖世功勋,元老院和罗马公民自然会给予更为隆重的奖赏与庆祝,可是在凯撒笔下,仍是淡淡一句:"元老院颁令举行谢神祭二十天。"⑬较前次的十五天又多了五天,这在罗马历史上已是绝无仅有的了!最后,在凯撒经略高卢的第七年(公元前52年),他取得了击败高卢人的最大胜利:平定了

法国19世纪立的维辛盖托立克像

维辛盖托立克领导的全高卢大起义,此役高卢方面是全族奋起,规模空前,凯撒也是使出浑身解数,将其坚定沉着的指挥与稳扎稳打的战术发挥得淋漓尽致,才降服了维辛盖托立克⑭,对于这赫赫战功,罗马朝野的欢呼当然响彻云霄,庆典更属空前,可是凯撒所记仍是那么平静简单的一句:"罗马城里从他信中得知此役消息后,通过了一次为时二十日的谢神祭。"⑮这也是凯撒亲笔所写战记最后一卷的最后一句话。

　　从文化史的角度看,凯撒在高卢奠定罗马统治的重大意义是使罗马文化圈的范围扩及整个西欧。法国、西班牙、瑞士、比利时、德国的莱茵河沿岸和英国南部至此都沐浴于罗马文明的光照之下,法国所在的高卢尤有枢纽中轴的地位,加以区域辽阔、人烟稠密,日后更成为经济文化的发达地区。当然,"一将功成万骨枯",在凯撒建立奴隶制大帝国的无数次征战中,白骨堆里最多的还是各地被征服的人民,据估计凯撒在高卢杀戮人

罗马文化

数当在百万以上,俘奴亦有百万,攻掠城寨近百,战争的破坏是很严重的;尽管罗马军旅所至,逢山开路,遇水搭桥⑯,秩序恢复较快,凯撒时期的高卢显然尚无文化建设可言。不过他确实注意到对高卢也要搞恩威并用的两手,一旦平定,对被征服地区就比较宽大,不增加新的负担,优待那些愿意与罗马合作的上层人物和奴隶主阶级。不仅馈赠丰厚,还给予罗马公民权,甚至拉入元老院,以致当时罗马民谣有"凯撒在凯旋式上牵着高卢人,却牵进了元老院;高卢人脱掉戎装长裤,却穿上了罗马大袍"之言。因此,总的说来,凯撒的政策仍有利于高卢接收罗马文化和与罗马同化,预示了日后的发达与繁荣。另外,凯撒凭靠其在高卢征战中获得的权势与财力,在罗马和行省各地大兴土木,大搞纪念庆祝的活动,在一定程度上也推动了各地的文化发展。我们在前面提到的凯撒扩建罗马广场、进行城市规划之事,便首先从高卢战争中获得了资金,当时凯撒虽不在罗马,却指使其手下搞了许多工程。至于在凯撒直接治理的内高卢行省和北部意大利,城市建设确实抓得较紧(当然他的主要目的是争取人心),从而使法国南部沿海一带和北意许多城镇大为改观。由此推而广之,后来凯撒在北非、希腊、小亚细亚等地亦重视行省的建设,并相对提高行省的地位,这是帝国政策中很有积极意义的一面,也是帝制得以建立的原因之一。行省居民对他的欢迎感戴,形象地表现在凯撒即将离任时对高卢行省的那次巡视旅行中,我们也不妨以此盛况作为凯撒文化业绩的最后评价:

> "所有的自治市和殖民地都以难于想象的荣誉和热爱来欢迎凯撒,因为这是他对全高卢联合作战取得胜利之后第一次到来。一切可以用来装饰城门、道路和凯撒经过的每一个地方的手段,都尽量用上了。所有的人都带着孩子跑来欢迎他,到处都献奉牺牲,市场上和神庙中也无处不陈设着祭席,似乎在提前举行一次渴望了很久很久的凯旋式庆祝似的。有钱人的豪奢和穷人的热情都表现得淋漓尽致。"⑰

西塞罗(全名马尔库斯·图利乌斯·西塞罗,Marcus Tullius Cicero,公元前106—前43年)不仅在政治上站在凯撒的对立面,各自领导着元老派和反元老派的两大营垒,而且,在散文写作和文化事业上,他们彼此也是异曲同工,各领风骚。在罗马文化史上,可以说他俩都相当鲜明地体

第五章 凯撒和西塞罗

现了这个时代的坚定开阔的精神，但也各有所宗，若以凯撒之坚定为时代楷模，西塞罗则更见开阔。博大精深、兼收并蓄固然是他作为"拉丁散文泰斗"的看家本领，但在此之外，他还有清逸袒露、亲切近人的一面，为罗马人自封为民族天职的统治世界的抱负披上人道主义的哲理与情怀。因此，西塞罗对近代西方文明所产生的广泛影响，非仅在于他的文章精妙古今独步，还在于他对人性、民主、开明、共和等等观念的启迪。

西塞罗的出身也与凯撒很不相同，他出生于罗马东南两百里的阿尔彼隆小城，家境富裕，虽有罗马公民权，门第资格最高也只能达到骑士等级。实际上，西塞罗终生接触最多的亲朋好友皆属骑士阶层，他的政治倾向和思想感情也主要是代表这个阶层。然而，共和末期政治风云的扑朔迷离终于使西塞罗走上了为共和制辩护，也就是和元老派携手的道路，并进一步成为这一派的头目，直至为此献出生命。他之所以从骑士立场开始而以投身元老结束，一个关键因素就是他对共和与独裁的对立采取了理想化的看法，他的青年时代是在苏拉独裁的黑暗腐败环境中度过的，当时他曾义愤填膺地为一个受苏拉爪牙迫害勒索的骑士到法庭辩护，他在法庭上慷慨陈词，语惊四座，那篇著名演说犹传于世（《为塞克斯都·罗斯奇奥·阿美里诺辩护》，公元前80年）。从此他以反独裁、反腐败斗士自居，对波里比乌提出的罗马共和制度是最完美的混合体制（参看第三章）的理论佩服得五体投地。这样一来，他就把维护共和理想和保持罗马共和制度等同起来，把一切要改变共和制的企图都斥之为独裁，而一切独裁都是罪恶，结果，反对苏拉独裁的他却终于和策划苏拉独裁的元老势力站在一起，因为在当时的政

西塞罗

罗马文化

治格局中,只有元老派最热衷于原封不动地保持共和制度。当然,西塞罗出于共和理想而投身元老阵营这种带有一定历史讽刺意义的情况,不能以同流合污目之,所以他的共和斗士的形象在后人眼中仍是很有光彩的,因此,当华盛顿等人在美国独立战争中经常想到费比优斯、加图之时,杰斐逊常想到的就是西塞罗。

罗马学校

西塞罗由于家境富裕,受到了当时罗马公民最好的教育。共和国初期那种以家庭教育为主的情况现在已有根本改变,从公元前3世纪中期开始,罗马出现希腊教师开办的学校,以后希腊人来罗马从事教学的日益增多,水平也日见提高,到西塞罗之时,罗马为贵族和富裕人家子弟开办的学校,已可和希腊最好者相比,许多罗马青年还专门到希腊拜师学艺,有如今日的留学生。西塞罗就是这样,他在罗马完成最高学业并在上述阿美里诺一案获得好评后,又到希腊进修两年,除了在雅典遍访名师,还像凯撒那样到罗德岛去求教于著名的修辞学家莫隆。当时希腊罗马目为最主要的经世济用之学的是演说与修辞,因它在公私生活中都能发挥重要作用:为公则用于各种公民会议和元老院中的演说,它是政治斗争的主要手段;为私则用于法庭诉讼中的辩护,更与个人收益密切相关。西塞罗的学问也是以演说修辞为主,但他的视野较一般学子广阔得多,文、史、哲无所不通,而且就以演说修辞一科而言,他也注意广采博收,集各家各派之长,达到青出于蓝而胜于蓝的境地。当时希腊的修辞学派以文风华丽、词藻丰富见长,其代表多出自小亚细亚各城,有亚细亚派之名,西塞罗在罗马最初受业的学校、师长都属于这一派,他的修辞学的基础和渊源显然也由此而来。但他很快就跳出一家一派的藩篱,注意吸取其他派别、甚至

第五章 凯撒和西塞罗

对立学派的优点,例如和亚细亚派唱对台戏的、力求简洁的亚狄加派,他也学习甚殷。他到罗德岛去求教的莫隆,就是亚狄加派的大师,正因为如此,他对服膺亚狄加派的凯撒的文风也很赏识,并不因其为政敌而贬之。他对修辞学的综合融会还表现在既充分吸取希腊精华,又注意发挥罗马特色方面,熔希腊的活泼明快与罗马的坚定沉着于一炉。西塞罗在学问上的融通综合,与他在政治上信奉罗马共和体制是理想的混合如出一辙,因此他生平各方面的作为,从好的一面说,无不体现了罗马这个时代的开阔精神,由此而形成了他那些极受人称誉的文体与风格:讲究细心加工与自然流畅的结合,为文结构匀称,词汇优美,句法严谨,音韵铿锵。出于罗马人重视实用的性格,他那些完美的文章和演说也是他在官场和法庭上发挥无比威力的武器,恰好这时正是斯巴达克起义以后新人容易崭露头角之时,他便以连续几篇反贪污腐化的演说大得民心,公元前69年当选为高级市政官,三年后又被选为行政长官,并终于在公元前63年出任执政官,达到了共和国的最高官阶,而他的文章也为世人折服,戴上了"泰斗"的桂冠。

西塞罗传世的散文作品,在所有拉丁作家之中也是数量最多的。我们能读到的他的演说辞达57篇,他的修辞学和哲学作品基本留存或有残篇传世的近20篇,但为数最多影响也最广泛的还要算他的书简,今存者达900篇,其中编为《致阿提库斯书》16卷(阿提库斯是他最要好的朋友),《致亲友书》16卷,另有致其兄弟昆因图斯的书信3卷,致布鲁图斯的2卷,可谓洋洋大观。当然,无论演说、论文、书简,西塞罗文学成就的基本核心,按古典学术分类,仍在修辞这一方面,而使罗马人高兴的是,在这个领域中他们终于得到了一位可以和希腊老师相比甚至超过他们的巨匠。因此,在西塞罗之后一百余年,罗马修辞学家昆体良在其权威著作中可以肯定地说:

"总而言之,在散文文学的各种体裁中,正是我们的公共演说家取得了可和希腊人相比的成就,我可断言西塞罗决不低于他们中的任何人。我完全知道这种说法可能引起那些崇拜希腊的人的非议,但我仍然认为德谟斯提尼和西塞罗相比,在许多方面都可说旗鼓相当,尽管他俩的文风迥然不同。至于说到机智诙谐和引人同情,这两个演说修辞以情动人的最有力的武器,那

罗马文化

么我们的大师显然更具优势。当然,希腊人也有一个我们无法与之相比的条件:他们走在前面,我们拜之为师,因此,正是他们引导了西塞罗达到可和他们比肩的境界。西塞罗正是这样一位全心全意仿效希腊成果的人。在我看来,他成功地集聚了希腊前辈大师的优点,在他身上同时具有德谟斯提尼的力量、柏拉图的丰富和伊索克拉底的完美。但他不是仅仅靠细心学习达到这一点,他的绝大部分甚至全部优点,都出自他本人,出自他涌泉般无穷无尽的超人的天才。因此,表面上是他承受惠赐的东西,实际上却是他凭力量取得的;在法庭上,法官们实际上是为西塞罗的言语所左右,但他们却心悦诚服,自以为是根据自己意愿而作决定,毫不觉察他们其实是受他指使。"[18]

昆体良对西塞罗这段赞词,除了那些行家评语外,还包含一个文化史研究上很有兴趣的问题:希腊罗马优劣论。昆体良的持论显然比较公平,他认为希腊罗马各有所长,他反对的是那种盲目崇拜希腊,认为希腊一切皆优的观点。他在散文领域里抬出西塞罗以和希腊一争高下,自信胜券在握,因此他进一步强调西塞罗的优点出自他本人和他的天才,言外之意无非表示西塞罗的成就应从罗马本身环境理解。这样,从文化优劣论的老框框跳出来而代之以文化比较论,对有关问题的理解就深入了一步。此外,在评论西塞罗方面,那篇托名于朗吉努斯的罗马美学著作《论崇高》中的几句话也是很有启发意义的,它说:

"德谟斯提尼的崇高风格在于其峻峭挺拔,孤峰独立,而西塞罗的优点则是其蔓延扩伸,有如燎原大火,无往不届,喷爆腾越于整个四野;这是从他自身迸发出来的火焰,丰富而从不衰竭,可以随其意愿时在此处、时在彼处扩散蔓延,而且只要燃料在手,可以不时死灰复燃,犹如野火之常现。"[19]

《论崇高》的作者把西塞罗的文才比喻为燎原之火,确是发前人所未发。如果把这种燎原火势当作我们所说的那种开阔精神表现的极致,那倒可说作者是抓到了西塞罗风格的精髓。

西塞罗留下的57篇演说词中,按用途分也是公私参半,为公者是他

第五章 凯撒和西塞罗

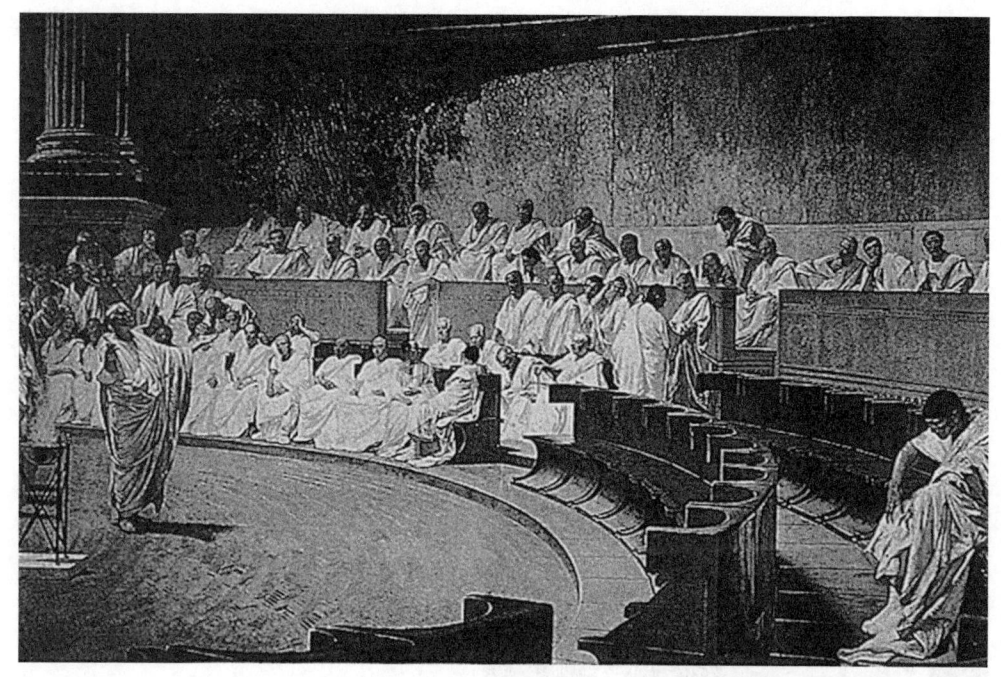

西塞罗在元老院发表演说,反对卡提林纳

的政治演说,为私者是他替别人在法庭打官司的讼词。前一类最著名的是两组抨击其政敌的演讲:《反对卡提林纳》,共4篇;《腓力皮克》(反对安东尼的演说)[20],共14篇。后一类虽说为打官司作辩护,但也有些是具有强烈政治意义的,如《控诉维列斯》(现存两篇),便对这位贪赃枉法的西西里总督作了无情的揭露,胜诉后人心大快。反对卡提林纳的活动,是他在公元前63年执政官任期内主持的一大政务。卡提林纳是破落贵族出身,曾像凯撒那样投靠马略派的平民运动,但言行偏激,作风上也有不少遭人非议之处。他多次竞选执政官未果,最后两次中碰到的死敌就是西塞罗。先是在公元前64年夏,竞选下一年的执政官活动中,他败于西塞罗;等到西塞罗于前63年走马上任、大权在握以后,卡提林纳仍不死心,又要在当年夏天再度出山竞选前62年的执政官,可是这次选举却是在西塞罗以现任执政官的资格领导之下进行的,结果可想而知。西塞罗以他的权力和影响把卡提林纳打得落花流水,执政官的美梦又告破灭,卡提林纳于是铤而走险,决定通过武装政变夺取权力,却又泄漏了风声,内情被西塞罗掌握。西塞罗急忙在元老院连续发表几篇《反对卡提林纳》的演说,以惊天

罗马文化

动地、雷霆万钧之势揭发和粉碎了卡提林纳的秘密计划。卡提林纳运动究属何种性质,史学界尚无定论,但西塞罗在反对卡提林纳的演说中却鲜明地举起了共和国的大旗,他那极富感染力的语言所以深入人心,关键亦在于此。不仅罗马元老院和公民群众为此给予他极高的荣誉:他被授予"祖国之父"的荣衔,感谢他挽救了共和国,后世也钦佩他以如此杰出的口才和智力为共和事业奋斗,塑就了他光耀千古的共和斗士的形象。反对安东尼的14篇《腓力皮克》演说词的历史意义也大抵相似。凯撒被刺后,西塞罗曾以元老院领袖的身份仲裁于刺杀凯撒的布鲁图斯与掌握凯撒部队的安东尼之间。当然,按政治倾向看,他是站在布鲁图斯一边的,他虽未参与刺杀密谋,事后却对布鲁图斯等人甚为支持,而且,西塞罗在反对卡提林纳运动中掀起的那股挽救共和的思潮,实际上对布鲁图斯等人"刺杀暴君以救祖国"的行动很有潜移默化作用,因此他很快就成为布鲁图斯代表的共和派的喉舌和思想导师,被安东尼等凯撒部将目为死敌。凯撒被刺当年(公元前44年),安东尼担任执政官,因而名正言顺地掌握军权,但执政官任期只有一年,卸任后就有被排挤的危险,这是安东尼和他手下的士兵都不愿看到的。于是安东尼想按凯撒的足迹展其宏图,也提出执政官任期届满后出任高卢总督的建议,并指使他掌握的公民大会予以通过。然而,以西塞罗为首的元老院对此不予批准,双方对立顿呈水火之势。按罗马宪制,公民大会通过的决议,元老院无权反对,因此安东尼一派振振有词。在这个紧要关头,西塞罗的演说发挥了巨大作用,他使出在法庭讼诉中惯用的绝招,把政敌安东尼攻击得体无完肤,以揭露和丑化对方争取群众和舆论,14篇《腓力皮克》便是为此而

安东尼

第五章 凯撒和西塞罗

作。它们在公元前44年9月到前43年4月间如连珠炮般发出,对安东尼进行了毁灭性的攻击,将其暴戾阴险和权变奸诈揭露无遗,加以他的语言掷地有声,修辞技巧发挥得淋漓尽致,因此这14篇反对安东尼的演说确实可和德谟斯提尼批斥腓力的名作相比。但是,它们也具有古代政治斗争无所不用其极的特色,为了打倒对方,也不惜煽风点火、丑化中伤。而且,从当时政治局势看,西塞罗和共和派并无实力,特别是在这批演说最后一篇发表之后不久(前43年秋),安东尼和屋大维、雷必达组成后三头同盟以后,西塞罗的批评的武器就远不如对方的武器的批评有力量了。结果这14篇《腓力皮克》不仅没给他带来政坛上的更大成功,却带来了杀身之祸,他立即惨死于后三头发动的大搜捕之中。可能正因为如此,他在《腓力皮克》中发出的反暴政、反专制的呼声更带有悲壮意义,为他的共和斗士的形象更添加了殉道者的色彩。

其实,在我们今天看来,西塞罗最感人的文章,却是他本人和许多古代评论家未尝预见到的,它们就是那数百封犹传于世的书简信函。这些书简,绝大部分是不准备发表的,正因为如此,它更能袒露作者的心怀、情感与思想,再加上它的文风也是那样清逸爽快,有如行云流水,自然舒卷,较之凯撒那种不事雕琢的报告,更能从另一方面达到古人景慕的"真正的艺术是不见其为艺术"的境界。在他写给亲友的信函中,我们可以看到一个更为具体、丰富、更带有人情味的西塞罗,正如他的兄弟所说:"我从你的信函中看到了整个的你。"[21] 这种能在文章中看到一个真实的人的感觉,对于近代人文主义思想的形成曾给予强烈的启发,因此,它在古典传统的地位也决不低于那些冠冕堂皇的演说词。按西塞罗自己的见解,信函的首要任务就是传递信息——"告诉不在我们身边的人此时此地发生的、我们大家都该知道的东西"[22]。可贵的是,他是从自己信奉的有关人性、人生的广阔观念来划定这个"都该知道"的范围,既是信手写来,无所不包,自然流畅,却能发其所应发,止其所该止。这样我们就看到他的信函中有时情真意切,有时议论风生,有时也琐碎坦然,说大实话。当然,作为政治人物,即使是写给他那位从不过问政治但又是他最要好的朋友阿提库斯的信,也会不断地、甚至是天真地谈到政治。试看他如何告诉阿提库斯凯撒对他的一次访问:

"我把他的大批侍从人员请到三间大房好好招待。对他的

罗马文化

那些奴仆(释放奴隶和奴隶们),我提供吃喝,一样不缺;对职位较高的随员我更予以隆重接待。此外我还能说些什么?我和他以人类一员的身份共聚共叙。但无论如何,他不是那种你愿意说'下次有便请再来'的客人。一次就已够了。我们避开严肃的话题,所谈大多是文学之类。总而言之,他有点令人喜欢,而且自鸣得意。"㉓

那时正是公元前 45 年,凯撒独掌大权不久。原来曾随庞培逃往希腊的西塞罗,在庞培失败后政治上已一无所有,不得不回到凯撒手下当一名"团结对象"。凯撒尚称宽容,不惜屈尊来访;西塞罗也不卑不亢,以礼相待,显示当时和解已有一丝生机,而能把这种微妙形势形容得活灵活现的,恐怕就只有西塞罗的这封"短简"了。当时正好克列奥帕特拉也来过罗马,西塞罗自不会不谈到她:

"我恨这位女王,她气焰太甚,过于嚣张,那时她就住在我家对过台伯河彼岸凯撒公馆的花园里,我想起这些就不由得火冒三丈。"㉔

这种坦率的政治表态显然比一般的官场攻击更能令人信服。说到政治,他会像孩童那样对自己演说的威力自鸣得意、自我陶醉,他把它称为"我的才能结出的最成熟的果实,我的工厂制造的最完美的产品"。他对阿提库斯谈到有一次他如何声如雷鸣、语惊四座:

"你知道我通常用来装饰我的演说的那些绚丽词藻是什么——它们是像火和剑一样的语言,你也知道我在画板上准备了什么样的颜料,但是,天知道我会怎样摔给人看!你知道我会像打雷般咆哮,而我今天叫得那么响,我想你在此地也会听到它。"㉕

他和阿提库斯之间的坦诚相见,似乎已难用我们通常所说的"彼此不分"来形容,西塞罗甚至对他说:"我信上对你说的,比对我自己说的还要爽快。"试看以下一段:

第五章 凯撒和西塞罗

> "每当我在信中向你称赞你的任何一位朋友时,我确实希望你能让他们知道此事。不久前我曾在给你的一封信中提到瓦罗对我如何友好,你回信说你很为此高兴。但我更希望你写信给他提及此事,这样他就会永远如我所愿地那样对我——不仅是过去,而且使他将来也总是对我这样友好。"[26]

这种亲不避嫌的直率,在现代人看来似乎有点狂妄,但在西塞罗和他的同时代人看来,真情的流露实为人性的发扬,真诚的友谊可使人与人的交往达于无所阻隔之境,岂不是这个时代的开阔精神的一种体现么?

这些信函传递的消息,大量的自然仍是私人琐事、生意经、儿女情之类,我们可从其中看到更为具体的人情世态的描写,进一步了解西塞罗和他的时代。他和阿提库斯都出身骑士阶层,阿提库斯更是一个精明的生意人,绝不涉足政治,却能在共和末年的风云变幻中始终保持家业兴旺。他和西塞罗的友谊也是贯穿终生,接到西塞罗的信函以千百计;他当然也有回信,可是却无一件传世。这种奇怪的交往揭示了西塞罗的性格和社会关系的另一面:这位才华洋溢的演说家同时也是经营有方的奴隶主,他善于享受生活,也和常人一样有其五情六欲、喜怒哀乐。他在一封信中告诉阿提库斯:

> "我的店铺有两间突然倒塌了,人们说这是遭灾背运,我却处之泰然。苏格拉底啊!你教我乐天知命,我真对你感激不尽。苍天在上,我确实对这些俗事能做到无系于心了。但无论如何,我也做好重建铺房的安排,要它能使我失而复得。"[27]

谁能像他这样既有哲学家的豁达又有商人的精明呢!因此,作为一个讲求实用的罗马人,在治家理财之余,他还亲自过问住宅的设计,房间的摆设以及庄园、别墅的布置。尤其是乡间别墅,这时已成为罗马上层阶级休闲养性的主要去处,西塞罗在书信中谈得也多,除了对他自己的几处别墅不厌其详地评头品足而外,对亲友的也是津津乐道。试择一段有关他兄弟的农庄别墅的议论:

> "你的农庄别墅确实不错,除了浴室、柱廊过道和养鸟房犹

罗马文化

罗马富人的乡间别墅

须修饰而外,几乎没有什么要改动的了。我已把柱廊的路面重新铺砌,使它显得更为庄重,柱子磨得更为光滑清亮,避暑大厅的天花板略呈曲线,效果更好;我还要在大厅加以灰毛花泥雕塑。在浴室里我把火炉移到更衣间的一角,这样可使蒸汽管直接从寝室下面通过。你的庭园设计师值得称许,他使一切都具有优雅气派,甚至那些希腊雕像也配合得很好。满园绿荫,凉爽喜人。各类雕像、角斗场、鱼池、供水系统井然有序,皆称完美。确实,这是一座凯撒也会点头称赞的庄园。"[28]

他们的庭园、厅堂之中必须有希腊雕像点缀,而对这些雕像的鉴定、收藏、品评也成为他们文化生活中的大事,有如我国士大夫之收藏古董和名人书画。西塞罗也精于此道,他和常到雅典做买卖的阿提库斯不断提到收购希腊雕像的事:

"我已据你信中提及为那批麦加纳雕像给辛昔乌斯付款

第五章 ● 凯撒和西塞罗

20 400塞司退斯罗马币。至于你提到的,已在你手中的那些带青铜头部的潘提利克山大理石胸像,我听了更是无限欣喜。因此我祈求你尽快把它们送到我这里来,连同其他各类你认为适合放在我的庭园中、合我口味或者你认为风格优雅的雕像——特别是那些你认为适于放在健身房和竞赛跑道两边的雕像。伦都努斯手下的船只都可托运这些雕像,如果在你那儿目前暂时没有他的船只,你可向其他港口托运。"[29]

这封类似商业催货单的信函,却形象地为我们描绘了当时风靡罗马的希腊雕刻收藏热,而更令人惊奇的是,阿提库斯这位看来只会做买卖的罗马人,竟是西塞罗完全信服的有高度艺术鉴赏力的收藏家,可见罗马社会文化素质之一斑。当然,在一切生意经中最重要的还是奴隶,所有私人琐事也离不开奴隶,西塞罗的信函自然也不会缺少他们:

"请把你的两个料理图书的奴隶送我一用,我要他们帮我裱糊书卷,并叫他们带一些羊皮纸来好作题名扉页。我提醒过你最好买一个质量高的奴隶角斗班子,我知道他们打得不错,如果你买下他们,只要把他们租出去搞两场演出就能赚回所有开销。不多说了——但请勿忘记把修书的奴隶送来。"[30]

有优雅的庭园、丰富的藏书、精美的希腊雕像、众多的奴隶,这就是西塞罗这样的罗马上层人士理想的修身养性的处所了。只要时局平稳,他

罗马文人在书房里写作

罗马文化

们在从政之余犹可致力于文学著述和哲理探讨,领悟时代的开阔精神给他们带来的启示。他在致友人、也是著名学者瓦罗的信中,不无感慨地说:"我唯一的愿望就是能在和平环境中,在一个稳定的、哪怕是不很好的政府治理下,从事我们的研究。"[31]而他那个时代所缺的正是和平环境和稳定政府。尽管如此,他仍能忙里偷闲,乱中求静,在他的"研究"中做出不少成绩,写出《论友谊》、《论老年》、《论修辞学》、《论共和国》、《论善与恶的定义》、《论神的本性》和《法律篇》等探讨哲理与学术的文章,宣扬他信奉的人生哲学:顺应自然、豁达知命、通情达理、自我节制以求得心灵静谧之乐。在这种哲理中,古典文化服膺的中心思想——对人性的强调又有所深化,较特伦斯一百年前所说的"我是一个人,凡人性所属我都能够理解"又进了一步。因为特伦斯只说到人与人之间基于人性的共通,西塞罗则强调人性虽来自天然,却有待文明的熏陶,人性不仅是人区别于鸟兽、也是文明人区别于未开化的野人的一个基本因素,这样,人性的涵义就和人文、文明以及我们今天所说的精神文明有点相近了。西塞罗揭橥的这种人性新义,不仅阐发于这些文章之中,也体现于他的全部作品,影响所及,日后遂成为罗马文化的一个基本思想,无怪乎后人把他奉为罗马文化的主要代表人物了。

作为凯撒和西塞罗这个时代特征的群星璀璨的景象,当然也见之于文坛和其他学术领域,只是其中许多作家皆无作品传世,相比起来,我们对他们的了解就差得多了。仅以演说修辞学界为例,西塞罗同时代的知名演说家便数以百计,用一位研究者形象的说法:他们的姓名足可写满三大印张[32]。当时成为散文写作另一台柱的史学著述(凯撒的《高卢战记》即可归入其内)也是相当丰盛。早一点的,有格拉古兄弟时代的祭司长斯凯沃拉编写的大年代记,据说全书达80卷之多;曾任执政官的皮索、斯库努斯等人也有年代记之作。到苏拉前后,政界名人写回忆录之类史学著述的便时有所闻(例如卢扶斯、斯考努斯等),甚至苏拉本人也曾执笔,年代记作家这时也另辟新径,讲究情节修饰、文字优雅富丽,以修辞之法治史,名家有安提奥斯、马塞等。另外还有一位后人时常提到的夸德里加利乌斯,他的《年代记》曾是许多后代作家取材之源。当然,所有这些都已失传,我们所知唯其姓名。在凯撒时代,倒有一位史家的两篇短作得以幸存,他就是萨卢斯特(Sallust,公元前86—前35年),他曾被凯撒任命为北非的鲁米底亚总督,著述围绕当时罗马公众最为关心的内争内战问题,

第五章 凯撒和西塞罗

今传世者为《朱古达战争》和《卡提林纳阴谋》两篇。在文坛方面，戏剧诗词也可说是名家辈出，早一点的尚继承普罗塔斯和特伦斯的余绪，致力戏剧创作，知名者有阿非利乌斯，他以创作"罗马装戏"著称，从此罗马装戏代替了普罗塔斯等的希腊装戏，独步罗马舞台。据说他写的剧本有43部之多，惜无一留传。到苏拉时期，神话诗和爱情诗兴起，代表作家是拉维乌斯，他的文藻华丽，亦以修辞取胜。到了西塞罗之时，诗坛知名之士更多，文人都爱写诗，西塞罗本人亦有诗作。当时写爱情诗的奇才是卡图努斯(Catullus, 约公元前84—前54年)，他生于北意，为追求一位罗马贵妇而居留罗马，30岁即去世。他追求的克劳狄娅同时也是西塞罗经办的一件案子的被告，是罗马上层社会中门第最高、丑闻也最多的一位夫人，在法庭上被西塞罗揭露得相当狼狈。卡图努斯在诗中则对她倾诉自己炽烈的爱情，也痛惜她的轻浮放荡，在爱情诗中别具一格。但在整个罗马文化界最称博学多才的，则是西塞罗景慕的瓦罗(Varro, 约公元前116—前27年)，他生平著述极丰，传世的却仅有一篇《论农业》(3卷)。瓦罗早年以从政为主，历任保民官、行政长官等职，后为庞培部将，任西班牙驻军长官。庞培败后，他解甲执笔，尽心学术研究。正如前述西塞罗写给他的信所说，在和平环境中致力于学术研究，是他们共同的心愿，可是他也历经劫难，在后三头的大搜捕中被列入"公敌宣告"的黑名单，抄家破产，幸得友人匿藏免于一死。他后半生始终坚持学术研究，博览群书，笔耕不辍，终于取得丰硕成果。据统计，瓦罗毕生著述达74部，共有620卷之多，内容涉及语言、历史、天文、地理、哲学、宗教、航海、算术、农学、医术等等，包罗万象，有如古代的百科全书。其中如《古物志》记述罗马上古历史、法令、地志、风物，旁征博引，考证周详；《传记集》包括希腊罗马历史名人评传共700篇，可见卷帙之浩繁；再如《论拉丁文法》(全书25卷，今残存5—10卷)，是关于拉丁语法的一部最早规范之作，今存虽属残篇，仍是语文研究中的重要古典著作。唯一完整留传的《论农业》，是他晚年著述之一，以文学对话体裁写农牧节令和生产技术，评史叙事皆饶有情趣，在古典农业科学文献中独具一格。尽管我们现在看到的只是瓦罗著述的百分之一，却应该像他的友人西塞罗对他的推崇那样，把他列为共和末年文化领域里的一颗绚灿之星。

在这时期唯一有宏伟之作传世的诗人是卢克莱修(Lucretius, 约公元前99—前55年)，他的诗作也非同一般，既非抒情，也不叙事，而是探

罗马文化

讨哲理,用瑰丽的诗句阐述高深的思想。因此,他的长达6卷数十万言的长诗《物性论》也可说是一篇精深博大的哲学专著,这种情况在世界文学宝库中实属罕见。然而,除了这部巨著,我们对他的生平知之极少,甚至连他的出生地都不清楚,只知他的家族在罗马属于古老门第,他和当代诗人卡图努斯等亦有交谊。西塞罗对他的诗作评价甚高,曾在致其弟昆因图斯信中写道:"卢克莱修的诗确如你信中所言,既显示其才识的高超,亦表露出技艺的超群。"㉝这样的称颂出于西塞罗之口,可见卢克莱修受到罗马文化界的重视。从哲学源流上看,卢克莱修属祖述希腊的伊壁鸠鲁学派。在罗马,讲哲学的都依从希腊先哲,这已是一个普遍规律。他们把功夫主要用在学习、体会、宣传希腊哲学之上,有时在折衷兼容、简明实用方面发挥一些罗马的特色,但思想上的独创不多,从斯奇皮奥集团到西塞罗,可以说都是这样。西塞罗在哲学上的功绩,一言以概之,也无非是以其生动流畅的拉丁散文把希腊哲学介绍于罗马而已。卢克莱修则略有不同,他在继承伊壁鸠鲁的唯物主义之余又有新创,认为世界由原子按一定规律构成,既非神所创造亦不受其支配,而人类社会也随物质生活的进步而向前发展,因此,可说卢克莱修在罗马哲学界中也是出类拔萃之才,更何况这些进步思想是用优美的诗句道出,其格调之崇高、气势之磅礴,确称得上千古独步。

这部6大卷、每卷千余行的哲理诗,精彩之处甚多,若从体现这个时代的坚定开阔精神最为贴切的角度看,我们觉得第二卷中有关世界广阔无垠、自然不受神力支配的段落最有代表性。特摘引其部分诗句以供读者欣赏:

"首先,我们发现
向着周围一切的区域,在每一边,
上面,下面,遍整个宇宙,
止境是没有的——正如我所指明,
也正如事情本身已经大声宣布,
也正如无底的深渊的本性已经
　　清楚地显露。
既然空间向一切方面无限而自由地伸展,
而数目不可计量的种子,在无底的

第五章 ● 凯撒和西塞罗

宇宙中，以许多方式在飞翔，
在永恒不断的运动中动荡，
　　所以我们无论如何
不能认为只有我们的这个大地和天
　　曾被创造出来，
而那些物体，如此众多，
却不能在这之外完成另外的作品；
这一点更是由于这个世界本身也是
由自然这样制成：物的种子
由内在的运动偶然碰撞而结合，
当某一类种子经偶然碰撞结合后，
其中有的种子会突然被抛在一边，
这时往往就能把适宜的开端
给予伟大的东西——大地、海和天
以及生物的族类。因此，我说
一次又一次地，必须承认
在别处也有像这样的物质的聚合，
一如我们这个世界，容纳在以太
辽阔巨大的胸怀里
宽广无边。

‥‥‥‥‥‥

由此也就发生这样的情形：在宇宙里，
没有一物是独类孤生，
单独而唯一地长大起来；它只是
某一产生出来的物种的一员，
像同类的许许多多其他个体一样。
请先注意那些有生命的东西：
你会发现在山岭间梭巡的野兽
就正是这样，人类子孙也如此诞生，
然后，那些沉默的有鳞的鱼类，
以及各种各样的飞鸟，也莫不如此。
因此我们根据同样理由必须承认：

罗马文化

大地、太阳、月亮、海洋和其他一切
都不是孤单单地存在的，——
　　毋宁说在数量上
是远远超出你的计算能力。
....
如果你好好认识这一点并把它记住，
那么就会看到
自由了的自然
　　不受任何主宰支配，
它自由自主、独立地做它所有的事情，
摒弃一切神灵的干预。
....
请问谁能够、谁能够有力量，
统治那无边无际的宇宙，
以坚定的手执住那无底深渊的
巨大缰绳？谁能有力量，
同时使诸天旋转，
同时以天上的火来使这一切
众多的世界的所有的丰饶土地获得热力，
在任何时候出现在任何地方，
以他的云块带来阴影，
以他的声音震撼大地的宁静，
以他投射的闪电
不时地突然冲毁他自己的庙宇，
以他的霹雳大肆咆哮，
又突然在大地上无踪无影!?"㉞

在这些铿锵的诗句中,我们岂不可以看到罗马的坚定开阔精神已在天文学、甚至宇宙学的广阔视野里得到无限的发扬了么？

第六章 奥古斯都的文化政策

公元前27年的1月13日,在罗马元老院的会议大厅演出了一场主角和观众都心领神会的政治喜剧:这时已掌握一切军政财文实权的屋大维,却突然向元老院郑重表示要卸除大权、悄然引退,并希望恢复共和、再建民主。屋大维说得非常认真,可是元老院的政客们(他们实际上都是屋大维安插在元老院的党羽)却能领会这只是一场假戏,一种沽名钓誉的手段,想以此让元老院代表罗马公民授予他更高的荣誉。

原来,自从三年前消灭安东尼之后,屋大维在罗马政坛上已无任何敌手,他又相继获得终身保民官和终身最高统帅的职权,在能够否决一切不利于他的政令之外,又可以随意调动军队、任免将官、征募兵员、动用国库,甚至可以决定战争和平等军政外交大

奥古斯都宝石上的浮雕,上栏与众神并坐戴上桂冠的即屋大维

罗马文化

事,与专制帝王不相上下①。有了这些军政实权,明眼人一看就知道他所谓交卸大权恢复共和就只是一句空话,何况他交出的只是作为后三头之一曾由元老院授予他的"建设国家"之权和他当年第八次出任执政官的名义,因此元老院经过三天讨论,决定对他维护共和的用心表示感恩戴德,除恳请他保留一切权力,继续领导罗马人民而外,还奉送他"奥古斯都"(兼有神圣、庄严、伟大之意)的尊号,以此象征他已达到权势威严的顶峰,不仅有帝王之权,而且有神明之尊,屋大维此后就以奥古斯都作为帝王权力的正式名称,从此直到他于公元 14 年死去的将近半个世纪便称为奥古斯都时代。

从这场政治喜剧的表演看来,奥古斯都的统治很有心术,他善于审时度势,权衡得失,制订一些未必光明正大却很有实效的策略:他建立的皇帝统治,要比凯撒巩固得多,不仅他本人稳坐江山达四十余年,罗马帝国在他之后也延续了数百年。在政治舞台上,他始终玩弄这场表演显示的那套口头上维护共和、实际上大权独揽的手法,给他的皇帝统治披上一些共和的色彩。他不做终身独裁官,而只要终身保民官;他不以帝王自称,而只居为"元首"(即第一公民或首席元老之意),因此历史上称其帝制为元首制。在元首制之下,共和国的各种政治机构和官职如公民大会、元老院、执政官、保民官等仍然保存,并按例进行选举,实际上都为皇帝(元首)的党羽爪牙掌握,一切形同虚设,何况元首本人还集国家权力于一身,因此元首制无非是披着共和外衣的君主制。可以想见,奥古斯都在政治舞台上玩弄的心计与手法,也必然体现于他的文化政策之中,只是表现形式有所不同而已。在政治上,他之采取共和外衣,是由于牢记凯撒前车之鉴,避免过分张扬引起人们反感;在文化政策中,为巩固帝制大作宣传则是其首要任务,这种宣传当然也要避免那种高呼皇帝万岁的简单化倾向,但它为帝制披上的闪光的外衣,却是强调帝制带来的和平与繁荣。要做到这一点,奥古斯都除了大兴土木,重视笼络文化人士而外,他对罗马统治阶级历来倡导的既强调保持罗马古风、又注意充分吸收希腊成果的两手政策也极为赞赏,奉行不遗余力,并在帝制建立的新情况下对此大有发展。

为了保证社会秩序稳定,消除共和末期社会动乱中出现的思想迷惘愤激现象,他极力恢复传统宗教信仰和质朴保守的古老风俗,在建设罗马使之成为当代最壮丽首都的同时,也注意制止奢侈淫逸之风,消除不利于

第六章 ● 奥古斯都的文化政策

保持罗马传统的外来因素;他延揽四方俊杰,促成帝国一统太平盛世的景象,也大力宣扬罗马的民族天赋和丰功伟绩,大搞爱国主义的宣传教育,他既重视罗马首都的文化建设,也关注帝国各行省的建设,并把行省的繁荣当作帝国统治最值得夸耀的一个业绩;他推行元首尊荣高于一切的宣传、让臣民把皇帝当神明崇拜,同时也搞些慈善措施,树立宽大为怀的博爱风气。如此等等,这些两手并举、互为补充的文化政策,就像他的元首制奠定了帝国政治体制的基础那样,为日后帝国文化发展奠定了一个基本方向,加以帝制建立本身适合历史发展要求,帝国全境长期稳定和平促进了经济繁荣、百业兴旺,东西方经济文化的交流也大有发展,遂使奥古斯都时代确实成为罗马文化史上一个百花齐放的"黄金时代"。就其积极意义说,它们不失为深层文化含义的罗马坚定开阔精神在文化政策上的体现;同时,由于它们的推行和这个时代文化成果的丰富,也使这种罗马精神有进一步的发扬与演进。

在屋大维还未获得奥古斯都的尊号以前,他的作为已告诉人们未来的帝国统治将要维持怎样一种文化和社会风气:公元前29年,他举行了一个前所未有的盛大凯旋式,走在他的车驾之前俯首锁系而行的竟有九位被俘的国王和王子。当时帝国全境平复,安东尼和克列奥帕特拉皆已死去,这样空前盛大的凯旋式固然表明屋大维已统辖天下,拥有一切。但是,当人们期待着按例将会出现更热烈的狂欢和更豪华的庆典之时,却看到屋大维执行的是一种低调的、保守的政策。他要人们注意罗马自古以来引以为荣的质朴虔敬的传统,大搞宗教复古运动。他发动手下部众和罗马公民修复城内82座已显破旧的古老神庙(当然他自己也带头捐资)。在他位于巴拉丁山的住宅旁边,为了还愿,感谢阿波罗神在阿克兴海战中助他击溃安东尼和克列奥帕特拉,他修建了一座宏伟的、全用大理石盖成的阿波罗神庙,但自家住宅则一仍其旧,未见大规模的兴修[②]。他关闭了雅诺斯神庙的大门,表示从此天下太平(按罗马宗教信仰,双面神雅诺斯的神庙在和平时紧闭大门,只在战争时才打开),号召休养生息,减赋安民,取消了内战时期那套黑名单、大搜捕的做法,竭力制造安定祥和的气氛。他主张凡事遵从祖训,制止出格张扬,有一位部下因在马其顿手擒敌酋而请求在一座神庙前举行破例的庆祝活动,他便予以禁止,凑巧在修复这座神庙时发现了一块古碑,铭文证实只有执政官才举行这种庆祝,一般部将无权,更说明他的主张合乎古训,尊古复古的风气日见盛行。在他获

罗马文化

得奥古斯都的尊号以后,这套恢复古风、维护宗教的保守政策更执行得不遗余力。实际上,他在政治方面搞的那场谦让引退、恢复共和的表演和为君主权力披上共和外衣的元首政治,从文化精神看,也是一种以保守求演进的姿态。当然,利用传统宗教为专制政权涂脂抹粉,愚弄民众,这是古代帝王常用的手法,奥古斯都大兴宗教复古之风,其根本目的也无非是为他的统治抹上一层奉天承运、神灵保护的色彩。但在罗马具体情况下,他这样做也有保持共和以来的质朴虔敬传统的意义,对罗马文化在帝制条件下仍能保持某些固有特色是有积极意义的,这和一百多年前老加图搞的那套恢复古风的运动有点相似。如果说,奥古斯都的元首政治因为保留共和外衣而使它形式上有别于其他古代君主专制政权,那么他搞的这套保守的文化政策也有助于使帝国时期的罗马文化有别于其他古代帝国的文化(当然这种作用只是辅助性的,最主要的原因仍在于希腊罗马的公民社会已形成了完整的古典文化传统本身)。

到了公元前17年,奥古斯都的元首政治已历十年,帝国全境大体安靖,人们对其恢复古风的努力也比较适应,他就进一步大张旗鼓地推行澄

奥古斯都和他的家人

第六章 奥古斯都的文化政策

清风俗的运动,颁布《朱理亚反通奸法》、《朱理亚婚姻法》以及其他一系列反对奢侈浮华风气、提倡简朴正直的法令与政令。《反通奸法》针对共和末年罗马上层社会的淫乱腐化(例如前述克劳狄娅一事),要以严刑峻法力纠时弊,因此它的意义不限于对具体案件的处理,也是对各种腐化现象的宣判。《婚姻法》则是从正面提倡罗马一贯重视家庭的古风,要求公民过正常的家庭生活,生儿育女并教育子女,对这方面表现好者予以奖励,否则将予严惩。它的意义也是要在社会上广泛地复古制而树新风。配合着其他反对奢侈浮华的措施,人们对奥古斯都执意促成怎样一种文化气氛当有所领悟。这些法令的贯彻,就像古代一切旨在澄清风俗的圣明立法一样,是要大打折扣的,某些学者还从"欲盖弥彰"的角度,说明这时罗马社会风气的腐败已到如何一塌糊涂的地步,以至奥古斯都必须三令五申以挽狂澜。当然,古代奴隶社会进入帝国阶段,是达到了它的繁荣时期,也是奴隶主阶级奢华浪费达于极点的时期,奥古斯都时代自不例外。我们从当时的史料和文学家的描写中也不难看到,这个人口逾百万的罗马城在乌七八糟方面已大大超过丑名远扬的"魔鬼之都"巴比伦。显而易见,仅凭奥古斯都几纸法令,即使再配以酷刑峻法,要把罗马奴隶社会拉回理想的纯朴勤俭的古代是绝不可能的。从文化史研究的角度看,这些法令、政策只意味着奥古斯都和以他为首的罗马统治阶级人为地保持某种风气、某种风格的努力,尽管实效有限,它对于官方控制的各种文化形态却有较大的影响,也在一定程度上影响及于我们所说的那种深义层次的文化。与此意义相似的还有奥古斯都在同一年搞的"盛世大祭典"(Ludi Saeculares),盛世是指世代(saeculum)的更新,它原是远古时代流行于伊达拉里亚和罗马的一种巫术秘仪的信仰,认为隔百年或更长一个时期人类就

穿上大祭司服的奥古斯都

罗马文化

要换种更新,出现新的太平盛世。这种信仰虽然广为人知,但谁也没有把它当真。现在奥古斯都却要把它抬出来当作他的统治、也就是帝国统治将为罗马和整个世界带来一个新时代的标志。为此他不惜花费巨资,集中全国高官显贵,在罗马向诸天神灵大祭三天。奥古斯都亲自担任15人的筹备委员会的主任,操持一切会务,除宗教界人士外,还请著名诗人、学者参与策划、决定祭祀的天神名次和祈祷的内容,使这次空前绝后的大祭典成为不仅是宗教生活也是文化生活中的一件大事,祭典在6月1日—3日举行,大典前夕(5月31日)先在古城外的战神广场向命运女神献祭、祈祝帝国太平昌盛;第一天在卡彼托林庙祭天帝朱彼特,晚上祭生育女神,祝人丁兴旺;第二天在卡彼托林庙祭天后朱诺,晚上祭大地女神,祝五谷丰登;第三天在巴拉丁山奥古斯都家宅所在地奉祀阿波罗神和戴安娜女神,这两位各代表日、月的兄妹之神也是奥古斯都个人崇奉的神灵,可说是他的司命之神,因此奉祀又含有为奥古斯都家族永保江山之意,当天晚上在奥古斯都住宅旁边、新近落成的阿波罗神庙外面举行《太平盛世颂》的大合唱,算是大庆典的压轴戏。合唱由27位童男童女组成的歌队演出,《太平盛世颂》则由著名诗人贺拉斯创作。不难想见,这三天祭神的宣传意义远远超过它的宗教意义,它在向人们宣告一个新的世代、新的周期已经来临,在众神佑护下,将是天下太平、人寿年丰,人们将可迎接以奥古斯都命名的黄金时代。这些宗教祈祝,可以说是用宗教语言反映了帝制建立促进奴隶制发展的历史要求,因而它能深入人心,也在一定程度有所实现,似乎奥古斯都带来的繁荣比西塞罗等人梦想的和平环境与稳定政府还要好一些。同样地,我们也不难想见,在这种新时代的呼唤中,罗马文化将以更为豪迈的气魄发挥其坚定开阔的精神。不过,在指出这种太平盛世实质上是意味着奴隶制的发展时,我们还不要忘记它自然意味着对奴隶群众的更严酷的镇压。奥古斯都要恢复的古风之一,就是要奴隶更服帖地侍候主人,要奴隶主更严格地管束奴隶。因此,共和末期出现的大批奴隶逃亡甚至加入军队的情况是最使他痛心疾首的,一旦平定,他就把所有加入军队的奴隶逮捕,有主的送还原主,无主的解送逃亡地处死。后来,又一再搜捕逃奴和拿起武器的奴隶,镇压动辄以万人计。公元10年,他还恢复旧法,重申凡奴隶杀死主人,与之同住一处的所有奴隶均处死刑,可见这个太平盛世对奴隶群众说来决非太平。奥古斯都复古守制的想法,也用在限制释放奴隶问题上,原来共和末期由于政治斗争对立

第六章 奥古斯都的文化政策

两方常让对方奴隶告密叛离而允诺释放,因希求经济利益而释奴者也大有人在,结果释放奴隶的现象相当普遍,在奥古斯都看来,这既与古风相违,更是国家一大隐患,他就对释放奴隶作了许多限制,如规定拥有3—10名奴隶者,至多释二分之一;拥有10—30名奴隶者,则只准释三分之一,更多者释奴比例更小,同时还有年龄等限制,设立专门委员会审查。这些措施无不表明他的太平盛世对奴隶说来只是更残酷严厉的专政。

奥古斯都文化政策的另一手——大兴土木、建设罗马,在新时代的呼声之下自然也是更加紧锣密鼓地进行。在罗马城内,除了他主持修复和新建的近百个神庙而外,他注意的焦点当然仍是罗马广场。现在,这个广场已经成为帝国首都的心脏和最重要的橱窗,奥古斯都首先把凯撒开始的扩建广场的工程予以完成,同时添加许多新的项目,使广场变得更为完整、美丽。由于凯撒突然被刺而死,他计划的广场各项建筑只开了个头,大部分工程都由奥古斯都续成,其中主要者有广场西端的朱理亚会堂和元老院会议厅,在按计划完成朱理亚会堂的全部结构之后,他还给它加上更为豪华的装修;他又给完工后的元老院会议厅加以朱理亚之名,不仅表示此厅由皇帝一家建成,而且意味着元老院现在已是皇家的工具。广场西端有这两大建筑后,东端就显得零乱了,于是奥古斯都大力改建这一带的建筑,把面对朱理亚会堂的埃米利乌斯会堂改建为大理石的门面,以华丽的拱廊装饰上下两层,两大会堂互为呼应,使广场面貌焕然一新。他还在东端兴建一座重要建筑:神圣的朱理亚大庙,它就建在为凯撒举行国葬时火化遗体之处,因此既是奉祀凯撒之庙,也是礼拜整个朱理亚家族亦即皇帝家族之庙,奥古斯都还在此庙旁边、圣道入口处建了一座凯旋门(这是在罗马广场兴建凯旋门之始)。这样一来,整个罗马广场便显得气宇轩昂,环顾四周但见庙宇林立、拱廊连绵,又有纪念柱、纪念碑、纪念雕像穿插其间,宏伟之余又添富丽,足以担当起帝国橱窗的重任了。在罗马广场帝边(西北面),凯撒原计划建一个拱廊环绕的"凯撒广场",将作为朱理亚家族祖先的维纳斯女神的神庙置于其中,这个计划也由奥古斯都为其续成。他同时又在凯撒广场的旁边为自己兴建一个更大更豪华的广场,其中央建供奉战神马尔斯的神庙,因为最初屋大维挥师希腊,要消灭布鲁图斯等人为凯撒报仇时,曾向战神许愿,若得胜则建复仇的战神庙。但帝制建立以后的新形势又使奥古斯都觉得仅强调复仇似乎不够气派,便把战神庙和这个广场改变为纪念罗马历代英烈和帝国战绩之处。他在广场两

罗马文化

侧柱廊正对神庙门廊的地方建两个半圆形的大凹廊,各廊遍置罗马历代英雄的纪念像,神庙大厅则供奉战神与罗慕路斯,这个广场既作了爱国主义宣传,也歌颂了奥古斯都,因为在他之前,罗马历史上唯一拥有这个至尊之号的就是罗慕路斯,如果说前一个奥古斯都建立了罗马城,那么现在这个奥古斯都就在建设新的、更伟大的罗马。尽管奥古斯都生前还谦虚地称自己的广场为战神广场,后人却直率地名之为奥古斯都广场。除此而外,奥古斯都建设罗马的另一重点就是卡彼托林山以北的马尔斯广场一带,古时这里尚处城外,所以是军旅操练集训之处,现在虽已划入城内,犹待开发整顿。奥古斯都在这儿新建一条笔直的大街,起于卡彼托林山脚,向北直通城外,与联络北意、中意的弗拉米乌斯大道相接。它发展成为罗马城内最重要的一条街道,至今仍然如此,因其笔直可以赛马而称之为"大马路"(Corso)。在这条大街旁边,奥古斯都修建了朱理亚家族的陵墓和他亲自主持的一项最重要的纪念建筑——和平祭台,他的亲属和部下还在这一带兴建许多神庙、剧场、会堂与柱廊,加以商旅聚集,店铺住宅密布,这一带很快变成罗马的一个新的繁华市区。对其他街区,他也关注公共设施的修复扩建,道路、桥梁、引水道等等多有兴筑,还在台伯河畔设立港务管理机构,使航运畅通,罗马的市政建设从此可以和其人口规模相配,共同达到古代世界的最高水平。奥古斯都的这些设施都以水泥和石料砌筑、坚固耐用,气魄宏伟;他兴建的庙宇殿堂等纪念建筑还全用大理石装修,益增富丽豪华,因此他自夸说使砖土的罗马变成了大理石的罗马,显示了帝制移转乾坤的威力。

  这类以大兴土木为帝国统治装点门面的事,是古代帝王常做的,但在奥古斯都这儿,作为他的文化政策重要的一环,也自有一些特点。其一是这些建筑都属公共或纪念性质,在希腊罗马这类公民社会,庙宇殿堂皆置于大庭广众之中,供较多公民观赏,市政设施也可供公民群众使用,即使这些耗资巨大的工程有为统治者沽名钓誉的用意,它在一定程度上也能宣扬国威、有益公众,因而这些公共建筑的富丽豪华和要求社会公众保持质朴勤俭的古风无大矛盾,何况奥古斯都在个人作风上不事张扬的做法也使他对公私建筑采取不同态度,例如前述他对自家住宅不搞装修扩建之事,尚能贯彻始终,一直受到公众好评,也在一定程度上使他的市政建设较多地体现公共性的特色。其次,在这些堪称辉煌宏伟的公共建筑物的设计、装饰方面,奥古斯都能顾及发扬罗马固有的质朴坚定精神,选择

第六章 奥古斯都的文化政策

较优秀的风格,保持了较高的艺术水平。当时建筑、雕刻方面流行的风格大体可分四大派,一为罗马本地一派,它融合伊达拉里亚和希腊传统,又发挥了罗马的特色,但其成就主要在肖像雕刻领域,在构成一个完整的建筑雕刻艺术体系上尚嫌不足,因此谈到大规模的纪念性建筑雕刻的综合体,例如神庙、广场建筑群之类,还得求之于罗马以外的希腊三派,奥古斯都延聘的匠师也以来自希腊的为数最多。当时希腊的三大流派,分别称为新古典派、新古朴派和希腊化派。新古典派提倡学习公元前5世纪鼎盛时期的和谐和理想化的风格;新古朴派则更为强调复古,把仿效的目标放在更为朴质古拙的公元前6世纪;希腊化派则是公元前3世纪以来的时新风格,华丽而又热烈。按罗马人向来对希腊事物兼收并蓄的习惯,这三派风格在共和末期都有采用,但奥古斯都对此却作了有较多倾斜的选择,在他看来,希腊化派华而不实,应予避免;新古朴派执意复古,学究气浓厚,缺乏帝国更新世代的气魄;因此他最中意的是新古典派,力促此派与罗马本地的流派合二为一,形成新的帝国风格——奥古斯都风格。这一点,在他建造的两个最重要的纪念建筑——奥古斯都广场和和平祭坛上,表现得最为明显。我们将在第七章对有关的艺术问题详加讨论,这里要指出的是,这种风格倾向的选择,构成了他的文化政策中具有积极意义的一面,从而使得在帝制条件下产生的罗马艺术能体现强烈的古典色彩,具有后人所赞扬的那种"高贵的单纯和静穆的壮伟"的古典精神。

  文学也是奥古斯都最为关心的文化建设领域。他深知宣扬帝国声威、体现世代更新都得借助于文学,在这方面他也做得不错,故奥古斯都黄金时代以文学领域最显光芒。从罗马文学本身的发展看,凯撒与西塞罗的时代已打下相当基础,到奥古斯都之时可说是水到渠成;但他的文化政策,例如表现于对诗人学士的督促、关怀、审查以至管制者,对促成一代文风也是起了作用的。他和当时著名的诗人维吉尔、贺拉斯、史学家李维的友谊,是尽人皆知的,他通过自己的"公关助手"、富豪迈森纳斯笼络社会名流和文化人士的巧妙手段,也为人所乐道。奥古斯都有时还自己写诗撰文,附庸风雅;每逢节庆盛宴,常邀诗人学者与会,以示优渥宠幸;每到外地巡视,总要带几个诗人同行,吟唱相合,更可为皇帝壮行。帝王与诗人为友、宫廷延揽文人学士的事例,古代各国并不罕见;从奥古斯都与诗人的基本关系说,也不外皇帝宠惠诗人,诗人则歌功颂德、粉饰太平。但是,作为奥古斯都文化政策重要内容之一的对文学的利用与控制,还有

罗马文化

其他一些时代特色，从而对罗马文化的发展产生了不小的影响。例如，他对文艺的鼓励扶持，与对淳朴古风的提倡便有一种两手并用的辩证关系，和极端保守的单纯复古、限制文艺以至搞文化封闭主义的偏向有别。文学艺术当时主要是学习希腊，确实也和社会上的许多时新风尚（甚至某些不太健康的时尚）多有牵连，但若简单地把它看作是提倡淳朴古风运动的对立面而一味压制排挤，那么就不会有什么奥古斯都的黄金时代了。因此，就像处理大兴土木与勤俭风气的关系那样，这里面有一个因势利导、兼顾平衡的问题，既要让诗坛兴旺、文艺繁荣，又要积极推行他那套澄清风俗运动。在古代历史上，奥古斯都可算是摆弄这种两面政策的高手。当然，如果有诗人做得过分，犯了元首维护古风的大忌，他也会给予无情镇压。例如，另一位可和维吉尔齐名的诗人奥维德，就因他的爱情诗写得过于心意奔放、热情洋溢，奥古斯都觉得有违他澄清风俗的大旨，遂被放逐于黑海之滨，老死于蛮荒异域。此外，就像他有意选择某种建筑雕刻风格那样，在扶植利用文艺之时他也有目的地作一些政策性的倾斜，指使诗人学者的作品有意无意地实现其文化建设的一些意图，使这时的文化繁荣带上奥古斯都统治的色彩。就诗歌和散文写作而言，我们可以把这些意图归结为以下三点：民族传统、乡土情调和爱国精神。民族传统的含义，是要使拉丁文学在水平上达到可和希腊相比的同时，建立起自己完整的体系与独立的风格。水平、体系、风格三者的齐备，才能使罗马文化的民族传统臻于成熟并立于不败之地。在奥古斯都时代之前，此三者已分别有所体现，但它们的齐全组成则在奥古斯都之时，除了文学发展本身准备的基础而外，它也和奥古斯都倡导的天下一统、世代更新的罗马主宰世界的观念有关。乡土情调则是对罗马文艺反映意大利本土特色的要求，早先的罗马装戏剧可以说是这类要求的萌芽，但现在则更见其成熟与广泛，特别是在诗歌方面，用拉丁韵律，写地方风情，而且适当吸收民歌民谣的格调，是为民族传统的形成提供素材的重要一面。爱国主义则是强调以罗马民族的丰功伟绩教育公民群众，正如战神庙的建造所示那样，赞扬罗马归根结蒂也是赞扬帝国，两者互为表里，因此奥古斯都推行得不遗余力。这三方面的意图对于决定罗马文艺的风格精神方面有不可估量的影响，推而广之，日后整个帝国文化的风格也莫不有其烙印。

奥古斯都文化政策的最后一个方面，则和帝制担当的发展行省经济、提高行省地位的历史使命有关。帝制建立以来，在政治上采取了一系列

第六章 ● 奥古斯都的文化政策

改善行省管理制度的措施,使各行省逐渐摆脱被征服地区低人一等的屈辱;同时又较广泛地赐予行省居民公民权,尤其是让行省的城市获得自治市的地位,让各自治市拥有解决本城本地若干行政问题的权力,某些行省上层人士还可获得骑士以至元老的称号,跻身于罗马帝国的统治阶层。所有这些,都有利于行省在经济和文化方面的发展,构成了帝制完成的最有积极意义的历史使命的一部分。和这些政治措施相配合,奥古斯都也很注意行省的文化建设、尤其是各行省重要城市的建设。从凯撒以来,法国南部的那溽高卢和西班牙一带,便是受到罗马文化影响最为强烈的地区,奥古斯都因势利导,对这些地方的文化建设也一直抓得很紧。除此而外,他对北非、埃及、小亚细亚以及希腊各行省的建设也时予关注,常到行省巡视旅行,鼓励并资助各地仿照首都进行市政建设和庆祝帝国和平的大典,兴建崇拜皇帝和帝国统治的庙宇,其他各类崇奉希腊罗马神祇的庙宇也在大力扶持之列。为了保证帝国内部文化发展水平一致,信息畅通,他还积极推广拉丁语文的教育与使用,帝国各行省首府和重要城市都广泛树立拉丁文的纪念碑、凯旋门,开办各类拉丁语文的学校,使拉丁化随帝国统治而深入于亚、非、欧三大洲的广大地区。因此,随着奥古斯都吹嘘的"罗马和平",我们看到帝国各行省无论东西南北开始出现清一色的罗马文化景观,大小城镇都有作为罗马文化标志的广场、会堂、神庙、浴室、引水道、竞技场和凯旋门。它们的庄重而有点过于整齐划一的风格反映了皇帝的威仪和首都罗马统辖四方的文化地位,它们的技术水平和工程质量则说明了在罗马和平之下帝国各地频繁的交往和文化的普及。如果要举一个上述各项发展皆臻上乘的具体例子,那么法国南部的尼姆斯城可算其中杰出代表。这个那溽高卢的重镇在奥古斯都时期得到彻底改造,其建筑风格的卓越、技术水平的高超,即使和首都罗马相比也并不逊色,因此有些学者相信可能有一些直接从首都派来的建筑师在此工作,显示了奥古斯都对这个行省城市建设的关怀。在尼姆斯古城内,不仅照例有广场、会堂、竞技场等等建筑,它的一座至今犹保存完好的神庙——当地人称为"方房子"的奥古斯都神庙且是公认的奥古斯都艺术风格的完美典范。更有甚者,尼姆斯城外加尔河上的奥古斯都水道——当地人称为"加尔桥"的石构建筑,还是所有罗马引水道工程中最令人叹为观止的。它的拱券屹立于加尔河上,底层至今仍为桥梁,中层大拱矗立宛若彩虹,上层小拱则作引水渡槽,无论工程的牢固、风格的雄健在古典遗物中皆称

罗马文化

加尔桥

独步。

　　在考察了奥古斯都的文化政策之后,如果要在当时众多文化名人中找一位和这些政策关系最密切的作家,恐怕非史学家李维(Titus Livius,公元前59—公元17年)莫属。他的《罗马史》长达142卷,洋洋近千万言,仅就其宏伟气魄看,已是罗马当代开阔精神的最佳表露。再加上他和奥古斯都过从密切,曾任其孙克劳狄的教师,是朝野公认的奥古斯都延揽于左右的显学之士的精英,他的《罗马史》就更是奥古斯都要求于时代著述的民族传统、乡土情感与爱国精神的杰出体现。当然,这一切并不等于说李维仅仅是被动地奉命作书,恰恰相反,他有史家发自内心的思古幽情、自成一派的政治观点和对世风日下的现实的悲愤与伤感;奥古斯都也只是因势利导、存异求同,在追述罗马立国的艰辛、表彰历代英雄的业绩和卫国爱国的光荣这个共同目标之下,让作者自由发挥,其他不同看法则互有谅解。例如,李维对凯撒的对头庞培以及刺杀凯撒的布鲁图斯等皆有好感。后世史家甚至说他对庞培极力颂扬,以至奥古斯都戏称之为庞培派[3],但这并不妨碍两人的友谊与合作。此外,李维对于共和末年罗马社会道德沦丧以至达于"彻底毁灭"的悲观看法,固然可以为奥古斯都澄清风俗、扫除腐败的运动刻画出深刻的历史背景,但这种伤感和奥古斯都

第六章 奥古斯都的文化政策

所强调的世代更新、一元复始以及对新时代到来的欢欣与自信,则是不甚谐调的,因此他对帝制新纪元的歌颂远不如他对共和创业史的怀念,可是这也无碍于奥古斯都对他的支持。总而言之,奥古斯都笼络手法的巧妙和艺术家心志的坦诚达到了一定的深层文化境地的心领神会,才能促成黄金时代光耀千古的杰作。正因为如此,李维的史书才做到了情文并茂、感人肺腑、视野开阔、琳琅满目。在悲壮的怀古激情中宣扬了爱国主义,在有声有色的史事记述中也进行了道德说教。同时,他的史书也具有高度的文学意义,文藻修辞发挥得淋漓尽致,可以说是一部散文的史诗,而它的文字流畅、辞章典雅、叙事生动、铺陈细致的优点更奠定了修辞史学的古典传统。

李维出生于北部意大利的帕达维昂(今之帕杜亚),在他幼年时代,这个地区正好处于凯撒任高卢总督的节制管辖之下,文化发展甚快。李维的家庭属当地上层,拥有罗马公民权,他本人受过良好教育,约30岁时定居罗马,以后始终以罗马为主要活动之地,晚年才返回家乡。在罗马,他很少涉足军政活动,一生以文史著述和教书为业,他的《罗马史》可能从定居罗马即开始着手撰写,首卷问世约在公元前27—前25年间,以后陆续发表,直到晚年才告完工,因此这部142卷的巨构是他终身的事业。可惜的是,这部书只有一小部分留传:现存的总共只有35卷,即1—10卷和21—45卷,其中41、43两卷还有残缺之处。这是学术界公认的古典文化遗产的一个最大损失。此书全名《罗马建城以来的历史》,叙事由罗慕路斯建城传说开始,直到奥古斯都时代(止于公元前9年),现存诸卷中,1—10卷说的是王政时代直到共和初期的史事,21—45卷则记叙第二次布匿战争、马其顿和叙利亚战争,显而易见,这两部分包含的史事都发生在罗马历史上最称悲壮激烈的阶段,它们能被留传下来亦非偶然。尤其1—10卷,所述多属古代传说,李维在此最能发挥其文学创作的才能,散文史诗的特色也表现得最为充分。

在全书的序言中,李维既以谦逊之词描述了写作的艰辛,也以少有的愤世嫉俗从侧面展示全书思古诫今的主题:

"假若我追述罗马建城以来的史书得以完工,我也难以相信此书的成果能够抵偿我付出的劳苦;即使我对此坚信不疑,我也不敢将我的苦辛公之于众,因为我知道此类夸耀之词纯属陈词滥调,何必重复。每一位新作者都自信他对史实作了某些新的研究,他的文笔亦优于老一套的记述。然而,无论如何,不管我成功与否,我都为自己竭尽全力记述了世界上最伟大民族的历史而感到宽慰。如果我终于未能跻身于众多史家之林,那我仍会对那些使我显得不足的大师致以敬意。

"除此而外,我的主题异常辽阔,它一直上溯于七百年前,从我们城市微渺的开始叙述到它的无比的庞大——几乎导致它的自我崩溃的庞大。我知道现在许多读者对罗马的起源和它的最初阶段不感兴趣。他们急于了解现代史,而这是我们的国家自杀性地耗尽其才华与资源的历史。我却相反地以能够闭目无视我们这一代这么多年亲身经历的灾难为一大幸事,我觉得,只要自己能够专心致志于追述远古史事而摆脱一切使历史家心神不宁的当代忧患,就是对自己写作的进一步酬报。"④

这种以退为进、以悲愤发人深省的史家笔法把读者引入一个鲜明的今昔对比。过去的历史表明:"从来没有一个共和国比罗马更强大,有过更纯洁的道德或更多的范例;也从来没有任何国家如此长期地杜绝了贪婪和奢侈的道路,如此高度而持续地安贫乐道和节俭,如此鲜明地显示出财愈少的人愈不贪财";而现在的情况却是:"财富带来了贪欲,无限制的享乐使人们耽于纵欲,毁灭了他们自己和其他的一切。"⑤结论如何,当时的读者是不难得出的。而这也正是奥古斯都希望每位阅读、欣赏李维作品的罗马公民得出的结论。

现存李维史书中最脍炙人口的一段,是叙述维爱的攻克和高卢人入侵的历史(5卷19—55章),亦即我们在第三章提到的那段大胜之后接着大灾难的惊心动魄的历史。在李维笔下,它被介绍得光芒四射,栩栩如生,是公认的全书最精彩的章节。其中的核心人物是卡米卢斯,他既是征服维爱的指挥官,又是在高卢人攻陷罗马后出来拯救祖国的英雄,被同胞们赞扬为"另一个罗慕路斯"、"祖国之父"、"罗马的再造者"。实际上,李维对卡米卢斯的描绘,难免不令人想起奥古斯都,至少可以说他塑造的卡米卢斯的形象有着他心目中的奥古斯都的影子,尤其是他那些仁义至上的作为和慷慨激昂的演说(按古典史学的惯例,这些演说词都属作者编撰),更是李维所服膺的罗马爱国精神的反映。我们可从这连续数十章的

第六章 ● 奥古斯都的文化政策

叙述中选几个最有代表性的段落以飨读者:

维爱之战,卡米卢斯被选为独裁官,全权指挥攻城,他发明了打地洞进入城内歼敌的妙计,果然拿下这个最富庶的伊达拉里亚城市。李维对城破后的记叙可看作他的史书中出现千百次的征服惨剧的典型:

"现在地道里已充满了精选的罗马战士,他们突然从维爱城内的朱诺神庙里破土而出,势不可挡。有些战士从背后猛攻城墙上之敌,另一些则去打开城门,还有些放火烧房,里面有妇女奴仆不断掷出石头瓦块。到处都是混乱的声音:恐怖的威吓,绝望痛苦的哀叫,还夹杂着妇孺的号哭。刹那间,守卫者从城墙上被赶了下来,城门大开,罗马军以密集队形冲了进来,另一些罗马战士爬上了城墙。城里充满了罗马人,到处在进行战斗。最后,在大屠杀后,战斗稀落下来,独裁官叫传令官宣布,凡未持武器者可保全性命。流血得以制止,没有武器的人开始投降。罗马士兵得到独裁官的许可,四散寻觅战利品,所获无论数量与价值都大大超过一切预料。那天就在屠杀敌人和掳掠这座拥有巨大财富的城市中度过。

"第二天,独裁官把所有剩下来的自由民都卖为奴隶。当一切属于人的东西都从维爱搬走后,他们开始从神庙搬移以前献给神的礼物,最后搬迁神像本身。……这就是伊达拉里亚联盟最富裕城市维爱的陷落。它即使在最后覆灭时也显示了自己的伟大。它经受了十易寒暑的围困,使敌人遭到了更甚于自己的损伤,它最后由于天数而灭亡,但这还是通过地道而不是直接打下来的。"⑥

征服的残酷反衬出罗马人的功勋。因此李维笔下的血与火的场面总意味着对罗马的歌颂,而且给它披上那种"伟大的庄严"的古典色彩,尤其是终局不忘对敌人也给予一定的颂扬,更显示李维修饰史事常见的那种开阔精神。卡米卢斯在这次大胜中自然是功勋盖世,随即举行"远远超过庆祝这种日子的一般规格"的凯旋式,乘白马驷车进城,威严若朱彼特神。但是,对卡米卢斯形象的塑造,光靠武功尚嫌不足,于是李维又添加了一个以德服人的故事。那是在攻取法列里爱城之时,城中显贵的家庭教师偷

罗马文化

偷把学生们带到罗马人这边,打算让罗马人以这些孩子为人质逼使法列里爱人投降。可是,这种卑劣行径却受到卡米卢斯的痛斥,他对那位教师说:

> "鄙夫!你带着可耻的献纳来到此地,但在你面前的是一个和你本人完全不同的民族和司令官。在我们同法列里爱人之间没有一个以人与人之间的正式条约为基础的交谊。但在我们之间现在和将来一直存在着以天性为基础的交谊。有平时的权利,也同样有战时的权利。我们知道要英勇地作战,也同样知道要公正地作战。我们不用我们的武器去攻打那些即使在城池攻陷后也要保全其性命的那样年龄的人,而是攻打同我们一样武装起来的人,攻打那些我们不曾对之有过任何侵犯挑衅却来进攻罗马的人。对这些人,你是竭尽所能地用空前卑劣的行径去压服他们,而我却要像征服维爱一样用罗马的才艺,用勇敢、战略和武力去征服他们"。⑦

这番正义之词效果非凡,法列里爱人也被感动得自愿投诚,他们恭维罗马人说:"我们认为在你们的统治下要比在我们自己的法律下生活得更美好。这是一个征服者所能得到的最大的荣誉。"我们在此且不去考证法列里爱之战是否确有其事,至少可以肯定卡米卢斯的演说和法列里爱人"生活得更好"的颂词出自史家的杜撰,特别是卡米卢斯说的"以天性为基础"那段话,公元前4世纪初的罗马贵族恐怕还无此觉悟(这里说的天性就是人性),它实际上是奥古斯都时代的道德精神和人性理想的表露。

维爱大胜之后十余年,罗马人却面临灭顶之灾:高卢人突然入侵,占领罗马。在此之前,身为贵族首领的卡米卢斯在平民反对贵族的斗争中遭到失败而被流放,现在眼见罗马沦陷,他便毅然举起拯救祖国的大旗,被流亡在外的库里亚会议再度任命为独裁官。罗马惨遭沦陷的这段历史,在后世看来显然是最令人痛心的,李维的笔墨在此也用得最为浓重,既记述失城亡国的惨痛,也形容公众殉国的壮烈。为此他精心描述了元老们正襟危坐等待敌人破门而入的情景和鹅鸣挽救卡彼托林城寨的故事,千古传为美谈。试看他是怎样写的:

第六章 奥古斯都的文化政策

"在安排好了形势所能许可的一切保卫神殿的布置后,元老们各自回家,视死如归,等待敌人的到来。所有曾担任过高贵官职的人都决定佩上标志着他们以前的地位、荣誉和称号的勋章来迎接他们的命运。他们穿上了他们在驾驶神车时或在凯旋式中驾车入城时所穿的华丽袍服。在如此盛装后,他们就端坐于象牙椅上,纹丝不动。……高卢人进城后,就四散寻觅战利品,穿过杳无人迹的街道。有些人成队地涌入街旁民居,另一些人则穷奔远处,希望那里尚无人触动而保留更多财物。他们对当地的荒凉产生了恐惧……只见平民的房屋设栅阻塞,贵族的大厦却门户洞开,但他们对进入敞开的房屋比进入紧闭的更加踌躇不决。他们以真正崇敬的感情端详着坐在自家府第门廊中的元老,不但因为这些老人的礼袍以及整个装束都非凡地华丽庄重,而且因为他们仪表威严,神态肃穆,恍若天神。因此高卢人兀立凝视他们,仿佛他们是塑像一般,一直到后来,据说有一个人摸了贵族马可·帕比略的胡子(当时胡子往往留得很长),马可就用他的象牙杖打那个高卢人的头,激怒了这个野蛮人。马可遂第一个被杀,其余元老也都在他们的椅子上遭到杀戮。在这次屠杀贵族之后,高卢人没有留下半点生灵,他们抢光了房屋,然后又付之一炬。这时,据守卡彼托林城寨的罗马丁壮耳闻目见,只是一片敌人的叫嚣、妇孺的悲号、火焰的怒吼和房屋的坍塌崩裂之声。"⑧

现代喜欢寻根究底的史学家不难从李维这段叙述中断定:实际情况是罗马人被打得落花流水,以至高卢部众在罗马城内"如入无人之境",而李维借众元老视死如归的形象来掩饰罗马民族遭到的奇耻大辱,用心可谓良苦,手笔也可称精妙。同样地,孤守卡彼托林山上的城寨和朱彼特神庙的罗马官兵,虽然顽强战斗,最后也因弹尽粮绝投降,整个罗马也是靠赎金才从高卢人手中取回。但是李维不忍心把事情说得太白,于是又渲染了鹅救罗马的故事:

"正当卡彼托林山上的城寨和神庙处于迫在眉睫的危险之时,高卢人发现了一条比较容易爬上峭壁的道路,他们选择了一

罗 马 文 化

复原的罗马城寨

个朦胧的夜晚,派遣一个徒手的士兵在前面探路,随后在道路艰险的地方一个一个把武器传上去,随着地势而互相支托拉曳,终于达到了山顶。他们静悄悄地移动,不但没有被哨兵发觉,甚至连夜间听觉特别敏锐的动物——狗,都没有惊动。但是他们没有躲过鹅的注意。这些鹅是献给朱诺神的,虽然食物供应十分稀少,但仍然没有宰杀。这最后保障了保卫者的安全,因为它们的嘎嘎声和扑翅声惊动了三年前曾任执政官的杰出战士马可·曼利乌斯。他连忙拿起武器,跑去叫其他的人也都赶快武装起来,当其他人还在犹豫的时候,他立刻用盾牌击倒了一个刚刚在顶峰站定的高卢人。这个人摔倒在后面人的身上,把他们都撞倒了;曼利乌斯就砍杀那些把武器放在一边,用手攀附在岩石上的敌人。这时,其他的人也来到了,开始飞掷石块和标枪,击退敌人,直到全部敌军都身不由己地跌落到山脚下面"。⑨

李维也提及赎金之事,但他随即笔锋一转,把注意力集中到卡米卢斯以独裁官身份带来的罗马大军身上,强调他们一到,谈判破裂,高卢人终被逐回老家,于是卡米卢斯成为拯救罗马的最伟大的英雄。接着,进入他的故事的最后高潮:平民群众觉得罗马城被破坏得太惨,准备迁居维爱,另建新邦,刚获救的罗马又面临着更严重的危机,如果平民群众真的不辞而

144

第六章　奥古斯都的文化政策

别,罗马也就一命呜呼。在这紧急关头,卡米卢斯再一次拯救了罗马,不过这次不是用武器,而是用演说。他在公民大会上慷慨陈词,声泪俱下,终于感动了全体公民,迁居维爱之议遂罢。卡米卢斯究竟说了什么,并无文献可征,李维在此遂不得不凭自己的史识与文才编撰一篇最能激动人心的演说,把罗马精神中最珍贵的对祖国、乡土和历史传统的热爱发挥得淋漓尽致。可惜我们在此不能全部录出这篇长达数千言的名文,仅摘其最后一段以见一斑:

"我们的乡土,这块我们称之为祖国的土地,对我们就只有这样微弱的吸引力吗?我们对祖国的热爱,就只是依恋它的建筑吗?虽然回忆我个人的苦难是不愉快的,回忆你们不公正的行为是更不愉快的,但我必须向你们承认,每当我在外地怀念我的祖国时,所有这一切——山丘、平原、台伯河,这片对我如此亲切的景物,这片我生长于其下的天空——都立刻涌上我的心头。我深望这一切所激起的眷恋之情现在能够打动你们,使你们留在你们的祖国,而不要在你们放弃她之后,让这一切引起你们的故国之思而使你们怀念不已。神和人选定这块地方作为一个城邦的所在,不是没有正当理由的。这里有振奋精神的山丘;有宽阔的河流,通过这条河流,内陆各地的物产可以运来,海外各地的货品也可取得;这里临近大海,可以获得海洋所能提供的一切好处,但又不太近海,不致遭受外国舰队的威胁;这里又正位于意大利的中心——总之,这是天然的适合于一个城邦扩展的位置。一个城邦立国不久,其疆域已如此之大,仅仅这一点,就说明了这个道理。同胞们,今年是罗马建城的第三百六十五年,然而在你们长期与之作战的所有那些古老国家中,不必提单独的城邦了,只讲同埃奎人相联合的伏尔西人以及他们所有工事坚固的城镇和雄视海陆、横贯意大利东西海岸的整个伊达拉里亚——他们在战争中都未能成为你们的对手。你们命运亨通,迄今一直是如此;又有什么理由叫你们尝试另一种命运呢?打消这种想法吧!即使承认你们的勇敢能够转移到别的地方,这块土地的好运肯定是不会转移的。这里有卡彼托林山,它是从前曾经发现一个人头的所在,这被认为是一个预兆,预示这里将

罗马文化

是世界首领和最高权力的所在。就是在这里,当卡彼托林山由占卜的仪式予以清除时,朱维塔斯神和德尔米努神不肯被人移动,这曾经使你们的祖先欢喜不已。维斯塔的神火就在这里;天降的神盾就在这里;所有的神明都在这里,如果你们留下来,他们将向你们降福。"[10]

诵读这些感人肺腑的语言,李维述史的特点也就历历在目。他以故事的生动、形象的鲜明、演说的雄辩和情感的丰富见长,可以说是非常杰出地发挥了罗马修辞学以情动人、以理服人的优点,所以后人称之为修辞史学。罗马修辞学大师昆体良,在推崇西塞罗的同时,也对李维的文笔给予最高评价,他说:

"在叙述史事方面,他以绝顶生动引人入胜,同时又自然流畅、清晰透彻,他插入的演说更有滔滔不绝之势,雄辩的威力难以形容。演说中的一切无论对当时形势还是演说者本人皆非常贴切、恰到好处。其中的情感,尤其是那些触动人心的深情大义,我可以断言没有任何史家能像他那样表达完美。"[11]

昆体良的赞词说明李维一直标志着罗马史学的最高成就。他的修辞史学派不仅成为罗马史学、也是日后西方史学直到19世纪以前的主流。在文学方面,李维的拉丁散文也以其生动灵活、雅俗共赏而与西塞罗并列为古典散文的楷模。当然,在这些成就之外,李维对史实的核查、史料的订正则有所不足,尽管他广采博收前人成果,其史书也保存了丰富资料,他在记实求真方面却稍逊于希腊史学大师修昔底德。但这种着重点的不同却使古典史学传统更见丰富,影响也更为深远、广泛。

第七章 诗坛的兴旺与建筑的辉煌

维吉尔(Virgil,公元前70—前19年)①,公认的奥古斯都文学的中心人物,也是其诗坛的主要支柱。他虽然死得较早,在奥古斯都建立元首政治不到十年便已去世,他的诗作却辉煌地宣告了这个黄金时代的到来。维吉尔出生于北意曼图亚附近的农村,和前述历史家李维的出生地相距不远,他的青年时代也是在凯撒就任高卢总督统治这一带的情况下度过的。他曾到北意的米兰等地读书求学,并到罗马攻读修辞学。在公元前49—前48年间,他可能参加凯撒的部队,到希腊与庞培作战,次年即定居于南意的那不勒斯乡间,以写诗为业,兼习农事。他此后也一直居住在那不勒斯,有时到罗马作短期逗留,与奥古斯都和迈森纳斯等人皆有交谊。他多次到过希腊,最后一次是在他死前不久,当他带着诗稿和修改过的写作计划启程回国,一踏上意大利土地便溘然长逝。

维吉尔的早期作品今存者有《牧歌》10篇,那是他定居那不勒斯最初十年创作的结晶,约作于公元前37年或其前。那不勒斯原来就是希腊殖民城邦,这时也是希腊文化影响最盛的地区。牧歌这种诗歌体裁最初由希腊人创作,流行于西西里岛和南意一带。希腊化时代著名的牧歌诗人提奥克里图就是西西里的希腊人,维吉尔的牧歌从文学源流上看是受到他的影响。但维吉尔的创作又很有罗马本地的时代特点。一方面是曼图亚农村的民歌民谣,其中倾诉着意大利农民的辛劳疾苦与乡间朴实恬静的风物;另一方面则是在那不勒斯很受欢迎的伊壁鸠鲁哲学和其歌颂者卢克莱修的诗篇,它们对维吉尔的思想情怀显然有不小的潜移默化的作用。因此维吉尔的牧歌不像一般希腊化的诗歌那样带着城里人观赏山野景色的好奇心理,却带有浓烈的乡土气息和坚定的哲理意趣,一经问世即

罗马文化

在罗马诗坛引起轰动,并受到奥古斯都的重视。据说他在两首诗中曾提到曼图亚一带农村遭到的苦难:屋大维的老兵们退役后要在这儿圈占许多耕地,不少农户为此倾家荡产,甚至维吉尔本人的祖产也被夺走。屋大维知道后,便叫手下把维吉尔的家产发还。这故事既说明诗人已得当局赏识,也说明他的诗确有针砭时弊、反映民间疾苦的特色。但作为"牧歌",这些诗最吸引人的仍是它所歌咏的田园生活的宁静优美与人们对于这种太平景象的渴望,例如第十首中描述一个罗马战士与其女友的爱情时,就发出了这种渴望的呼声:

"我多希望我能同你一起自在逍遥,看守着牛群或者培植成熟的葡萄,这里有软软的草地,这里有泉水清凉,这里有幽林美景,
我和你在这里可以消磨时光。
但是现在艰苦战争的狂热阻拦了我,在刀枪之下和两军对垒之间过着生活。"②

这种渴望在诗人的思想中还有进一步的升华与提高,他把人民对和平生活的向往变成对一个新时代的憧憬,于是有了《牧歌》第四首那几行对后世产生极大影响的诗句:

"时代已在酝酿,时序即将更新,
童贞的正义女神将重回人间,
太平盛世又将重现,新时代的头生儿,
已经从天而降
即将光临地上。"③

这短短几句诗并非惊人之笔,却因其遭逢时运而起了一般诗词难以料想的作用。首先是屋大维及其党羽把它看作是新时代即将到来的天才预言,后来更被基督教当作圣母玛利亚和耶稣基督将来到人间的神灵的启示。有些捕风捉影的研究者还考证出写这首诗的时候,屋大维和安东尼的夫人都身怀六甲,所以诗中有了头生儿即将降生等吉庆之句;还有人猜测维吉尔可能看到了在南意流传的某些犹太教的经典,因而有类似救世

第七章 诗坛的兴旺与建筑的辉煌

主到来新时代开始的思想。其实最可能的还是那种最简单的解释：诗人反映的只是意大利农民群众厌恶内战、希冀太平的心愿，但他也把这种心愿升华、提高了，把它和古老传统有关时序更新的信仰和当代哲学对于时代演进的思想结合起来了。我们知道，卢克莱修和当时的伊壁鸠鲁学派都袭用了希腊固有的说法，认为人类经历了黄金、白银、青铜、黑铁等时代，社会风气是每况愈下，至黑铁、也就是他们当世已达于黑暗的深渊，但卢克莱修等也相信文明的进步，认为今人靠创造发明和生产的提高可以优于远古之人，因此时代的演变会来一个大循环，黑铁时代到头就会出现一个新的黄金时代，这种想法显然也为维吉尔所服膺，因此他以诗的语言宣告太平盛世又将重现，而他对太平盛世的具体称呼是"萨冬神统治之世"，也就是太古农神当令的黄金时代，由此可见，他的诗相当深刻、典型地刻画了时代的心声，从某种意义上说，确实是走在了时代的前面。它写于奥古斯都建立元首政治之前十年，更早于奥古斯都举行庆祝时序更新的大祭典之前二十年，或许，他的诗对于奥古斯都日后的作为有所启迪亦未可知。反正在屋大维还没有成为奥古斯都以前，他们的思想已引起共鸣，则是毫无疑问的了。以后维吉尔的诗作，确实是相当杰出地完成了为奥古斯都黄金时代大作宣传的历史任务，但是，正如我们提到李维和奥古斯都的关系时所指出的那样，我们也不能简单地把维吉尔的诗看作某种宣传文学，而应该认识到他的诗作与奥古斯都政治的配合是出于对时代文化精神深义层次的领悟。

公元前29年，正当屋大维已平定天下、着手建设之际，维吉尔发表了他的《田园诗》4卷，与屋大维的振兴农业、休养生息的政策可谓不谋而合，原来，这些田园诗严格地说应称为"农事诗"，它虽然也歌颂田园风光，具体内容却主要谈论农业生产，甚至包括许多技术性的细节。诗人在开卷第一段，就说明了他歌咏的主旨：

"我要歌唱，什么时候
麦田笑逐颜开，
在那座星辰照耀之下
泥土被翻转耕耘，
是什么时辰，最适于
让葡萄藤与榆木支架结婚，

罗马文化

>　　怎样的调养
>　　　　牡牛最需要,
>　　用什么方法
>　　　　牲口养得最好,
>　　还有,那蜜蜂的勤劳的家园,
>　　　　怎样用人类的经验调理得更丰饶。"④

因此,《田园诗》各卷的内容也依次是:第一卷谈论粮食作物;第二卷谈果树,特别是葡萄与橄榄;第三卷讲牲畜和农舍圈棚;第四卷讨论养蜂之道。用如此美丽的诗句去描述那些还带着浓烈泥土味的农业操作,在世界诗坛上堪称一大奇观。其中某些讨论技术的细节,甚至可说是写成诗句的农业论文,试看它如何介绍一头可用于传宗接代的母牛:

>　　"母牛要显得顽强凶猛,颈粗头壮,
>　　喉下胃囊要从双腮下垂到双腿,
>　　双腰要又长又宽,
>　　　　膘满力强,
>　　腿要大,耳要粗,蹄要宽。
>　　皮毛黑得发光,白点斑斑;
>　　驾轭时要挣扎,用角触人
>　　　　不肯轻易就范。
>　　面相像公牛,走时昂首阔步,
>　　地上的足迹可用尾巴扫得一干二净。"⑤

在希腊文明的开头,几乎和荷马同时,希西阿德写下了《田功农时》的名篇,其歌咏的恳切与泥土味的浓厚可说此后七百年间只有维吉尔的诗能与之相比。那么,维吉尔是不是有意以希西阿德为榜样,用自己的诗为罗马文明开创一个新传统呢?从日后维吉尔也以荷马为榜样而创作史诗的情况看,这种说法不无道理。不过,维吉尔的泥土味具有更多的务实精神——从讲求实用出发而以汇聚当代先进实用知识为目的,却是植根于罗马文化自身。这一方面固然因为维吉尔有丰富的农村生活甚至农业生产的经验,他从小生长于农村,终身居住乡间,作诗之余兼习农事,所以才

第七章 诗坛的兴旺与建筑的辉煌

能把田园诗写成道地的农事诗；但另一方面，还要看到重视农业和农业知识也是罗马文化讲求实用精神的体现，这一点甚至可说是罗马文化界的一个优良传统，从老加图到比维吉尔约长一辈的瓦罗，都有农业论的著作，便是其显例。特别是瓦罗，他的《农业论》正好发表于维吉尔诗作之前一两年，对维吉尔的影响更为具体。所

赶牛的罗马农夫

以，维吉尔把田园诗写成农事诗，正表明罗马文化凭其乡土气而开创了自己的传统。从文化史的角度看，维吉尔田园诗的这种表征意义远大于它的实用意义，其实诗人也深知其中奥妙，知道他写的是诗，是描述农村和农业的诗而不是教导农业技术的手册，诗的形象是他始终刻意追求的目标。可以说，田园诗是通过农事的描述而歌颂了农民的辛勤、劳作的伟大以及朴实而充满活力的意大利田园风光。即从前引那段有关母牛的诗句看，尽管说的是农民选择牲口评头品足的语言，却刻画了一头壮实得咄咄逼人的母牛的形象，人们不仅看到它是一头实用价值很高的好牲口，还感受到它的膘满力强的气质和不肯轻易就范的精神，这种意境显然就不是技术性的而是和诗人对农村生活的歌颂密切相关的了。罗马人很欣赏田园诗的这种微言大义，可以从乡土气的平淡中发人深思、引人遐想，对奥古斯都说来，这样的田园诗和他的务本兴邦的农业政策更是一种绝妙的配合。数十年后，罗马哲学家塞内加对维吉尔的妙笔仍赞不绝口，他说："我们可爱的维吉尔并不要求事事写得巨细无遗、正确无误，他却要求写得恰到好处，他不在意于教谕农民，却处处关心吸引读者。"⑥

罗马文化

创作田园诗以后,维吉尔和屋大维、迈森纳斯的交往更见密切,等到屋大维成为奥古斯都、建立元首政治以后,维吉尔作为皇帝的桂冠诗人的地位也就为世人公认了。从此他以余生所有精力投入史诗《伊尼阿特》的创作,直到死前才告基本完工。据说,他临死时刚好带着要修改的诗稿从希腊回到意大利,曾嘱咐亲友在他死后要把全部诗稿焚毁,这消息被奥古斯都知道了,他马上进行干预,诗稿才得以保存下来。这故事说明奥古斯都对这部史诗非常重视,并给予充分肯定;至于焚稿之说,则未必可信,至多不过反映了诗人对修改工作的极端认真。现存史诗《伊尼阿特》共12卷,首尾俱全,应该看作是诗人呕心沥血之作。如果说《田园诗》是比附于希西阿德,《伊尼阿特》当然是着眼于荷马,但维吉尔创作这部史诗的意义绝不限于文学体裁上的模仿,更重要的是要用史诗这种最庄严的体裁叙述罗马历史最庄严的主题:伊尼阿斯如何从特洛耶逃出而来到意大利创立了拉丁民族。因此《伊尼阿特》首先是一部民族的史诗、爱国的史诗,然后才是一部其文学成就可和希腊史诗相比的罗马史诗。奥古斯都器重于它的也正是这一点。由于在基本立意上有这样宏伟的气魄,具体的写作就可不必亦步亦趋追随于荷马,反而能广采博收,以见综合开阔之效,《伊尼阿特》包揽了古典史诗叙述英雄业绩的两大精华:英雄的游历和英雄的战斗,实际上它也把两部荷马史诗熔于一炉:它的前6卷介绍伊尼阿斯流离漂泊浪迹天涯的故事,类似荷马史诗的《奥德赛》;后6卷叙述伊尼阿斯来到意大利力克群雄立国于拉丁姆的业绩,类似荷马

维吉尔,手中拿着诗作《伊尼阿特》,旁边站着两个文艺女神

第七章 ● 诗坛的兴旺与建筑的辉煌

史诗的《伊里亚特》。对奥古斯都时代的罗马人说来,这样的创作意图足以反映罗马帝国统御天下的雄姿,这就基本上决定了它在文学上的成功,何况维吉尔的诗才还是那样卓越与杰出!

《伊尼阿特》各卷的内容大致如下:第一卷,特洛耶被攻陷后,伊尼阿斯携其部众逃出,终于在北非登陆;第二卷,伊尼阿斯向北非迦太基的女王第度叙述特洛耶失陷的经过;第三卷,伊尼阿斯继续叙述他渡海漂泊的经历;第四卷,伊尼阿斯与第度相爱,但神的使者提醒他肩负的历史使命,他遂奔赴意大利,第度忧伤自杀;第五卷,伊尼阿斯在西西里为其父安奇塞斯去世周年举行大祭典;第六卷,伊尼阿斯得女巫之助游历阴间,其父告诉他未来之事,包括罗马人的兴起与统治世界;第七卷,伊尼阿斯来到拉丁姆;第八卷,伊尼阿斯访问台伯河畔未来将建立罗马的地方;第九卷至第十一卷,伊尼阿斯与主要敌手图尔努斯王的多次征战;第十二卷,伊尼阿斯杀图尔努斯,战争结束。在这篇洋洋数十万言的长诗中,叙述得最为有声有色的是第二卷,情节最缠绵的是第四卷,与罗马历史最密切的是第六卷,我们在本书第一章引用的那段诗句便采自其中。伊尼阿斯和第度的恋爱故事,是最为脍炙人口的,可是细心的读者不难发现,这段爱情插曲中隐含着日后许多重大的历史因缘:迦太基女王第度因伊尼阿斯的离去而自杀,埋下了迦太基与罗马结仇的伏线,导致布匿战争和汉尼拔的远征;伊尼阿斯不为儿女情左右的英雄行为,暗示着日后屋大维的同类壮举,他断然拒绝了埃及女王克列奥帕特拉的诱惑,其再建罗马的功勋可和伊尼阿斯媲美;而安东尼却拜倒在埃及女王的石榴裙下,结果弄得身败名裂。既然第度故事的含义都和罗马历史息息相关,那么有关伊尼阿斯业绩和使命的描述就更是对罗马及其帝国的直接歌颂了。伊尼阿斯的形象虽然不能看作奥古斯都的化身,但诗人确实把他形容为奥古斯都的前驱与先辈,更不消说他在世系上还是朱理亚家族的远祖。通过伊尼阿斯是安奇塞斯与维纳斯女神所生之子的血缘关系,凯撒与奥古斯都皆取得女神后裔的资格,他们还在自己的政治实践中为这一资格大增荣耀,因此《伊尼阿特》既可看作罗马的民族史诗,也可看作歌颂皇帝家族——朱理亚家族的史诗,它在焕发罗马人的爱国精神与民族情感的同时,也灌输了拥护帝制和崇拜奥古斯都的思想,随着它的家喻户晓深入人心,可以说奥古斯都能要求于文学宣传的它都出色完成了,而这种出色所凭靠的正是维吉尔的博大精深的诗才与功力。若要举一例以示范,我们觉得最好选

罗马文化

第二卷中描写拉奥孔的灾难的那段：

"不幸我们又遭到另一件更严重、更恐怖的事变，使昏乱的心神惊惧；

抽签指定任海神祭司的拉奥孔正在祭坛上宰一头庞大的公牛献祭；

看啊！从田奈多斯岛的希腊军驻地，

从平静的海上，

有两条大蟒蛇（我提起都要发抖）

冲着波涛，头并头向岸边游来；

它们在浪里昂首挺胸，

血红肉冠高耸，

露出海面，粗壮的身躯在海里

荡起波纹，蜿蜒盘旋，

一圈又一圈，

它们激起浪花的震响，

岸边完全可以听见；

它们爬上岸，两眼闪闪，血红似火，

转动的舌头舐着馋吻，嘶嘶出声，

我们一见就失色奔逃，但它们

一直就奔向拉奥孔，首先缠住

他两个孩子的弱小身躯，

一条蛇缠住一个，

而且一口一口地撕吃他们的四肢，

当拉奥孔拿着兵器跑来营救，

它们又缠住他，拦腰缠了两道，

又用鳞背把他的颈项捆了两道，

它们的头和颈，

在空中傲慢地举得老高。

拉奥孔想用双手拉开他们的束缚，

但他的头巾已浸透着毒液和淤血，

这时他向着天发出可怕的哀号，

第七章 ● 诗坛的兴旺与建筑的辉煌

正像一头公牛受了伤,要逃开祭坛,
挣脱颈上的利斧,放声狂叫。
接着这两条大蟒就爬向高耸的神庙,
去寻找那位出生于特尼通湖的、
不讲情面的雅典娜女神的高堡,
躲在她们雕像脚下,
让她的圆盾把它们安全遮盖。
这时人人战栗,感到空前的恐惧。
我们都知道拉奥孔罪有应得,
他不该向那座木马抛出罪恶的矛,
用矛头刺破了那神物的腰,
现在众人都呼喊着,要把木马移到神庙,
以便祈求女神的宽饶。"⑦

这是伊尼阿斯向第度讲述的特洛耶陷落经过的一部分,以第一人称描述得极为有声有色。严格地说,拉奥孔应是特洛耶的民族英雄,只有他一个人识破了希腊人搞的木马计,敢于不顾个人安危,宁犯神怒而大胆揭发,终于被袒护希腊人的海神派出两条巨蟒咬死,其幼子亦遭株连。拉奥孔的悲剧,实际上也是大多数正直的特洛耶人的悲剧,其中就包括伊尼阿斯及其父安奇塞斯,因为他们都身不由己地卷入到这场希腊人与特洛耶

庞贝古城表现木马计的壁画

罗马文化

人的十年大战之中,而实质上它只是神与神之间恩怨难分的一场混战⑧。虔诚的伊尼阿斯在介绍这段可怕的往事时自不得不说拉奥孔"罪有应得",但他的同情是放在宁犯天罚而揭示真理的拉奥孔一边,故把事情经过描述得动人心弦。在维吉尔笔下,拉奥孔代表着一切受命运摧残折磨的悲剧性的人物,他们不仅在罗马这个胜利者的民族中可以找到,更多的还见之于那些被征服的、失败的民族,从而接触到更为广阔的、人类共同命运的主题,其诗格亦愈见崇高。正因为这样,拉奥孔的故事在罗马人心目中留下了深刻的印象,日后遂有著名的拉奥孔雕像的制作,成为我们了解罗马艺术与文化的关键的一环(参看第十一章)。

贺拉斯(Horace,公元前65—前8年)⑨,可以和维吉尔并列为奥古斯都诗坛的主要代表,但两人的风格和创作倾向却各有不同。如果说维吉尔是博大精深、文采飞扬,那么贺拉斯可说是恬静随和、才思隽永。他们两人友谊甚笃,共同为奥古斯都器重,皆被迈森纳斯尊为嘉宾,但也同样保留着某种超然于幕僚之外的独立姿态。贺拉斯比维吉尔小五岁,出生于南部意大利的维努西亚,他的父亲曾是奴隶,后来获得释放并发了财。按当时法律,富有的被释奴隶及其子女可以获得公民身份,贺拉斯的家庭便是如此。他父亲让他受到良好教育,在罗马学习后又送往希腊深造,他对父亲也终生感戴,从不讳言自己的卑微出身。在希腊学习的时候,恰逢刺杀凯撒的布鲁图斯率部退守其地,贺拉斯便参加了他们的队伍。布鲁图斯失败后,他才回到罗马,谋得一小官职,开始写诗。他的诗作得到维吉尔赏识,维吉尔又把他推荐给迈森纳斯,并和屋大维结识,从此他便以诗歌写作为业。公元前31年,迈森纳斯送给他一座位于罗马近郊萨宾乡间的农庄和别墅,他遂终生定居于此。据说奥古斯都曾想聘他为私人秘书,他却无意从命。但他的诗才极受时人推崇。公元前17年,奥古斯都举行"盛世大祭典"时,主祭的大颂诗即请他执笔。他的诗篇以短歌抒情见长,传世之作有《颂歌》4卷、《讽刺诗》和《书信(诗)》各2卷。《颂歌》是他作品中的精华,虽以颂为名,内容却非常广泛,上至神明,下及时事,也提到奥古斯都及迈森纳斯等人,最吸引人的则是那些歌咏田园乡野的优美恬逸、人情的温馨、道义的崇高的篇章,被公认为体现古典文明精神的抒情诗的杰作。

《颂歌》的1—3卷约发表于公元前23年,即奥古斯都建立元首政治

第七章 ● 诗坛的兴旺与建筑的辉煌

之后五年,这时贺拉斯住在迈森纳斯送给他的萨宾别墅之中,生活安定,享受到了太平时期的乐趣;从年龄看,他也已届不惑之年,诗意更见老成清淡。这些特点,都使他的抒情诗在古典文学中独具一格。古典抒情诗通常是青年诗人抒发青春激情之作,现在贺拉斯的抒情诗却把人带入恬静安逸之境,在优雅明丽的田园风光中大唱其乐天知命的哲理,遂为抒情诗开辟了新的园地。从文化史的角度看,贺拉斯诗作的这种境界体现了古典文化在帝制条件下的新发展。古典文化原来是在城邦公民政治条件下形成的,故希腊抒情诗无论喜怒哀乐皆抒发公民的情感,强调公民与城邦之间血肉相连的关系。在帝制条件下,公民成为皇帝统治的臣民,诗人亦莫例外,虽然奥古斯都的元首政治保留了一些共和与公民政治的色彩,他和诗人的关系也是友善的,甚至有一些平等相处的风度,但君臣之间的关系仍是决定一切的因素。在这种情况下,诗人的情感,极而言之,便分裂为公私两半。所谓公者无非他与皇帝和帝国的关系,若处理顺当,再加上帝制本身尚能适应历史发展的要求,倒也能产生积极的成果,这在维吉尔和贺拉斯身上都表现得很明显;所谓私者则是诗人在摆脱俗务之余个人性格和情怀的坦诚流露,它和前述为公的一面虽不能说完全没有联系,但越能脱离则越好,这和城邦时代个人感情与公民感情的一致是完全不同的。应该说,这种公私情感的分裂,是专制统治下诗人贤哲普见的心态,用我们中国的语言,那就是既有"致君尧舜上,再使风俗淳"的政治抱负,又有"采菊东篱下,悠然见南山"的闲情逸致。用我国古典诗词抒怀之作来了解贺拉斯这些短诗的意境,我们反而能洞然其诗格的清新。例如,《颂歌》中有一首著名的饮酒小调是这样唱的:

"请不要谈什么历史大事,
请在其他场合去考证:
名人的生卒年代、
英雄的就义经过,
还有你们的特洛耶大战的细节。
现在我们急于知道的是,
一坛希腊奇奥斯岛的葡萄美酒
今天卖多少价钱?
为了我们开怀痛饮

罗马文化

将在何时何处摆宴?"⑩

这首罗马人的饮酒歌,若用我国古诗的名句概括,那么黄山谷的"身后功名空自重,眼前樽酒未宜轻"便把它说得更为精练。可见贺拉斯抒情诗中田园情调与宴饮生活所隐含的狷介、超然的意趣,只有通过与更为成熟的专制帝国文化的对比,才能深解其中奥妙。或许正因为如此,与贺拉斯同时代而对帝制之下的生活还很少体验的罗马人,对其抒情诗的深意便理解不多。随帝国建立渐久,人们的体会才逐渐加深,终于称颂他的抒情诗是罗马最上乘之作(昆体良语)。西方自文艺复兴以后,生活于王朝统治之下的许多近代诗人学者对贺拉斯的作品推崇甚盛,恐怕也是出于同样原因。

从古典传统的演进看,贺拉斯的诗也是在帝制条件下发扬罗马传统精神的佳作。在这方面他与维吉尔可说是异曲而同工,各有所侧重而共同促成罗马诗坛的繁荣。维吉尔侧重民族精神与爱国主义,贺拉斯则专注于人性理想与人生哲理,他们殊途而同归的总目标仍不外乎罗马精神本身,但却是在帝制条件下发展了的罗马精神。贺拉斯的哲学思想,可说是西塞罗传下的斯多噶派和卢克莱修倡导的伊壁鸠鲁派的一个混合,然而他既无意于高谈阔论也不想搞学理探讨,只是以他的抒情小诗把他服膺的理想与信念坦诚道出,诗意的清朗与性格的淳厚互为表里,甚至使许多近乎老生常谈的道理也被隽永的文采照耀得光辉灿烂、发人深省。且听听他如何劝勉青年人保持心灵的平静:

壁画中的罗马乡村田园风光

第七章 诗坛的兴旺与建筑的辉煌

"正直的人心胸坦荡,
无私无惧,
既不为一切邪念左右,
也不会去花天酒地……
只有他能用无畏的两眼,
面对变幻的万千,
既不怕莫测的深渊,
也不怕高空的闪电。"⑪

他对一位友人的规劝,说来说去仍不脱中庸之道,但字里行间透着发自内心的恳切:

"李锡尼乌斯啊!你要正直地生活,
切勿轻易远航
漂泊于深淼的海洋,
也不要太靠近岸边的巉岩,
既然你知道狂风会把船只撞烂……

在暴风雨中
　　高大的松树被摇曳得最凶,
从高塔摔下,
　　总是摔得更重,
何处最常遭闪电,
　　那是群山巅顶之尖。"⑫

人性之光潜隐于事理之常,这就是贺拉斯从生活中体验而得的真理。继西塞罗把文明相等于人性之后,贺拉斯则把常识相等于人性,罗马的人性概念可说愈见丰富与平易。在帝制条件下,哲理的探讨不易向深处发展,却可见相当的广延与普及。贺拉斯的诗既是这种倾向的体现,也为其流行作出不小贡献。相比于维吉尔以史诗的宏篇巨构刻画的一个理想的完人——伊尼阿斯的形象,贺拉斯在抒情小诗中无意间却向读者介绍了一个现实生活中的完人,那就是诗人自己。这个形象决不像伊尼阿斯那样

罗马文化

高不可攀,甚至有点唯遵天命而不近情理(例如他之弃第度而远去);贺拉斯只是在普通平易之中让读者了然于人性固有之美。所以伊迪丝·汉密尔顿评论他说:

"贺拉斯是这个世界中的完人,他宽容一切却无任何偏袒;他可以四海为家,无处无不自在,跟所有的人友善;他愿意享用任何欢乐,却避免一切可以打扰安宁的激情;他以某种超然物外的眼光看待世间百态——却从不大声发笑使人难堪。他是富兰克林那样的务实派,却终身写诗为业;他像蒙田那样绝不陷于任何狭隘境地,却不写散文只写诗句。他是这样一位把常识和鲜明的个性结合得如此亲密无间的诗人,古今皆罕有其匹。"[13]

诗人这种常识与个性的结合,若从深义层次理解,岂不也是罗马的坚定开阔精神的一个发扬么?

奥维德(Ovid,或 Ovidius Naso,公元前43—公元17年),是奥古斯都诗坛的第三颗明星,他比维吉尔、贺拉斯年轻得多,活动之时已在奥古斯都统治的后期,天下太平已久,享乐之风又见盛行,奥维德写的一些爱情诗就和这种风气不无关系,他因此遭到流放并老死外地。从这种经历看,他和维吉尔、贺拉斯有很大的不同,没有经历战乱之中对新时代的渴望,反而是新时代——皇帝统治本身培养出来的一个典型。但是,就诗才的杰出、作品影响之大而言,奥维德可谓与前两位旗鼓相当,他们在古典传统中都具有同样光辉的地位。他所以能取得这些成就,除了文学才能而外,也和他致力于发挥爱情这个文学主题有关。爱情作为人性的一个基本表现,自然也是希腊罗马古典文学重视的一个主题,在奥维德笔下,无论是抒情、议论、通信以至神话故事、鬼怪传说,都能以这个主题为纲,作美丽而优雅的表述,因此,在后人眼中,他的作品在这方面无疑是古典传统的一个优秀代表。

奥维德也像维吉尔、贺拉斯那样不是道地的罗马人,他出生在意大利中部城市图尔沙的一个古老的骑士阶级家庭,受过良好教育,当他的父母希望他在罗马从事政法工作之时,他却全力投入写诗生涯,而且终身不渝。他这种带有一点反叛意味的性格也决定了他的爱情诗的基调,他抒

第七章 ● 诗坛的兴旺与建筑的辉煌

写的感情既是热烈的,也带有一点讥讽和嘲弄的意味。因此,不仅过分颂扬爱情有违于奥古斯都澄清风俗的宗旨,这种讥讽和嘲弄也和罗马传统的严肃、虔敬精神唱着反调,所以他的爱情诗也带有一定的反叛意味,社会上广大阶层的群众特别是年轻人都对之表示欢迎,自亦出于同样的原因。奥维德的成名之作是3卷的《情诗集》,最初约陆续发表于公元前25年至前15年间,由于大受欢迎,十年后又有再版。接着他又写了《爱的艺术》和《淑女书简》两部诗集,他作为情诗奇才的声誉便在罗马文坛上确立起来了。爱情诗的写作,在罗马文学中一直是很流行的,我们在凯撒与西塞罗之时可看到其名家卡图卢斯,在奥古斯都时代,略早于奥维德的名家还有普罗珀提乌斯和提布卢斯,他们都在诗中淋漓尽致地抒写了对自己钟情女子的爱慕。现在,奥维德加入到他们中间,更有"青出于蓝而胜于蓝"的气势。他最初也是学习普罗珀提乌斯等前辈的,在《情诗集》中,他也选了一位名叫科琳娜的女性作为自己爱慕的对象,但和前人不同的是,这位科琳娜似乎只属诗人的想象,对于她是否确有其人,诗人始终闪烁其词,甚至数十年

壁画中战神马尔斯和爱神维纳斯,旁边有小爱神丘比特

后被问及此事,他也不置可否。这在"务实"的罗马人看来是有点不可思议的,然而诗人却可因此而给自己的爱情带上强烈的主观色彩和细致的心理描述,为爱情诗的写作开辟新的境界。例如,对于科琳娜这样一个诗人目为理想的美人的形象,他就主要不是通过客观的介绍,而是以自己主观的感受让读者领悟到她的完美。《情诗集》中有段著名的描写是这样形容科琳娜的:

"我谛视和抚摸的背和手

罗马文化

是多么温柔!
我拥抱的那丰满的胸脯
多么像微波起伏!
胸脯下那纤细的腰身
多么的窈窕!
微呈曲线的臀和腿
多么年轻俊俏!"⑭

德国古典主义美学家莱辛曾以这几句诗作为"诗人就美的效果来写美"的典型。他评论说:"诗人啊! 替我们把美所引起的欢欣、喜爱和迷恋描绘出来吧! 做到这一点,你就已经把美本身描绘出来了。既然感觉到只有最完美的形象才能引起的情感,谁不自信亲眼已见那种最完美的形象呢? 奥维德这些诗句虽然也向我们逐一展现了他的爱人的美丽身材,但主要是由于他在指出这些美点时,表现出一种令人销魂的陶醉,我们才仿佛觉得自己也在欣赏他所欣赏的那个俊美形象。"⑮ 由于突出主观感受,奥维德不仅重视描写自己的心理,也由此及彼地重视描写对象的心理——女性的心理,这更是前人很少涉及的领域了。他的《淑女书简》诗集便是这方面的代表作,所谓淑女(亦译女英雄),实际上是著名爱情故事或神话中的女主角,奥维德设身处地替她们写下致其夫君和爱人的书信,在古典文学中别具一格。这些女主角中,有的是真正的英雄,例如奥

墓碑浮雕中表现夫妇情深相拥的情景

第七章 诗坛的兴旺与建筑的辉煌

德修斯的妻子潘尼洛佩,丈夫出征十年间始终勤俭持家,坚决拒绝一切求婚者的纠缠;但也有传说中的反面人物,例如希波吕托斯的继母费德拉,她爱上了希波吕托斯,因遭拒绝而由爱生恨,诬告他并使他丧生。在奥维德眼中,无论是潘尼洛佩还是费德拉,都因其爱情故事而值得一写,他笔下的费德拉致希波吕托斯的情书更以其炽烈的感情令人击节。这样一来,奥维德就不仅是重视了女性心理的描写,还对妇女在社会上的不平等境遇表示了深刻的同情。这一点也见之于他为第度写给伊尼阿斯的信中。如前所述,作为罗马人最崇敬的民族英雄,伊尼阿斯和第度的爱情故事总是把第度这位迦太基女王当作牺牲品,似乎伊尼阿斯弃她而去是道义凛然之举。但奥维德却把第度写成一位更值得人们同情的女中豪杰,相比之下,伊尼阿斯反而不甚光彩了。这种喜欢做反传统的翻案文章的倾向,显然让读者在诗人的狂放之中看到某种反叛的精神。同样地,人们也不难从奥维德对爱情的某些近乎轻率的言论中看到这种精神。爱情诗的作者通常都把爱情歌颂为神圣之极、高于一切,奥维德却给这种歌颂带来一定的歪曲与滑稽意义,似乎爱情不过是一种艺术,一种游戏,这种出自逆反心理的不严肃态度有时不免流于轻浮、荒诞,却能在较广泛的社会阶层中引起共鸣,因为它对爱情的戏弄无异于对一切神圣事物的戏弄,试看他如何把罗马人奉为民族尊荣所系的战争艺术与爱情等同起来:

"军事家推荐夜间作战,
以偷袭擒获睡梦中的敌人,
情人们同样惯施此计,
利用丈夫酣睡的良机,
在敌人鼾声大作之际发动猛攻。"[16]

在这里,奥维德既嘲笑了爱情,也嘲笑了战争,自然是对一贯强调严肃虔诚的罗马人极大的不敬。不仅《情诗集》中这样写,他还在《爱的艺术》中对之加以教导和指点,矛头所向,是明显地针对着奥古斯都搞的那套澄清风俗的运动了。特别是奥维德从不讳言他心目中的情人往往是已婚的妇女,那就直接触犯了奥古斯都极力维护的《反通奸法》。当诗人的大胆和狂放赢得一切有反抗意识的社会阶层首肯之际,他当然也就成为奥古斯都必予打击的目标。他终于在公元 9 年被判处流放,软禁于黑海岸边的

罗马文化

托密斯(今罗马尼亚的康斯坦扎)。他被索连的具体案件现已不得而知，一般相信它可能和同年发生的奥古斯都孙女因犯通奸遭惩处一事有关，奥维德虽不是当事人，却可能是知情人或支持人之一。他自己曾含糊提到他遭流放是由于一件作品和一个错误，一件作品可能是指《爱的艺术》，一个错误可能即指上述之事。无论是否事出有因，诗人在群众心目中却成为遭受迫害的英雄，他的作品更得到人们的喜爱。

奥维德晚年的巨作《变形记》(共15卷)既是他最受人欢迎的作品，也是所有罗马文学作品中最受人欢迎的。《变形记》的构思可能在流放前便已开始，但完成于流放期间。他最后死于托密斯，《变形记》的部分原稿可能在他死前已经广泛流传，死后全书问世，人们出于对诗人的纪念当然更为珍视。可是，《变形记》的成功却不仅仅取决于人们对流放的诗人的同情，更重要的是这部诗集通过改写神话传说而大大丰富了罗马文学的内容。奥维德在《变形记》中写了数百个神话故事，皆以其主人翁最后变形为飞禽走兽、花木神异之类为结局。故事梗概一般皆为人熟知，诗人以丰富的想象使情节更见变幻奇丽，并用他擅长的心理描绘益增故事激动人心的力量。本来，自从罗马充分吸收了希腊宗教之后，希腊罗马合二为一的各种神话传说便一直是罗马文学重要的题材，利用这些题材以发挥罗马的民族精神与爱国思想，且是奥古斯都文化政策的一个重要方面，维吉尔的《伊尼阿特》便是其杰出代表。现在，奥维德再在改写神话故事方面大做文章，表面上是步维吉尔的后尘，实际上却另辟蹊径；虽不唱反调那么严重的对立意识，仍开发了一片新园地。因为奥维德这部15卷的诗集有意追求史诗般的丰富与广泛，却回避了采纳一个中心主题和明显的教育意义，把所有这些故事聚在一起的联系纯属外在、偶然，仅只因为它们都有一个变形的结局，而变形本身就往往是荒诞不经、杂乱无章的，这样奥维德就把神话题材可能含有的严肃意义剥夺殆尽，他展现于读者面前的只是引人入胜的美丽故事。神话五花八门、变幻千奇百怪，正是这行云流水般的散漫结构为作者提供了尽可能多样、精巧和得心应手的描绘——带着奥维德特有的机智、幽默和荒诞笔调的描绘。他从开天辟地、神创世界说起，谈到丢卡利翁和他的妻子皮娜在朱彼特用洪水毁灭人类之后如何又用石块再造人类：丢卡利翁抛在身后的石头都变成了男人，皮娜抛的则都变成女人。世界再度有了人类，于是产生无数神与人、人与人以及神与神因情生变的故事。当然，可居首选的是天神之主的朱彼特，他

第七章 ● 诗坛的兴旺与建筑的辉煌

和人间妇女的许多爱情故事真可谓变幻莫测,著例如伊俄,这位美丽的女祭司被朱彼特爱上后,却被朱诺变为一只母牛,受尽千辛万苦逃到埃及,朱彼特才使她回复人身。神灵之间的爱恋也不是一帆风顺的,阿波罗神为了追求河神之女达佛涅,诚意可照日月,但达佛涅却孤芳自守,终被化为月桂树。加拉提亚这位海上仙女美丽无比,她皎洁如百合,鲜嫩似苹果,晶莹若露珠,轻柔胜鹅绒,但却被独眼巨人追逐,以至连她钟爱的情人河神之子也遭巨人杀死,但他变成一条河,流入大海再与加拉提亚结合。有时个人的奋斗带来灾难:法厄冬一心要乘父亲太阳神的车驾遨游九天,终因驾驭不住神马而闯了大祸,被雷电击死堕于江河,他的姊妹悲痛化为白杨,眼泪集为琥珀;阿拉克涅手工奇巧,善于纺织,竟敢向雅典娜女神挑战,最后化为蜘蛛。但也有诚心感动神灵而得佳果的:雕刻家皮格马利翁对自己创作的一尊女性雕像产生了热烈的爱情,爱神维纳斯便满足了他的心愿,使雕像变成血肉之躯。读者不难想象,类似的数以百计的故事将会展示一个多么迷人的世界,无怪乎奥维德这部神话诗在后世流行的广泛远远超过其他罗马古典文学名著了。

奥维德的狂放怪奇,和贺拉斯的悠逸超脱一样,都是帝制条件下文坛难免的现象。尽管奥维德的基本倾向有悖于奥古斯都澄清风俗的运动因而遭到迫害,可是奥古斯都的文化政策本身也是有两面性的,为了促成歌舞升平、吉祥欢乐,从而体现国泰民安的景象,它也接受、容纳群众喜爱或时尚所趋的文化形态,让它们加入世代更新的总合唱,何况奥维德诗作的内容又是极其丰富驳杂甚至互相矛盾的,它既有反体制反传统的大胆,也有适应奴隶制达于繁荣阶段的享乐主义,嬉笑怒骂,雅俗共赏,更能适应帝制条件下的特殊环境。如果缺了奥维德这一方面军,奥古斯都诗坛将难以全面体现黄金时代的辉煌。按罗马精神的要求,他可谓严肃不足而开阔有余,但在丰富古典传统方面却功不可没。因此,奥古斯都诗坛的第三颗明星是以其不同凡响而倍受欢迎。对奥维德是否代表奥古斯都时代这个问题,西方有位研究者最近也作了公允的结论:"从某种意义说,奥维德是最杰出的奥古斯都诗人,特别是在奥古斯都统治的后期。奥古斯都的运动与立法原以反潮流为己任,而奥维德正代表着这股潮流,这个时代流行的精神:追求欢乐、机智灵巧,多少带点讥诮冷笑。比奥维德年长22岁的贺拉斯,这位属于前一世代的诗人可能对奥维德的这些优点默许而不声张,但是奥维德的同时代人却不这样,他们把他捧上了天,在他们看

罗马文化

来,他才是真正的奥古斯都诗人。"⑰

  奥古斯都时代的建筑与美术,从规模看是空前的,从风格看也为日后的帝国艺术作了示范。奥古斯都在罗马修建的数以百计的神庙、广场、祭坛、剧院之中,有两项工程意义最重要,质量最高,影响也最大,那就是奥古斯都广场与和平祭坛。奥古斯都广场完成于公元前2年,虽较和平祭坛(公元前9年)为晚,开工却早得多,它的修建几乎花了40年时间,凝聚着整个奥古斯都时代建筑技艺的精华。前已提到,这个广场的中心建筑——战神马尔斯之庙,是为纪念屋大维战胜布鲁图斯,替凯撒报了仇而建。随着奥古斯都元首制的建立,广场便成为歌颂帝制的主要纪念物,装修益显豪华,气派更见恢宏。这个广场紧靠着凯撒广场,而凯撒广场和罗马广场上的元老院会议厅仅一墙之隔,这一系列对罗马人说来具有无比重大的历史意义的建筑物的组合,进一步突出了奥古斯都广场的政治地位。当人们鱼贯而入马尔斯神庙之前的广场时,所见是光彩照人的白色

罗马广场遗址

第七章 ● 诗坛的兴旺与建筑的辉煌

大理石的柱廊环绕四周,面前的神庙样式规整,在高大的台阶上排以八柱门廊,上承三角形的山墙,但所有结构却是多色的晶莹大理石,山墙上的雕像也以大理石刻成。当罗马人看到这些五颜六色的、来自以前属千里异域、现在却是帝国行省的名贵石料构成的广场与殿堂时,在心旷神怡之余,还会油然而生一种帝国主人的自豪,何况柱廊间、殿堂里、独出心裁的半圆形凹廊的优美空间中,还排列着一系列对罗马人说来可称列祖列宗的雕像:从依尼阿斯到朱利乌斯·凯撒,各代英烈皆历历在目,更突出了这个帝国广场的政治教育意义。有鉴赏力的观众还会注意到:不仅名贵大理石是道地真材,连雕工石匠也有许多请自雅典、帕加马和亚历山大里亚最著名的作坊,他们在罗马设计师的统一指挥下(有些设计构想可能还来自奥古斯都本人)各显其能,尽量以他们最好的技艺来美化这个天下万民共同景仰的都城。在这里,古典建筑的细部莫不丝丝入扣,与标准制式毫厘不差,做工的精细能使最挑剔的鉴赏家点头称颂;处处出自高手真传的古典制式汇聚成和谐的大合唱:宏伟的广场设计是罗马风格,华丽典雅的柱廊和神庙的科林斯柱式是希腊化特色,而柱廊上最显眼的顶阁却用了纯正的雅典建筑宝库的明珠——卫城爱利特盎庙的女像柱,女郎以一脚立地一脚斜倚的悠然自得的神态支撑于柱梁之间,虽属模仿之作,却已得其神韵。因此,这个广场和它的神庙向人们展现了奥古斯都的新古典主义艺术的一些最佳成果;而且,使当时的罗马人感到欣慰的是,反映着元首制对共和传统的尊重,这个广场虽为皇帝大作宣传,它的具体效用却是面向群众的。罗马史家苏韦托尼乌斯对此曾备至颂扬,他写道:

> "奥古斯都使罗马的城市建设大有改进,以前此城常遭水火之灾,缺乏一个帝国首都应有的宏伟与美丽,经他治理罗马大为改观。他夸口的一句话:'把砖土的罗马变成了大理石的罗马',看来是很有道理的。他建造了许多公共建筑,其中尤为出众的有他的广场和战神马尔斯之庙,以及巴拉丁山的阿波罗神庙和卡彼托林山的朱彼特神庙。建造他的广场的主要原因就是由于人口猛增导致待审案件堆积如山,以前的两个广场(罗马广场和凯撒广场)已远不够用,便必须建这第三个广场。正是为了这个原因,广场很快就为公众事务开放,事实上甚至在战神庙尚未完工之时便已供公众使用。除了其他用途外,他还命令公开审判

罗马文化

和陪审员的抽签选派亦在此举行。在菲力彼战役时,他曾许愿建战神庙以酬得报杀父之仇,因此他命令元老院用这个神庙作讨论战争和商议举行凯旋式等问题的会场,奉命出巡各行省军旅的仪仗队亦由此处出发,得胜回朝的官兵也要将其凯旋仪仗和旗徽放置于此。"⑱

这个奥古斯都广场,也同罗马广场、凯撒广场那样,在帝国灭亡后遭到严重破坏,文艺复兴时代的人慕其名而前往凭吊时,只见残垣断壁留存

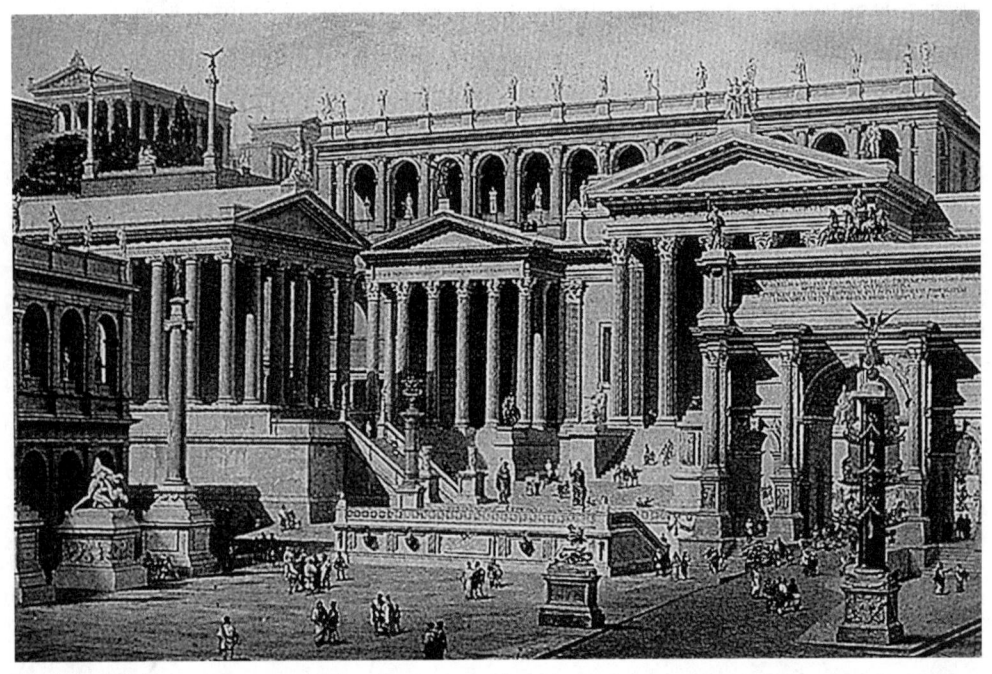

罗马广场复原图

于荒烟蔓草之间。即使这样,它那只剩三根孑然兀立的神庙柱廊却给人留下深刻印象,许多艺术家凭这几根柱子的精美典雅便可想见整个奥古斯都黄金时代的风貌,对之观察学习不遗余力。拉斐尔在梵蒂冈教皇宫画的著名壁画《波尔戈街的火灾》便以这几根柱子置于画幅中央显著位置,再现他心目中的罗马古城的景象。以奥古斯都广场与战神庙为标志的新古典风格,成为当时罗马城以及帝国行省各地类似建筑仿效的样板,其普及的无远弗届和刻制的精益求精,都反映了奥古斯都文化政策推行

第七章 ● 诗坛的兴旺与建筑的辉煌

的得力。在这方面保存得最完好的实例是法国南部尼姆斯城内的神庙,当地人以其形体齐整而称之为"方房子"。这座神庙约建于公元前16年,规模较小(正面六柱),但其柱廊、檐壁、山墙的刻制莫不亦步亦趋地追随首都的典范,也有人认为这个行省重镇的建筑师是从罗马请来,他们可能直接参与了当时犹未完工的奥古斯都广场的建筑。因而此庙虽小却气度不凡,轩昂之中又有优雅庄重之美。杰斐逊在担任新独立的美国驻法大使之时,他的建筑界朋友便对他夸耀这间南法市镇中的"方房子"如何是古典建筑的范例,他在多次参观后也留下了深刻印象。他回国时,弗吉尼亚州当局请他设计州议会大厦,他便毫不犹豫地把"方房子"的古典模式搬到美国,使里士满城的弗吉尼亚州议会大厦成为美国古典建筑最突出的一个代表。然而,奥古斯都时代的建筑艺术影响于古典传统的,还不仅是这些具体的建筑纪念物,它还包括一部硕果仅存的古典建筑理论著作,即维特鲁威(Vitruvius)的《建筑十书》。由于希腊罗马的其他建筑学著述全都失传,这部书便是全世界保留至今的唯一最完备的西方古典建筑典籍。维特鲁威的生平我们一无所知,如果没有这部书,我们就不会知道有他这么一位生活在奥古斯都之世的建筑学家(他著书年代约在公元前32—前22年间)。据他自述,他曾在凯撒和奥古斯都手下担任军事工程师之职,也曾在意大利小城发罗建一会堂。但首都一些著名工程他却未能参与,可知在当时并非什么名家大师。他有丰富的学识,反映了这时期从事建筑的人才一般都具有较高的文化水平;而奥古斯都时代熔希腊罗马成果于一炉的特点也使当时的建筑学有总结综合的优势。维特鲁威正是有感于奥古斯都当时建筑业宏图大展的形势,愿以这部献给皇帝的书同时向有关方面提供一个建筑学的明确规范与完整体系。由于它视野开阔、论述全面、讲求实用,虽非名家专著,却有理论结合实际、总揽前人成果的长处。本书的中译者高履泰先生曾把它的卓越贡献归纳为以下几点:

"一、它提出了建筑科学的基本内涵和基本理论,建立了建筑科学的基本体系,通过大约两千年的考验,证明这些理论是科学的,至今仍然具有相当的效力;二、它提出了建筑师的教育方法和修养要求,特别强调建筑师不仅要重视才,而更要重视德,为后世的建筑师规定了准绳,树立了楷模;三、它把建筑技术和建筑艺术

罗马文化

结合起来,既总结出古希腊、罗马时代的建筑实践经验,又创立了城市规划和各种建筑物的设计原理,为后世制定了规范,它提出的'实用、坚固、美观'的设计原理至今依然对建筑创作起着作用;四、它介绍了当时的唯物主义哲学思想和自然科学成就,并把这些和建筑科学结合起来,而使建筑科学成为有学术根柢的科学分科。"[19]

在古典传统中,《建筑十书》影响的深远,实不下于各类建筑巨构的遗迹遗物。不仅它记述的许多具体的技术规范很难从现存残迹中见到全貌和得到确切数据,它提到的各项建筑理论和理想、原则等对于后世热衷于学习古典建筑的人更有极大的启示。从文化史的角度看,后者所起的作用尤为可贵。试以书中论述神庙布局的均衡对称原则的一段为例,看看作者如何从建筑技术的实际联系到人本主义的理想:

"神庙的布置由均衡来决定。建筑师必须最精心地体会这一方法。这是由比例得来的。比例是在一切建筑中细部和整体服从一定的模量从而产生均衡的方法。实际上,没有均衡或比例,就不可能有任何神庙的布置。即与姿态漂亮的人体相似,要有正确分配的肢体。实际上,自然按照以下的计量比例创造了人体,如头部颜面由颚到额之上生长头发之处是十分之一,……脚是身长的六分之一,臂是四分之一,胸部同样是四分之一。此外,其他肢体也有各自的计量比例,古代的画家和雕塑家都利用了这些而博得伟大的无限的赞赏。同样,神庙的细部也必须使其各个部分有最适合总体量的计量上的配称。在人体中自然的中心点是肚脐,因为如果人把手臂张开,作仰卧姿势,把圆规放在他的肚脐上作圆时,两方的手指、脚趾就会与圆相接触。不仅可以在人体中这样地画出圆形,而且还可以在人体中画出方形。即如果由脚底量到头顶,并把这一计量移到张开的两手,那么就会高宽相等,恰似地面依靠直角成方形一样。因此,如果自然构成人体,使肢体按照比例与其综合的全部外形相对应,那么古人们似乎就有根据来规定:在完成建筑时各个细部对于全部外貌应当在计量方面保持正确。因此,在一切建筑中都留传下来这种法式,特别在神庙中其褒贬常常要持久下去。"[20]

第七章 ◎ 诗坛的兴旺与建筑的辉煌

这里发挥的一个中心思想,就是古典建筑的比例应参照人体的比例,这是人本主义在建筑学的主要体现。维特鲁威说的人体四肢伸开各成方圆的思想,使文艺复兴时代以来的许多艺术家和建筑家都不断据此推敲琢磨以求得古典艺术的真谛,尝试画出这种"维特鲁威人体"的艺术大师也有不少,其中最著名的就是列奥纳多·达·芬奇。仅此一例,也就可以想见此书在古典传统中的地位了。

和平祭坛

奥古斯都时代的另一重要建筑——罗马的和平祭坛,其意义却主要不在建筑而在其浮雕装饰,它是当时雕刻艺术的一个最杰出的纪念碑。希腊罗马的祭祀都以牲口的股肉焚烧献祭,因此祭坛只是一个露天的方形或圆形的土台,较隆重的则在土台四周围以木栏。奥古斯都的和平祭台也不脱此形制,只是把土台、木栏都改成大理石刻制。全坛取方形,以大理石砌成的墙代替木栏围绕四周,墙内的方形坛体列阶梯登临,上筑短墙,结构很简单,但四面围墙都刻满浮雕,内壁下刻栏杆,上刻花环,外壁则下刻花草纹样,上刻一系列人物浮雕,前后大门两边是与伊尼阿斯神话

罗马文化

及和平寓意有关的浮雕,右左两墙上则是两长列表示奥古斯都率家族举行祭祀和罗马显贵观礼的浮雕,刻制的精美和形象的生动在罗马艺术中都是未之前见的。这些浮雕显然代表了奥古斯都极力扶植的新古典风格的最高成就,也是罗马艺术家和来自雅典的艺术家通力合作的结晶。就像奥古斯都广场柱廊顶阁的女像柱一样,这里也有直接仿效雅典的东西:它的两边长列人物浮雕即以雅典卫城帕特隆庙的泛雅典娜节游行队伍的浮雕带为楷模,就衣褶的灵活、体态的明晰、节奏的精彩而言,它确实有力追希腊最高典范的气势;但它又绝非机械的抄袭,同时也显出罗马固有的叙事浮雕的本色,因为它刻画的是具体真实的人和事:奥古斯都是在公元前13年完成对帝国行省广泛的巡视后举行和平大祭,所以不像雅典浮雕那样表现一次理想的游行,而是刻画历史实事,其人物大都有名有姓,只是用古典的庄重风格把他们表现得气度非凡而已。这种理想加工与历史真实的结合,意味着罗马固有的写实传统经新古典风格的提高而有进一步的发扬,也为日后罗马浮雕艺术的发展提供良好基础。和平祭坛前后

和平祭坛浮雕局部

第七章 ● 诗坛的兴旺与建筑的辉煌

大门两边的神话和寓意浮雕,按其地位可能比上述人物浮雕更为重要,可惜4块中有3块已严重损坏,所幸剩下较完整的一块表现大地女神哺育万物的浮雕却是最精美的,它刻画女神为一丰满健壮的年轻母亲,怀中有两婴孩,两旁配以代表海风和陆风的神灵,构图均衡,女神的形象在健美之余又无比的庄重典雅,是罗马艺术塑造的一位最美的女性形象,它同时反映着罗马民族质朴务实的特性,因而强调的是女性作为母亲的丰盈与生机。和平祭坛中占据所有外墙下部广大面积的花草浮雕,以涡卷图形刻画生意盎然的茛苔叶木舒展蔓延之态,也是寓意和平带来兴旺,可是这种融自然写生于固定图形的整块墙面的大浮雕,在古典艺术中是第一次出现,它对日后西方装饰艺术的影响是很大的。浮雕如此,可以想见立体雕像的创作这时也达到了很高水平,除罗马固有的肖像雕刻外,这时还特别发展了一种新古典风格的帝王全身雕像,其杰作当推发现于罗马近郊普里马波塔的皇后李维娅别墅中的奥古斯都像。为了使这尊皇帝立像具备古典雕刻的最佳传统,它的姿态仿效最著名的古典雕像——希腊雕刻大师坡力克利特的《持矛者像》,却又加以变通。《持矛者像》是表现一位体形极其健美漂亮的运动员悠然行进的神态,奥古斯都此像取其体形,却赋予帝王的气派,他以右手高扬作演说状,胸披甲胄刻以表现他最自豪时刻的浮雕:安息王送还罗马军旗,配以穆肃明智的面容,一尊体态坚实而神情庄重的帝王之像便跃然于观众面前,无怪乎它被公认为古今帝王雕像中最成功之作。

在绘画艺术方面,奥古斯都时期的主要贡献是推动了第三种壁画风格的形成。如前所述,在凯撒之时达于鼎盛的第二种风格以画出的建筑结构分割空间,故称建筑风格,现在第三种风格则在清纯纤巧之中求装饰的典雅精致,遂有装饰风格之称。考古发现表明,这种新风格的出现可能和奥古斯都家族有直接联系,因为它的最早萌芽皆见于皇后李维娅在巴拉丁山的住宅、李维娅的普里马波塔别墅和奥古斯都女儿朱理娅的住宅等处,此后这一风格传于庞贝,而庞贝的第三种风格的最佳代表之一就是奥古斯都的外孙在波斯科特卡西的别墅。这种风格以极为纤细、甚至全属幻想的建筑构件如柱、梁、山墙等装饰壁面,可是大部分壁面往往以深色平涂成一片暗影,只在中央很小范围内以浅色高光突现一幅梦幻似的风景画,山林亭阁若海市蜃楼般浮于一大片暗影中,加以那些奇幻的建筑也缀以花环珠宝,更显得珠光宝气、豪华奇特。这种风格的流行,说明在

罗马文化

宫廷和显贵家族中仍然有对希腊化的出奇入幻的巴罗克风格的爱好,尽管奥古斯都在官方的宣传艺术中对之不予提倡。这种风格情调浪漫、笔法奔放,在艺术创作上不仅是庄重的新古典风格的一个补充,在日后的帝国初期艺术中且大有发展余地。它在奥古斯都之时也产生了不少佳作,尤以风景的描绘为出色。李维娅的普里马波塔别墅还有一幅独出心裁的占满整个墙面的花园风景画,除底边一道篱笆显示它与人居的联系外,全绘以小树丛中鸟语花香之景,林木禽鸟都极具生动自然之趣,说明罗马绘画在这个黄金时代也和其他艺术一样取得了相当辉煌的成就。

第八章 帝国初期的政治与文化

奥古斯都建立的罗马帝国,一直存在到公元 476 年。在文化史上,这五百余年的帝国阶段一般可划分为三个时期:首先是奥古斯都统治的 41 年,因为它在承先启后、创树示范方面都有突出作用,通常单列为"奥古斯都时代",可与希腊文化史上的"伯里克利时代"并称;其次是帝国初期,包括朱理亚·克劳狄王朝、弗拉维王朝和安敦尼王朝,从公元 14 年至 192 年,这是帝国文化的繁荣时期;最后则是帝国的危机与衰亡时期,从公元 193 年至 476 年,它不仅是罗马文化的衰落期,也是整个古典文化的没落与结束之时。由此可见,帝国初期的文化繁荣是在整个古典文化没落以前的最后一个高峰,有如绚烂至极却已临近黄昏的夕阳。而在古代社会的发展历程上,它也代表着奴隶社会的最后阶段,这时生产力达到了前所未有的高度,可是这高度却也意味着奴隶制度对生产的推动力已发挥殆尽,它已不能适应生产力发展的要求,随着生产关系与生产力的矛盾越来越突出,终于导致了帝国后期社会与文化危机的总爆发。

帝制的出现本为适应奴隶社会发展的需要,从而保证了帝国初期的繁荣。在奥古斯都安排下,帝制还保留较多的共和外衣,在一定程度上可以说是注意到发挥帝制的长处而遏制其短处。但在他的后继数代手中,皇帝专制固有的凶残腐化却愈演愈烈,因此帝国初期的政治演变仍呈现曲折起伏之势,整个说来,奥古斯都以后的朱理亚·克劳狄王朝的几个皇帝皆不能有奥古斯都的政绩,多属暴虐无能、成事不足之辈,终于在暴君激起的动乱中让另一批出身戎伍的人上台,使统治秩序得到一定调整,此即弗拉维王朝。继其后的安敦尼王朝则有了较多的正反两面的统治经验,在将近百年之间陆续出现好几个较贤明的皇帝,从而带来帝国初期的

罗马文化

极盛时代。统观帝国初期三个王朝的统治,有专制加强的趋势,也有拨乱反正的调整,大体而言帝国全境尚能保持和平稳定,各个行省尤有较大发展。在这个政治背景上,经济显示着相当的繁荣,文化建设也在总汇前人成果的基础上有相当的发展。

奥古斯都虽不称皇帝而称元首,但帝位世袭这个皇帝统治的根本原则他却抓得很紧,元首在世时即指定自己的子嗣为继承人,"橡皮图章"的元老院和公民大会当然全力拥戴。不过,对于奥古斯都说来,由于他没有儿子,唯一的女儿所生的外孙也未能成年[①],帝位便落在皇后李维娅与前夫所生的儿子提比略身上。提比略是克劳狄家族的血统,虽然被奥古斯都认为养子,却不变原来姓氏,所以新王朝命名为朱理亚·克劳狄王朝。提比略(公元 14—37 年在位)代表着从宫廷环境中培养起来的专制统治者,他们自幼生长帝王之家,在青年时即荣宠加身,出任执政官,大搞凯旋式[②],妄自尊大而又残忍凶狠。提比略一上台,便把奥古斯都唯一残存的亲骨肉、那位被放逐的外孙杀死,开始了这个王朝宫廷密谋、血肉相残的丑剧。他加强皇帝与代表大奴隶主的元老院的勾结,取消公民大会本已形同虚设的选举权、立法权,又把这些名义交给元老院,取得元老欢呼,也进一步剥掉公民政治的外衣。他还严厉制裁任何对皇帝的非议与批评,援用"侮辱元首即侮辱罗马人民尊严"之例,对一切反对皇帝的行为坚决镇压。元首顾问会和皇室办公厅也逐渐形成,这是完全按皇帝旨意行事的官僚机构,而皇帝的亲信、侍从甚至奴仆皆得担任要职。提比略特别宠信禁卫军官兵,给他

正要戴上桂冠的罗马皇帝

第八章 ● 帝国初期的政治与文化

们优厚待遇,专任皇室和首都的卫护,使禁卫军头目成为最高层的决策人物。但是,保护皇帝的人也最易于暗害皇帝,提比略终于死在禁卫军手下。继任的卡里古拉更为暴虐而大失人心,四年后,也为禁卫军所杀。此后上台的是克劳狄家族中最不愿过问政治的一位老人、提比略之侄克劳狄(41—54年在位),他受禁卫军拥戴,却娶了卡里古拉之姊亚格里皮娜,一位更为横行无忌的贵妇,结果被她毒死。克劳狄进一步把皇室办公厅转变为中央政权的管理机构,以宠信奴仆为其核心成员;他也更重视行省的发展,把罗马公民权广泛授予行省居民,允许高卢贵族进入罗马统治集团,并在行省各地大兴土木。害死克劳狄的亚格里皮娜是要使她宠爱的前夫之子尼禄登上宝座,却不知道这个尼禄更为大逆不道,不几年便把他的亲生母亲和兄弟统统杀害,尼禄遂以罗马最荒淫无耻之君载入史册(54—68年在位)。他的骄奢耗费、残忍凶暴充分反映了皇帝专制统治的消极面,终于使朱理亚·克劳狄王朝遭灭顶之灾。沸腾的民怨激起遍布全帝国的反抗浪潮,西部的不列颠爆发了女王鲍狄卡领导的起义,杀死罗马殖民者数万,东部巴勒斯坦的犹太人也揭竿而起,全歼耶路撒冷的罗马驻军,西班牙、高卢也是烽火连天。起义群众纷纷要求推翻尼禄暴君,连禁卫军和元老院也不得不宣布他为祖国之敌,走投无路的尼禄遂在逃亡途中自杀。尼禄的丑剧和他遭万人唾弃的下场给罗马统治阶级留下了深刻印象,经过一年多内战才得以建立起来的弗拉维王朝便担当了调整恢复的历史使命。

弗拉维朝的开国之君韦帕芗(69—79年在位)戎伍出身,粗鲁勇猛,处世不择手段,但精明强干,能在帝国遭逢的各种危机中杀出一条活路。他即位时只见行省叛离、财政拮据,军纪败坏,他即在紧缩开支和加强镇压两方面下手,把帝国从混乱的边缘上拖回正轨。他首先对巴勒斯坦的犹太起义厉行镇压,令其子提图斯全力进攻耶路撒冷。起义的犹太人民为保卫这座卫城战斗得非常英勇,城破后被钉于十字架处死的人不计其数,以至"无地再立十字架,无木再作立架之材"。高卢等地的起义也陆续遭到镇压,帝国统治恢复稳定。财政方面在紧缩宫廷开支的同时大力开辟税源,苛捐杂税名目繁多,甚至公厕亦要收税,对此提图斯亦觉过,韦帕芗则以税钱不带臭气解释之,可见压榨之甚。他对行省的建设也有较大改进,于73年对元老院作了有决定性的改组,让各行省的奴隶主上层分子加入元老院,同时又将行省富户千余家从西班牙和高卢等地迁入罗马,

罗马文化

对许多西班牙城市居民授予罗马公民权,同时整顿军队,严肃军纪,规定各地驻军从行省招募却轮流在本省以外各地驻屯,避免军人割据。韦帕芗死后,提图斯继续其各项政策,他仅在位三年(79—81年),却有励精图治之名。提图斯之弟都密善继任为帝(81—96年在位)后,专制腐败又见复萌,他是在父兄庇荫之下成长的庸碌之辈,刚愎自用,诛杀无度,傲然以神自居,终在政变中被杀。但接着开创一个新王朝的涅尔瓦(96—98年在位),却是一个富有政治经验的老人,他传位于身边最有军政之才的图拉真(98—117年在位),可说是为帝国的复苏找到了合适的人选。此后,图拉真传位于哈德良(117—138年在位),哈德良传位于安敦尼(138—161年在位),安敦尼又传位于马可·奥理略(161—180年在位),皆不是父子相继而是选定身边贤能,而且都是行省贵族出身。尽管这样的选择和这几任皇帝都没有合适子嗣有关,但也不乏一定的传贤的考虑,有点合乎我国史书所载大秦(即罗马)"其王无有常人,皆简立贤者"之制③。这样一来,五位"好皇帝"的统治便为罗马文化带来另一个黄金时代。

图拉真是第一个出生于行省却登上罗马皇帝宝座的人。他的出生地是西班牙的伊塔利卡(今塞维利亚附近),祖先是罗马人,属行省显贵家族,他的父亲曾在韦帕芗手下服务,以战功得任执政官,位列罗马元老,出任叙利亚总督。图拉真首先是在其父部队中任职,在叙利亚军团干了十年,后又转战莱茵河,升为军团指挥,在都密善之时,他已成为罗马将领中的佼佼者,曾被授予执政官的荣衔。因此,当涅尔瓦继被推翻的都密善作了新朝皇帝之时,由于涅尔瓦本人和军界关系较浅,甚至遭到边疆军团的反对,便把图拉真倚为左右手,靠他争取军界对新朝的支持。图拉真果然显示出他不仅有军事指挥之才,且很有政治头脑,与涅尔瓦的合作取得良好成果,涅尔瓦便收他为养子,确立他为继任人。图拉真当政后,军政方面皆有建树,善恤民情,受到朝野欢迎,可说是较妥当地处理了当时帝国面临的诸多矛盾。在内政方面,他强调稳定团结,改善与元老院的关系,并对穷苦民众表示关怀,扩大救济粮,免税减赋,创设慈善机构,由政府拨出基金救助孤儿与贫民子女,同时大修公共设施,在各行省和首都对道路、港口、桥梁、引水道等广为兴建,尤其注意对行省的管理,对官员的任用考核也侧重才学,大体不失选贤任能的宗旨。在对外方面,则以推行扩张保证帝国和平,使他统治时的罗马帝国版图扩至最大范围,西部以多年艰巨的达西亚(今罗马尼亚)战争获得多瑙河边的广大土地,并新建一行

第八章 ● 帝国初期的政治与文化

省;东部则冲出叙利亚,对安息取攻势,一度进占底格里斯河,夺取安息首都太西封。把古代东方文明中心的两河流域也置于罗马治下,本是帝国统治者多年来的梦想,现在图拉真终于实现,他的武功亦达登峰造极。然而,对外征服的频繁和作战的残酷,进一步反映了帝国的奴隶主阶级统治的实质,帝国的太平盛世对于被征服人民和广大奴隶说来仍是血腥的压迫与剥削。从罗马的国力看,夺下太息封已是强弩之末,此后不久犹太、塞浦路斯爆发起义,图拉真急忙抽兵回国,病死于途中;继任的哈德良只好转攻为守,退出两河流域。

　　哈德良也出生于西班牙,是图拉真的内侄,在其提携下历任各种官职,具有丰富的军政经历,遂被图拉真立为养子和继承人,哈德良在内政方面继续执行图拉真的路线,在稳定团结之上尤致力于文化建设,因此他在世界文化史上是一位很出风头的皇帝。经他的奔走提倡,帝国各行省的建设有更上一层楼的发展;首都罗马尤添光彩,在他统治时期,罗马的建筑艺术和工程技术皆达鼎盛水平。为了督促行省管理和视察边防,他经常在帝国各地巡行,足迹遍及数十行省,据统计,他在位21年中,有一半以上时间是在意大利以外的各行省度过。许多行省的城市在他手下获得自治之权,行省居民更广泛得到罗马公民权,除原有城市进行整顿扩建而外,还新设许多市镇、神庙,广场、剧院、浴室、引水道之类标准的罗马城市设施的建造更不计其数,行省城市出现了全面的繁荣。他还极其崇拜希腊文化,对希腊地区的发展给予特殊关怀,屡次来到雅典皆拨出巨款资助其建设,使雅典、科林斯、米利都等文化名城恢复了昔日的光彩。当时原属希腊化各国的东部地中海地区,如埃及、叙利亚、小亚细亚等地,都因长期使用希腊语和接受希腊文化而与希腊本土共同形成一个繁

哈德良

罗马文化

荣的文化区,哈德良对这种发展也给予支持,促成历史上所谓的"希腊复兴";而说希腊语的东部文化区的繁荣也成为帝国文化的一个重要组成部分,进一步促进了希腊文化和罗马文化的融合。哈德良本人还雅好音乐、绘画,喜欢舞文弄墨,于建筑、雕塑、数学皆有研究,和当时文人学士多有交往。他的统治时期曾被后世美称为理想的升平之世。德国古典诗人歌德曾说他最愿意生活于其中的时代就是哈德良的时代。写了《罗马帝国衰亡史》的吉本和为《罗马遗产》作序的阿斯基特,也都认为这是历史上最能令人感到欢畅之时。但是,作为一个专制皇帝,哈德良并未忘记加强君主权力,他宣称君主意志就是最高法律,把奥古斯都元首制保留的些许共

洗劫耶路撒冷

和外衣剥夺殆尽,官僚体制亦有发展,元首顾问会正式成为中央行政机构,皇室办公厅则等于皇帝的私人秘书处,各级官吏任免全凭皇帝指派,法学家也按皇帝意旨编集《永久敕令》,作为帝国法律的基础。在军事方面,哈德良虽转攻为守,与安息讲和,对各地人民起义的镇压却不遗余力,尤其是对号称"星辰之子"(巴尔·柯克巴)的西门领导的犹太人民大起义,他纠集帝国精锐之师痛剿三年,毁城五十,夷平村镇近千,屠杀犹太人

第八章 ● 帝国初期的政治与文化

达58万之众,可见这位罗马的仁慈皇帝是下了决心斩草除根,不让犹太人闹事重演。在他指使之下,耶路撒冷被彻底破坏,废墟翻耕成田,有如昔日迦太基之泯灭。犹太人民遭杀戮之后的子余多被掳掠为奴,整个巴勒斯坦田园荒芜,从此开始了犹太人背井离乡、流散异地的长期民族漂泊史。这个镇压犹太人事件实为帝国黄金时代阶级本质的一次大暴露。

经图拉真、哈德良两位皇帝的武功文治,可以说帝制所担负的历史使命已告基本完成,继其后的两位"好皇帝"便主要是以守成为务。哈德良老年无子,在病榻上他委以帝国重任的安敦尼却是守成务实的最佳人选。他对外采取收敛防御政策,以求边境安宁无事,对内则保持与元老院的良好关系,加强对行省的监督和管理,又整顿税收,善理财政,广修道路,促进了各行省的繁荣和商业的发展,所以历史上以他的时代作为"罗马和平"的完美标志,自涅尔瓦以来的新王朝遂以他为名。但是,若从此时生产力的发展已越来越加深它与奴隶制生产关系的矛盾这一点看,那么安敦尼的守成已隐伏着严重的危机,他的时代已是帝国盛极而衰的转折点。继他之后担任罗马皇帝的马可·奥理略,尽管是一位颇有造诣的哲学家,却缺乏力挽狂澜的气势,面临着四境多事、内部紧张的危机局面,他一心向往的哲学沉思与宁静研究便常常为军旅的忙碌生活打断。尽管奥理略忠于职守,四处奔波,并且力求贯彻他的前任奠定的各项内外政策,但却难以取得辉煌的业绩。在帝国东部,安息屡犯边疆,而当帝国军旅疲于应付这个强敌时,帝国西部的蛮族又乘虚而入,纷纷南下,后来奥理略不得不允许一支日耳曼部落定居多瑙河以南,想利用他们抵御其他蛮族,谁知以夷制夷之计未能成功,却敞开国门引狼入室,为日后大批蛮族进入帝国境内开了先例,后患无穷,史家以此作为帝国开始衰落的征兆。这位哲学家皇帝最后也是在征途中罹染瘟疫而死,但他却做了几位前任未做之事:把帝位传于亲生儿子。作为哲人的奥理略教育儿子反不见成效,这位新皇帝康茂德暴虐淫逸有如尼禄再世,完全不像乃父。这样一来,帝国的黄金时代便在这个败家子手上葬送了。192年,康茂德在元老院和禁卫军联合组织的政变中被杀,接着各方刀兵相见争权夺利,内战再起。此后从混乱中崛起的塞维鲁王朝再也无力保持太平,从而揭开了危机四起的后期帝国的历史。

综观帝国初期发展的大势,我们可以说这是西方古典文化在分布上

罗马文化

最为广延,在社会经济、政治、文化上最为统一、稳定的时期,这既与帝国统治的巩固有关,但更重要的则有赖于它已集奴隶社会发展之大成,达到了古代世界生产力的最高水平。从地域上看,这时罗马已囊括古代地中海文明区域的全部,不仅希腊与之合一,埃及和西亚也归其掌握;从时间上看,继埃及、巴比伦的青铜文明之后,波斯、希腊的铁器时代也经历了长期发展,到罗马帝国总其成之时地中海文明已有持续三千多年的历史,因此我们不仅要看到罗马是接受了希腊的丰富遗产,在一定意义上它也接受了埃及、西亚等等古代东方文明的遗产。若从丝绸之路的开通、远东的中国和极西的罗马有所接触、欧亚大陆间联系的加强和经济文化交流的开展看,那么罗马这种古代世界最高水平的生产力的促成,也有受赐于洲际间的中西交流之处。由此可见,分布的广延不仅具有罗马文化和古典文化遍及于各地的意义,也有各地各族的优秀成果综合汇总于罗马的意义。在这个广延的基础上,帝国所促成的各种体制的统一,从文化史的角度看,便意味着古典传统又有进一步的丰富与发展。我们将会看到,无论是政治领导、公民权利、法制观念以至文化风格的统一,无不体现着古典的原则与特色。

政治领导的统一,在帝制条件下,当然是指皇帝的专制权力。罗马的历史发展要求帝制取代共和,皇帝以一人君临天下,反而可以缓解共和制造成的一些矛盾,帝国初期的繁荣便是明证。可是,帝制由共和蜕变而来,也决定了罗马皇帝的统治具有和东方君主专制不同的特点。罗马公民虽接受皇帝统治,却也不能忘怀于共和传统,因此奥古斯都不得不搞一个披着共和外衣的元首制以求君民双方相安无事。从外衣的角度看,这是皇帝的统治手腕;从不得不如此的角度看,那就表明了罗马不同于东方的历史特点。整个帝国初期的三个王朝,尽管有越来越加强君主专制权力的倾向,元首制这个基本体制却保持不变,只是表现形式和侧重点有所不同而已。在奥古斯都时期,主要是保留一些原有的共和制度,到安敦尼王朝的五个"好皇帝"之时,制度已无关紧要,但元首的名分与统治的理论仍奠基于共和时期形成的各种观念,这样一来,共和外衣就以古典思想为其主要的表现形式了。这种思想的核心,就是斯奇比奥集团以来罗马统治上层一直服膺的斯多噶哲学,从斯奇比奥经西塞罗、凯撒、奥古斯都一直到图拉真以后诸帝,都或多或少按斯多噶派的哲理阐述其统御万民的理想。即使是最为暴虐无道的尼禄,还以罗马的斯多噶派权威塞内加为

第八章 帝国初期的政治与文化

其老师(至于他的所作所为和这些哲理的背离,也不外是所有暴君口是心非的本色)。这种理论从人性的统一、文明的统一发挥到帝国的统一、领导的统一,莫不以古典文化崇奉的人性原则为归依。连终身忙于军政要务的图拉真都自奉为斯多噶派的哲人,那么舞文弄墨的哈德良、守成持重的安敦尼必步其后尘且有过之无不及,当是可以想见的,至于马可·奥理略,那就不言自明了,因为他本人就是罗马历史上最著名的一个斯多噶派哲学家。图拉真曾把这种基于人性而求天下大一统的思想总称之为"时代精神",并把它作为指导帝国政务的一个基本原则。在写给他的部下、小亚细亚一个行省的总督普林尼的信中,他是这样提到"时代精神"的:

"我的亲爱的普林尼,你所采用的审讯那些在你那儿被控为基督徒的案件的方法是非常恰当的。要订出任何一种可以作为固定标准而适用于所有这类性质的案件的通例,是不可能的事。这些人不必加以调查;当他们被告发并被找到罪证时,他们就必须受到惩处;不过,也要有个限制,就是在当事人否认自己是一个基督徒,并以敬拜我们的众神来证明他不是的时候,纵令他过去已经被人怀疑,然而由于悔改,他必受到宽恕。没有签署原告名字的密告就不应该被看作告发任何人的证明,因为他将开创一种很危险的先例,同时对于时代精神也是极不合适的。"④

这位普林尼又叫小普林尼,因为他的养父老普林尼是著名的罗马科学家

早期基督教木雕,反映圣母玛利亚得知自己怀上耶稣的"受胎告知"

罗马文化

(参见本书第十二章)。小普林尼也是很有修养的学者,与图拉真友谊甚笃,对信中所言的时代精神自然是心领神会的。原来小普林尼曾写信向图拉真报告他在小亚细亚的俾西尼亚地区审讯基督徒之事,他在信中强调"将我全部的疑点向您请示,这是我坚定不移地遵循的一条规则,还有谁比您更能指引我解决疑团或教给我那些我所不明白的事理呢?"⑤ 所以图拉真回信也耐心分析,慰勉有加。除了反映他们君臣之间关系密切、请示汇报巨细无遗的特点而外,这封信也表明图拉真深谙宽严相济、循理遵规的统治艺术。由于基督教的信仰反对帝国万民一统的皇帝崇拜,自在镇压之列,因此图拉真明确指示小普林尼只要抓获罪证确凿的基督徒即可惩办,但有悔改表现则可宽恕,同时要防止诬告株连,否则便有违于时代精神。可见帝国的理想统治,便是理性的统治、法制的统治,虽然皇帝独断专行可以高于一切,但其正确依据仍不外理性与法制。哲学家的马可·奥理略更用哲学语言把这些思想发挥得淋漓尽致,试看他如何剖析人性一体、整体与局部的哲理:

"不管宇宙是原子的集合,还是自然界是一个体系,我们首先要肯定,我是自然界所统治的整体的一部分;其次,我是在一种方式下和我自己同种的其他部分密切关联着。因为要记住,由于我是一个部分,对于一切出于整体而分配给我的事物,我都将满意,因为如果凡是为了整体的利益而存在的,对于部分就不会有害。因为整体不会包含着对于它没有利益的东西;一切本性固然都有这个共同的原则,但是宇宙的本性却另有这个原则,它甚至不能由任何外面的原因迫使它产生任何对它自己有害的东西。因此,由于记住我是这种整体的一部分,我就会对一切发生的事情满意。而由于我同与我自己同种的那些部分在一种方式中密切地关联着,我就不会作不合乎人群的事情,而宁愿使自己趋向与我自己同类的东西,会把我的全副精力放到共同利益上面,而使它离开与共同利益相反的事情。那么,如果这样办,生活就一定过得愉快;你可以看到,一个公民,经常所作的事情都是对其他的公民有利的,并且满足于邦国指派给他的一切,这样他的生活就是愉快的。"⑥

他把整体与部分的关系,对应于公民与城邦、个人与帝国的关系,可以说是斯多噶哲学在帝国时代的新发展。皇帝代表整体统治世界,同时也就是按人性和理性统治,因为在罗马人的思维中,人性、本性、自然、整体是可以互相通融、等同的名词,因此马可这位哲学家皇帝分析他自己的本性说:

"符合于一个人自己的气质与本性的,就是对每一个人有用的。但是我的本性是有理性的和合群的;按我的姓氏属安敦尼家族说,我的城市与国家是罗马;但就我是一个人来说,我的国家就是这个世界。因此,对于这个世界的邦国城市有用的,对我才是有用的。"⑦

马可·奥理略

因此,皇帝——"元首",在哲学家眼中,或者在皇帝本人的哲学思考中,不过是众民之首、元元之首,他用来劝勉公民的哲理,也同样用来督促自己:

"要使你自己适应于你的命运注定要同它们在一起的那些事物,以及命定要你和他们在一起的那些人,要爱他们,要真正地、忠实地这样作。"⑧

如果认为这种博爱的宣传过于空泛,那么贤明的罗马人(无论皇帝还是普通公民)应该拿出斯多噶派的看家本领,以漠然不动于心的态度看待人生的一切荣辱与沉浮:

罗马文化

"以最善的方式生活,这样的能力是在于心灵,如果心灵对世事(无关重要的事)能泰然置之或漠然视之,则生活可达于至善。心灵所以能采取漠然的态度,是在于它对每一件这样的事情都分开来看,又都总起来看,还在于它记住这些事情中间任何一件也不会使我们产生关于它的意见,也不会把这些意见带到我们这里;这些事情本身绝无任何动作,是我们自己作出了关于它们的判断,我们可以说,是我们自己把它们写在我们心里,因此我们是可以不写它们的,如果偶然这些判断不知不觉地进入我们心里,我们是可以消灭它们的……因此,每个人都可以寻求他自己的善,过着善的生活。"⑨

这种斯多噶派的哲理,在现代人看来难免带有阿Q式的精神胜利法的色彩,但在罗马当时,强调心灵的自我修养也就是强调人性,因此奥理略在同一段话里又劝勉人们"去找合于你自己本性的东西,努力追求这个东西,即使它不会带来名誉"。马可·奥理略在几个"好皇帝"中是最后一位,他的思想可以说是具有总结性的。从体制看,皇帝统治与古典文明崇奉的民主原则可谓背道而驰,但由于罗马帝制将其理想奠之于人性与理性,则与古典的民主原则尚有灵犀相通之处。如果说奥古斯都以政治机构保留共和外衣为罗马帝制赋予古典色彩,那么安敦尼朝诸帝对人性与理性的强调则更增加了这种色彩。耐人寻味的是,在罗马斯多噶大师中,把这种从人性统一、文明统一出发而提倡天下统一的观点发挥得最杰出的,竟是为共和丧身的西塞罗。他在《法律篇》有一段精彩议论,可以称之为罗马帝国的政治宣言,我们也不妨在此摘录如下:

"我们所谓的人,是具有预见性、灵敏性、综合力、激智力,是富有记忆力、充分的理性和深谋远虑的动物。创造人的至高无上的天神赋予了人当然的高贵的地位。因为人是如此众多的各种各样的活的生命当中唯一获得一种理性和思维的生命,而且其余所有的生命都为人所统治了。然而,我还认为不只是在人间,而且是在整个神的世界和整个宇宙,难道还有什么东西比理性更神圣的呢?理性,只有当它充分发展和尽善尽美的时候,才能真正称做为智慧。由于无其他之物比理性更美好,并且由于

第八章 帝国初期的政治与文化

它存在于人和天神两者之间,所以人和神的第一份共同的财富就是理性。共同具有理性的人也必然共同具有正当的理性。因为正当的理性就是法,所以我们必然认为人与神共同具有法。共享法的人也必共享正义。因此,就应把共享法和正义的人们看作是同一国家的成员。如果他们真正服从同一权威和政权,在相当大的程度上确实如此,其实他们就是服从神界的制度、神的意志和超越宇宙权力的天帝。现在,我们可以设想把整个宇宙看成为神和人两者共同为其成员的一个国家。"⑩

按西塞罗的本意,可能是为已经变成奴隶制大帝国的罗马共和国奠定放之四海而皆准的理论基础。他所说的,无非就是斯多噶派的"世界公民"口号的具体化,而且更强调了天下一统的必然性和合理性。只是他还不知道奴隶制国家的发展规律还要求一统天下的罗马进一步演变为皇帝统治的罗马帝国,但他这段话中提到的神人一致和理性一致却隐含着可供帝制论者大加发挥的原理,因为神的世界是在天帝朱彼特统御之下的,人间的帝制无异于神间帝制的翻版,这也就是皇帝的神性崇拜必须大力维护的秘密所在(基督徒倒霉就在于他们破坏了这种崇拜);同样地,只要皇帝崇奉理性并按理性原则从民众手中取得统治之权,帝制自然合理合法,这就是奥古斯都要扮演那场让权授权的政治喜剧和皇帝总得由元老院和民众"选举"的奥妙所在了。因此罗马法学家乌尔皮安努斯(参看本书第九章)可以断言:"皇帝的意志固然是法律,但其所以如此,是因为民众已把自己的权力与权威都赋予和委托于皇帝。"现代西方的法学家也同意,若按罗马法而言,罗马帝制实为君主立宪之制⑪。可是罗马立宪却无宪法之设,若真要找一篇冠冕堂皇的立宪宣言,恐怕非西塞罗上述名篇莫属,最多只需把他所说的"国家"明确为"皇帝统治的国家"即可。

对帝国初期的皇帝统治加上古典的、甚至立宪的形容词,当然只是指其理想表现而言,帝制的现实比其书面理论要残酷、黑暗得多,自是尽人皆知的事实。不仅尼禄、都密善、康茂德之类暴君丑行秽闻不堪入目,就是几个所谓"好皇帝"也可说无不手上沾满被征服人民和奴隶的鲜血。然而,在文化史的研究上,"古典"这样的形容词却有其重大意义,它意味着在帝制促成的统一、综合之中古典文化传统将有所丰富与发展,它既是古典文化的两大部分——希腊文化与罗马文化的彻底的统一与综合,也是

罗马文化

帝国统治下东西两方面的各地区、各民族在古典文化主导下的更大范围的统一与综合。从世界历史的整个进程看,只是在经过这样的综合统一之后,古典传统才完全形成并传之于东西方各族人民之中。也可以说,我们在本书开头所说的罗马文化承先启后的历史使命,经帝国初期的发展才充分得以实现。如果按我们在前几章探讨各时期深层含意的罗马文化精神之例,则可以说统一综合便是帝国初期的文化精神,并且是带古典特色的统一与综合。

公民权利的统一是帝国初期的另一件大事。这种统一,是以扩大罗马公民权的形式实现的。当罗马还只是一个城邦的时候,享有罗马公民权的只限于罗马人,可是,当罗马已成为一个大帝国时,按古典城邦的原则,罗马公民权却不会自然地扩及于帝国境内的所有自由民,这正是共和制局限性的一个重要方面。最初,意大利人是在经过一次激烈的"同盟战争"之后,才在共和末年取得了罗马公民权,那充其量也只能说是在意大利实现了公民权利的统一,至于在帝国全境实现这种统一,便是帝制肩负的一个重大历史使命了。它主要通过皇帝赐予行省居民公民权的途径,或予个人,或予集体,有时也对一个城市或地区,方式众多,殊途同归,其结果是行省居民无论东西南北各地皆逐渐获得了罗马公民权。在皇帝看来,赐予行省居民公民权可以获得各地臣民的支持,有利于提高行省的地位,因此自凯撒以来便放手实行。奥古斯都更坚决贯彻,据估计他统治的41年中罗马公民增加百万,其后朱理亚·克劳狄朝诸帝其他政绩可称道者不多,唯独此项没有放松。据克劳狄时期的调查,公民人数又继奥古斯都之后再增百万。到了弗拉维王朝时,除继续大赐公民权外,还由于采取全在行省征兵的政策而使公民权更见扩大,原来当兵服役的行省居民退伍时皆获公民权,他们所在市镇亦多获自治权。因此到了安敦尼王朝时,帝国各行省已普遍获得公民权,实现了帝国范围的公民权的统一。公元212年塞维鲁朝皇帝卡拉卡勒颁布的给予帝国境内一切自由民以罗马公民权的敕令,虽出于安敦尼朝之后,但一般史家都认为这是对前朝已成事实的一个现象的追认,因此它有如"马后炮"那样,出台之时反而没有引起按其含义之重大而言本来应有的轰动。

罗马公民权的内容,通常可分公权、私权、家族权三个方面。公权是公民参政之权,主要包括选举权与被选举权(亦称荣誉权),以此参加各种

第八章 ● 帝国初期的政治与文化

公民会议,选举各级官吏,同时也有权被选为各级官吏。私权则指婚姻、财产、遗嘱、诉讼等权,公民凭此可在私法中得到国家的全面保护。家族权包括家长之权、夫权和收养子女之权,它是罗马特别重视家族的法权传统的体现。我们知道,公民权的奠定,是罗马人民经过长期历史发展,特别是平民与贵族斗争而取得的成果,因此它本身就是广义范围的罗马文化的一个重要组成部分,对于行省各地的居民说来,获得罗马公民权也就无异于获得一张进入罗马文化大家庭的入场券。但在帝制条件下,获得罗马公民权也有其他一些含义。由于希腊罗马古代社会只实行直接民主制,公民的被选举权和选举权只有本人直接参与(即跑到罗马城的有关会议场所)才能实现,因此对远离罗马的意大利人和更为遥远的各行省居民说来,除了少数有心也有财力跑到首都去搞政治的上层分子外,公民的参政权已和罗马本身关系不大,何况在皇帝统治下公民会议最多也只有橡皮图章的作用。可是,虽已不着意于罗马,获得公民权却使行省居民拥有在本城本地实行自治的充分权利,他们可组织自己的市议会,在本乡本土应用自己的选举权和被选举权,因此帝国初期罗马公民权的扩大便意味着行省各地特别是城市普遍获得自治之权。这一点,伴随着"罗马和平"带来的比较普遍的经济繁荣,便使各行省数以千百计的城市取得了重大的发展,它们都按统一的政法体制、市政规划、公共设施和文化风格建设起来,南起撒哈拉沙漠中的绿洲和尼罗河的瀑布,北达多瑙河和莱茵河沿岸,西至大西洋,东临波斯湾,无论是名都大邑还是边陲小镇,人们在相隔万里的距离内都可看到同样的会堂、神庙、广场、剧院、浴池和引水道,也可看到同样的法令、钱币、语言和文字(当然也有一些小区别,东部各省更通行希腊文,西部各省则主要用拉丁文)、同样的神像和皇帝像,以及必不可少的同样的皇帝崇拜。在帝国范围内实现的这种公民权的统一和自治城市的普遍繁荣,对于古典文化传统的发展具有尤为重要的意义。因为古典文化首先是城市的文化、公民社会的文化,只有奠基于这种更大范围的公民权与自治市发展的基础上,古典文化的广延才不致于使其传统遭到削弱,反而有所加强。这一点,正是我们在本书开头时所强调的罗马帝国在发展古典传统方面优于希腊化各王国之处。在希腊化的埃及、叙利亚等国中,希腊式的公民自治城市只是少数孤立的点,加上其王朝统治更多承袭东方原有体制,所以我们说古典传统能否持续发展值得怀疑。罗马帝制与希腊化王国同为君主统治,但因有共和外衣和公民权、自治市的

罗马文化

普及而略胜一筹。所以,它们的出现虽然同样适应着奴隶制国家发展规律的要求,罗马帝国却能使古典文化在无远弗届的同时,更呈现根深叶茂的繁荣景象。

随着公民权利的统一,又导致罗马法律和法制在帝国范围的统一。首先是拥有罗马公民权的各行省居民可以享受到国家在公私法权上的全面保护。尽管同是在皇帝统治之下,有公民权的帝国臣民较之没有此权的人就要高出一头,他的自由可以获得较充分的保证,再也不是任人宰割的"被征服者"。基督教的《圣经》有个故事说,耶稣的门徒、犹太人保罗由于拥有罗马公民权,在当地罗马官员迫害他时就可凭诉讼权上诉皇帝,而行省总督在无皇帝特许之时,也无权处死一个罗马公民,因此保罗被解往罗马,由代表皇帝的中央最高司法机构审理⑫。其他没有公民权的犹太人,就不能享受这个优待了。若按保罗是生活于克劳狄和尼禄统治之时的估计看,当时东方行省已有一些人拥有罗马公民权,但还不普遍,所以耶稣众徒之中仅保罗有此权利。但过了一段时间,到图拉真之世,东方各行省中拥有公民权的就比较多了,因此小普林尼在前述给图拉真的信中就提到,他管辖的那个虽属比较偏远地区所抓获的基督徒中,就不是个别人而是有一批人是拥有公民权的,因此他按例仍要把他们区别对待,解送罗马,由皇帝亲自审理。⑬这两个很普通的例子,说明行省的广大居民由于公民权的扩大与普及而受惠匪浅,尤其在帝国范围内法权统一的情况,拥有罗马公民权便进一步意味着可以走遍天下而皆得到同样的法律保障。但罗马法律统一的意义还不止如此,更重要的是,在罗马法本身的发展中,原已存在的公民法与万

耶稣门徒保罗

第八章 帝国初期的政治与文化

民法的区别,这时也按有利于帝国统治和奴隶制经济发展的要求而予以统一,并且大体是删繁就简,去旧立新,废特权而重平等,使法律的统一亦体现了理性的原则。原来,在共和国初期形成的公民法,是在罗马还是一个小城邦、经济生活以农业经济为主的情况下形成的,尽管它的公法部分反映了平民与贵族斗争的积极成果,私法部分却相当古老幼稚,具有许多繁琐仪式和身份限制,尤其在处理公民与其他自由民的财权债务纠纷方面简略含混,偏袒较多。随着罗马成为一个统治广大地区的帝国,市场和商品经济越来越发展、重要,人际关系也益趋复杂,不仅罗马公民内部的私法纠纷日增,公民与其他自由民之间的纠纷以及非公民的自由民之间的纠纷也大量摆在罗马政法当局面前等候"公断"。在这种情况下,原有的公民法就很不管用,不得不采取一些补救之策。起初是以大法官作为最高裁判而对各类案件循理责实得出一些妥善判决,便依例定法,逐渐形成一套最高裁判法(ius praetorium),以作公民法(ius civile)的补充。它主要是从尊重私有财产出发,对公民法没有规定法律调整的各种财产关系给予新的法律保护。其后,由于新问题主要发生于罗马公民与外地居民以及帝国境内的各地、各族之间,处理这些问题的司法实践便需要借鉴其他民族的法律,并且强调对审理对象不分族籍、国别而依法公断,便逐渐形成一套万民法(ius gentium)的私法体系,不仅在财产债权方面确立了更为完备的法律规范,而且以比较平等的原则全面处理私法关系。这样一来,万民法便具有天下一统的含义,它是各民族通用,也为各民族共有,和斯多噶派提倡的"自然法"的理论相接近,某些罗马法学家也认为万民法就是自然法的体现。重要的是,在帝国初期,法律统一是按万民法的精神补救公民法的不足,因而出现前述删繁就简、去旧立新等等积极倾向。关于罗马法的具体情况,我们将在下一章介绍,这里要指出的是,由于万民法的流行,帝国初期确实为所有臣民在私法方面提供了较为详尽而公允的法律保护,加上公民权普及带来的行省居民政治权利的提高,可以说帝国臣民无论东西南北从法律统一中受惠之多在古代应属空前。这对于奴隶制经济的普遍繁荣和古典文化的广延发展自然是非常有利的。

当然,作为奴隶制帝国,罗马法律无论怎样公允,却不脱其对奴隶实行血腥专政之实质,它不仅在私法方面对奴隶制的剥削关系保护得无微不至,在公法方面更公开肯定对奴隶群众施行野蛮残酷的镇压,从司法审判到军事暴力无所不用其极。因此,这种公允只是对奴隶主阶级之间和

罗马文化

自由民之间的关系而言,并且不排除事实上是屡见不鲜的专制皇帝的暴虐与压迫。

在肯定这些局限性的基础上,我们仍要对罗马法律在这时所达到的平等与公允给予充分的评价。"法律面前人人平等"这个口号,在古典传统中可说是一句老生常谈,然而,从它的最初出现到相对实现,却连续数千年。严格地说,直到今天,我们仍在为这目标奋斗。说得宽一些,如果把罗马勉强当作实现了最低限度要求的第一批先例,它距希腊人首次高举这面旗帜也有五六百年之久。按文献记载,首先提出这个口号的是希腊史家希罗多德,他在《历史》一书中比较民主政治优于君主专制时断言:"人民统治的优点首先在于它的最美好的声名,那就是,在法律面前人人平等。"[14] 后来,雅典政治家伯里克利大加提倡,他在著名的阵亡将士墓前演说中强调这是雅典最引以自豪之处:"我们的制度是别人的模范,它之所以被称为民主政治,因为政权是在全体公民手中,而不是在少数人手中。解决私人争执的时候,每个人在法律上都是平等的。"[15] 不过雅典的法律平等,还只局限在城邦的狭小范围内,享受平等的只有雅典公民,其缺陷与罗马的公民法基本相似。直到希腊化时代,斯多噶派哲学家才冲破城邦的局限,提出了自然法的理想,而其相对实现则要俟诸罗马万民法形成之日。因此,比较起来看,有了万民法而达到的帝国初期的法制统一,是古代奴隶社会条件下最接近于人人平等之说的了(当然所谓人人也只限于奴隶以外的自由人)。在这时,对帝国臣民说来,过去的等级、族籍、国界、宗教以及习俗造成的法律上的不平等的区别,都基本得到消除,所以恩格斯说:"在罗马帝国时期,所有这些区别,除自由民和奴隶的区别外,都逐渐消失了;这样,至少对自由民来说产生了私人的平等。"[16] 由此我们可以看到,法律方面的古典传统,如何在希腊开其端绪而在罗马得到发扬。在这样的法制基础上,帝国范围内各地区、各民族经济文化的交流、人员的来往大为便利,古典文化的传播也得到充分的保证。尤为重要的是,在这种相对平等的环境中,人们可以对文化、宗教、思想等等采取比较宽容的态度,进而学习借鉴,互惠融通,使罗马文化的综合统一达于前无古人之境。出生于荷兰的美国史家房龙夙以提倡宽容开放著称,他写了一部名为《宽容》的书,对罗马评价颇高,我们不妨借他的生花妙笔作为有关问题的结语:

第八章 帝国初期的政治与文化

"罗马人通过精心的工作,创造了一个庞大的统治系统,这个系统以这样或那样的形式,一直延续到今日,这个功劳是很伟大的。那时的臣民只要缴纳必要的赋税,表面上尊重罗马统治者定下的为数不多的行动准则,就可以享受广泛的自由。他们可以随心所欲地相信某事或不相信某事,可以信仰一个上帝,也可以信仰十几个上帝,甚至崇拜任何装满上帝的庙宇,这没有关系。但是,不管人们信仰什么,在这个世界范围的大帝国里,混居着的形形色色的人们必须永远记住,'罗马和平'的实现有赖于公正地实践这样一个原则:'待人宽则人亦待己宽。'他们在任何情况下都不得干涉别人或自己大门内的陌生人的事情,即使偶然认为自己信仰的上帝被亵渎了,也不必找官府寻求解脱……法庭可以拒绝处理这类案子,并要求人们不要把涉及个人见解的问题带进法庭。……罗马发明了一种统治艺术:最大限度地减少磨擦,从而获取巨大的实际成果。"⑰

第九章 法学与史学

我们在本书开头时引用的那段维吉尔的著名诗句,提到罗马民族自以为天赋所在是统御世界,以军政功绩之丰盛优于像希腊这样的文艺杰出的民族。维吉尔写这些诗的时候,他以及他的同时代人确实对罗马民族和罗马文化的历史功绩有所自觉,因为当时罗马不仅在军功方面征服了整个地中海世界,也在政法方面取得了超越其他古代民族的丰富经验,其中尤以法律的建树为突出。在维吉尔写诗的奥古斯都时代,罗马法律已有公民法、裁判官法、万民法诸多体系,加上历年公民会议的法案、元老院的裁决、法学家的诠释考订、编撰著述,可以说罗马人在法律科学方面的探讨已远远超过他们在其他方面总是自愧不及的希腊人。再经过帝国初期的统一、综合以及帝制以皇帝敕令形式增添的诸多内容,罗马法学的成果就更为丰富。由于帝国初期已是奴隶制社会生产力达于最高水平、古代的商品经济充分发展之时,罗马法便对以私有制为基础的各种经济关系的法律规范作了深入的探究,以至于恩格斯称赞它是"我们所知道的以私有制为基础的法律的最完备形式"[①]。

罗马法的起源可以追溯到共和国甫告成立的公元前5世纪。当时平民与贵族展开激烈斗争的一个主要内容便是成文法的制订。在此之前,只有习惯法而无成文法,王政末期的那个推行改革的国王塞维据说曾对罪行、立约之类法律事务订例50条,是否确有其事已无从稽考,也有人认为这是日后平民展开立法斗争时提出的一种依据,凭传闻中的塞维的先例以增加平民要求的力量。无论如何,通过这场斗争终于在公元前451—前450年制定《十二铜表法》,却是平民的一大胜利,也由此开始了罗马人引为骄傲的法律建设的历史。在过去只有习惯法而贵族又垄断司

第九章 法学与史学

法之时,他们就能轻而易举地曲解法意压迫平民,现在有了成文法,对贵族的专横自是一大限制;但更重要的是,《十二铜表法》的制定所反映的立法为了平民大众和有法必依的精神,为日后罗马法律的发展指明了方向。原来,铜表法之最后定案,是由平民与贵族各占一半的十人委员会主持,而且它的任务是以写定已行之有效的各项法令为主,不能颁布新法,所以铜表法本身还是相当保守的。它以严刑峻法保护贵族奴隶主的私有财产,允许债主对负债公民残酷处置,直至戴枷上镣、处死或卖之为奴;还明令禁止平民与贵族通婚,更不用说许多根据古老习俗作出的条例还有手续繁杂、观念陈旧、惩罚偏重的缺陷。因此铜表法制定以后,平民又立即努力争取对之加以改进、充实。但可贵的是,按共和初期的质朴务实的精神,罗马法律在平民与贵族斗争中不断得到新法案的补充的同时,也有许多根据司法实践而作的改进变动,它们具体而微,无立法之名却能有助于法制的演进与完善,不仅使罗马法律成果日见丰富,也使罗马法律的建树带有罗马文化务实的特色。

发布元老院决议的铜表

《十二铜表法》以刻于12块铜板而得名,但原板早已毁失,原文亦已不存,我们现在所知的只是后人援引转述的一些条文片断。从其内容看,十二表的范围在远古法律中仍比较广泛,它的一、二表谈审判条例,三表论债务法,四表论父权,五表论监护,六、七表为所有权及土地权,八表谈伤害或私犯,九、十表论公共法与神圣法,十一、十二表则谈婚姻丧葬礼仪诸法。尽管有前述保守、古旧和保护贵族的缺点,它能按平民要求写定成文,使今后司法审判、量刑定罪一以条文为准,却意味着对贵族垄断司法的严重打击。尤其对平民大众具有法律保障意义的,是有关公民除在百人队会议审理外不得判死刑及未经审判不得对公民处以死刑的条款。所

罗马文化

谓百人队会议审理,实际上就是由执政官和大法官组成的最高法庭审理,到帝国时期就是由皇帝的中央政府审理,它对于保障公民不被乱捕乱杀是有相当作用的(前述基督门徒保罗赴罗马受审即按此条)。因此,《十二铜表法》的颁布,既在全体公民面前树立了国家基本大法和公私行为规范,促使朝野一致奉行,老少争相学习,也让平民大众看到了今后立法斗争的方向,那就是逐步消除《十二铜表法》保守古旧和维护贵族特权的缺点,发扬保障公民大众权益的优点。对一些带根本性质的陋法,平民以建立新法案予以废除和改革,例如公元前 445 年由保民官卡努优斯制定法案,允许平民与贵族通婚,取消了铜表法中最令平民恼火的禁婚条款;公元前 326 年的彼提留法案废除债务奴役,让平民大众搬掉了压在头上的一座大山;公元前 287 年的霍腾西阿法案则规定平民大会有最高立法权,实际上等于取消了平民在法律上的一切不平等地位,实现了公民内部在法律上(当然也只是在书面意义上)的平等。

伴随着这些新法案的制定,罗马的法律建设还有赖于另外两方面的发展,那就是大法官(裁判官)的告示和法学家的诠释。前者是各位大法官(到共和末期多至 16 名)每年就任时发表的文告,宣示司法方针和审案原则,往往联系到他就职后的具体活动。国家赋予法官发表告示之权却又未具体规定告示的内容,因此等于给了法官以变通立法的余地,而且前任积累的告示也可因袭沿用同具实效,这样便使这些告示(Edicts)变成了罗马法律的一部分。后者——法学家的诠释,则是罗马文化中的新事物,法学家(prudentes)是在平民大众广泛关心法律事务的形势下产生的,他们一般出身平民上层,精通法律知识,以向公众解答法律问题和向执政官、大法官提供法律咨询为职业。法学家虽有日后出任高官者,在他们以解答咨询为业时是民间学者的身份,其意见也属私人见解,本不具约束力,但由于他们精通业务,又接近群众和实际,对法律问题的解决常能提出中肯可行之策,不仅群众喜欢听从,执政官、大法官也很重视,多有参酌遵循之处。于是法官告示与法学诠释常见合二为一的发展,两者共通并行的结果是罗马法律中出现了有别于具体法案的立法的法学补充,它们虽无立法之名,却产生了法律效力。特别是公元前 3 世纪以后,立法日见稀少,以法官告示和法学诠释形成的新律例却日见其多,甚至成为罗马法律的主流。因此有些研究者断言,共和时期的罗马法律主要是法学(jurisprudence)的产物而非立法(legislation)的结果[②]。由于法官告示和法学诠释都有务实的特点,能够从实际出发补救旧法规的缺陷与不足,从而使罗马法律的发展显得灵活有效、丰富实用,逐渐跃居其他古代民族之上。

到了共和晚期,罗马法律的发展可说是和其他文化形态那样在务实基础上又见进一步的坚定、开阔的演进。法官告示的积累日见丰富,终于形成了裁判官法的比较完备的体系,又从裁判官法中演绎出万民法,而法学思想也在广泛吸收希腊哲学成果的基础上发展了自然法的概念,加以诉讼法方面的改进,罗马法律更见完备。前已提到,万民法的概念,是在裁判官的司法实践中逐渐形成的。原来,随着共和后期罗马统治区域逐渐扩大,终于建成一个广土众民的奴隶制大帝国,罗马法官要审理的涉外案件——罗马公民与异邦人之间以及异邦人与异邦人之间的各种案件日益增多,便从公元前242年起在大法官中专门设立处理这些案件的"外事裁判官"(praetor peregrinus),他们审理涉外案件的原则,既不能套用罗马公民法,也不能完全依照异邦人本民族的法例,而是互相参照通融权衡,取得一些切实可行双方同意的解决,所以他们便称自己凭据的是万民通用之法,由此形成万民法的概念。万民法不仅是范围广泛、眼界开阔,而且由于这些涉外案件多半是与商品贸易、经济契约有关,它的内容也就以服务于奴隶制经济中最发达的商品市场关系为主,在整个罗马法律中也是最具先进意义的。这样一来,外事裁判官的告示与判例不仅是裁判官法的重要部分,而且自成一体,可归属于万民法的体系而与古老的公民法相对立。由于它有更大的实用性与进步性,实际上就在许多方面取代了公民法,成为罗马法律的主干。到公元前1世纪,罗马法律和法学的实践已大大超越古典城邦的范围,开始具有古代世界范围的普施与通用的性质,不仅体现了罗马文化在这个时代特有的坚定开阔的气质,而且接近于希腊斯多噶派哲学家倡导的自然法的理想。

当时在罗马鼓吹自然法最力的是西塞罗,他关于法律、正义奠基于不以民族时代为限的自然基础的理论,虽然依据哲学逻辑,实际上不难看出他已意识到罗马万民法的实践已达到的境界。例如他在《法律篇》中写道:

"因为正义只有一个,它约束整个人类社会,并且是建立在一个应用于支配和禁止的正当的理性的法的基础上的。所以无

罗马文化

论人们是否了解那个法,无论何地曾用书面形式记载与否,它都是正义的。……如果不把自然看作是正义的基础,那将意味着人类社会所依赖的美德的毁灭。因此,哪里还会有慷慨、热爱祖国、忠诚、助人为乐,以及对他人友善的感恩的余地呢?因为这些美德是来源于热爱自己同胞的天然性,而且这就是正义的基础。……实际上只有根据自然而无其他标准,我们才能够辨认好的法律和坏的法律之间的区别。的确,不仅正义与非正义是根据自然来区别,而且光荣和耻辱也毫无例外地要根据自然来区别。"③

这种自然法的理论,无异于为万民法的通用性带上真理的花环,显得更为不可抗拒。由于有了依据于自然理性这块招牌,万民法便不仅在实践上,而且在法学理论上高于城邦的公民法,从而树立了它在罗马法学思想中的主导地位。

到帝国初期,罗马法学便随时代的统一、综合的大趋势而达鼎盛阶段。这时期法学的发展出现两个新情况:一是随帝制的建立,皇帝的专制权力参加到法律建设中来;另一则是法学家的活动空前活跃,他们制定法律的权力也大有提高。帝制意味着皇帝直接控制一切国家政法大权,其中当然包括由皇帝颁布法律制定法典的全权。皇帝的专制固然有其阴暗面,但在帝国初期基本维护古典传统并使其在统一综合方面有所发展的总情况下,皇帝以敕令(包括公告、裁决、训示、批示等等)形式发布的涉及法律事务的文告,总的说来仍遵循着罗马法学的传统,因为它们多半是在法学家协助下参照已有律令制定的,大体而言不失为罗马法律的一个合理的补充。加以这些敕令都具有最高立法权力,不受任何机关制约,在帝国全境,地不分南北,人不论老幼,都得一体遵行,随着皇帝江山日久,敕令法规积累日多,它们也就构成了后世所知的罗马法律的一个数量上不可忽视的部分。另一方面,帝制也以皇帝的最高权力使共和时期的一些法律活动具有权威性。例如奥古斯都便曾给法学家的诠释以立法特权,宣称他挑选的一批法学家有"官定诠释法律之权",经他们的评审而作出的解答具有法律效力;哈德良时也把历代裁判官的告示仲裁编集定本,赋予法律实效。在法学家的活动方面,那么从奥古斯都直到安敦尼王朝(甚至包括其后的塞维鲁王朝)的200多年间,是罗马法学当之无愧的"黄金

第九章 法学与史学

中世纪法学院教学

时代",堪称百家争鸣,人才辈出,学派兴旺,佳作纷呈。此时享誉全国并被后人目为大师的法学家少说也达半百之数,构成了世界文化史上法学最见发达的时代。此时法学家力倡重法意而不拘于条文的研究精神,于法学原理多有阐发,同时又广采博收,全面综合共和以来法制建设的成果,使法学在罗马文化遗产中占有重要地位,对古典传统的形成贡献尤伟。此时先有卡彼托(Ateius Capito)和拉比奥(Antisfius Labeo)两大法学家自立门户,于共和、帝制之间各有偏袒,前者推崇共和,后者拥护帝制,观点分歧、学派对立。卡彼托之后的大师是萨比努斯(Sabinus),此派即名为萨比努斯派;拉比奥之后有普罗库卢斯(Proculus),亦得名为普罗库卢斯派。两派的论战于法学研究的发展大有裨益,他们的政治观点虽有分歧,对法学理论的探讨却是殊途同归,达到更高程度的辩证的统一与综合。大致而言,萨比努斯派代表中小奴隶主和较广泛的公民阶层的利益,普罗库卢斯派则代表大奴隶主和贵族阶层的利益,而在维护奴隶主统治这一点上,他们是完全一致的。对于罗马法律由公民法达于万民法的整个发展,他们也同样给予充分的肯定。因此,较晚出的法学家便以综合汇总、全面概括为首务,出现了历史上著名的"法学五杰"。最先的是盖优

罗马文化

斯(Gaius，117—180年)，他主宗萨比努斯派，观点却比较全面。他最有影响的著作是《法学阶梯》，系统总结了罗马法学的成果，对罗马法的私法体系首倡人法、物法、诉讼法的三编分述结构，为后世树立了典范。其后则有鲍卢斯(Paulus，121—180年)、乌尔比安努斯(Ulpianus，170—228年)、帕比尼诺斯(Papininous,活动于3世纪初)和莫德斯丁努斯(Modestinus,活动于250年前后)。他们和盖优斯一起，在426年由西罗马皇帝狄奥多西二世和东罗马皇帝瓦伦提尼亚鲁斯二世共同颁布的"引证法敕令"中，被确认为五大法学权威，他们的著作具有法律效力，若五家之说互有分歧，以多数为准；若分歧等同，则取决于帕比尼诺斯的见解，因此帕比尼诺斯的影响又位居各家之上。经五杰之手，罗马法体系已臻完备，由于其后已临罗马文化衰落阶段，他们也可以说是代表了罗马法学的最高成就④。

经过帝国初期的统一综合，罗马法已达到甚至超过了维吉尔在帝制初建时寄予罗马民族的厚望。服务于奴隶制经济发展的要求，罗马法当然全力维护奴隶制度，尽管按自然法的理性逻辑，这样做难免有见利忘义之嫌，罗马法学家出于其阶级本性，在保障奴隶主权益方面却毫无顾忌，甚至达到"空前卑鄙"⑤的程度。然而，在这种古代社会之局限的条件下，随着奴隶制经济以帝国一统天下的规模达到空前的繁荣，罗马法也取得了自己独特的发展，于民法、商法、私法等方面建立较完密的体系，使其他古代民族难以望其项背。就这一点说，罗马法不愧是近代和现代法律的先驱，"它所包含的封建关系最少，而包含的资本主义法律关系却是最多"⑥，因此在民商法方面为后世树立了典范。它的自然法、万民法的理论与实践的结晶，也凝聚于包括民法、商法在内的私法范畴之中，我们通常所谓的罗马法，亦指其私法而言。照罗马法学的分类，规定国家政府职能范围诸法属于公法，而审理私人间各类纠纷案件之法为私法，虽然首次在法学著作中阐明这种理论的是乌尔比安努斯，但从共和以来公民法到万民法的整个实践过程中都已贯彻了这个公私分明的原则。由于突出私法，对私人权益的保障也就逐渐达于完密之境，体现了古典文化以人为本的精神。例如，在分为人法、物法、诉讼法的三大私法体系中，人法是充分阐明人的权利能力和行为能力以及人的法律地位与法律权利的获取、保障和婚姻、亲属关系的规定，其总的原则是把除奴隶而外的所有自由民放在法律面前人人平等的地位，从法制上对个人权利给予充分保障，因而古

第九章 法学与史学

老的家长权、夫权、族权等等得到较大制约与消除,子女有财产权、婚姻自主权,妇女也在无夫权婚姻中有较平等的地位,同时确立了遗嘱继承的自由。物法讨论的物权,实际上就是私有财产的所有权,它以所有权的绝对性、排他性和永续性确立了私有财产神圣不可侵犯的法律地位,从而构成私法的核心。除了简化所有权的取得与转移手续和肯定遗嘱继承而外,物法部分最杰出的成果是制定了极其详尽的债权法,规定了通过法院以司法方式解决各类债务纠纷的条款,尤其对契约的各种形式与义务的研讨最为充分,并始终以尽可能有效满足商品生产者的社会需要为鹄的。这样一来,罗马法可说是对简单商品所有者的一切本质法律作了空前明确的规定,因而最能为日后的资产阶级所利用,使他们轻而易举、立竿见影地把罗马法用之于近代资本主义

《罗马法大全》

社会。在诉讼法方面,罗马法也抛弃了古老而繁琐的法定诉讼程序而推行简便有效的程式诉讼程序,并在陪审制度与律师制度方面为近代法制提供雏形。总而言之,罗马法也像其他古典传统的优秀遗产一样,成为新兴资产阶级的良师益友,无怪乎当华盛顿、杰斐逊等人把罗马军政首领作为自己楷模的同时,也奉罗马法为法律的圭臬,而拿破仑制定的《法国民法典》更是处处以罗马法为蓝本,以至一切近代法界莫不言必称罗马了。

帝国初期的罗马史学,总的说来,也是在统一、综合的大趋势之下得到进一步的发展。有趣的是,表现这种统一、综合的优秀成果最为突出的,倒不是罗马土生土长的拉丁作家,而是作为帝国公民并参加到罗马统治集团中来的希腊作家,例如我们前面多次提及的普卢塔克等人。过去

罗马文化

人们囿于语文类别的形式区分,把普卢塔克以及其他用希腊文著述的罗马史家都仍归于希腊文化的范畴,甚至称他们为希腊史家,显然是错误的。若按我们对罗马帝国初期特有的统一综合的时代文化精神的理解,那么普卢塔克由于体现这种文化精神最为鲜明,他就不仅应看作一位罗马史家,而且是最典型的帝国初期的罗马史家。普卢塔克所以能有此成就,可能是由于他以希腊人的身份,反而更努力投入文化综合的运动,对帝国一统天下的历史功绩更有所感受。另一方面,对无比丰富的希腊文化遗产特别是史学遗产的吸收,希腊人出身的罗马史家自然有得天独厚的条件,无论是广采博收的综合还是别开生面的希腊、罗马比较研究,他们都能先走一步或略胜一筹。当然,罗马人出身的帝国史家也有自己的优点,他们更能深入帝国统治的核心,与罗马自身的传统精神更有血肉联系,若在杰出的史学大师笔下,帝国历史将会写得更为有声有色。但是,这些优点却往往被皇帝专制的消极影响埋没了。无论古今中外的专制皇帝,最畏惧恼怒的就是史家的不屈之笔,因此对史学的控制也最为严格,如果碰上暴虐无道之徒当了皇帝,史家受到的残酷迫害就更不消说了。这种情况,罗马帝制自不例外,奥古斯都时期还能出现一位光辉的李维,但奥古斯都以后的整个朱理亚·克劳狄王朝以及紧随其后的弗拉维王朝,都没有可和李维比肩的史家,缘由盖出于此。特别在尼禄、都密善这类暴君统治下,史学受到摧残最为严重,用史家塔西陀的话说,那就完全是"死气沉沉"的暗无天日之时[7]。到了安敦尼王朝几位"好皇帝"治下,情况才有较大的改善,然而,总的说来,史家能享受到的自由,已远不如西塞罗、李维之时。由此也可想见,帝国初期能有杰出成就的罗马史家,自是敢于横眉冷对专制淫威、有独立思想和精神的大师。这样鹤立鸡群般超越平庸之辈的大师自然是罕有的,但在安敦尼王朝初期确实出现了,他就是上面提到的塔西陀。因此,在谈到普卢塔克之前,我们先介绍塔西陀,虽然在年代顺序上他较普卢塔克晚生数年。

塔西陀(Tacitus,约55—120年)出身贵族家庭。据考证,他的父亲可能担任过高卢地区的行政长官,他大约也生于高卢,后来到罗马学习,受业于修辞学名家,精于写作,亦善雄辩。按他的出身与教养,在帝制之下担任高级官职是势所必然,何况他还被元老显贵、执政官阿格里科拉招为女婿。当时正是弗拉维王朝暴君都密善在位,而塔西陀仍能仕途亨通,官至大法官,可见他对实际的政治活动还很感兴趣。他怕写史冒渎当局而遭杀身之祸而保持了沉默。都密善被杀后,他以雨过天晴的兴奋同时活跃于政治与史学领域,于97年任执政官,并于次年发表了他的两篇史学著作《阿格里科拉传》和《日耳曼尼亚志》。图拉真之时,他与小普林尼关系不错,两人共同弹劾了为非作歹的一位阿非利加省的总督,与皇帝的关系也较密切,于113—116年间做了几年亚细亚省的总督。这时他已把主要精力用于著述历史,先后写了《历史》和《编年史》两部巨著,专记朱理亚·克劳狄王朝和弗拉维王朝史事。虽然按写作时间看是《历史》在前,《编年史》在后,所述史实却是《编年史》属前而《历史》属后,因为《编年史》记述从奥古斯都死后至尼禄覆亡的历史,《历史》则记述尼禄死后至都密善暴毙的史事,两书皆具典雅深刻、遒劲起伏的史笔,尤以《编年史》因其晚出而更显苍劲有力,最能体现塔西陀老练深沉的风格。

  塔西陀虽然做了帝国的高官,对图拉真之类贤主也有好感,但他心目中的最高理想仍是共和政治,特别从他亲身感受到的尼禄与都密善的暴政,更使他对专制帝王的凶残腐化恨之入骨,因此他的史书揭露专制统治的罪恶黑暗甚为出色,被称为罗马共和思想的最后一位代表人物。尽管他已认识到帝制代替共和出于历史的必然,他的共和思想却使他的史笔不像通常的官方史家那样对皇帝阿谀奉承。例如《编年史》中对朱理亚·克劳狄王朝诸帝皆无赞词,他刻画了提比略的阴险多疑、克劳狄的庸碌怯懦,对尼禄则突出了他的达于极点的虚荣、荒诞和残忍。他对帝制之下一切奴颜婢膝的显官和为虎作伥的宠臣也同样予以鞭笞唾弃。因此他的史书和一般的帝国历史完全异趣,得到日后有民主共和思想的近代史家很高的评价。

  但塔西陀的史学成就非仅限于共和思想,也不完全建立在对专制皇帝的批判揭露之上。反映着帝国初期共有的统一综合精神,他的眼界相当广阔,既有对帝国政治的深刻剖析,也有对各族文化风习的广泛考察,这在《阿格里科拉传》和《日耳曼尼亚志》中表现得尤为明显。前一书虽为其岳父的传记,但因阿格里科拉曾任不列颠总督,遂以相当篇幅介绍了不列颠的民族、地理与历史,直到今天仍是研究英国远古情况的一部重要文献;后一书则详细报道了日耳曼民族的经济生活、政治组织与社会风习,提供了许多珍贵材料,被称为最早一部全面记述古日耳曼人的史书。由此可见,这两部书都带有民族史和人类学的性质,为同类史书树立了古典的范例。

罗马文化

《历史》和《编年史》两书，由于所记都是晚近和当代史实，塔西陀也以其广阔视野和敏锐观察而为我们提供了丰富精确的信息。例如《编年史》中记克劳狄的一篇演说，现代考古发掘已在卢丹努出土的一件铜板铭文上得其原本，两相比较内容大抵一致，唯遣词用句略有差别，可见其著述有很高的史学价值。不幸的是，《历史》和《编年史》皆已残缺，前书现存者仅1—4卷及5卷的残篇(全书可能有12—14卷)，后书总共18(或16)卷中亦仅存1—4卷及11—15卷及16卷的前半部。由于《编年史》更能代表塔西陀的成就，我们摘引数段以见其一斑。在此书的开头，塔西陀便表明了他著述的目的与心态，但他的史笔却纵横古今，先以总结共和到帝制的演变为开场白：

> "罗马最初是一个由王权统治的国家，公民的自由权和执政官制是卢西阿·布鲁图创始的。独裁制向来是权宜之计，例如十人团制不过两年就消失了，有行政长官权的军团长官也没有存在多久，无论秦那或苏拉都未能建立长久的专制政治，庞培和克拉苏的权势很快就转入凯撒之手，雷比达与安东尼的权力不久也归之于奥古斯都。只是到了奥古斯都的时候，才第一次以"元首"的名义，把一个被内战摧残得破敝不堪的国土收拾起来，建成了一个帝国。关于古昔罗马国家的史迹，不论其为荣枯成败，皆已有名笔为之记述。奥古斯都时代的故事，记传者也不乏俊逸之才；只因后来谄佞成风，这才受到了妨碍。至于提比略和卡里古拉、克劳狄和尼禄时期的历史，当这些皇帝在位的时候，恐怖令人不敢直书，及至他们死后，在编撰时又受到余恨未消的影响。因此我的计划是不忿不偏，先叙述奥古斯都时代的一小部分，即其结尾的部分，然后转到提比略以及他的后继者的时代；对于那些愤激之情，我已处于十分超然的地位。"⑧

他强调了"谄佞成风"以及"恐怖令人不敢直书"的专制条件下史学难以发展的困境，而对自己的要求则是"不忿不偏"，力求达到客观公允。当然，若按其喜欢揭皇帝的老底，对帝制的黑暗面暴露无遗看来，似乎有点偏激，尤其对行省在帝制条件下受惠之多估计不足，但总的说来，他仍继承了李维重视史学的道德教育作用的传统，于求实之余始终保持文风的崇

第九章 ● 法学与史学

高与严肃,不仅批斥揭露皆有所据,立论亦求全面与广博。例如:对奥古斯都的历史功绩,他便巧妙地以正反两面对立之论显示了他有褒有贬的分析态度。他先用肯定的口吻叙述正面一派的看法:

"有人说:'当法纪荡然的时候,他为孝道和国家的需要所驱使,提起了内战的武器;当然,铸造和挥动这种武器的都不可能双手干净。为了雪杀父之仇,他对安东尼和雷比达都作了很多让步,后来雷氏年高怠惰,安东尼则染上种种恶习,挽救国家危亡的唯一道路就是实行个人专政。但是他并没有用建立专制王国或独裁制来改组国家,而是创立了第一公民——元首的称号。帝国的边疆,有大海和长川为藩篱。军团、行省、舰队以及一切行政都集中于中央。为罗马公民制订了法律,对同盟给予尊重,对首都则饰以富丽堂皇的建设。他很少依靠暴力来处理事务,必不得已时,也都是为了全体的安宁。'"⑨

这几乎是对"元首制"和奥古斯都本人最具历史眼光的评价了。但这些赞词中包含的复杂现实却也可以让比较了解底细的人作出相反的评价,因此历史家还得听听另一派的声音:

"但有人却站在反对方面辩论说:'所谓尽孝以及国事紧迫云云,都不过是披着的外衣。实际上,他是出于对统治权的贪求,才用各种赏赐来鼓动士兵;年少而位微,就召集了一支军队;又笼络执政官的军团,虚装倾向于共和一方的姿态。后来他凭借元老院的法令僭用行政长官的仪仗和权力,接着便发生了同年两位执政官死亡的事件,他们可能是被敌人杀死,但也可能为毒药所害,而皇帝本人就是这一阴谋的策划者。……又如剥夺公民的财产以给老兵分地的作为,连执行的人都摇头反对。……从此以后,的确出现了和平,但这是流血的和平。……最后还有他以勾引别人之妻而得到的皇后李维娅,她作为一个母亲,是贻祸于国,作为一个继母,则贻祸于家。'"⑩

这种一分为二的分析态度,总的说来是贯彻于他对帝国历史考察的始终。

罗马文化

当然,在描写到皇帝荒淫无耻、胡作非为之时,他的义正词严的史笔便发挥出最为惊人的光芒,令人对一切专制的腐化黑暗深恶痛绝。且看看他如何介绍尼禄的丑行:

尼禄

"从穷奢极欲和丑名远扬方面说来,最甚的莫过于他的宠臣提格里尼为他举办的宴会了。我现在把它当作典型来描述,以后就不再为这些铺张浪费的无聊故事浪费笔墨了。提格里尼制作了一个木筏,放在阿格里巴湖上,在筏上安排了一个宴会,他准备了一些小船当作拖船,拖动筏子在湖心中荡漾。小船都用黄金和象牙装饰着,荡桨者是一色的娈童,按年龄和摇荡的程度排列起来。他从山南海北搜罗各种珍禽异兽,甚至从大海洋里捕来了海上生物。在湖岸的一边,设置了冶游的院舍,里面有的是贵族妇女。在对岸,则是一群裸体的娼妓,搔首弄姿,作各种猥亵的舞蹈。当暮色渐深的时候,从湖滨所有丛林和房屋里开始传出一阵阵相互唱和的歌声,同时到处发出了闪烁的灯光。尼禄本人,经常沉湎在各种自然的和违反自然的享乐之中,肆无忌惮地使他罪恶的一生达到荒淫的顶点。几天以后,他甚至按全部合法婚姻的仪式,把自己嫁与一个名叫毕达哥拉斯的淫童为妻。皇帝头上蒙着面纱,旁边站着证婚人。妆奁、合欢床等都铺陈了出来,婚礼的火炬高高燃起。一切都公开,甚至像一个真的新嫁娘那样,留待夜深人静后的行为,也都公开表演出来了。"[11]

第九章 法学与史学

塔西陀也像李维那样,保持了古典史学可作一代风范的高度文学水平。无论叙事抒情,文笔都优美典雅、生动鲜明,尤善于刻画心理、烘托环境,于人则形神鲜明,于景则诗意盎然。由于史迹贴近,他掌握了较充分而确切的信息,加以取舍恰当,思路完密,用词丰富多彩、含义深广,结构错落多变、不落俗套,从而以他的苍劲有力、典雅精确的风格在古典文学史上据有很高的地位。一般而言,他较西塞罗更为艰深,较之李维又更具风韵,所以文学史上通常把他和李维、西塞罗并称为拉丁散文三大名家,各以其独特风格贡献于拉丁散文的宝藏。在《编年史》中,最脍炙人口的文字是叙述罗马军旅后来重返瓦鲁斯惨败的战场凭吊战友和描写罗马空前大火灾的两段。前者说的是:公元9年罗马远征日耳曼的总司令瓦鲁斯率领3个军团和9个辅助大队深入条陀堡森林,被日耳曼人伏击围歼,全军士卒连同瓦鲁斯都被杀死。奥古斯都为此惨败痛心疾首之至,数月不理发剃须,经常疯狂呼叫:"瓦鲁斯还我军团!"六年后,一支罗马军队在日耳曼尼库斯(他是提比略之侄,奥古斯都的外孙女婿)率领下来到森林中的战场。对当时的情景,塔西陀留下了以下著名的描述:

> "大军沿着阴森的道路前进,一路景色凄厉,瓦鲁斯的第一营地十分宽广,有供军官之用以及安置鹰徽的经过测量的空地,可以看出这里曾经使用过三个军团的劳力。还有一面半倒的墙壁和一条残砖破石填满了的浅沟。中间的白骨狼藉,有的散乱,有的成堆;显然罹难的人或死于逃跑之中,或死于固立之处,邻近地方还散布着碎断的枪矛、马匹的残肢;有些树上骇然钉着人的骷髅。不远的地方有一些小森林,林中就是那军团长官和百人队长在其下遭受残杀的野蛮的祭坛。少数从这次惨败中逃得性命的士兵这时便出来解说:军团长如何在某处被击倒,鹰徽在何处被抢走,瓦鲁斯本人如何在何处受到第一次创伤,他在何处用自己不幸的手结束了自己的生命等等。他们还说到日耳曼人领袖阿尔米尼咆哮演说的讲台……"[12]

古战场阴森惨厉之景,在塔西陀笔下令读者历历在目,宛如身临其境。从历史意义看,这段名文也是为帝国扩张的血泪史和罗马人来日面临的民族问题的隐患作了注脚。

罗马文化

至于罗马的那场空前大火,则是发生在尼禄疯狂作乐之际,塔西陀带着史家的悲愤和文学家的形象描绘为我们留下了一幅触目惊心的全景图画:

罗马大火

"以后发生了一场灾祸。这到底是一件偶然的事故,还是罪恶的皇帝蓄意制造出来的,还不能肯定。因为不同的说法都有自己的证据。这是一场空前严重而且可怕的火灾,比这个城市以前所遭到的要可怕得多。它开始发生在巴拉丁山和凯里安山之间的圆形剧场上。这里有一些店铺堆积着许多易燃物。大火就是从这里爆发的。火立即旺盛起来,加上风力的助长,很快地就席卷了整个剧场。这里既没有用墙壁阻隔起来的大建筑,也无以石墙围护的庙宇和其他任何障碍物来阻止火势的蔓延。因此火焰首先扫荡了低平的地带,然后向上,波及高地,最后又向下,使低地再受其害。它超过了一切抢救措施,迅速向前延烧。旧罗马城特有的弯曲的小巷和不成形的街道,极易为火舌吞噬。同时,有惊恐而尖叫的妇女,有慌乱逃避的老弱童稚,还有担心自己和他人安全的男子,当他们拖着老弱同行或停下来等待的时候,仓促而又踌躇,一切都受到妨碍。他们向前看,往往前面和两侧已经上来了火焰;他们逃到邻区,而那里也在燃烧,甚至连那些他们以为距离较远,不会遭受危险的地方,也都陷于同样的灾祸。最后,仿佛不知所措的人群,涌到了大道上,或则睡倒在田野里。有些人失去了自己所有的一切,连食粮也无着落了,虽然眼前尚有逃生之路,但却宁可一死;也有些人因无法拯救自己的亲人,也跟着死了。没有人尝试去救火,因为看见有许多人不断地在威吓着不准救火。还有些人公开地投掷火种,并且叫喊着说他们是奉了命的。可能他们是为了想趁火打劫,也可能真的是奉命执行。……(尽管尼禄采取了一些救济措施),但是他的这些讨好群众之策并没有发生实际作用,因为人们传说当罗马火光冲天的时候,他曾登上自己的舞台,高歌有关特洛耶毁灭的诗篇,拿当前罗马的苦难与过去的灾祸相比拟。"⑬

塔西陀这些掷地作金石之声的文笔,连同他那鲜明高昂的共和思想,构成了古典史学一份最优秀的遗产。正如后人于希腊史学必提希罗多德和修昔底德一样,于罗马则必提李维与塔西陀。当然,塔西陀的《历史》中也包含许多光彩不让于《编年史》的文字,尤以对尼禄死后各方争夺帝位大打内战的69年史事记述得绘声绘色。笔者曾写有《帝制之立与帝位之争》一文专评其事(载于《读书》1985年第11期),读者可以参看,在此就不赘述了。

　　从塔西陀回到普卢塔克,我们就像从一个目光严峻的元老身边来到了一位口若悬河的哲人面前,他俩各以其观察的深刻、叙述的生动而代表着帝国初期罗马史学的最高楷模。普卢塔克(Plutarch,约46—120年)出生于希腊中部的喀罗尼亚城,其父也是一位著名的传记作家和哲学家,因此他幼承庭训,长继家业,终生好学不倦。他在少年时即到雅典深造,就名师受业,精攻修辞、史学,对哲学、数学、医学亦有很深造诣,后来他又在帝国范围内广泛游历,来到罗马、意大利,遍访小亚细亚、埃及和爱琴海诸岛。在安敦尼王朝时,他在罗马以硕学通才知名,据说曾担任图拉真、哈德良两位皇帝的教师,虽然研究者对此不尽置信,他得到这两位皇帝的重视并受过他们的恩宠则是毫无疑义的:图拉真曾授给他执政官的荣衔,哈德良则委任他为希腊财务使。然而,尽管仕途亨通,他却始终勤于著述,以他的博学多才和传神妙笔广论古今历史和百科学识,因此他被尊为古代最广博多产的作家。据他儿子所辑著作目录,知名论著即有277篇之多,但大部分已经散失,后人将其存者辑为《道德论集》和《传记集》两部。《道德论集》以对话或论难体探讨各种学术问题,举凡宗教、伦理、哲学、科学、政治、文学等等无所不包,内容极为广泛;《传记集》则是他最有影响的历史著作,奠定他在帝国初期史学中的崇高地位的也主要是此书。按普卢塔克的原意,《传记集》应称为《希腊罗马名人合传》,因为他是有意把双方的历史名人配对比较,开创了史学研究的新例,尤其从配对比较中体现了时代文化统一综合的特色。虽然他是以希腊文而不是以拉丁文写作(据说他的拉丁文水平相当一般),我们却称之为罗马史学巨擘,其根据亦在于此。

　　普卢塔克的哲学思想,是祖述斯多噶派,又兼采各家之说,有中庸折衷之长,因此也是典型的帝国时期文化人士的思想心态。他对伦理哲学最感兴趣,认为人生应当受理性的节制,克己近情,符合人道,对帝国统一和政法制度亦无不从理性、人性的角度予以肯定和维护。如果确如所传那样他曾做过图拉真等皇帝的教师,那么他这种思想和帝国最高层的意趣可谓不谋而合。重要的是,从这种思想出发,他非常强调希腊、罗马两大民族在古典文化基础上的合二为一,也就是说,达到更高程度的综合与统一。名人合传也就是为促成这一崇高使命而作。现存《传记集》中共有传记50篇,除4篇是一人一传而外,绝大多数(46篇)都是以类相从的配对合传,即按事迹职份以一希腊名人搭配一罗马名人,有时甚至以一对希腊名人配另一对罗马名人,例如下面将谈到的格拉古兄弟。这样共配成23对或23组,不仅篇目对比排列,还附有合论,专作比较研究。这种别开生面的写法,不仅便于互相参照,更重要的是显示了两大民族各类精英皆有共通之处,通过互相借鉴而更使古典传统得到丰富与充实。这样一来,希腊、罗马古典文明的共通与伟大便历历在目,从具体人物而见历史综合,说服力更为强烈。据说,这部合传集是普卢塔克特为图拉真宠臣塞涅基奥而写,其直接目的是以此增进希腊、罗马两族友谊,但实际上它的作用远为重大,是为两大民族在统一综合的历史光辉中铸造古典传统奠定基础,无怪乎以后的古典主义者在言必称希腊、罗马的同时,也言必引普卢塔克了。当然,作为史家,他那种着重伦理哲学的特点有时也难免流于偏颇,他喜欢从道德角度借史论事,为使谈笑风生,往往杂以轶事奇闻,也使他的材料在丰富生动之余有取舍不严之嫌。但是,上面所说的显示综合统一的极大优点却使他的著作问世之后立即得到罗马朝野一致的欢迎。和他的思想极为接近的罗马皇帝马可·奥理略对《传记集》更是爱不释手,戎马倥偬之际亦不忘携于手边,其他臣民的崇奉就不用说了。

《传记集》中希腊、罗马配对比较的佳例,我们可举格拉古兄弟和阿基斯、克利奥米尼的一组,他们都是在各自的祖国(格拉古是在罗马,阿、克两人是在希腊的斯巴达)力倡改革,奋不顾身,最后终于失败的英雄人物。两传中对各人事迹都作了出色的描述。但最精彩的还是附加的"合论",因此我们不妨先从"合论"看看普卢塔克行云流水般的史笔:

"这几个人的事迹,已经叙完了,现在还须就他们的生平,作比较评论。以格拉古兄弟而言,即使那些挟仇痛骂和对他们极端仇视的人,也不能否认,在罗马人中,他们道德上的禀赋最好,并且受过卓越的教养和训练。然而阿基斯和克利奥米尼,似乎比他们禀性还要刚毅;因为这两人虽然没有受过正当的训练,并且是在其先辈早就受到腐蚀的那种生活习俗中长育起来,但他们仍然使自己成为简朴克己的表率。其次,格拉古兄弟生当罗马最伟大、最光荣,并以德行相当的时代,自然会以不能克绍祖宗遗绪为可耻。阿基斯、克利奥米尼两人则不同,其前代的品德和他们相反,国家又内战纷争,陷于可悲之境,但是他们并不因此而挫其向往道义的锐志。复次,格拉古兄弟鄙夷财富,意不在于金钱,其主要证据,是当他们服官和从事政治活动的时期,没有取过不义之财。可是说到阿基斯,如果仅仅称赞他不苟取于人,他会因此动怒的;因为他还把自己的财产分给同胞公民,除其他财物外,仅仅现金就已达600塔连特之巨。以一个连应得之财超过了别人就视同贪掠的人,其心目中对于临财苟取,更不知看做是何等的卑鄙!

"再说,他们在推行改革中的胆略,也是迥不相同的。在政治活动方面,盖约所注意的是修筑道路,奠立城市;他们兄弟俩最大胆的计划,在提比略是恢复公地,在盖约是改组法院,增加了300名从骑士一级出身的法官。然而阿基斯和克利奥米尼却认为对于国家的混乱,如只采取无关紧要的局部的弥缝裁汰,将无济于事,因此他们在改革中就试图从宪法上提出彻底改革,一举而廓清一切的罪恶。……我还以为,这几个人的死难情况,也

罗马文化

表现了他们各自突出的品德。格拉古兄弟是已经和本国公民发生了战斗,然后在想逃避时候死的。至于两个希腊人,阿基斯的死几乎可以说是出于自愿;克利奥米尼则是果断地自杀。但如从另一方面来衡量他们彼此间的特点,则阿基斯不幸早亡,没有一件事足以表现其为一伟大的将领;克利奥米尼却曾经屡获光荣的胜利。提比略在迦太基的夺城之役,功亦不小,足以与之媲美;同时,他在努曼提亚的议和,也保全了两万名别无生望的罗马士兵。至于盖约,不论在国内服役,或是从征异邦,都表现得极为勇敢。所以,如果兄弟俩不是早死,他们可能不在第一流的罗马将领之下。"⑭

这种史学比较议论,本来是最易枯燥烦人的,普卢塔克却说得娓娓动听,斜逸横出,夹叙夹议,启人遐思。同时,他这种以异见同,从对立看统一的巧妙笔法,也进一步显示了古典世界人才的众多和史绩的丰富。他善于以个人的性格、行事塑造历史形象的特点,在合论中已表现得很突出,但最典型的则是在格拉古兄弟传中对他们兄弟两人的介绍。例如以下一段:

"先从仪容举止来说,提比略是温文沉着,盖约则慷慨激昂。因此,在当众演说的时候,一个总是安详地站定,而另一个则是在讲台上走来走去;一面讲,一面把长袍掀到肩上。罗马人中以如此姿态演说的,要数盖约是第一人。这正和克里昂一样,克里昂就是雅典人中第一

弹竖琴的贵夫人

212

个在讲演时脱下外套,拍着大腿的公众演说家。其次,盖约的演说,往往铺张扬厉,令人惊愕;提比略则较为婉转,娓娓动人。在遣词风格上,提比略纯正而细密,盖约则多辩而繁缛。他们在饮食起居方面的表现也是如此,提比略平易朴素;盖约和别人相比,固然也严正有节,但若和他哥哥相比,终觉浮华虚饰,所以富贵如德鲁苏也曾因他以每磅1 250德拉克马的高价购买银海豚而深表不满。此外,与他们的谈吐一样,两人的性格也各自不同。提比略温和而通达,盖约却急躁如火,常常在讲演时忿怒不能自制,把嗓门提得很高,破口谩骂,话不对题。为了防止这一点,他曾雇了一个聪明的名叫李西尼的仆人,在他演说时站于身后,手拿一个可调节音调的乐器,每当李西尼听到他语调变粗,怒气迸裂之时,就用乐器发出柔和的基音;于是他立即缓和紧张情绪,放慢语调,平静下来,使自己回到常态。"[15]

普卢塔克这种生动传神的叙述,既能由小见大,从具体的仪容举止看到人物的性格特征,又瑰丽多姿,形象丰厚而笔墨鲜明。从记述手法看,这是突出人物个性以使读者留下深刻印象;从史学思想看,则是重视人物个性在历史运动中的作用,强调了古典史学的人性观点。吴于廑先生曾经指出:"这种重视人物个性和作用的倾向,恰好符合文艺复兴时期人文主义者的要求,也符合资产阶级革命时期个性解放运动的要求,因之文艺复兴迄至法国大革命期间,普卢塔克的《传记集》拥有广泛的读者,为希腊古典著作中最流行的书籍之一。"[16]另一方面,普卢塔克对轶闻逸史、神话传记、风俗习惯等等的广泛爱好,尽管有考据不严之嫌,却为他的史学著述生色不少。近代史学对社会史、文化史、风俗史给予重视以后,普卢塔克的《传记集》和《道德论集》就对研究者提供了许多珍贵的资料。例如,在他的《罗慕路斯传》中,也记述了我们在第一章提到的抢劫萨宾妇女的故事。由于它在罗马几乎是家喻户晓,历代史家记述也多,写起来实在不易摆脱俗套。但他记述这个故事却于具体情节而外加强了与日后罗马婚礼习俗方面的联系,因而别开生面,引人入胜。他提到罗马婚礼有新婚夫妇呼喊"塔拉西乌斯!"口号的习惯,这可能是与罗慕路斯抢劫萨宾妇女的一段插曲有关。据说当时有几位平民身份的罗马人抢了一位萨宾美女,一个地位高的罗马人便欲据为己有,这些人便说要把她送给名叫塔拉西乌

罗马文化

斯的英俊少年,群众也高声欢呼、鼓掌赞成,于是塔拉西乌斯喜结良缘,婚后生活也很幸福,从此罗马婚礼上便有高呼塔拉西乌斯的习惯。他还提到另一解释,认为塔拉西乌斯一词应作"纺纱织布"解,原来萨宾妇女事件后经战争两族和好,订约时萨宾族父老怕留在罗马人手中的女儿干活受累,便言明她们在夫家只管纺纱织布,于是后来罗马婚礼中送新娘至夫家便高呼塔拉西乌斯,提醒人们别让新娘干活太多而受累。另外,他还提到罗马婚礼规定新娘不能自己跨过夫家门槛,必须被别人抱进门去;还有新郎要用矛头挑开新娘头发等等,都是纪念当年萨宾妇女被抢到罗马夫家之事[17]。由此可见,经他的广征博引,这个尽人皆知的故事就显得更吸引人了。由于有这些特点,普卢塔克的书不仅引来许多像马可·奥理略那样对之爱不释手的读者,也为日后的文艺作家提供了不少典故与素材,所以大画家达维特总是告诉他的学生:"没辙时就去翻翻普卢塔克!"

在塔西陀与普卢塔克之后,整个帝国史学再也没能产生可以和他们比肩的大师,但这样不等于说古典史学传统就此陷于停滞甚或断绝。从数量看,帝国初期史家并不稀少,总的水平按统一综合的趋势还是继续有所提高。由于简明读本大增,史学知识的普及较前一时期更见成效。就拉丁文的史学著述说,以塔西陀的严肃艰深,后继者望而却步的较多,反不如普卢塔克的风趣与平易更能激励希腊一派的史学活动。可能罗马人的史学家受皇帝和宫廷控制更严,也是平庸之作较多的另一原因。无论如何,拉丁文的帝国史家较之希腊文这一边确是矮了半截,他们中值得一提的苏韦托尼乌斯(Suetonius)以替皇帝作传知名。他约生于69年,卒年不详,至少活动到122年以后,所以是紧接于塔西陀之后的罗马史家。他写了从奥古斯都到2世纪时历代皇帝的传记,到帝国后期被辑编为半官方的《皇帝列传》的核心部分,其中虽然从碑铭档案等摘引了一些重要资料,文笔与史识皆不及塔西陀。另一位罗马史家弗洛鲁斯(Florus)也生活于2世纪初,是出生于非洲但在罗马宫廷中讨生活的学者兼诗人,他的《罗马史要》(Epitome)是一部典型的通俗简明读物,虽然流传很广,却以摘引他人著作为主,还杂有不少歌功颂德之词,史学价值显然较苏韦托尼乌斯犹有不及。但他的摘要中偶然也保存了一些他书未见的材料,例如有关奥古斯都之世有中国人(赛里斯人)遣使罗马奉献珍宝之事,就仅凭他的记述而为后世之人所知(参看第十三章)。

相比之下,继普卢塔克之后的帝国希腊文史家,无论是阿庇安(Appian,约95—165年)或阿里安(Arrian,约96—180年),都在罗马史学的统一综合发展中有自己的重大贡献。对比于普卢塔克行云流水、瑰丽多姿的史笔,阿庇安的著述可能略输文采,但他重视历史经济背景的观点却在近代史学界得到高度评价。阿庇安是出生于亚历山大里亚的希腊人,后在罗马历任要职,曾是马可·奥理略的修辞学教师,晚年出任埃及财政督察,卒于任内。他毕生巨著是24卷的《罗马史》,今存者有11卷。此书属通史性质,由阿庇安根据前人著述辑录编辑而成,但是却比弗洛鲁斯的《罗马史要》之类通俗读本经过了更多的加工和编排,反映了史家独到的见解。此书体例的创新在于:它不取编年史的习惯写法而改以按战争等重大事件分国别或时代编写,有点像我国史书中的纪事本末体。现存11卷中,有论述西班牙、布匿、马其顿、叙利亚战争诸事,共6卷;另有5卷专谈罗马内战,更是全书的精华,它不仅包括了几乎全部罗马内战时期的史实,而且观点新颖,十分注意考察历史事件所由发生的社会经济背景,如对内战史的考察便以土地问题为其背景而贯彻始终,是第一个重视内战的物质基础的古代史家。此外,他还揭露了罗马对外征服掠夺的暴行,介绍了各族人民的反抗斗争,这在古代史家中也属罕见。他的语言朴素,文笔清新自然,因而在侧重修辞的罗马史学中以质朴淡雅独树一帜。阿里安的传世之作则是《亚历山大远征记》,他是出生于小亚细亚的希腊人,哈德良时曾任卡帕多西亚省总督,其书也是辑录前人有关著述而致力于介绍亚历山大远征的始末,虽讲的是希腊历史,却反映了罗马这个时代综合总汇前人成果的特点。此外,他之擅长刻画人物、突出个性,有类普卢塔克,但精于考核,在避免夸张不实、附会溢美之辞方面又有自己的特色。阿里安这部书不仅保存了许多有关亚历山大远征的史料,其中最后一卷(全书共8卷)还专谈印度,有《印度志》之名,是西方记述的有关古代印度的一份重要史料,可见他在综合总汇方面为古典史学传统作出的贡献。从阿庇安、阿里安两人皆是以仕宦之身从事史学著述而成就仍然可观这一点看,当时罗马史学著述之风在文化人士和军政人士中皆比较普遍,总的说来是推动了史学知识的普及和古典史学传统的发扬,这不失为罗马文化在帝国初期统一综合发展中的一个可喜成就。

第十章 帝国初期的罗马建筑

我们在前面曾提到,吉本、歌德等曾盛赞图拉真、哈德良之世是人类历史上最感愉悦繁荣之时。以他们的博学和通达,当然也深知帝制的有限,然而使他们终于作出如此崇高的评价者,则主要是着眼于标志当时文明程度的两大成就:法制的完善与城市的发达。前者取决于法学的进展与当时流行的人道宽容精神;后者既有赖于经济与科技,而建筑艺术也起了突出的作用。可以毫不夸张地说,建筑是帝国初期罗马文化最辉煌的一项成果。西方人有一句口头禅:"希腊的光辉与罗马的宏伟",此宏伟主要就体现在建筑上,尤其是帝国初期的建筑。

从发展过程看,奥古斯都时代已为帝国建筑奠定良好的基础。其后的朱理亚·克劳狄王朝诸帝,尽管其他政绩无足称道,于建筑却抓得很紧,提比略、克劳狄都经常过问首都和各行省城市的建筑。他们也像通常大兴土木的帝王那样关注于此,主要是为了粉饰太平和个人取乐,但在罗马建筑已有的基础上,这些活动(尤其是在行省的建筑活动)仍促进了建筑艺术的普遍繁荣。昏庸残暴者如尼禄,他的新皇宫——"金屋"的建造和罗马大火后全城的改建,也向建筑界提出了新课题,从而使罗马匠师在运用水泥结构的技巧和规模上有进一步的发展。到弗拉维王朝之时,压缩开支之余却仍未放松土木工程,韦伯芗在罗马建造了宏伟的"和平广场",提图斯则在被摧毁的尼禄金屋的旁边营建了古代最庞大的剧场——哥罗塞姆圆形剧场,它的工程规模与艺术设计都是空前绝后的,至少在吉本、歌德之时是如此(当时欧洲还没有超过哥罗塞姆的类似建筑)。甚至暴君都密善也像尼禄那样,"客观上"推动了建筑的发展。他在巴拉丁山建成了美轮美奂的罗马皇宫,此后就成为历代皇帝的主要宫殿,以至日后

第十章 ● 帝国初期的罗马建筑

欧洲各国语文中王宫和宫殿一词即从巴拉丁转化而来(如英文的 palace,意文的 palazzo)。经过这两个王朝的发展,罗马建筑在图拉真、哈德良治下达于鼎盛,也就不难理解了。

　　此时罗马建筑已完全吸收了希腊的优秀成果,形成了自己的体系,无论是神庙、广场、宫殿、会堂、桥梁、水道、剧院、浴场、公寓、城防等等,罗马都有了自己的、超越前人的创造,而且,相对于其他古代帝国,所有这些建筑都有较多的城市公共设施的意义,可为较大范围的公民群众享用。帝国中央倡导的风格、制式,普及于帝国全境,而各地各族的匠师,也携其才识与技艺传统,参加并融会于共同的帝国建筑的洪流中。我们在图拉真、哈德良任用的建筑师中,不仅看到来自希腊的人才,也有从小亚细亚、叙利亚和埃及选拔的大师,而帝国边陲的城市,无论是靠近非洲的沙漠还是日耳曼的丛林,其建筑却都有着几乎从一个模子产生的共同形式与风格,因此,帝国建筑可以说是比其他文化形态更为鲜明地体现了统一综合的时代特色。从首都到数以千百计的行省城市,都能以其规模的宏伟和水平的一致而令后人惊奇。人口已达 120 万之多的首都罗马当然是罗马建筑艺术的冠冕。它是无与伦比的古代最大都市,帝国政治、经济、文化的中心,既是精华汇聚之处,也像灯塔那样把统一的古典风格普照东西南北,无远弗届。条条大路通罗马,大路条条也通各地。首都而外,行省各城市的建设也臻于古代世界空前的水平。老城市改建扩充,新城市雨后春笋,无论远近老新,都建造大致相似的市政设施,采用近似的风格标准。在一个如此辽阔的帝国境内能比较普遍地实现这种城市的发展,确是罗马文明的一大骄傲,也是其建筑艺术达于更大范围的统一综合的重要标志。在帝国东部,古代文明的埃及、叙利亚、小亚细亚和希腊地区,老城市的富庶繁华胜于往昔,一度为战争毁灭甚至夷为废墟的名城如科林斯、雅典、迦太基等现在重获新生,更见繁荣;亚历山大里亚则继续以东方贸易中心的地位继续发展,仅次于罗马而成为帝国第二大都市。其他各城如米利都、以弗所多有增建扩展,同时沿丝绸之路的大道也出现了新城重镇。它们的建筑在贯彻罗马风格之余,又增添着东方的富丽与精美。在帝国西部,今日的西欧各地,新建的罗马城镇星罗棋布,其中不少就是今日欧洲名都大邑的滥觞,如不列颠的伦丁尼姆即今之伦敦,塞纳河畔的卢提西亚、多瑙河畔的文多波纳则分别为今之巴黎与维也纳,新吉敦即今之贝尔格莱德,卢格敦即今之里昂,而科罗尼亚即今之科隆,如是等等,不胜

罗马文化

枚举。它们的建筑，除了清一色的罗马风格之外，又有新来者的蓬勃与坦诚。更引人遐想的是，不少今日已处在沙漠荒原中的罗马古城，如叙利亚的帕尔米拉、黎巴嫩的巴尔贝克、约旦的庇德纳、阿尔及利亚的提姆加德等等，它们已废弃的建筑遗迹仍然是那样的宏伟和壮美。即使是残垣断壁，它们体现的罗马文明统一综合的成就，也足以引起后世史家无限的感奋与凭吊。

以水泥和拱券结构为新的技术基础，多功能的设计和大规模的组合布局以及更显富丽堂皇的古典风格，这是帝国初期建筑发展的大势，而其登峰造极则在图拉真、哈德良之时。如前所述，尼禄搞的金屋皇宫和罗马城的重建，曾促使建筑艺术实现一大突破，此事古史亦有记载，但近年的考古发掘和建筑史的研究则提供了更多信息。我们且先看看塔西陀在《编年史》中对此是怎样介绍的：

"尼禄利用自己祖国灾难（意指罗马大火——引者）的机会，修建了一座皇宫，这座宫殿的出奇之处，并不在于那些司空见惯的和已经显得庸俗的金雕玉砌，而是在于野趣湖光，林木幽邃，间或旷境别开，风物明朗。建筑师和工程师是塞维鲁和塞勒尔，他们别出心裁，想以艺术的力量，强自然所不可，不惜耗去这位凯撒的资财。……在首都，没有被皇宫占用的地区也重新建设了。但这次不像被高卢人火焚后那样随意和零乱，而是沿着测量好的街道修建，留出宽阔的道路。建筑物的高度也有限制，留出空地，在公寓的楼前加筑柱廊，以为荫护。尼禄提出用自己的钱来承修这些柱廊。并允许把清理后的修建场地移交业主。他又制订按请奖者的地位、财产分别给奖的办法；凡欲取得奖赏者，必须在一定限期内将住宅或公寓修建完成。他规定奥斯提亚沼泽地为堆积废弃物的地方，命令一切沿台伯河上行运粮的船只在顺水回航时都必须装载废弃物带到河口。建筑物本身一律遵照特别的规定，用坚固的、不加木结构的、有特殊防火性能的加宾石和阿尔班石砌成。"[1]

这里提到的野趣湖光、建筑师的独出心裁、强自然所不可以及公寓建筑的按照测量规划和特定统一规格、快速以石料建成等等，已大致勾画出这些

第十章 帝国初期的罗马建筑

尼禄金屋皇宫遗址

建筑活动的特色,只是塔西陀的古雅语言未免失之简约,我们还必须通过考古发掘探其究竟。尼禄金屋皇宫的山水园林部分,有相当大的面积日后被提图斯用来修建哥罗赛姆剧场,但皇宫建筑本身,位于哥罗赛姆东北约一里的阿比安小丘脚下者,日后虽也被用来修建提图斯和图拉真的浴场而埋于地下,遗迹经考古发掘却可以略知其细节。这个地点,从文艺复兴以来即不断为学者和艺术家造访观摩,对古典建筑的恢复有不小影响,但以前主要是学其艺术装饰,有关建筑结构的了解还是晚近的事。现存皇宫遗迹的主要部分,是一组靠山面水横向排列的厅堂,总体布局合乎塔西陀说的"旷境别开、风物明朗"之旨,但这种一字儿排开的廊庑式宫殿在希腊罗马建筑中却是前所未见的。这些厅堂每一间的形状、结构、门窗布置和屋顶天花板都互不相同,有的室内还有水泉涌出,暗道沟通,因此总体布局虽然简单,内部结构却争奇斗艳,变化多端,应了塔西陀的"独出心裁"等语。建筑师所以能做到这一点,是把水泥结构的技巧发挥到了一个新的高度,其典型代表是宫殿东部的一组八角形厅堂,它的遗迹虽然已很残破,却可让我们看到在建筑结构方面极有创意。这组建筑物以一个八角形厅堂为中心,除了正南一面作大门连于整座宫殿的廊庑而外,其余七面分别以七个角度连接七个大小不等、形状各异的房间,有长方形的大厅,也有三角形的小室,还有正方形、十字形的厅堂,它们也像中央的八角

罗马文化

形大厅那样,完全用水泥构筑的穹隆作屋顶,不仅拱顶形状各异,还因彼此墙壁连接,只能从屋顶开天窗取光。中央八角形大厅的穹隆屋顶现尚留存,它的中心开一圆形天窗,有很强的统一、和谐效果,其他各厅的屋顶天窗在取得同样效果之时又有较灵活的安排,更觉光影迷离。若从中央房间通过七个门道看各个厅堂,由于阳光早晚斜射和中午直射的区别,各厅的亮度必依时而异,出现了古人盛赞的"乾坤旋转"的印象。对这一点,为皇帝作传的苏韦托尼乌斯曾有一段妙文,引起古今学者强烈的争论:

"尼禄豪华奢费之极者莫过于其建筑。他曾在巴拉丁山和埃斯奎林山之间修一通道大宫,在大火之后又增建金屋皇宫,一个超过一个。这座皇宫的宏大富丽可从以下记述见其大概:它的门廊前竖立了一座高达120尺的尼禄巨像,它的廊庑长达数里,它有像海一样宽的池塘,池边亭台楼房之多有如城市,但同时又有田野风光、果园牧场,还养着各类动物。所有宫内厅堂皆镶以黄金、宝石与珍珠,一系列宴饮之处在房顶上饰以可旋转的象牙嵌板,并装配着可撒出鲜花香水的管道,其中最大的宴会厅是一座圆顶大厅,它像天空那样日夜旋转。"[②]

苏韦托尼乌斯此处提到的"可旋转的象牙嵌板"和"像天空日夜旋转"等语,曾使许多研究者百思不得其解,因为若按字面意思推断,就是指厅堂屋顶上装置了可旋转的机械,这从古代技术水平和考古遗存看都是不可能的,因此比较合理的解释应是指上述八角形大厅和它周围房间的屋顶天窗造成的光影变幻。由于当时人从未见过这样的建筑物,再加上宫廷内故作玄虚的夸张、好事者们以讹传讹,遂使史家留下了"日夜旋转"之类记载。严格地说,还是塔西陀那句"想以艺术的力量,强自然所不可"道出了其中奥妙。当然,尼禄以这些新奇技术满足其私欲,正好暴露了帝王专制的罪恶,但在建筑史上,这种能强自然所不可的艺术力量却有巨大意义。它不仅标志着罗马水泥结构技术已较完善,几乎能够随心所欲地构筑各种形状的穹隆圆顶(虽然规模还不大);而且表明罗马建筑已把内部空间效果放在首位,带来建筑观念的重大转变。在此以前,希腊罗马的古典建筑最重视的是外部形体效果,例如神庙,全以其柱廊、柱式之美和装饰雕刻之美为主,殿堂本身只是存放神像的房间,对于整个建筑的艺术效

第十章 帝国初期的罗马建筑

果没起多大作用,现在用水泥造成的各类圆顶厅堂则大异其趣,屋内空间在统一开阔之余又有曲折多变之妙,空间效果配合着壁面的装修,便是艺术感染力的主要来源。这样一来,我们在第三章说的罗马建筑重视空间效果的革新便有一个决定性的着落,而古典建筑的内容也更为丰富了:它的基础仍是柱式造形,但圆顶空间则可说是锦上添花。它不仅影响于罗马建筑日后的发展甚巨,对中世纪以及文艺复兴以来的西方近代建筑尤为重要。难怪一位研究者评论说:"尼禄金屋的圆顶虽只是一个小小的开端,它却是一种新的建筑观的滥觞,以后一直到我们这个世纪,这种新建筑观都始终对欧洲建筑有其决定性的影响。"③

塔西陀提到尼禄在大火后重建罗马所盖的公寓楼房,对古代城市建筑的发展也有其重要意义。它们不仅以规模大、数量多引人注目,还以全用水泥、石料和按照统一规格而开创了古城改建的新例。现在罗马的古代公寓遗迹已很稀少,但罗马出海口的奥斯提亚港的遗址上却有一些保存较好的1—2世纪的公寓建筑,显然是按罗马的统一规格发展而来。从形制上看,它们跟现代城市到处可见的四五层的公寓楼房很相像,临街的底层辟为店铺,楼上各层分成一套一套的"单元房",有楼梯通街上和屋后的庭院,有些楼房还围成一组,有自己的小广场。由于以水泥、石料建成,它的外形与风格也和现代城市的公寓大同小异,也是同样的方正简单,一排排窗户间或插以阳台。可以说,罗马这种公寓楼房的建筑水平,除了没有电气和卫生设备以外,和现代公寓并无二致。自从罗马制订这种统一规格后,帝国各地纷纷仿效,它对于罗马城市建设总水平的提高也助了一臂之力。64年的那场大火使罗马城14个区中有10个区焚毁殆尽,可是罗马建筑界在短时期内就完成了金屋皇宫和遭灾地区的改建工程,可见它有着很大的潜力,只要善加引导,必能创造出古代世界最为宏伟高超的建筑。

尼禄覆亡以后,弗拉维王朝顺应民意,把金屋皇宫废弃改建,在其部分建筑物之上营造了提图斯浴场,又排干那"像海般宽阔"的池塘,在其地面建造哥罗赛姆大剧场,这就是那可称为古代世界最为宏伟高超的建筑。哥罗赛姆之名,实际上仍和金屋皇宫有关,原来它得自宫前那座120尺高的尼禄巨像,罗马人称巨像为"哥罗苏斯",所以像旁边的大剧场也连带冠以哥罗赛姆之名,倒也和它的庞然大物的形象不谋而合。哥罗赛姆剧场建造始于韦伯芗之时,经八年时间,到提图斯之时才告完成(72—80年)。

罗马文化

严格地说,它不是剧场而是用于角斗表演的竞技场或体育场,层层观众席绕成一圈,表演场地——舞台位于中心,正是现代体育场的雏形。然而现代体育场却难以和它比肩而立,因为它结构的牢固、设计的合理和外观的宏伟皆可独步古今,凭现代技术建造的体育场恐怕只能在观众人数之多和场地之大方面超过它。前已提到,圆形或椭圆形的竞技场的形制,在奥古斯都时代已臻成熟,此时的设计在总体方面可循例而行,细节安排却益见完善,很好地体现了帝国初期文化统一综合的本色。这座古代规模最大的竞技场,外墙高48.5米,相当于12层的高楼,椭圆则长达188米,宽155米,中央舞台也有86米长、57米宽,观众席由最接近舞台的贵宾席到顶层的群众席共分30余排,全场可容观众达5万之多。建筑结构全以水泥砖石砌就,一二层用巨型石柱和石墙,拱顶用水泥与砖,三层以上全用水泥,外表贴以华石。底层结构厚实,可达4米以上,往高则逐渐减轻,但质地坚实如故,因此罗马人有"哥罗赛姆永不倒"、"哥罗赛姆若倒,罗马必亡"之谚。实际上它在今天所以成为废墟主要也是由于人为的荒废和从它这儿搬取石料所致,即使这样,它仍然有部分结构昂然屹立。除了牢固而外,它的设计的另一优点是充分考虑到观众出入的方便,所有结构除了舞台的地下室用作角斗士休息和存放演出道具(包括斗兽用的各种野兽)的房间外,都主要为出入方便而作安排,底层外圈的80个拱门全都用作观众进出的通道,内圈配以50余座大小不一的楼梯,由此可以通达各层各排观众席,据说数万观众不出10分钟便可完全退场。同时,由于结构严密,滴水不漏,舞台上可以灌水成湖,在其中表演舟船海战,而罗马城内比较完备的供水系统也使灌水表演的技术难题迎刃而解。

哥罗赛姆竞技场的宏伟壮观更是使它在日后的古典建筑传统中备受青睐的主导因素。在这方面,罗马建筑运用希腊古典柱式的技巧已达炉火纯青之境,显示了其综合统一功力之深厚。它的外部共分四层,除最上一层保持开有小窗的墙面外,其余各层都开以拱门,每层80拱,三层共达240拱之多,远看气魄壮伟,近看则曲拱起伏,虚实相间,而每个拱门两边用古典柱子夹插并立所形成的柱式—拱门联合结构,则将建筑的力度与美感结合起来,相得而益彰。早在共和国后期,罗马建筑家已尝试把拱门和柱式体系连接,这种技法到奥古斯都时代已臻成熟,至哥罗赛姆则达到了无比完善之境。对当时的罗马人说来,这种柱式拱门合二为一,非仅具有美学含义,也体现出他们民族文化的综合统一的精神,因为把作为希

第十章 ● 帝国初期的罗马建筑

哥罗赛姆竞技场遗址内景

古典建筑精华的柱式和罗马人深为自豪的拱门结合起来,既显示了罗马人继承希腊遗产的精诚,也表明罗马自己的发扬与创造。希腊古典柱式本身蕴含的丰富精神内容,在层级拱门结构上大显光彩,而哥罗赛姆上下总共四层的结构和惊人庞大的尺寸又提供了前所未见的用武之地(奥古斯都的剧场一般只有两层拱门),它不仅把三种希腊柱式都用上了,还添加了罗马人偏爱的方倚柱(第四层)。它的第一层拱门用质朴坚实的多利亚柱式(严格地说,是罗马化的多利亚柱式——托斯堪柱式),第二层用秀美的爱奥尼亚柱式,第三层则用华丽的科林斯柱式,第四层墙面则以科林斯式的方柱继之。这样由低到高,由坚实到轻巧富丽,建筑本身的功能和装饰的节奏便得到了极好的配合。也有人认为,第四层是在全场完工后,于都密善之时添加的,它虽有在墙端立柱支撑遮阳帆篷的临时作用,但主要是服从外观美感的需要。因为有最后一级高墙为三层拱门作一结束,建筑整体虚实相间的配合就显得更有气韵。最后,罗马建筑家在哥罗赛姆的实践也使他们领悟到以层层柱式分割建筑立面的妙处:建筑经分割而显得秀巧,它可使人在庞然大物的建筑面前感到亲切而悠然自得,从而

223

罗马文化

哥罗赛姆竞技场复原图

体现古典的人本主义的精神。可以想见,哥罗赛姆一层层数以百计的拱门如果无多种柱式作其框边装饰,廊庑便显得无比空洞、重复,而建筑总体又显得极其巨大,对比之下,个人便小于蝼蚁,这对于浸润着古典文化精神的观众说来是难以接受的。在这种情况下,柱式便有化整为零、移拙为巧的妙用。它不仅作为框边给建筑修饰门面,还由于古典柱式本身长期以来是按人体美的理想定其比例的,因此尽管尺寸放大,其比例不变,仍能予人以亲切感,更不消说它所包含的文化精神的信息了。近年有位研究者评述哥罗赛姆柱式的应用时说:

"罗马的建筑师想让罗马市民欣赏到他们的创造的宏伟,同时也还想让市民感觉到他们分享到了这种宏伟,而不是让他们在这庞然大物跟前感到自己渺小和微不足道,面对这巨大的建筑,任何人可能感到气馁;但由于柱式的采用,人们不再与整个建筑物联系,而仅仅与单个的位于间架、柱檩或墩栅之间的部分、壁洞相联系。当人和毫无修饰的整个建筑相比时,他是那么微小,但当他只要同圆柱和框缘构成的单个矩形拱门相比时,他就显得大多了。通过这种办法,罗马公民能感到他自身是高大建筑物和建筑物所代表的巨大帝国的一个有意义的部分。"④

正因为如此,柱式和拱门结合分割或组织建筑立面的艺术,成为古典建筑传统中极富教益的一部分,文艺复兴以来,西方各国的艺术家、建筑家总是在哥罗赛姆的废墟中流连忘返,非仅出于思古之幽情,更重要的还是从

第十章 帝国初期的罗马建筑

其艺术构思中领略到无比丰富的古典文化的信息。

弗拉维王朝的建筑成就,当然可举哥罗赛姆为其顶峰。但其他杰作也值得一提。例如韦伯芗在奥古斯都广场以南建造的"和平广场",庭院宽阔,较奥古斯都广场大一倍,廊庑列柱高昂,雕饰华美,广场南端的和平神庙旁边,建一巨大的图书馆,希腊文和拉丁文的典籍都广为收纳,庭院中还排列 24 个长方形的花坛,鲜花绿草四时不断,使广场在显示帝王的威仪而外还具人文的温馨,合乎其名为和平的旨意,因此这个广场被老普林尼评为罗马城市最美丽的建筑之一⑤。提图斯在罗马广场建立的凯旋门,则是建筑史学家公认的最具古典精神的同类建筑,它的雕刻尤为精美,我们将在下面谈到雕刻艺术时详为介绍。至于都密善在巴拉丁山上修建的皇宫,则拥有西方历史第一宫的美名,因为在此之前尚无规划完整的宫室可言。奥古斯都奉行节俭而没有营造宫室,提比略虽在巴拉丁山东北角搞了一套宫室,却比较零乱狭小;尼禄的金屋皇宫是奢华和狂想的产物,已经遭到唾弃;所以都密善营建的皇宫是总结前人得失而为后世提供了典范。它广占巴拉丁山西面、南面一大片土地,分为外廷、内廷两部分,但内、外廷不是前后排列而是左右并列,外廷在左,内廷在右,入宫先左后右,外廷前方是一大两小三座殿堂,中央大殿是接待厅或宝座厅,两边小殿分别是会议厅(会堂)和皇家祠堂(家庙),接着是一个四方形大院,以柱廊环绕四周,和接待厅相对的一边就是宴会厅,它也有左右两侧殿,以半圆形柱廊连接,厅廊之间为花坛水泉。大院其他两边的小厅在曲折多变的同时又保持左右前后对

提图斯凯旋门

罗马文化

称,如镜中景物的对映,因而充分利用了金屋皇宫水泥结构的技巧。内廷是皇帝家族生活之处,它也以一个中央四方庭院隔成前后两部分,后部依山势起伏而有两三层,底层建为地下水泉之室,是宫内美景之一。这座皇宫若按东方帝国标准看,并无多少惊人之处,但它在西方却是开风气之先,影响不可小视。

和罗马城内的这些建树相似,帝国各地的建筑也可说是美不胜收,特别是叙利亚、小亚细亚一带,古代文明已发展了几千年,拥有异常高超的石造技术,现在按罗马的规格典范营建帝国风度的建筑,更有如虎添翼的优势。东方各省没有天然水泥,全用石雕石砌的技法以赶超首都罗马。例如著名的巴尔贝克地区,这儿从克劳狄时代便着手营建古代规模最大的神庙:太阳城(赫里奥波利斯)的朱彼特神庙,它的每根石柱高达21米,而且是用整块石料刻成的,在古代可谓空前绝后。更有甚者,神庙奠基于其上的高达14米的平台用的石料比柱子还粗厚好几倍(有的石料长20米、宽3.5米、厚4米,重近千吨),如何开采运输至今还是个谜,因此不断有学者猜测它们可能是远古时访问过地球的外星人的遗物。至于最能反映罗马工程技术水平的引水道建筑,在朱理亚·克劳狄王朝和弗拉维王朝时期始终兴建不辍,益见提高。例如罗马在克劳狄之时修建的引水道,取120余里之外的苏比亚科山泉入城,靠近城郊长约40里的地段全用高架拱桥承接,至今其遗迹尚绵延于丘陵之间,若长龙俯临大地,蔚为奇观。据估计,罗马这个人口百万的都市每天需水约35 000万加仑,大部分靠全城数十个引水道从百里外的山地把清水引入[6]。这些引水道虽然没有奥古斯都所修的"加尔桥"那样凌空高架,但它们的规模、长度却大大超越前人,像克劳狄所修的那条引水道入城时仍高踞数层楼房之上,在城门入口处特建亭阁连接,于是又把这类工程结构的粗壮风格引入城内,形成一种名叫"乡野式"的墙面结构,丰富了罗马建筑的传统。而最使罗马人骄傲的是,水道设计的合理、维修的严格,能够始终保证水流的畅通和水质的洁净,随时就地取饮仍清冽如山泉。这就使罗马人感到,他们的建筑成就自有超越古人之处。一位负责水道工程建设的罗马官员曾自豪地说:

"我们有这么多不可或缺的引水道结构,供给我们的水量是如此巨大,相比之下,您可以想象,那些呆笨的金字塔和那些无多大用处却非常著名的希腊神庙,会居于什么地位?"[7]

第十章 帝国初期的罗马建筑

这位罗马官员是在安敦尼王朝初年写下这些话的,显然是回顾和总结了1世纪时罗马建筑所取得的成就。但在他之后,安敦尼王朝盛期的2世纪的罗马建筑,还会有超出他想象的更辉煌的成果。

安敦尼王朝在图拉真、哈德良之时达到的武功文治之盛,也很好地反映在其建筑活动中。一般而言,这时的建筑无论在首都还是行省,也无论工程技术与艺术装修,都代表着罗马文化的最高水平,佳作可说不胜枚举。为简明起见,我们将主要介绍罗马城中及其近郊的三个典型代表,即图拉真广场、万神祠与蒂沃里的哈德良别墅(行宫)。图拉真广场是在罗马广场旁边的一系列皇帝广场中最后的也是最大的一个,因为这儿能利用的地皮几乎已被占尽,日后的皇帝即使想再挤出一块场地也难上加难;而且,不无巧合的是,图拉真、哈德良之后,罗马帝国已走下坡路,亦无力再修筑这类气魄浩大、充分体现了统一综合精神的巨构。前已提到,从凯撒以来,历代统治者都在罗马广场旁边的这块土地上大兴土木,凯撒带头搞了个凯撒广场,屋大维继之,于是有奥古斯都广场,后来韦伯芗又建和平广场,它们都是向东南一面连续发展。和平广场已到南端尽头,再往外就和罗马广场这块神圣地域不沾边了。因此安敦尼王朝的第一个皇帝涅尔瓦便不得不回过头来,在奥古斯都广场与和平广场之间的狭窄地带为自己筑一广场——涅尔瓦广场,它实际上是占用了原来用作道路的地面,所以又有通道广场之称。尽管涅尔瓦广场的建筑师在这块被夹挤的狭长地带作出了成功的设计(它的入口处以半圆形柱廊掩盖不规整地面的做法尤为巧妙),却也说明现存地面已无发展余地。继涅尔瓦之后而想建造空前宏伟的广场的图拉真,便只有向北发展,挖山填土,开辟出一块人工的场地。原来凯撒广场和奥古斯都广场的北面是卡彼托林山和奎里纳尔山之间的坡地,有数十米之高,要把它挖成和其他广场连接的平展地面,工程量非常之大,而图拉真广场的建设首先便以这项空前的土方工程开路。据罗马史家记述,为平整地面而开挖之深,可以达到日后广场上竖立的著名的图拉真纪念柱的高度[⑧],而现存此柱之高是38.7米,仅此一项,也就可想见工程的浩大。经过这样整整搬掉一个山头的土方工程,图拉真广场才获得了一块其面积几乎等于以前几个广场总和的宽阔场地。它长达300米、宽200米,按东方标准虽属平常,在罗马人眼中却是叹为观止的了。

设计图拉真广场的建筑师是来自叙利亚大马士革的阿波罗多洛斯

(Apollodoros),他实际上是那些生长在东方的希腊技术专家的代表,不仅精通建筑,其他工程技术亦很在行。他曾随图拉真远征达西亚,担任军事工程师之职,他在多瑙河上架设的木桥备受称赞。在设计图拉真广场时,以前的各个皇帝广场当然是他借鉴的对象,但是,作为这些广场设计的一个共同特点却是:每个广场都有别出心裁之处,因此形制与布局都不相同。阿波罗多洛斯综合前人之长,提出的广场设计也是前所未见的,在服务于皇帝崇拜这个主旨之余,还加强了为市民公众使用的设施,恢复了广场是群众聚会场所的原意。他把整个广场分成前后四部分:首先是宽广达百余米的略呈长方形的大庭院,以一座凯旋门为总入口,庭院三边绕以柱廊。面对凯旋门的一边则联结第二部分:一个空前宽广的会堂——乌尔皮亚会堂(乌尔皮乌斯是图拉真家族之姓):大庭院只在正中竖立一座图拉真的青铜骑马雕像,和周围密集如林的柱廊相衬,更显庭院的开阔,而且庭院两边柱廊外再开半圆形的凹廊,会堂两端的结构也是半圆形的,于是广场外墙的左右两边各有两个半圆形的凸出部位,便依其轮廓布置街道店铺,施以统一的设计,总称为图拉真商场,进一步把广场、会堂和市民的商业活动联系起来。此后的第三部分是两座相对排列形制完全相同的图书馆,分别存放希腊文和拉丁文的典籍,而在两馆之间,位于广场的中轴线上,便是著名的图拉真纪念柱,柱的表面以螺旋状绕刻一条浮雕带,描述图拉真的达西亚远征。最后的第四部分才是通常皇帝广场必不可少的神庙,它是奉祀图拉真的,在他死后由哈德良完成。总观广场的设计,层次分明,虚实相间,功能也较丰富,庭院的开阔与两馆夹峙的纪念柱的紧凑、乌尔皮亚会堂的庄重宏伟与图拉真商场的蜿蜒曲折,都形成鲜明的对照,因此不仅以其规模惊人,布局亦颇具匠心,更不用说像纪念柱、浮雕那样举世罕见的艺术杰作了。因此日后的罗马皇帝在它面前总感到心有余而力不足,难以再造如此巨构。4世纪的史家马赛林卢斯曾叙述君士坦提乌斯来此参观时的感受说:

> "当他走进图拉真广场时,立即下马驻足,惊叹不已。这个建筑,在我个人看来,实属天下独一无二的奇迹,只有蒙受神明之助才能完工,因为它的宏伟复杂实非言语所能形容,也绝非凡人能够再作同样尝试的。君士坦提乌斯在观看这组庞大而复杂的建筑群之后,便放弃了哪怕是建造类似其中任何一项的希望,

第十章 ● 帝国初期的罗马建筑

他只说他唯一愿意仿制,而且有能力仿制的,便是大庭院中图拉真骑马雕像中的那匹马。"⑨

在建筑史上,图拉真广场最有创新意义的,倒不在那些富丽堂皇的殿庭馆阁,而是为市民服务的图拉真商场,因为它在水泥结构技艺方面又有了可贵的发展。图拉真商场实际上是一批数目庞大、精芜并存的民用建筑,其靠卡彼托林山的一边只是一两层的临街店铺,但靠奎里纳尔山的一边则由于这儿挖土移山数十米,便依地势而层层加高,形成了有五六层之多的商场,这就不得不使用水泥结构了。凑巧的是,这部分多层商场的水泥结构,保存尚较完整,而图拉真广场的其余部分,除纪念柱仍然屹立外,都已变成一片废墟,因此今天人们来此凭吊古迹时,赫然映入眼帘的竟是这批原来只作附设的民用建筑。从现存结构看,它沿广场庭院的半圆形外墙而构筑的多层半圆形商场最为精彩,它的底层用水泥砖石筑成拱门围绕的铺面,第二层则以开间较小的拱廊面向街道,店铺在拱廊之后,第三层又通到广场外面的另一条街,店铺向此街开门面,对着广场的一面则筑成一溜的阳台过道。此街又联结一座两层的商场,亦即整个商场的第四、第五层,它的十字(交叉)拱顶尚保存完好,其规模与现代商场不相上下。这个宽近20米、高近30米的拱顶覆盖的商场,实际上也是建筑史上现存最早的以十字拱顶建造的大型建筑物,下层开店铺(每个铺面又设一夹层供店员住宿),上层则辟为露天走廊,店铺置于廊后,这样就使十字拱顶可从侧面让走廊取光,还可在拱顶和上层店铺之间跨建一支撑拱,使整个建筑既通透明亮又异常牢固。从建筑技术看,它的设计是相当先进的,标志着水泥结构技术在实用方面有了很大进展,商店的经营也有统一规划,据估计,这一片总共五层的商场约有铺面170余间,商店按行业分层安排,底层专售蔬菜瓜果和鲜花,第二层卖油、酒之类,第三四层经营香料和进口的高级消费品,其中最为珍贵的就是来自中国的丝绸,因此至今罗马人还把它中间的那条街称作"香货街",第五层除店铺外,还设有政府向贫穷市民发放赈济金和食物的机构,五层的屋顶又辟为水池,用引水道提供的水贮养鲜鱼,因此又是一个鱼市。这些规划也可以让我们想见当年市集繁荣的境况。

万神祠是哈德良建造的古代最著名的建筑,并且,和其他一切罗马古迹不同的是,它唯一得以完整保存至今。万神祠顾名思义,可知它是用于

罗马文化

万神祠门廊

供奉众多神灵,与一般庙宇只供奉一位或两三位神祇很不相同,当然,它也不是天地山川所有神灵都予崇拜[10],据考证,它只是用于崇拜天上星宿代表的希腊、罗马的天神,特别是包括日、月在内的七大行星(古人把日月亦归入行星),例如太阳为阿波罗、月亮为戴安娜、木星为朱彼特、金星为维纳斯等等。这种崇拜虽属罗马国家宗教的范围,却多半与天文星象的研究有关,在宗教生活中是比较晚出的一种现象,地位也不很重要。再加以它坐落在北城新开发地区,偏离以罗马广场为中心的神圣地带,因此古代作家竟很少提到它,而它在后人眼中所以重要则完全在于它的建筑本身的杰出。万神祠的建造也有一段较复杂的历史,最初它是奥古斯都的女婿阿克里巴所建的一座普通型制的神庙,有长方形的殿堂和八柱的门廊,其后此庙被毁,仅门廊留存,哈德良在百余年后改建的殿堂虽用了原有的门廊(因此门廊上今仍可见"阿克里巴建造"的题铭),形式却完全异趣,它不再是通常的希腊神庙式的长方形横梁大厅,而是一座通体圆浑的圆顶大厅。这种在长方形门廊后接以圆顶大厅的型制,可以说是一个独

第十章 帝国初期的罗马建筑

创,虽然希腊建筑中也有圆形庙宇,罗马也有仿之者(例如第三章提到的蒂沃里的西比尔女祭司庙)。但却没有圆庙之前再加一长方形柱廊庙者。哈德良改建时毅然采用圆顶圆殿代替长方形殿堂,可能和万神祠供奉星宿故以圆代表天穹有关。至于袭用原来的长方形门廊,虽有保存旧门之意,却也包含熔希腊、罗马于一炉的统一综合的设想,因为在最具罗马特色的圆顶圆厅之前设一希腊式的八柱门廊,更能反映这时的古典文化精神。它这种独创性的安排,后来遂为各种以圆顶圆厅为主体的古典建筑所继承。但是,由于袭用原来的门廊,其上的题铭却使后世史家误认为万神祠是奥古斯都时代的作品,直到19世纪后期,学者们经过多方考证比较,并在圆顶砖石上发现了哈德良的题铭后,才断定它的主体是哈德良在118—128年间所建。

哈德良对建筑有浓厚兴趣,尤喜欢圆顶之类的水泥结构,因此一般相信万神祠的圆顶设计皇帝本人曾参与其事。这种推测还和建筑史上一段妒贤嫉能的故事有关。据说为图拉真设计了图拉真广场的阿波罗多洛斯,就和哈德良在建筑问题上常生龃龉。有一次图拉真与阿波罗多洛斯正讨论一个建筑设计方案,哈德良在旁边插话,便受到阿波罗多洛斯的嘲笑说:"你还是去摆弄你的大冬瓜去吧!对我们所谈的这些问题你是个门外汉。"因此哈德良一直怀恨在心。阿波罗多洛斯所说的大冬瓜,实际上就是指哈德良偏爱的圆顶结构,这位未来的皇帝既然对建筑如此热心,却受到这样一位著名的建筑家的讥评,他当然是不肯罢休的。做了皇帝以后,他把自己设计的一座神庙(罗马广场南端的维纳斯女神与罗马城神庙)请阿波罗多洛斯提意见,却又遭到严评苛责。因此,忍无可忍,哈德良便找了个借口把这位

万神祠圆顶内景

罗马文化

建筑师杀掉了⑪。这段故事固然说明专制皇帝"老虎屁股摸不得",却也反映哈德良是很以精通建筑自负的。有积极意义的是,他这种喜欢摆弄"大冬瓜"的偏好对罗马建筑的发展不无推动,万神祠的圆顶就是一个旁证。既然如此,阿波罗多洛斯斥之为门外汉的话也就未免有点过分。阿氏的高傲固然反映了古典的学术自由精神,但哈德良的建筑学造诣却也较一般平庸之辈为高。万神祠圆顶的设计,从其源流看仍是尼禄金屋皇宫中的八角形厅堂的进一步发展,但其规模却大了十倍,因而给人的印象是无比雄浑浩阔,其空间效果更有使人置身于一个小宇宙的感觉。它的圆殿平面直径为43米,圆顶端点距地高度亦为43米,整个殿堂只有一个门洞出入,其余龛窗阁廊等装修结构都是封闭而内向的,大圆顶亦只留中央一个直径9米的天窗取光,圆顶之下的几十米空间除圆形边墙外无任何支撑物,使人感到宛如处在一个极其高大空旷的圆球之中,它中央的天窗可以透见蓝天白云,明亮通达,从而使人不会有闭塞幽暗之感,但它又是如此之高,就像挂在十几层大楼的顶上,因而外界的天气变化竟不会透过它而影响于室内。即使是狂风暴雨,由天窗落下来的雨滴经高空的飘散到地面也化为雾气,绝无瓢泼之势。正因为如此,当人们从一个看似平常无殊的柱廊门面进入这样高大朗爽而又统一和谐的圆浑空间时,谁都会从心里发出阵阵惊叹,庆幸自己亲身目睹了这个人造建筑的奇迹。

万神祠的圆顶既高大空旷又坚强牢固,因而巍然屹立至今,千百年的天灾人祸对它竟无大碍,许多研究者还认为它可以凭其原有结构无需加固大修而一直存在下去。能做到这点的关键是罗马人充分发挥了水泥结构的优势。它的圆形大厅的墙壁正好作为半球形圆顶的基座,此墙厚达6米,但又不是完全实心平砌,而是在顶部夹以荷重拱,拱下的墙面可辟为廊庑窗龛,还有夹壁过道,为内部装修留下充分余地。圆墙之上的圆顶全用水泥灌注,干凝后整体形成一个石质的硬壳,以其全部约5 000吨的重量压于圆墙之上,但却不产生一般石砌拱顶的侧压力。在灌注圆顶水泥时,利用夹板叠起构成的方斗形凹框,把圆顶内壁的大部分分割成五列由低到高逐渐收缩的方斗天花。凹处由浅入深,层次分明,内心嵌以铜制镀金的星徽,在天窗照映下有明显的光暗效果,又使圆顶总重大为减轻。此外,对圆顶水泥的填料亦区别安排,底层填以坚硬而较重的花岗岩等石料,顶层则换为很轻的火山浮石,同时逐步减薄圆顶的壁厚,有了这些技术措施,圆顶的尺寸尽管空前庞大,仍始终坚如磐石。而且结构本身相比

第十章 帝国初期的罗马建筑

于其体积说来仍不失轻朗活透的弹性感,所以内部装修也不单调。除了高大的拱形门洞和中央拱形神龛外,还空出六个双柱门廊式的大龛,益显殿堂壁面虚实变化的丰富。在装修方面,罗马建筑华丽的大理石贴面技法亦达到了高峰,用五颜六色的昂贵石料组成庄重的图案,同时以一道统一的檐边笼络各个龛阁柱廊,做到以简驭繁,最后服务于整个建筑力求体现的统一和谐的目的。这种既庞大又坚固、既丰富又统一、既精深又简明的建筑设计,借水泥结构以造成圆浑和谐的空间,是最能体现古典文化关于宇宙和人生的理想的。因为帝国初期流行的古典哲学都把宇宙视为理性、和谐与秩序之组合,圆形与球体则是这种组合最基本的几何载体,所以天空等同于天球,而星宿亦为星球,万神祠的圆浑球体的空间自然体现了宇宙的和谐,这种和谐是能为人的智力领悟,也能为人的技能创造,因此它同时也强调了人作为万物之灵在宇宙居于中心的重要意义。所以,和其他古典建筑的巨构一样,人在万神祠庞大的圆顶之下并不觉得渺小,反而倍觉人类创造力之伟大。这样一来,万神祠这个在宗教意义上属于晚出的建筑,却在体现古典文化精神上可以直追一切最重要的古典神庙。

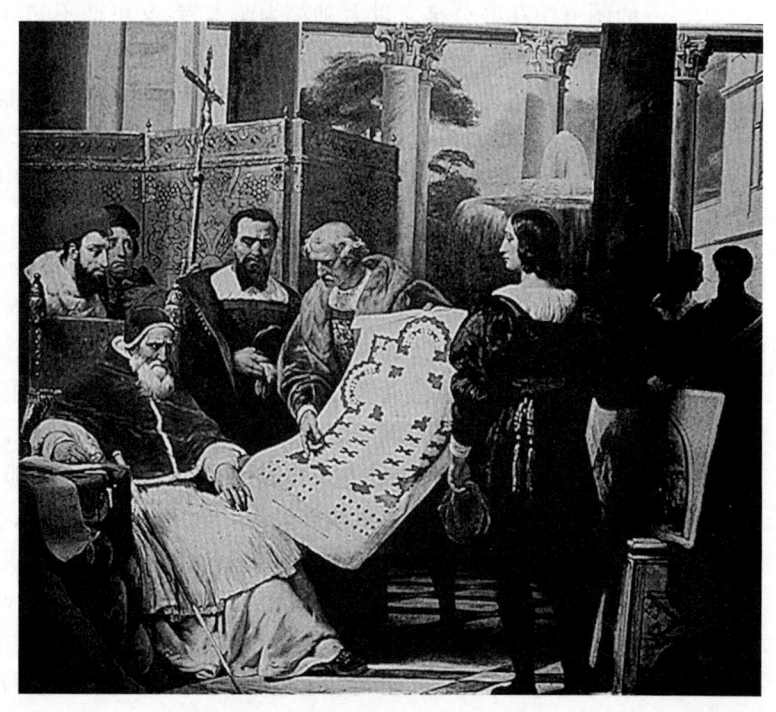

万神祠的影响也是深远和多方面的。早在当时,帝国各地便有仿效之作,其最著者是小亚细亚帕加马的埃斯克列乌斯(医疗之神)圣域神庙。文艺复兴以后,万神祠更是西方建筑界数百年来仿效最勤的一个古典建

罗马教皇审查圣彼得大教堂设计图,设计师中有米开朗琪罗和拉斐尔

233

罗马文化

筑,它不仅在建筑技艺方面,而且在建筑理论方面,也影响深远。文艺复兴以来人文主义思想评价最高的中心型建筑模式,便是按万神祠的设计发展而来,同时万神祠建筑本身又成了布拉曼特和米开朗琪罗相继主持建造的文艺复兴最伟大建筑——圣彼得大教堂中心圆顶的原型。由此又带来欧美各国名都大邑无数的教堂与政府大厦的圆顶,尽管它们结构多有不同,理想则皆源于此。甚至在住宅和别墅的建筑中,万神祠的崇高范例也无远弗届,帕拉第奥首先将它纳入圆厅别墅的设计,继之者便多如牛毛。因此,把万神祠作为古典传统影响于欧洲文化最普遍的著名例证,恐怕没有其他古典作品可以相比。我们前面多次提到的美国第三任总统杰斐逊,也是对万神祠最为崇拜的古典建筑家,他为自己住宅——"小山别业"(蒙提赛洛)所作的设计,也是他最引以自豪的设计,便以圆顶圆厅为其核心,他自评为和总统职位同样重要的弗吉尼亚州立大学校长的职位,使他获得为大学校园作建筑设计的殊荣,而他选定作为校园中心的图书馆(今校部大楼)的建筑,就是万神祠的翻版。经杰斐逊的提倡,美国大学的图书馆和办公楼之以万神祠为蓝本者,又可谓不知其数,其较近的一个著名事例便是纽约哥伦比亚大学的罗氏纪念图书馆。甚至我们的清华大学校园亦可见其流风余韵,因为清华旧校园的设计未脱杰斐逊的弗吉尼亚模式,故其大礼堂的蓝本最早亦应溯源于万神祠,尽管它的结构已有很大变化——仅此一端,我们也就可看到万神祠代表的古典传统的源远流长了。

  哈德良别墅作为帝国初期建筑的第三个重要代表,则以其园林之美、馆阁场所之错落有致、建筑组合之复杂多变著称。实际上,这个别墅是一座规模极大的行宫,其中包括许多别墅和园林景致,有点像我国的圆明园那样园中有园,称得上是万园之园。而且,它也像圆明园汇集江浙苏杭园林美景那样,把帝国境内的名胜景点莫不仿建于其中,据古史所记,哈德良在这座行宫里把他最为景慕的一些希腊文化古迹都"重现"于园内,有的是依样画葫芦,有的则取其名义。其中来自雅典者,有亚里士多德讲学的健身堂(Lyceum)、柏拉图授课的学园(Academy)、斯多噶派最初聚集之处的画廊(Poikile)以及雅典议会主席团的大厅(Prytaneum)。来自中希腊的则是风景秀丽的坦比山谷[12]。实际上不仅希腊的名胜古迹汇集于此,埃及和东方的一些美景他也想引入园内,例如尼罗河入海口的卡诺普斯运河,他便以掩映于浓荫中的一长条池水代之。原来,哈德良最喜欢在

第十章 帝国初期的罗马建筑

行省各地旅行,据说他统治期间在外地旅行之时远多于住在罗马之时,他可称是足迹最广的一位罗马皇帝。游踪所至,凡使他感到有兴趣的,便在这座行宫内予以仿建追慕,遂使此园美不胜收,而采摘之广也反映了帝国文化统一综合的特色。但是这座万园之园在建筑上的创造还不仅在于广取博收,更重要的是,它的丰富多变是置于罗马人已很擅长的总体规划之中,各类结构尤有新创。按照古典文化有关园林设计的思想,不重追随自然而重人工改造,所仿的名胜景点即使有依样画葫芦之处,也是把它置于大加改造了的环境之中。据现代考古发掘所见,哈德良别墅遗址中虽然可以找到近似上述各类名胜的残迹,但总体布局和建筑结构却按罗马当时的体例,因此,哈德良的汇聚天下美景的想法在这儿可说是促使建筑设计(特别是水泥结构的设计)更迈向新奇之境。就此而论,哈德良别墅在古典建筑史上的重大意义,实相当于圆明园之于中国园林,但它却较圆明园早了大约1 600年(它约建于118—134年间)。

哈德良别墅园景(卡诺普斯柱廊)

哈德良别墅的建筑成果主要可举三项(其中两项与水泥结构有关):即黄金广场的廊亭、海岛别庄和卡诺普斯的柱廊,黄金广场位于整个园林的西北角,它虽名为广场,实际是个园中之园,按古典通例取长方形的庭院形式,四周围以柱廊,院中遍植奇花异草,杂以喷泉水池。它的新奇之处在于两端柱廊中央的亭阁,以水泥结构的圆顶圆厅组成,但圆弧曲线富于变化,正反相连,凹凸互济,呈波浪般起伏,不仅厅堂的墙面如此,圆顶也随之或张或缩,显示了水泥结构技巧的精到。海岛别庄则处在全园的

罗马文化

中心位置,其周围有宴会厅、图书馆、远望楼等重要建筑,它本身却独出心裁,在一圆形高墙之内挖池灌水,此即人工之海,池边围以圆形柱廊,水中又建圆形之岛上别墅。这座小别墅也以波浪般凹凸起伏的回廊围绕一中央小厅,回廊内又分隔成形状各异、方圆互见的小间,从中央小厅环视四周,在柱廊门窗之外总可见到"海"那边的圆廊,有时还可透见更远的园外景色。这个海岛别墅的构思可能来自东方,但它完全凭借罗马特有的水泥技法才能达到这样的出奇制胜。第三项成果则是与柱式的灵活使用有关了,它就是名为卡诺普斯的长条水池旁的装饰性柱廊,此廊无顶无盖,像花边一般绕池而建,新奇的是它的檐部并非一以贯之的横梁,却是横梁和半圆形拱门插花排列,这在古典柱式中是没有先例的。希腊柱式决不用拱,罗马人虽在拱门两旁夹以柱子,却没有把拱门直接架于柱子之上的做法,更无插花安排的变化。这类奇想最初可能来自希腊化的埃及、叙利亚等地,因此古人曾把柱子上加半圆拱的结构称为叙利亚拱门。但是,把它们在园林中运用得这样美丽灵巧的,却始终以哈德良别墅居其魁首。总观以上三项,可见这时的罗马建筑除了水泥结构技法独放异彩外,在风格上也有驰情入幻、眩艳呈奇的特点,凹凸起伏的曲线和插花安排的拱梁,其旨趣无不具有在规矩之外求变化的倾向,再加上摛葩摘藻般的华丽装修,配以动态突出的雕像和色调明艳的绘画,它组成的建筑形象之光彩夺目当是可以想见的了。

在文化史上,通常把这种有异于古典端庄静穆之风的奇幻风格称之为巴罗克风格,因为它的典型代表是欧洲17世纪的巴罗克艺术。尽管许多西方研究者喜欢把巴罗克风格和古典风格对立起来,但在我们看来,它却是古典传统的合乎规律的发展。就希腊、罗马的情况而言,如果说古典风格是城邦范围的产物,那么巴罗克的新风格则和帝国范围的综合文化有关。从源流看,这种新风格的最初表现就是我们在第六章提到的那种华丽热烈的希腊化风格,它是随希腊化王国统治了希腊和东方广大地区而产生的,当罗马统治了希腊化各国时,它亦传入罗马。在奥古斯都带有倾斜性的文化政策中,这种希腊化风格不如新古典风格得到青睐,却也没有停止发展,实际上在建筑装修和壁画艺术中它还时常大展身手。奥古斯都之后,帝国建筑愈见豪华,新风格便与古典风格并行不悖,且在与水泥结构的新技法结合方面更有其富于变化的优势。从尼禄的金屋皇宫到哈德良的别墅,随水泥技法的发展,这种风格也愈见成长。当然,它的富

第十章 ● 帝国初期的罗马建筑

丽新奇往往和宫廷追求豪华有关,但在民间也有受到欢迎之处,因为它能适应更为丰富的文化生活的需要,在古典的静穆之外带来幻想与激情,满足动感的渴望和心灵的奔驰,或者如宗白华先生所说,为彷徨落寞、苦闷失望的空虚给予寄托[13]。因此,巴罗克风格是在古典风格成熟以后的一种变体或补充,反映了古典传统从城邦的质朴生活到帝制的复杂环境的发展,尽管倾向有所不同,却是古典文化的一个有机构成部分,是与它的后期发展密切联系的。此外,从地域分布看,罗马建筑中带有巴罗克倾向的杰作,更多地见之于东部各行省,这些地方不仅是希腊化的固有地盘,还由于它悠久的东方文明的基础和高超复杂的技艺,历来是产生能工巧匠和艺术精品的地方,而巴罗克风格作为一种后期发展的艺术正是以娴熟的技巧为其前提。我们前面多次提到的黎巴嫩的巴尔贝克,它的太阳神庙不仅石砌工程空前绝后,装修的华丽也无与伦比,自然发展为罗马的巴罗克风格的一个重要代表。太阳神庙在2世纪时增建庞大的门厅,前有双塔夹峙,中央开一叙利亚拱门的柱廊,后接一八角形柱廊大厅,无论形制与装饰都具浓厚的巴罗克风格;3世纪又在其旁建一亭阁般的维纳斯女神庙,殿堂是圆形的,外围柱廊却以凹圆的反曲线构成,凹凸正反之比极为明显,被评为古代极具巴罗克风格的建筑。约旦的庇特拉,在悬崖之下凿成一系列石窟神庙与陵墓,不仅古典柱式的运用非常灵活,顶阁的方正曲折更显变幻丰富。希腊古城米利都(在小亚细亚)罗马时期新建的部分有华丽的广场、会堂和神庙,莫不以新风格为其特色,现存的商场大门和林泉小庙的残迹犹能令人洞察其龛阁柱廊插花搭配之妙……仅举这几个例子,就可以想见东方各行省的建筑活动如何大大丰富了罗马的文化传统,它构成了帝国初期文化的统一综合的一个重要内容。这种古代的巴罗克风格,对后世的影响也如其他古典风格那样的深远,它不仅丰富了人们对古典传统的认识,还直接启迪了17世纪的艺术大师,意大利的巴罗克建筑家波罗米尼之热衷于学习哈德良别墅和巴尔贝克的维纳斯女神庙,便是人们熟知的例子。

第十一章 艺术与文学

帝国初期雕刻艺术的发展，是紧接着奥古斯都时代的脉络。我们在第七章中曾经谈到，在奥古斯都带有倾斜性的文化政策指引下，罗马雕刻在全面吸收希腊成果的时候，又比较重视新古典派的倾向，从而形成一种庄重肃穆的奥古斯都风格，相对而言，具有巴罗克倾向的希腊化派，没有往日的喧嚣，却也通过对新古典派的接近与学习而在奥古斯都时期的雕刻艺术中作出了自己的贡献。奥古斯都死后，他搞的那套澄清风俗、务求质朴的运动在其后继者提比略手中便逐渐松弛，而皇帝的专制与宫廷的特权却日有加强。于是，在提比略之世，虽然总的说来是继续着奥古斯都的风格，一度被压抑的希腊化派的巴罗克倾向却有云开日出的兴旺之势。这种情况对来自希腊的艺术家是特别有利的，他们可以在帝国繁荣昌盛气魄的感召下充分发挥自己固有的优良技艺，创造出熔各派风格于一炉的新的帝国艺术，特别是对希

拉奥孔

第十一章 ● 艺术与文学

腊化风格的发扬有青出于蓝之妙,不失为帝国初期的统一综合精神在雕刻艺术领域的卓越体现。最能代表这一点的,便是那尊古典艺术遗产中最广为人知的拉奥孔群像。

拉奥孔群像表现的是特洛耶城的祭司拉奥孔及其两个儿子被巨蟒吞吃的情景,这故事在第七章所引的维吉尔的诗句里已有生动的描述,这尊群像更把老少三人的情态表现得淋漓尽致,在罗马当时就极受赞扬,被目为古典雕刻最佳之作。罗马最博学的学者老普林尼在《自然史》中介绍它说:

"这件作品藏在提图斯的皇宫里,在一切绘画和雕刻之中是最杰出的。罗德岛的阿格山大、泡里多柔斯和阿提诺多柔斯三位卓越的艺术家按照一种总的计划,用一整块石头,把拉奥孔和他的两个儿子以及巨蛇的神奇的缠绕雕刻出来了。"①

老普林尼的书是人们熟知的,可是提图斯皇宫在中世纪时早已无迹可寻,所以后世倾慕古典文化的人只能从作家的字里行间想见这尊最杰出雕像的情况。然而,凑巧的是,正当文艺复兴盛期,人们对古典传统最表崇敬之时,这尊群像却奇迹般地出土了。那是在1506年,有人在罗马城内的一座葡萄园内发现了它,当时艺术大师米开朗琪罗和建筑家桑加罗都在罗马,他俩闻讯赶忙跑到出土地点,一眼就认出它就是老普林尼提到的拉奥孔群像,全城为之轰动。罗马教皇把它收藏于梵蒂冈宫,此后它一直是梵蒂冈博物馆最著名的艺术珍品。从米开朗琪罗到巴罗克大师贝尼尼,两百年间艺术家观摩学习仿效它的不计其数。18世纪时,美术史家温克勒曼又把它作为古典艺术理想的典范以阐发其"高贵的单纯和静穆的伟大"的理论,接着美学家莱辛又写《拉奥孔》一书,以之为例探讨诗画异同的比较,于是它在西方美术史学和美学研究中都具有不可或缺的关键意义。19世纪以来,人们对希腊、罗马了解愈多,拉奥孔群雕的历史意义也几起几落。总的说来,直到最近,学术界普遍把它当作希腊化雕刻的代表作,至于其具体制作年代,则争论较多。在18世纪时,温克勒曼和莱辛各自代表着定年早晚的两极端,前者认为它创作于希腊古典时代,即公元前5—前3世纪;后者则强调它是罗马头几朝皇帝治下之作,即公元1世纪。20世纪以来,一般把它定在公元前2—前1世纪。就我国比较有影响的

239

罗马文化

著述来说,《中国大百科全书》认为它约作于公元前 2 世纪末或前 1 世纪中期[②],朱光潜先生为莱辛的《拉奥孔》中译本作的注释,则援引《大英百科全书》认为它是在公元前 21 年之前不久完成[③]。由于年代未能更具体地确定,对其风格特点和历史评价便多有歧异,并且总是把它归入希腊艺术的范畴。这种情况由于 1957 年在罗马以南百余里的斯柏隆加(Sperlonga)发现了提比略别墅的雕刻[④],才有了根本的改变。这次发现及其后 20 余年的充分研究,证实提比略别墅雕刻的三位作者即《拉奥孔》的作者,《拉奥孔》是他们在制作别墅雕刻的同时应提比略之请在罗马刻制的,原置于提比略在巴拉丁山的皇宫,后来尼禄把它放在金屋皇宫内,金屋被废以后,提图斯便在其旁的阿皮安山麓建造的提图斯皇宫放置此像,所以普林尼在此宫见到它,而出土地的葡萄园便是在阿皮安山麓。明白了这段错综复杂的历史,拉奥孔雕像在古典传统中所起的重大影响也就更为清楚了。

由于拉奥孔群像制作于提比略之时已得到肯定,它就应该看作是在罗马工作的希腊艺术家按罗马的精神要求而完成的作品,也就是说,它应归属于罗马艺术的范畴。这座群像显然是按照维吉尔《伊尼阿特》史诗的描绘而定其全貌的,这一点莱辛早就说过,但他当时尚无其他佐证,而后人又多把年代提前,故其说不扬。实际上,拉奥孔雕像上有两个儿子而不是希腊史诗传说的一个,已是有力的证据,但人们囿于年代较早的推断,就把雕像与维吉尔诗句的雷同归因于它们可能都依从了另一系统的传说。现在我们可以进一步看到,拉奥孔之依

罗马雕塑画廊,背景中有拉奥孔

从于维吉尔非仅限于细部的形式安排,更重要的还在于其精神内容。维吉尔的诗是歌颂罗马的,它以坚定开阔的气魄发扬帝制的爱国精神,因此把各种与特洛耶有关的英雄题材放在特别突出的地位(罗马人的始祖伊尼阿斯是特洛耶王子),拉奥孔虽然是被神遣的巨蛇吞吃,他的壮烈殉国经维吉尔的歌颂自然成为罗马人心目中难忘的形象[5]。奥古斯都之时已有在神庙、广场和宫室中陈放伊尼阿斯雕像和其他特洛耶人物群像的习惯,提比略之令阿格山大等人雕刻拉奥孔,显然是继承了这个传统。但是,提比略的时代也有自己的特点,它选择的题材更为惊心动魄,表现感情也更见奔放激烈。拉奥孔是刻画人蛇生死之搏,被称为"提比略岩洞"的斯柏隆加别墅的群像也主要表现两组死里逃生的场面:奥德修斯及其同伴在被囚的洞窟中把独眼巨人弄瞎从而逃出魔掌,以及他们穿过一遇响动即并合的斯奇拉妖峡的"一发千钧"的历险。其所以如此,可能和提比略个人生性残忍、爱好追求刺激有关,也可能是这位专制皇帝的某些险遇使他产生联想。例如关于提比略洞就有这么一个传说:有一天,当提比略在洞中憩息时,一块岩石突然掉下,幸有侍从官的保护才得以逃险,故此地得名为提比略洞。但除了皇帝的个人因素而外,当时朝野普遍出现的争奇斗胜、以技艺的完美新奇而动人的风尚,也是重要的背景。在这种情况下,拉奥孔雕像的杰出艺术成就,便体现了我们前面所说的那种既继承了奥古斯都传统、又对热烈奔放的希腊化风格特别有所发扬的时代特色。

在从米开朗琪罗直到温克勒曼、歌德等欣慕古典传统的无数艺术家和学者的眼中,拉奥孔群像最为惊人之处是它以炉火纯青的技法完美地表现了人的动态与感情,其丰富、深沉与典型皆非当时可见到的其他古典遗物所能企及。所以歌德评拉奥孔说:人类对自己和别人的痛苦有三种感觉,即畏惧、恐怖和同情。雕刻能表现其一已很不容易,而拉奥孔群像却包含了三种不同的感情。父亲刚受蛇咬仍奋力搏斗,以引起人们的恐怖;左边的小儿子被缠窒息,即将气绝,以引起人们的惋惜和同情;右边的大儿子并未遭蛇咬,似乎有可能逃脱,以引起人们的畏惧并为他担心[6]。按文艺复兴时代形成的艺术观,完美的艺术表现,特别是以人体形象为主的艺术表现(例如拉奥孔这类以裸体人物组成的群像),它同时就意味着人文主义精神亦即古典文化精神的高度发扬。所以,在米开朗琪罗、温克勒曼、歌德及其同时代人看来,拉奥孔首先是充满了古典精神、体现古典风格的雕像,而另一方面,他们却难细考其发扬希腊化风格和显示巴罗克

罗马文化

倾向的特色(希腊化和巴罗克等概念都是 19 世纪才确立的)。明乎此,我们对温克勒曼之把拉奥孔当作体现古典风格精神的典范而加以颂扬,便可以有所理解。在今天看来,温克勒曼以"高贵的单纯、静穆的伟大"冠之于拉奥孔,似乎有点过分强调其继承奥古斯都传统的一面,难免有借题发挥之嫌。但是,正如我们在第四章评述温克勒曼对赫拉克列斯残雕的赞赏时所说,如果谅解温翁由于时代局限而难以达到的泾渭分明的认识,那么他对拉奥孔的评语对于我们了解古典精神和古典传统仍极有启发意义,何况它在 18、19 世纪的欧洲新古典主义运动中还起了那么重大的作用!所以,像摘抄他对残雕的那段名文一样,我们在下面也把他对拉奥孔的有关评述摘引如下:

"希腊艺术杰作的一般特征是一种高贵的单纯和一种静穆的伟大,既在姿态上,也在表情里。正如大海的深处经常是静寂的,不管海面上波涛多么汹涌,希腊人所造的形体在表情上也都显出在一切激情之下他们仍表现出一种伟大而沉静的心灵。

"这种心灵在拉奥孔的面容上,而且不仅在面容上描绘出来了,尽管他在忍受着最激烈的痛苦。全身上每一条筋肉都现出痛感,人们用不着看他的面孔或其他部分,只消看一看那痛得抽搐的腹部,就会感觉到自己也在亲领身受到这种痛感。但是这种痛感并没有在面容和全身姿势上表现成痛得要发狂的样子。他并不像维吉尔的诗里那样发出惨痛的哀号,张开大口来哀号在这里是在所不许的。这里只是一声畏怯的敛住气的叹息,像〔米开朗琪罗时代的诗人〕莎多勒特描绘的那样。身体的苦痛和灵魂的伟大仿佛都经过衡量,以同等的强度均衡地表现在雕像的全部结构上。拉奥孔忍受着痛苦,他的困苦打动了我们的灵魂深处;但是我们希望自己也能像这位伟大人物一样忍受困苦。

"这种伟大心灵的表情远远超出了优美自然所产生的形状。塑造这雕像的艺术家必定首先亲自感受到这种精神力量,然后才把它铭刻在大理石上。希腊有些人一身而兼具艺术家和哲学家的两重本领。智慧伸出援助的手给艺术,灌注给艺术形象的不只是寻常的灵魂。

"在拉奥孔那里,如果单单把痛苦塑造出来,就成为拘挛的

第十一章 艺术与文学

形状了。所以艺术家赋予它一个动作,这动作是在这样巨大的痛苦里最接近于静穆形象的,能够把这时突出的情态与心里的高贵结合在一起。但是在这个静穆形象里,又必须把这个心灵所特有的、和任何别人有所不同的特征表现出来,以便使他既静穆,同时又生动有为,既沉寂,却并非漠不关心或打瞌睡。

"希腊雕像里的高贵的单纯和静穆的伟大同时也是希腊最好时期文章的标志,像苏格拉底学派的文章。而这类品质也构成像拉斐尔这样的艺术家的主要伟大之处,这是他通过模仿古人而达到的。"⑦

如前所述,温克勒曼是把拉奥孔错当作希腊古典时期的作品了,因此他口口声声说希腊,却不知所谈的是罗马帝国初期的艺术。如果撇开这个时代错误,那么他倒是慧眼独具地看到了希腊、罗马一脉相传的古典文艺精神的本质,用高贵的单纯和静穆的伟大同时概括伯里克利时代的希腊艺术、奥古斯都前后的罗马艺术以及拉斐尔代表的文艺复兴艺术,都有涉及深层含义的文化内蕴之处,不可不谓掷地有声的名言。联系到帝国初期的罗马艺术,可说温翁这两句话是从整个古典传统的角度,触及到了这个时期统一综合的深层文化精神。因为他是从拉奥孔这个具体作品上透见到古典文艺共有的本色,而后人更深入的研究却在同一作品中分离出另一些更具时代特色的东西,并冠以希腊化、巴罗克等名称,这就告诉我们,所有这些因素是如何天衣无缝般融会在一起。正如拉奥孔雕像本身据老普林尼说是一整块石料,实际上它却是用七块拼接而成,但吻合如此巧妙,以致人们从正面几乎无法察觉,只有在背面细加审视才能找出接缝——这岂不是迈向新的高度的统一综合么?其结果当然是丰富了古典传统的内容,促成了新的帝国艺术、一种融会了巴罗克特色的古典艺术。

在拉奥孔和斯柏隆加雕刻带头之下,帝国初期的雕刻艺术可以说一直是按这个方向发展。拉奥孔群像以老祭司为中心,两儿夹峙左右,巨蛇缠绕,拼搏激烈,人物的表情虽然保持了温克勒曼所强调的那种"高贵的单纯和静穆的伟大",其基调却是巴罗克风格的奔放热烈,老祭司手足伸张回曲⑧呈星形扩散萦回,两儿也前倾后仰互为呼应,构图更有波浪起伏、骚动不宁之势,再加上动作的激烈、情态的丰富、细部虚实明暗对比鲜明且见繁多,这些都说明它那发挥到相当完善程度的巴罗克特色。同样

罗马文化

为阿格山大、泡里多柔斯和阿提诺多柔斯创作的斯柏隆加提比略别墅的群雕,虽然出土时已很残破⑨,亦可让我们看到类似特色。例如刺瞎独眼巨人群雕中奥德修斯双眼大睁却屏气敛唇的表情;逃脱斯奇拉魔岩群雕中的舵手(可能也是奥德修斯)在狂涛骇浪中尽全身之力紧握舵柄以至跪伏船尾的姿势,都是可和拉奥孔相伯仲的形象。因此,在它们带头之下,帝国初期的雕刻艺术总的说来是以其精湛的技艺和丰富的情态著称,它发挥的巴罗克风格的特色也与帝国初期建筑中的类似倾向有异曲同工之妙。下面我们将分雕像和浮雕两大类别来介绍帝国初期的雕刻艺术。

在雕像方面,由于为皇帝统治服务,便始终以制作各类皇帝肖像和宫廷、贵族的男女雕像为主。它们的形式多种多样,有全身像、胸像、头像等等,装束与神态也依具体用途多有变化,但它们作为宫廷艺术总要歌功颂德的特点却是始终处处被强调着的,这就大大局限了艺术本身的发展。因此,从过程看,帝国初期雕刻的总的趋势是尽管技艺之精或有保持,精神内容却每况愈下,不能不说是走着下坡路。形胜于质,或者说越来越严重的形式主义,这可说是在帝制条件下的所有文艺都难免的厄运。由于每个皇帝(即使在位时间很短)都要有几套官方的"标准像",现存各朝皇帝肖像雕刻的数目倒是相当庞大的,从艺术角度看,精品自然只居少数,可是凭古典雕刻已达到的肖像写真的水平,它们在容貌传真上都不失历史资料的意义。在各个古代文明中,能够留下如此众多且系列完整的帝王肖像,确是无先例的。其中比较成功之作,例如韦伯芗像,刻画其精明而粗鲁的个性;图拉真像,突出其坚毅与沉着等等,是可以和凯撒与奥古斯都之时的罗马肖像杰作相比的。宫廷和贵族仕女的肖像,在表现雍容华贵之余,也注意到反映各时期的好尚,有如现今时装的潮流。例如弗拉维朝兴卷发高髻,当时的妇女像便着意刻画这种发式,以高达尺余的层层发卷如羽冠云冕罩于头上,石刻的华丽达于极致;到安敦尼王朝时,又物极而反地崇尚淡妆,发式平易,神态清雅。至于古典雕刻中常见的神话题材的群像和各类天神、英雄的雕像,这时也是制作得非常普遍的。从罗马直到帝国各行省,无论公共建筑还是宫殿别墅,处处都以这类雕刻为装饰,说它充斥其间也不为过。但这些雕像绝大多数是模仿或复制古典名作的,其选材可从古典盛期直到拉奥孔这类作品,虽然反映了这个时代统一综合的特色,却无多少创新。例如哈德良别墅中数量极为丰富的雕刻品,有些是珍藏的古典原作,有些是原作的复制,也有大量雕刻是配合

第十一章 艺术与文学

别墅建筑而特制的(例如卡诺普斯柱廊中表现尼罗河本地风光的鳄鱼、河马和与埃及有关的神话人物),但手法亦多循惯例,研究者都可追查出其仿效的原形。尽管技巧极为娴熟,却难以创作出感人的形象。哈德良时期可以看作帝国初期雕刻的最后高峰,此时唯一可谓新典型的作品是哈德良为纪念其宠幸的青年安蒂诺伊斯而制的雕像。安蒂诺伊斯溺死于尼罗河中,哈德良竟认为他是化神而去,下令全国竖立他的神像予以崇拜,于是罗马雕刻家奉旨设计了一种既根据古典模式又反映了当代好尚的青年雕像。它的男性身躯几乎完美得无懈可击,却显得比较肥胖疲软,精神内容更是空虚——本来,把一个皇帝宠幸的、只以体态之美见称的青年当作神来崇拜,其意境之低已不言而喻,因此不管艺术家如何发挥其高超的技艺,除了形式确实相当"完美"而外,精神上却不能增益任何东西。因此,如果把它作为一种前所未见的新典型的话,它标志的不是上升的气势而是堕落的开始,应该说,罗马雕刻以及整个古典艺术从此以后就一直走下坡路了。代表这种形胜于质的趋势的另一件非常"精美"的作品,便是安敦尼朝最后一位皇帝康茂德那尊把他自己化身为赫拉克列斯的雕像(现藏罗马卡彼托林博物馆),此像刻制技术的精细可说是登峰造极,其精神内容却是同样的贫乏与浅俗。原来康茂德这位暴君最喜欢角斗游戏,自己也登台表演角斗,因此他之把自己表现为希腊英雄赫拉克列斯的动机也是从赞赏他的过人膂力出发,于是人们看到的不再是古典理想中的心身健美的英雄,而是一个炫耀体力的角斗士,并且不是那种处于社会下层的悲愤激昂的角斗士形象,而是一个皇帝扮成的自我欣赏的角斗士形象,它和古典理想相去之远岂止十万八千里!从雕刻技术看,这个胸像从整体造形到细部表现都堪称精确无误,康茂德的躯干、须发以及帝王般的高傲面容都是按罗马雕刻的最高水准刻画出来,而

化身为赫拉克列斯的康茂德雕像

罗马文化

代表赫拉克列斯的各类道具:右手拿的大棍,左手拿的仙果,头上罩着的赫拉克列斯特有的狮头剥制的风兜和狮皮狮爪的披肩,以及胸像奠基于其上的皇徽和象征皇权的地球,更是在惟妙惟肖的同时做到无比精致,令人叹为观止,可是它们也同平庸的内容形成尖锐的矛盾。这种矛盾已隐含着对未来艺术发展的启示:随着古典文明和古典艺术步入穷途,原来拥有的高超技艺也将逐渐丧失,未来的发展自必在古典废墟上从粗拙朴实的零点起始……

帝国初期的雕像还有一类形制在古典传统中具有重大意义,那就是青铜的骑马像。这类雕像也源于希腊,不过最初表现的不是单人骑马之像而是战车比赛的群像,包括车、马和御者。由于车赛在奥林匹克这类具有神圣意义的国际竞技会中是最隆重的,参赛费用的昂贵又非显贵之家莫能举办,它便成为贵族和统治者的象征。到希腊化时期,赛车骑马像又演变为单人骑马像,以表现国王作战的英勇,始作俑者当是亚历山大。到了罗马帝国时期,制作骑马像便成为皇帝才能享有的特殊荣誉,材料也选最珍贵的镀金青铜。例如,我们在前面介绍的图拉真广场,其中央耸立的主要纪念物便是皇帝的青铜骑马像。雕制骑马像的技术也在图拉真、哈德良之时达于鼎盛。据估计,帝国初期历朝皇帝刻制铸造的骑马像数以百计,在首都罗马和各行省首邑皆可见到,但它们(除了仅有的一尊而外)却全部毁失了。由于后人总把这些毁坏的铜像回炉熔铸以得其金属,它们被毁灭的彻底也是其他雕刻作品难以比拟的。这类雕像硕果仅存的一尊就是现在立于罗马卡彼托林广场上的马可·奥理略骑马像,它的保存也不是由于它的艺术价值本身,而是由于后世把它误认为君士坦丁皇帝之像,而君士坦丁是第一个承认基督教的,中世纪的罗马教会才对它予以保护。可是,这一尊仅存的骑马像到了文艺复兴时代却成为向人们传述古典理想的重要渠道,不仅因为它立于大庭广众之中,如日中天(当时它还不在卡彼托林广场,而是立于罗马最重要的教堂拉特兰大教堂之前),而且因为无论人、马的雕刻都是那么栩栩如生,和中世纪的艺术有天壤之别。从现存资料考证,这尊马可·奥理略的骑马像也和图拉真、哈德良诸帝的骑马像是同一形态,即以皇帝端坐于马鞍上,坐骑则昂头举步、扬其前蹄,皇帝紧握缰绳,战马稳步前进,显示了帝国一统天下的太平与稳定。图拉真的骑马像可能更加威武,马可·奥理略的骑马像则适当突出了这位哲学家皇帝在戎马倥偬之中仍不忘思考其《沉思录》的情况,更显学者

第十一章 艺术与文学

风度。值得注意的是,这尊骑马像(也可能是这类骑马像共有的特点)最精彩的地方不在皇帝本人,而在他骑着的那匹骏马,这马的雕塑不仅有解剖学上的精确,而且体壮力强、气势不凡,雕刻家是借马的体态补充甚至强调了人的气魄。如前所述,从哈德良到马可·奥理略之时,罗马雕刻已走下坡路,一般雕像在仿效抄袭之中很难有所新创,但这类骑马像却以其人马结合的巧妙总算有点突破,特别由于他驾驭高头大马的英姿和保存的稀少,给后世观众留下了深刻印象。文艺复兴时代以来,西方凡表现英雄人物和帝王将帅的重要纪念物便非这种形象莫属。于是骑马像的制作便成为古典传统的一个重要项目,从文艺复兴时代的佣兵队长到路易十四、彼得大帝这类君主,从华盛顿到加里波底,人们莫不以立骑马像作为纪念,它的来源就在帝国的罗马。

浮雕艺术是帝国初期罗马雕刻中独放异彩的一类,其成就远远超过了立

马可·奥理略骑马像

体的雕像。浮雕艺术在奥古斯都时代已有较高的发展,和平祭坛的浮雕便是其著例。浮雕在帝国初期的兴盛,除了得力于奥古斯都时代打下的基础而外,还因为它的叙事体裁便于铺陈武功政绩,更能服务于帝制的需要,而罗马人讲求实际注重实事的民族特性,也使罗马的浮雕倾全力刻画历史事件,逐渐闯出了一条有别于希腊浮雕叙述神话故事的新的创作道路。帝国初期罗马浮雕创作的高峰,是在提图斯到图拉真的半个世纪之间,当时罗马及其附近的意大利城市有一系列技艺高超的作品问世,其中直接为皇帝制作的几个规模巨大的重要纪念浮雕,风格与手法有明显的连续性,可能是出自同一个罗马艺术作坊或匠师集体之手。虽然我们不知道这个作坊和匠师们的姓名,他们的努力却为我们留下了罗马历史上最重要的几件文物,即提图斯建于罗马广场上的凯旋门的浮雕、图拉真建

罗马文化

于本内文托（意大利南部）的凯旋门和罗马图拉真广场的纪念柱浮雕，此三件保存都较完整，还有图拉真广场的其他一些浮雕后来被搬去装饰君士坦丁的凯旋门，也还存其大部。它们可说是代表了帝国初期浮雕的最精彩的部分。

提图斯的凯旋门位于罗马广场的东南角，是为纪念皇帝平定耶路撒冷的犹太起义而建。它的开工可能在提图斯之时，完成则在都密善之时（约81—90年）。这座凯旋门形制较简单，取单拱单门之式，门道两边配以倚立的圆柱，上承一道顶阁似的短墙，整体显得庄重清丽。主要浮雕置于门道内两边墙上，皆以提图斯得胜回朝举行凯旋式为题材，其一表现皇帝驾驷马战车入城，另一则表现凯旋式中展示战利品的行列，其中心是耶路撒冷神庙中犹太教的圣物——七宝烛台。这两幅浮雕表现车骑和队伍的行进都井然有序，动态鲜明，人物、马匹、器物的空间排列既有层次又有参差错落的联系，予人以强烈的深远空阔之感，在实际深度只有几寸的浮雕作品中能取得这样突出的空间效果，自然是难能可贵的。在古典艺术中，希腊浮雕固然有极高的成就，但其努力主要集中于构图的平面布局与人物形象的刻画，其空间效果总的说来不出一字儿排开的横列而缺乏深远的进度，在浮雕中突出空间的深远，实际上是罗马的新创。如果把罗马

提图斯凯旋门展现战利品的浮雕，图案中有犹太教的圣物——七宝烛台

第十一章 ● 艺术与文学

浮雕和罗马建筑之重视内部空间、罗马绘画之探索透视表现等联系起来，不能不说是这时的罗马艺术已创造了有别于希腊的一大特色。在本世纪初，德国学者威克霍夫便对提图斯凯旋门浮雕的这一特点大加赞扬，他称之为"空间错觉手法"（spatial illusionism），即在浮雕的平面上凭艺术之巧而获得强烈的空间效果，因为它是"无中生有"，故谓之错觉。当然，若按艺术体裁看，绘画和浮雕本身总离不开从平面上刻画立体物像的根本任务，其中就包括了一定的空间处理。但在具体的风格倾向中强调这种处理，追求这种效果，就是一种带有巴罗克特色的活动了。因此，就这一点说，提图斯凯旋门之于罗马浮雕艺术的启迪与带头意义，有如拉奥孔之于雕刻。奥古斯都和平祭坛的浮雕，主要还是由在罗马工作的希腊艺术家创作，但提图斯凯旋门则全由罗马作坊和罗马匠师制作，因此它的罗马特色也就表现得更明显。除了威克霍夫赞赏的"空间错觉手法"而外，在人物的刻画上这些浮雕还强调众多人物组合的统一性与组织性，在一定程度上取代了希腊浮雕喜爱的多样对立与灵活，这样做难免有些呆板（对比于希腊而言），但却能更突出地表现罗马这时代的统一综合精神，尤其符合帝制条件下的罗马向往的万流归宗、众星拱月的大一统景象。因此这些浮雕只有提图斯车驾进城那幅对皇帝的形象作了较多个性化的加工（他站在马车上处于全幅最高位置，身后还站着展翅的胜利女神为他祝福），其余都是用群众场面表现一个统一的行动——凯旋式的游行，其中每个角色都是这个统一行动中的一员，他们的动作和体态、感情的表现都服务于这个行动，除此而外其他一切个性化或多样化的表现皆无必要，就像我们无需探听他们的具体姓名一样。这里面固然有专制统治漠视个性的消极因素，但在罗马的浮雕艺术中，它却促成了前所未有的均衡统一、井然有序的群众场面的构图的创造，正如帝国初期的政治在加强专制的同时尚能尊重理性与法制一样。

　　图拉真建于本内文托的凯旋门约作于114年前后，距提图斯的凯旋门仅30余年，所以当年为提图斯工作过的罗马匠师必有一些参加了图拉真这座凯旋门的工程，因此它们的形制与风格都有一脉相承之处。本内文托位于南部意大利，当时是图拉真修筑的一条交通命脉——联结罗马和通往希腊、东方的海港布林迪西的"图拉真路"（Via Traiana）的枢纽城市。罗马元老院为庆祝此路的开通，遂在本内文托建造这座凯旋门。既然有这些缘由，这座凯旋门就不像通常那样专表皇帝的军功武威，而是以

罗马文化

和平政绩为主。它像提图斯凯旋门那样取单拱单门之式，但浮雕装饰几乎满布于所有墙面，除中央檐壁留刻铭文而外，其他檐壁、门道和前后左右柱间壁皆饰以大小不一的横幅和带状浮雕。从内容看，其面向罗马的一边以表现内政为主，面向海港的一边则表现外交方面的事务。内政中分别有专幅刻画图拉真以新征服的多瑙河土地赐予退役老兵，以新建的奥斯提亚海港设施惠顾于各个商业行会，他在罗马广场接受群众和元老院的欢迎拥戴，他向贫民分发赈济粮款等等。当然也没有忘记突出皇帝献祭敬神的活动，在位置最高的位于檐部的大块浮雕中，则表现诸天之神——朱彼特、朱诺、米涅瓦以及战神、胜利女神等等对他的照顾与接待。在外交方面，有好几块浮雕表现的都是图拉真由于武功显赫而得到远邦四夷的折服，因此强调的是帝国以武力赢得的和平。其中有日耳曼蛮族首领向皇帝结盟请和；东方君主派使臣朝贡庆贺；远方山川之神则向皇帝鞠躬敬礼，例如两河流域和多瑙河地区这两个图拉真征服所及的边远新区，皆以神的象征形象纳入浮雕之中。仅从以上诸例，就可想见整座凯旋门浮雕的丰富了。

与这座本内文托的凯旋门同时甚至更早一点，罗马的图拉真广场的浮雕制作也纷纷上马，其中既有装饰于广场入口处的凯旋门的浮雕，也有散见于各廊庑、会场、殿堂中的浮雕，最重要的则是图拉真纪念柱的浮雕。前几类多已散失无存，唯纪念柱犹在，而它表现的丰富与技艺的精湛，更较本内文托的凯旋门有过之无不及。以一根独立的石柱作为统治者功勋的纪念，这种做法早在希腊化时代便已开始，而其渊源则可追溯于古代埃及，因为正是埃及神庙中常可见到的方尖碑以其独立高耸启发了它。然而，以前的种种纪念柱、凯旋柱都没有图拉真广场中的这根那样高大，并且通体绕以一条浮雕带，呈螺旋形由下而上，满布柱身。纪念柱的设计可归功于建筑师阿波罗多洛斯，但浮雕带的制作则是罗马雕刻家的集体成果，因为这样浩大的艺术工程绝非一人、甚至少数几个

图拉真纪念柱

第十一章 艺术与文学

人能在短期内⑩完成。整个纪念柱分为柱基、柱身、柱顶三部分,都是空心结构,柱基内部辟为灵堂,准备放置皇帝的骨灰,柱身内设置螺旋梯,可沿梯直上柱顶,柱顶则是一座带圆形阳台的小阁,阁顶竖立图拉真的雕像(近世被改为圣彼得之像)。全柱高38.7米,柱身部分则为29米,柱壁圆周平均长约9米。人们不难想象,用一条高约1.25米的浮雕带缠绕这样一座高达八层楼的圆塔,这条带子会有多长!实际上它在柱身绕了23圈,总长达200米,刻画的人物形象超过2500个,能划分的情节和场面也在155项以上,但它们都集中于一个主题,即表现图拉真征服达西亚(今罗马尼亚)的战争。从这些数字,我们就可以知道这个浮雕"作品"的规模是如何空前绝后的浩大了。浮雕带对达西亚战争的表现以罗马军团渡过多瑙河为开端,河上架有浮桥,多瑙河神以一个老人的形象出现于河边洞窟之旁,他以手扶浮桥之船,暗示天下山川皆对罗马人有所眷顾。罗马军旅过河以后,便进入达西亚境内,于是一一展现备战作战的场面:图拉真召开军事会议,献祭敬神祈祝胜利,皇帝向官兵发表动员演讲,罗马士兵们安营扎寨、修筑工事,然后是侵占敌人村落,烧杀掳掠,也少不了表现朱彼特神自天而降,以雷霆闪电助罗马人一臂之力,结果当然是罗马官兵向得胜的皇帝欢呼,敌军首级排于阵前,随军医疗队诊治伤员,而胜利女神则来到罗马军营为之记功……⑪。所有这些,正如本内文托凯旋门之展示内政外交业绩那样,都脱不了官方宣传的俗套。但其可贵之处则是景无论大小,人无论多寡,皆绳之以罗马人务实认真的精神,凭其空间表现的技巧和写实叙事的功力,使浮雕具有

图拉真纪念柱浮雕局部

罗马文化

文献史料般的详尽明确,尽管是对皇帝歌功颂德,却令人信服其叙事的真实与意境的朴质,所以历来被人们奉为体现罗马精神之代表作。

如果说本内文托凯旋门的分成大小横幅(以及少数直幅)的浮雕在艺术上是继承了提图斯凯旋门的传统,那么图拉真纪念柱的浮雕带在继承的同时又有新的发展。这个长达200米的浮雕带虽也可分成数以百计的场面,其景致与情节却是连续性的,有点像我国的山水长卷,从溪流发源,历经丘壑峡谷,汇流浩荡,最后一泻千里,万景纳入一轴。这种手法既要刻画入微,又要有居高临下、统御全局之势。由于表现的成百场景有大有小,视角也随之俯仰转回,原来的单幅浮雕追求的统一空间在此便必须有所变通。例如大军渡河之景是平视的,修墙筑垒之景则属俯视,而皇帝演说的场面又转为仰视,甚至一景之中为使动作明白易见有时也得作些变化,如群众之密集,建筑物之相对缩小,器物排列呈图解式等等,这样一来,就突破了单纯的空间错觉手法,而引进了民间艺术喜爱的连续铺陈的表现手法。它的特点是以明白交待故事情节为首务,视觉乱真之类追求尚在其次。从其艺术渊源看,它是和我们前面提到的共和时期的凯旋画及其后的叙事浮雕是一脉相承的,因此是道地的罗马艺术。

当罗马的叙事浮雕传统经奥古斯都时期新古典风格的发扬提高,再加上帝国初期巴罗克的空间错觉手法的改造以后,它在高档次的官方艺术中已经发展得相当高雅复杂,和民间还继续保持其固有特色的叙事浮雕大不相同了。这些民间艺术作品,现在保存完整的已极稀少,但仍可以让我们看到它和帝国的官方艺术既有分道扬镳、亦有相辅相成之处。例如现存的一些区乡级政府刻制的纪念碑或民间匠师、商贾的墓碑,表现官吏就任、献祭敬神、工商劳作以及市民家庭生活的场面,就在朴拙之中显示出对铺陈事物力求明白清楚的努力。人物要界限分明,动作要首尾相贯,器物则要面面俱到——当然,要在一个视觉平面表现这一切是不可能的,因此它宁肯采用多角度的拼合和古老的图解手法,同时也学习官方艺术高水平的写实技巧。这种民间的叙事浮雕可以说是重在以形表意,它在保持固有传统的同时也力求接近新时代的写实水平,但与提图斯凯旋门代表的那种追求空间错觉的写实主义有所不同,是另一种记录式的、图解式的写实主义,它更喜欢概念的真实和事理的真实,因而视觉的真实相对说来居于次位,虽然它同样着重利用写实的艺术形象表达一切。在图拉真纪念柱浮雕的创作中,由于它表现的题材和艺术要求与民间叙事浮

第十一章 ● 艺术与文学

雕相近,还可能由于有一些民间匠师参与创作,这两种写实主义便在更高程度上实现了统一与综合,也进一步丰富了古典艺术传统的内容。从日后的发展看,这种明白易懂、图解式的写实主义,由于植根于民间艺术,受到广大群众的欢迎,其生命力也更旺盛强韧,在后期帝国古典文化衰微之时,相对而言它反而能更见延续,在日后的纪念碑和石棺的浮雕中,它就逐渐居于主流。当然,图解式的倾向若发展过分,就会走向反面,违背了古典艺术写实求真的根本要求,特别在基督教兴起后,这种倾向愈演愈烈,古典的面目全非,那就是转向中世纪艺术的时候了——这些是后话,暂且不提。现在要强调的是,由于图拉真纪念柱浮雕实现了这两种写实主义的统一综合,其艺术成果也就标志着古典浮雕的最高水平,它既有展现连续故事与众多场面的变通灵活之处,做到巨细无遗、繁而不乱;亦能突出重点,塑造鲜明的古典形象,保持真实生动的艺术特色。例如图拉真形象的塑造,由于是皇帝亲征,处处都有他的身影,在浮雕带中他先后出现竟达 90 次之多,但其形象始终是凝重沉着、指挥若定,不失罗马人坚毅质实的本色。浮雕中出现的天地河川诸神,更是古典雕像的再现,例如胜利女神便仿自著名的卡普亚维纳斯女神像,体态优美,气度不凡,使浮雕在平易之余更有其深远的古典意境。因此,这座规模空前浩大的艺术品,也包含着极为丰富的古典艺术信息,在为后世昭示古典传统方面起着重大作用。由于它保存尚好,自文艺复兴以来,西方艺术界对它学习仿效之盛,不下于建筑中之万神祠,而依样画葫芦建于欧美

马可·奥理略纪念柱局部

罗马文化

各地之纪念柱亦不胜枚举,其最著者就是拿破仑在巴黎旺多姆广场建的旺多姆纪念柱。

罗马浮雕艺术在图拉真之时达于鼎盛以后,也像其他艺术一样,逐渐走着下坡路。哈德良时期的浮雕古典风格一度有所加强,但只注重技艺上的仿效,同样犯了形胜于质的毛病。马可·奥理略之时则又反过来加强了图解式写实的倾向,他在罗马的战神操场地带也仿图拉真之柱而建了自己的纪念柱,和图拉真之柱相距仅两里之遥,也用浮雕带缠绕全身,但已显得堆砌繁琐,艺术水平大不如前,以至于一般人只知道罗马有个图拉真纪念柱,很少提及在它不远处还有个马可·奥理略纪念柱。日后的发展更有每况愈下之势,终于转化为基督教的中世纪艺术。

帝国初期的罗马绘画,也像雕刻一样呈现出盛极而衰的发展轨迹。但是,由于我们了解罗马绘画的资料,主要来自毁于79年火山爆发的庞贝城的废墟,79年以后庞贝已不复存在,因此我们对在此之后罗马绘画的了解也就大受局限,资料骤然猛减,虽然罗马和帝国各地续有少量残片出土,却绝难令我们对79年以后的罗马绘画有较系统的认识。凑巧的是,从各种迹象看,罗马绘画在79年以后确实也走上了衰退之路,因此我们不妨认为庞贝壁画的最后阶段也就代表着罗马绘画艺术的最后一个高峰(公元1世纪中期)。

这个阶段的庞贝壁画通称第四种风格,它和奥古斯都时期形成并延续于朱理亚·克劳狄王朝中期的第三种风格的区别,在于其更具综合汇总的特色,即把以前的各种风格熔于一炉。前已提到,在庞贝壁画的研究中,通常把最早的、从希腊化艺术学来的彩绘云石贴面装饰称为第一种风格(公元前2—前1世纪),只是石面纹路而无人物风景的绘画;到凯撒之时,形成了第二种风格,在建筑结构间布置人物形象,气势开阔,遂称建筑风格;奥古斯都时期以来的第三种风格又在清纯纤巧之中求装饰的精致典雅,称为装饰风格。现在的第四种风格则把贴面、建筑、装饰三大类统一笼括起来,名正言顺地称为综合风格。就这一点说,它确实相当鲜明地体现了这个时代的统一综合精神,兼备第二种风格的开阔与第三种风格的雅致,同时又旁逸斜出,色彩缤纷而气象万千,因此它的风格倾向就像雕刻中的拉奥孔那样,在古典的高贵壮伟之余,显示了巴罗克的豪华与激动。在奥古斯都死后,原来以秀巧为主的第三种风格便愈来愈向华丽奔

第十一章 艺术与文学

放发展,到克劳狄之世,已可见到逐渐向第四种风格转化的趋势。例如庞贝的弗隆托家宅的壁画(约作于公元40—50年间),色调更见纷繁,重新引进了奇幻空灵的建筑结构如柱廊亭阁之类,并按墙面位置以仰视角度表现深远曲突的变化,已有综合两种风格的企图。因此,到1世纪的60年代,便是第四种风格完全成熟之时,此时罗马正在尼禄治下,

庞贝古城壁画,画的是幼年时的赫拉克列斯扼死了两条大蛇

金屋皇宫等豪华建筑的修造使新风格得其大展宏图之机,而庞贝也正好在62年发生一次地震,其后重建的房屋遂清一色地采用新风格。从尼禄金屋皇宫遗迹看,尽管壁画都极残破,仍可见到当时喜欢在白底墙面(第三种风格例用深红底色)描绘金银细工般的亭阁凉棚,并杂以花环瓶盎人物鸟兽的新画风,它虽无精神内容可言,却在争奇夺艳之中显示了巴罗克的风格特色。文艺复兴时,金屋皇宫废墟首次为人所知,艺术大师拉斐尔对其壁画残迹极为欣赏,他和他的学生们在梵蒂冈教皇宫内的壁画装饰中便广为仿效。因皇宫废墟已埋于地下,时人称之为岩窟,这种新画风遂被称为"岩窟艺术",它是诱发17世纪的欧洲巴罗克艺术的远因之一。

庞贝的第四种风格壁画的著名代表,可举城中的维蒂家宅。据考证,维蒂本人是被释奴隶,后来经营印染百货等业而发了大财,他的住宅是在62年地震后彻底重建的,许多厅堂都满布新风格的壁画,其中尤以画于伊克西昂厅及彭透斯厅(皆以壁画中的神话人物命名)两个房间者最为华丽。它的布局一般是在墙面用画出的细柱分成若干方框,皆以深红宽带为边,类似建筑物的嵌板。中央大框内空出一块方形或长方形的墙面,画

罗马文化

以仿自希腊名作的图画,犹如墙上挂着一幅名画那样令人有四壁生辉之感;但更重要的是在两旁和上部的框边内还画以仰视角度所见的各类新奇建筑,或顶阁朝天,或廊棚空透,极具奇突变幻的戏剧气氛。插画建筑结构本是第二种风格的特色,现在引入固然显示了综合的本意,但它的奇幻戏剧气氛却是新创。有些框边之内还以白底绘上花环飞仙等等,类似尼禄的金屋皇宫壁画。更有趣的是,在许多厅堂都可见到用边沿小框或画间空白绘以小幅的百业劳作之图,反映宅主从事工商业的看家本领。其中几乎包括了工商业和农艺加工的各个行业,诸如印染纺织、香料制造、金属工艺、花木栽植、酿酒榨油、林业管理、制砖造瓦等等莫不纳入画幅,而劳动者不是凡人,都是长着翅膀的婴孩般的小爱神,尽管他们的生产过程、劳动工具都如实描绘,却处处充满童稚嬉戏的诙谐与轻松,这种小爱神的百业劳作图在世界艺术中堪称一绝。仅这几点,就可使我们想见这些满布壁画的房间是多么美不胜收了。当然,由于维蒂是被释奴隶出身并以经商致富,他的艺术口味不可能很高雅,这些令人眼花缭乱的壁画难免有一些粗俗浓艳、华而不实之处,它在中央大框中仿画的希腊名作有的也难脱东施效颦之讥(但经它们而保存下来的资料信息对研究者仍很有用)。可是,我们在这里却可看到一种在罗马不易找见的商人文化,而且它的俗艳对巴罗克风格的发扬从某种意义上说也不无好处,因为巴罗克艺术追求的戏剧舞台般的喧闹热烈和这种商人文化自有气息相通的地方。所以,庞贝的第四种风格总的说来是在综合之余又以华美取胜。如果说维蒂家宅是代表了其丰盛悦人的一面,那么其他一些佳作(例如出土于庞贝附近的赫克拉尼昂的悲剧面具壁画)则进一步发挥了奇突变幻的技巧,在帷幕掩映之下、柱檐参差之中,让古典的面具、花环、飞马、神兽点缀其间,更鲜明地体现了巴罗克风格驰情入幻、眩艳呈奇的特色。所以卡哈尼在《古代与古典艺术》中评论它说:"看了这幅五彩缤纷的装饰绘画,人们不由得想起巴罗克时代艺术大师比皮埃纳和彼拉内西的辉煌的舞台布景设计。"[12]而《剑桥艺术史》则说得更为直截了当:"这种戏剧性的景色可以与1600年以后的巴罗克装饰绘画的任何杰作相媲美。"[13]

就像在建筑和雕刻中所见的情况那样,罗马绘画在发挥其巴罗克特色的时候,也是以表现技法的充分娴熟为其前提。罗马绘画在第二种风格的杰作(例如秘仪别墅之画)中已能生动、精确地表现人物、建筑,达到令人叹为观止之境,到第三种风格时又增加了风景的描绘和光影的表现,

第十一章 ● 艺术与文学

罗马镶嵌画"斗鸡"

经第四种风格的综合发扬,这些技法可说都达到了炉火纯青的地步,庞贝和赫克拉尼昂的许多精品无不证实了这一点。在这个基础上,画艺的新发展则是笔法更为奔放,渲染更见自由,出现了类似我国写意画法那样的轻快淋漓的传神之笔,西方评论家则喜欢称之为近似印象主义的手法。它画人物可以寥寥几笔而觉神采奕奕,对花鸟静物的描绘更得心应手之妙,借光影的变化突出形体大致,着墨不多却意趣盎然。尤其是对玻璃器皿的描绘能在阔笔淡彩中透现器内果物或盛水的反光,把罗马人对这种工艺品的透明质地的喜爱跃然于画幅。在希腊绘画中,已经注意到反光折射之类的效果,但以写意手法把它表现得如此精到,却是罗马绘画的新创。与之相似,风景的描绘这时也不再拘泥于山水林木的具体刻画,而强调以光影色彩烘托意境,或表现烟云迷濛的田野风光,或表现热闹喧哗的城郭海港,突出的是整个画面灵动的气氛。总的说来,这种写意手法和第四种风格所追求的奔放热烈的巴罗克特色是配合得很好的。与此相关的另一个技艺上的进展,则是对透视画法的讲究。希腊、罗马绘画中是否应用了真正的透视法,至今仍是学术界争论未决的问题。所谓真正的透视法,即焦点透视或只有一个消失点的透视,它的完整形成是在文艺复兴

罗马文化

时期，当时人尚不知庞贝壁画，故认为是自己发明而为古代所无。庞贝发掘以后，研究者对古代是否有透视法便争论不休，肯定者和否定者皆大有人在。以最近的著名学者而论，怀特在《绘画空间的诞生与再生》一书中，便认为在庞贝壁画的第四种风格作品中已可找到焦点透视，例如庞贝的拉不林斯(迷宫)住宅的科林斯厅，其建筑结构画中共有40条上下左右的透视线集中于一个消失点，因此他肯定古代已有透视画法[14]。吉斯娜·李其特则在《希腊罗马艺术中的透视法》一书中坚持否定观点，据她考察，所有古代绘画遗迹显示的近似透视的画法都未达到一个消失点的高度而是多个消失点的[15]。撇开这些学术争论的细微之处，应该说罗马绘画在第四种风格之时已达到相当接近于焦点透视的程度，它和建筑的重视空间效果，浮雕的追求空间错觉可谓同步并行，是整个帝国初期艺术的巴罗克特色必不可缺的技法。它的奇突变幻便是奠基于这种坚实的技法之上，因而能产生愈奇而愈见其真的艺术力量。

另一方面，庞贝壁画还告诉我们，像维蒂家宅代表的那样一种商人文化的环境，也和民间艺术有较密切的联系，那些街头巷尾酒店茶寮所见的作品反映民间艺术的特色就更为浓烈。因此，在庞贝壁画中，也包括那种来自民间的、明白易懂的图解式写实手法。例如有一幅画表现59年发生的庞贝地方大事：在它的圆形剧场内爆发了一场本地观众与邻城观众间的斗殴，此事惊动了中央，皇帝下令将剧场关闭十年。作这幅纪录画的民间匠师(它可能作于60年代初期)先从平视角度画出剧场的正面，然后又以

庞贝壁画，表现当地圆形剧场内爆发的一场斗殴

第十一章 艺术与文学

俯视鸟瞰之势画露天剧场的内景,以便刻画群众斗殴的场面。画法古拙有趣,情节一目了然,其多视角图解式的表现与图拉真纪念柱浮雕有异曲同工之妙。

79年的维苏威火山大爆发把庞贝、赫克拉尼昂等城镇全部埋于地下,我们了解罗马绘画的烛光也突然熄灭,此后虽有萤火虫般的亮点见于各地稀少的出土残片中,却无从再现绘艺的全貌。从各种迹象看,第四种风格仍有较长时间的延续,但其水平却日见低落,这也是和其他艺术的发展同步的。而且,由于建筑装饰越来越以浮雕为主,绘画的作用退居次位,绘艺更见衰落。只有那种民间的图解式写实传统,配以写意的快笔简墨,倒在各地基层广为流传,以后又随基督教的兴起而融入中世纪美术之中。

帝国初期的罗马文学,不像建筑、艺术那样有一段超过前人的鼎盛发展,它较之奥古斯都时期始终略逊一筹,因此拉丁文学史上通常称之为"白银时代",以对比于奥古斯都的"黄金时代"。虽然这时期并非毫无创树,作家、作品按数量而言仍可谓兴旺,和帝国后期以铜铁贱金象征的文化衰落不可同日而语,但金银的差价也就形象地说明了这时期在质量上已大不如前。造成这种现象的原因,恐怕皇帝的专制与宫廷的影响不能辞其咎。因为皇帝把文学当作宣传工具,只许歌功颂德,难容自由创造,可以说是断绝了古典文学赖以生存的自由、民主的生活环境。当建筑、艺术以及法学、史学可凭"罗马和平"而在统一综合方面取得大发展时,古典文学这个主要凭自由而展翅的部门却日渐颓靡,即使在几个"好皇帝"治下亦无起色,这就不能不说是帝制本身阻遏了它的发展。这个先金后银和与姊妹艺术的鲜明对比,从文艺复兴时代以来就使评论家得出"自由让文学兴旺、专制促文学衰亡"的结论。今天看来,这个说法若作为一种普遍规律不免有片面简单之病,但对于古典文学却是恰当的。实际上,帝制的消极影响在奥古斯都的黄金时代已可见其端倪,严格地说此时可分前后两半,前半段由于秉承共和末期群星璀璨的余绪,因而相当兴旺,后半段便逐渐有了专制之下万马齐喑的征兆。当然,从古典文学体裁发展的情况看,也有一个前人既立典范后世便难超越的"惯例",在拉丁诗词中,维吉尔的《伊尼阿特》既树楷模,以后的帝国诗人凡写史诗的便有难以企及之叹。如1世纪末创作了史诗《底比埃特》的诗人斯塔迪乌斯,便断言

罗马文化

己作远不能和《伊尼阿特》相比。这倒不是他的自谦,而是从承认上述惯例出发。他只是还不明白造成这种今不如昔的主要原因在于时代本身罢了。

从斯塔迪乌斯的例子也可想见,诗词在帝国初期的罗马文学中是最不景气的。诗人和诗作倒也不少,但无人可和维吉尔、贺拉斯等前辈相比。史诗的作者和作品,除斯塔迪乌斯外,还有瓦莱里乌斯·弗拉库斯的《阿尔戈诸英雄颂》、西尼乌斯·意大利库斯的《布匿战颂》和卢甘(Lucan,39—65年)的《内战咏》。英年早逝的卢甘(他只活了26岁),在同侪中是比较有才华的,他那部犹未完成的《内战咏》以希腊色萨利地区的法萨卢战役为主题。是役凯撒胜而庞培败,但是卢甘却贬凯撒而褒庞培。他在开篇就说:"我歌唱的这场色萨利平野上的战争,不仅是公民间的内战,也是罪恶成为合法之战。"因此诗中目凯撒为歹徒,视庞培为英雄,这种倾向性显然对帝制含批判之意,和塔西陀写史的共和情绪相近。不过卢甘作诗笔锋太露,满纸惊愕愤激之言,有违古典诗学含蓄敦厚之旨,也缺乏古人看重的单纯与自然,因此仍难臻史诗之上乘。史诗而外,其他如抒情诗、叙事诗、牧歌、赞颂之类,因迎合宫廷趣味而多属奉承粉饰之词,就更不值一提了。唯一的例外可说是讽刺诗,当时产生了两位著名的古典讽刺诗人:马尔梯亚尔(Martial,约40—104年)和尤文纳尔(Juvenal,约60—130年),他们或讽喻世风日下,或影射时政流弊,但都未能触及专制的根本,因而缺乏深度与力量。

相比起来,散文写作就较诗词兴旺,如果按古典习惯把史学和综合性的科技笔谈都归入散体文学范围,其发展就更具规模。即使就通常所谓的纯文学的散文领域看,那么无论是经西塞罗之手发展为罗马散文主轴的书信写作,还是哲理论文、修辞著作与杂文等等,皆不乏名家高手。例如我们前面提到的小普林尼(Gaius Plinius Caecilius,约61—113年)就是书信写作的名家,他的书简文如其人,精明而又优雅,同时不失自然之趣。我们从他与图拉真的通信中,可以在官场俗套之外看到君臣信息通达的朗爽和意趣的一致,这对于促成"好皇帝"的理性统治是不可或缺的。但他对后人影响最大的还是那些叙述生活起居和别墅山庄的书信,通过和友人谈论家常而表达了一个文化素养较高的罗马人(当然也是一个奴隶主贵族)的生活理想。他善于交际,勤于读书,喜欢享受山林的清幽,处世则依中庸自足之道。这种崇尚人文和哲理的生活情趣,凭其流畅的文

第十一章 ● 艺术与文学

笔而对日后的人文主义大有启迪。另一位善写哲理文章并以博学多才著称的作家则是塞内加(Seneca,约4—65年),他曾任尼禄的老师,后因被怀疑参与谋叛而被其暴君学生勒令自尽。以他的广博和尊荣,著作等身之谓当不足奇,实际上他也是最多产的罗马作家之一。除大量哲理散文外,还写了10部悲剧和一篇名为《变瓜记》的抨击皇帝克劳狄的政治讽刺散文,后人称其著述研究"几乎触及科学的各个领域"⑯。他宗奉斯多噶哲学,宣扬宿命论,以宁静淡泊为理想(虽然这与他的生活实践相差甚远),加以文笔优美,惹人喜爱,在古典传统中是个重要代表。

此外,修辞与杂文亦有人才。如修辞大师昆体良(Quintilian,约35—100年)和杂文名家卢西安(Lucian,约120—190年)。昆体良的名著《修辞学教程》(亦译《修辞原理》)共分12卷,内容之博大精深为前所未见。不过在帝制条件下公民政治已形同虚设,因而修辞学作为演说术在政治和文化生活中的作用大为降低,变成一种文学教育和评论的学问。所以此书贵在于总结过去,把共和以来文学修辞的优秀成果熔于一炉,对文学的培训和理论都提出了系统的阐述,尤以史论评述允称全面中肯,我们在前面评介各大师时已多有援引。正因为如此,昆体良这部书不仅是一种文学教材,而且是一部介绍古典传统的百科式读物,不仅汇聚许多名言佳句,也把古典的道德理想和价值观念传之于读者。文艺复兴时期,此书原本完整地发现于一座修道院的故书堆中,被时人欢呼为文化界的一大盛事,可见它影响的深远。对比于昆体良之总结传统,卢西安的杂文则贵在于开拓未来,他的思想博通豁达,游历遍及帝国东西各省。他出生于幼发拉底河畔的萨莫沙塔,后至

塞内加

希腊学习修辞,又遍访意大利、高卢、埃及、小亚细亚各地,接触面广,信息灵通,因而为文尖锐鲜明却又无所不包,被誉为古代的新闻记者和时事评论家。从其现存 70 余篇杂文看,皆有立论新奇大胆、评述精辟深入的特色。例如他指责当时形形色色的哲学家都口头赞美清贫,实际上无不贪得无厌,可见所有哲人都在撒谎。他对宗教、神灵崇拜也斥为谎言或欺骗之行,指出宗教乃人所编造,各民族崇拜殊异就是明证:波斯人拜火,埃及人拜水,孟斐斯人尊公牛为神,帕罗西翁人则拜葱头为神,如此类推,可知崇拜何物因人而异亦即纯系人为。他还猛烈抨击当时新起的基督教,根据自己亲身接触,写了《佩雷格林之死》一文,揭露了这位基督教假先知的面目。他还认为当今之世是最坏的"灰铅时代",一些人富得出奇,另一些人却死于饥饿,因此最好把所有的财富拿来共同使用。这些新奇之想又以清新坦诚的文笔表露出来,语言生动诙谐,写到讽刺戏谑之处还能入木三分,因此他的文章很有近现代的气息,在古代作家中独具一格,有古代的伏尔泰之称。

　　从昆体良和卢西安的例子可以看出,如果说罗马文学在帝国时期仍然有所建树的话,那就应归功于这个时代的统一综合精神。昆体良的总结传统固然是一种综合,卢西安之贯通东西和深入民间则是社会层面之深广两极反映于文学中的统一综合。过去的研究者多囿于金银之差的对比,喜欢强调帝国初期文学之今不如昔,但在承认这个基本情况之下,如何具体分析它已有的成就却注意不够。应该说,此时文化统一综合发展的大势,对罗马文学也是有促进力的,只是较之其他姊妹艺术可能不那么明显罢了。

　　与此有关的另一个重要发展,则是随着城市繁荣、交通发达和商业兴盛而在帝国各地普遍出现的、带有东西交融色彩的商人——市民文化,它是民间文化中带有国际性或帝国性的一部分,与民间文化中土生土长的乡土性的那一部分略有不同,因而是上述统一综合大势的产物。这种城市商人文化促成了新的文学体裁——小说的诞生。虽然严格地说古代尚无我们今天的那种小说,它的雏形却已出现于帝国初期,而且为我们留下了一部集神话、传说、言情、趣事于一体的奇书:阿普列乌斯(Apuleius,约125—180 年)的《金驴记》。这部长达 20 余万字的拉丁文文学名著,由于它的诙谐有趣、雅俗共赏,不仅历来大受读者欢迎,也是向社会广大层面传播古典传统的有力工具。从它作为小说出世之早、传阅之广看,我们也

第十一章 艺术与文学

可说它在一定程度上是奠定了欧洲长篇小说之基础。

阿普列乌斯出生于北非的马达乌拉（在今阿尔及利亚），其父曾任执政官，家境优裕，受过良好教育，精通拉丁文和希腊文，又到雅典攻读哲学，在罗马学习法律，游历广泛，遍及埃及、希腊各地，后定居于利比亚与迦太基。他终生未入仕途，交往皆市民阶层，因此写的《金驴记》渗透着商人文化的特色，古典传统与东方色彩交相辉映。令我们高兴的是，这部小说已有刘黎亭先生的中译本（上海译文出版社1988年版）。译序对其故事情节作了很好的概括，我们不妨摘录如下：

> "罗马帝国时期，有位青年名叫鲁巧，因故赴希腊旅行，羁留巫术之乡色萨利，借宿在一个高利贷商家中。当他获悉女主人精通巫术时，好奇心油然而生，遂亦想学此技艺。为了寻求帮助，他向女仆福娣黛求爱，结为情侣，得以亲眼目睹女巫凭借魔药，施展变身术。谁知情人忙乱中拿错药膏，弄巧成拙，致使他误敷在身，非但未能如愿变为飞鸟，反而变成一头毛驴。从此以后，他在命运摆布之下，开始受苦受难，相继服役于强盗、隶农、街头骗子、磨坊主、种菜人、兵痞以及贵族厨奴，同时阅尽各种奇闻轶事，其中有神话传说、坑蒙拐骗、男女风情、巧取豪夺等等。最后，因他在廉耻心感召下，逃避了与一个恶妇当众表演做爱的闹剧，埃及女神爱希丝因而降恩于他，向他传授秘诀，终于使他脱掉驴皮，恢复人形，并皈依教门。"⑰

这个人驴互变的故事固然离奇，但按古代小说结构的通例，主人翁的故事同时又是串接许多耳闻目见的小故事的线索，在《金驴记》中，这些穿插的小故事同样引人入胜，有些甚至超过主人翁本身。其中最脍炙人口的一个，就是少女卜茜凯与爱神丘比特悲欢离合的故事，它被认为是此书最精彩的部分，篇幅也不小，竟占全书五分之一。显而易见，作者是想以此展示自己的才华和理想。卜茜凯美艳惊人，连美神维纳斯也感到相形见绌，便令自己的儿子爱神丘比特将她陷害，可是丘比特也爱上了卜茜凯，但为避免让维纳斯发觉，他将卜茜凯置于仙宫，却只在晚上隐形和她相会。卜茜凯的姐姐见到她拥有仙宫珍宝，极为妒忌，便唆使她将隐形的爱人除掉。但当卜茜凯拿油灯看到所爱是丘比特时，他却以她背弃盟约而离去，

罗马文化

此后卜茜凯备受维纳斯折磨,但终于得到天帝宙斯之许,与丘比特正式成婚。情节的优婉动人,经阿普列乌斯文笔的铺陈,更是粲然生辉,魅力无穷。我们可把其中描写卜茜凯执灯惊见丘比特的那段摘出,以供读者体会作者说书娓娓动听的本领:

"谁知灯光刚一照亮婚床的深处,映入她眼帘的竟是世界上最亲切最温柔的活物:正是丘比特本人啊,翩翩小爱神,正在优雅地安眠着。仅仅是看见他,竟连油灯的微光也喜悦得粲然生辉,剃刀的渎神之刃则惭愧得闪闪烁烁。而卜茜凯目睹这一奇迹,惊得目瞪口呆,不知如何是好,脸色顿时刷白,几乎就要失去知觉,以致最后颤抖着跪在地上。她想把剃刀藏进自己怀里去,不过咱们试想一下,假如那件凶器不是从轻信者手中畏罪滑脱,她肯定会这么做的。如果说,她刚才还是处在昏死般的虚弱状态中,那么现在,当她永远不会知足地注视着圣容的美丽时,她的精力已是十分充沛了。她凝眸望着那头浓密的金发,发上滋润着芳泽;在那乳白色的脖颈和玫瑰色的脸颊上,她瞧见一绺绺头发雅致地散乱而交织着,一部分遮住了额头,另一部分则盖住了后颈,它们闪耀着熠熠的华光,甚至油灯的光芒也黯然失色。在长翅的小爱神的肩头,洁白的羽翼十分醒目,有如沾着晶莹露珠的鲜花,而且,尽管它们处于安息的静态中,上面那些柔软而轻盈的羽毛还在微微飘拂着,显得很不安分守己。身体的其余部分则圆润生光,那种美,直说吧,就连维纳斯也会因为是他的母亲而沾沾自喜。床脚下,横七竖八地扔着弓、箭和矢袋,它们是强大爱神的得意武器。

"卜茜凯感到十分好奇,就不厌其烦地查看和摆弄起这些玩意儿来。她欣赏着丈夫的武器,并从矢袋里抽出一支箭,将大拇指按在箭头上试试尖不尖;谁料手指尚在颤抖,致使用力不当,箭头深深扎进肉里,随即皮肤上渗出几滴玫瑰色的鲜血。结果无知女子卜茜凯,自动地投入了爱神的情网。

"她开始愈来愈热爱丘比特,禁不住深情地俯身在他上面凝神而视,继而急不可耐地把自己贪婪而狂热的亲吻献给他,但又唯恐把他惊醒。可是在一种如此巨大幸福的激动之中,爱情的灼伤使她无意晃了一下油灯……落下一滴滚烫的灯油,掉在小爱神的右肩上。爱神感到了灼疼,猛地跃身跳起,看见了他的信条被背叛和凌辱。他急忙闪避开运气不佳的配偶的亲吻和拥抱,一声不吭,腾空飞去。"[18]

阿普列乌斯把卜茜凯塑造成纯情少女的典型,她的天真与美丽完全来自人的本性,却大大超过了真正的美神维纳斯,这就是文艺复兴以来崇奉古典传统的人士从这个故事中领会的意旨。因此,当拉斐尔率其弟子首先把卜茜凯的故事堂而皇之画于达官贵人邸宅的大厅,甚至再作于梵蒂冈教皇宫的廊庑时,人们仿效移植便不绝如缕。从16世纪到18世纪,欧洲各地宫室别墅皆可常见有关卜茜凯的绘画与雕像,成为古典传统中最受人欢迎的一个艺术题材。当人们诵读阿普列乌斯上面那段美丽的文字时,许多近代大师创作的卜茜凯与丘比特的优美形象便一一映入眼帘。其尤著者如巴黎苏比斯府邸的公主椭圆厅,更以其珠联璧合之美回响着古今人文理想的共鸣。在这个被称为欧洲最美房间的窗间壁上,名画家那托尔连续画了8幅卜茜凯故事的图画,其中最精彩的便是少女凭灯光而惊见丘比特的那一刹那之间的情景。

第十二章 科学技术与经济生活

帝国初期罗马科技的发展可以说不仅和其他文化部门有并驾齐驱之势,在某些方面还更为跃进,因为它和罗马这个时期社会生产力达于古代世界最高水平的特点密切相关。参加到帝国科技事业中的各方人士,相对来说也较其他部门众多,其中尤以希腊系统的科技专家为突出,他们有的来自希腊本土,更多的来自希腊化的东方,如埃及的亚历山大里亚、叙利亚和小亚细亚的各个城市。过去习惯把他们归于希腊科学史的范围。实际上,自从罗马统治东方,特别是帝制建立以后,他们的活动与成就已融入帝国文化的总体之中,更加显示了这时期文化发展的统一综合的特色,就像文字虽有希腊、拉丁的区别,两种文字的作品在帝国时期都可纳入罗马文化的总的范围一样。在罗马和意大利出生的学者专家中,也无不以学习、汇集各方成果为首务,同样在他们的研究工作中贯穿着统一综合的精神,其著名代表便是以博学勤奋享誉古今的老普林尼(Gaius Plinius Secundus,约23—79年),我们不妨从他开始来考察这时期科技的发展。

普林尼出生于北部意大利的科莫,属骑士阶层,他完成学业以后便从政做官,终身仕途忙碌;但同时又勤奋好学,广于收集,敏于观察并勤于登录,因此终身著述亦丰。他在日耳曼行省任骑兵军官时与提图斯交谊甚笃,后来提图斯之父韦帕芗称帝建弗拉维王朝,他遂历任要职,最后担任了意大利西海岸司令。在他任期内,适逢79年的维苏威火山大爆发,他为抢救灾民和亲作科学考察而奔赴险区,终于以身殉职。这种奋不顾身的精神不仅反映了罗马人忠于职守的传统,也体现了科学家为学术考察献身的精神,在科学史上传为佳话。他一生手不释卷,学习刻苦,分秒必争,无论读什么书都要记下要点和有用的资料。据说他把公余之暇都用于学习,随时有奴隶在身旁以书册写板侍候于左右,因公旅行时亦从不间断,甚至吃饭时也一面令奴隶诵读资料,一面做摘要,同桌共餐的友人插话打扰,他就以少念了几行为憾。他积累的是那种包罗万象的百科全书式的学问。据他的外甥、后被收为养子的小普林尼所记,老普林尼死后留下的笔记有160卷之多,皆以蝇头小字登录,细密无以复加,而他生前写成的书亦有7部几近百卷,其中以集科技知识大全的《自然史》为最重要,共达37卷,尚完整流传至今,被誉为古代最渊博的科技著作。其他6种皆已散失或仅存残篇,既有科技性的,也有谈修辞、语文、历史的,前者如《关于骑兵投掷长矛》之类,后者则有《演说术初阶》、《费解的词》、《在日耳曼的战争》(10卷)、《历史》(31卷)等等,可见他在科技而外,于文史亦涉猎甚广。

被维苏威火山毁灭的庞贝古城

老普林尼的《自然史》也像他的生平事迹那样鲜明地体现着这个时代科技文化汇总综合的特色。他所谓的自然史的概念,既指自然万物的生灭发展,也指人们对自然界的认识与研究,还包括科技成果、手工技艺,甚至旁及雕刻绘画等艺术部门,有时还涉及社会经济、人物评论,可谓无所不包。全书37卷,作者并未为之分类,论述亦旁逸斜出、海阔天空,但大体有所集中。后人通常把各卷内容按学科归纳为八大部分[①]:

一、第1卷,绪论

二、第2卷,宇宙学与天文学

三、3—6卷,地理学

四、7卷,人类学和生理学

五、8—11卷,动物学

六、12—19卷,植物学

七、20—32卷,医学与药物学

八、33—37卷,矿物学与艺术

由此也可看出,罗马当时由于汇总希腊与东方文明长期发展的成果,自然科学的知识已比较丰富和全面。普林尼本人虽无什么专门研究,他收集论列之广却是前所未见的。据统计,全书论述各科事物总数近 20 000 项之多,摘引、参考的古代文献达 2 000 种,提到的作者属于罗马的有 146 位,属于希腊的有 326 位,参考较多的专家学者亦在百人以上。他们的著述绝大部分都已失传,凭普林尼的摘引而使这些古代科技信息得以留存至今,当然是极为珍贵的。

根据古典的人本主义观点,自然界之价值视其与人类的关系,亦即服务于人类的关系而定。普林尼(以及他摘引的各类作家)也持这种观点对待自然界,于人有用的事物多予描述、考察与研究,有害或造成灾难的自然物也给予充分注意,除此而外,纯理论的探讨就少得多了。因此也有人说这部内容浩繁的书学术价值未必很高,那是忽略了古人看待自然的特点。承认了这个前提,则普林尼这种有闻必录的态度与实践,对于当时科学担负的观察自然、认识自然的任务是很有助益的。特别是那些他亲身接触体验的事物,或者所援引的人亲身接触、体验过的事物,其记述就是很有价值的,使我们知道当时人对自然了解的深度与广度。例如,在第二卷有关宇宙天文的记述中,他对星空天体之说多半摘抄前人著述,可是,在涉及一个罗马人和意大利人都很关心并有亲身体验的地球物理现象——地震的考察上,他就比较深刻。他提到了罗马学术界能收集到的历史上较大地震的记录(虽然细节不一定很可靠),他还谈到地震的前兆、原因、后果以及预防之方等等,尽管多无条理,却包括一些真知灼见和实践经验。同样地,在对动物的考察中,那些能在罗马显贵的园囿和竞技场的兽笼里看到的、来自帝国四面八方甚至异地绝域的珍禽奇兽,在他的记述中就比较出色,至于已纳入驯养家畜的物类,说得就更丰富了:对植物的描述也同样是按与人的利害关系和接近程度予以介绍,因此农作物与药物占了突出地位。他对粮食作物和罗马人特别感兴趣的经济作物葡萄与橄榄的种植谈之不厌其详,还列举了罗马人引以为荣的帝国初期先进

第十二章 科学技术与经济生活

的农业生产工具——带轮的重犁和带切割刀的收割机,甚至葡萄压榨机他也列出四种,供人比较。药物的记述则在详尽之余又不免夹杂许多古人搜求的秘方妙药,虽然按罗马人讲究实际的传统他时常强调奇药之灵皆凭实效,其中仍难免无稽之谈。例如他提到一种可从伤口退出箭头的药草,并说"经证明"中矢之鹿服之箭头即自动脱出,那么,连这种"证明"都很值得怀疑了。然而,总的说来,罗马当时已达到的科学水平仍能使这位博学的高官大人对自然万物有清醒的认识,他坚信科学真理高于一切世俗偏见和粗浅常识。例如对大地呈球形(地球)的科学认识,罗马民众常提出难解的"对蹠人"之谜而不予相信(对蹠人是指:若地为球形则地球两端人的位置是脚跟对着脚跟的,然而万物皆下坠,那么和我们对蹠的地球另一端的人如何能不下坠?),普林尼则斥这种囿于常识之谈为肤浅,他当然还不能以万有引力解释这一问题,却用同样是人人皆知的事实来证明地圆之说(如海船由远而近必先见船桅后见船身等等),显示了他捍卫科学真理的执著,这和他最后为考察火山爆发奋不顾身的精神是一致的。因此,尽管《自然史》中有些可笑的摘引(例如说非洲有一部落之人无头而口目长于胸前),它保留的大量科技信息仍足以使它成为古代科技文献中的丰碑。

对于我们中国人说来,最有意义的莫过于他有关天边的赛里斯国——丝国亦即中国的记述了。我国研究中西交通史的前辈张星烺先生对此有一段典雅的文言译文,我们特照录之以示纪念:

"(赛里斯国)林中产丝,驰名宇内,丝生于树上,取出,湿之以水,理之成丝。后织成锦绣文绮,贩运至罗马。富豪贵族之夫人娇媛,裁成衣服,光辉夺目。由地球东端运至西端,故极其辛苦。赛里斯人举止温厚,然少与人接触。贸易皆待他人之来,而绝不求售也。……(罗马)奢侈之风,由来渐矣。至于今代,乃见凿通金山,远赴赛里斯国以取衣料。据最低之计算,吾国之金银,每年流入印度、赛里斯及阿拉伯半岛三地者,不下一万万赛斯透司,此即吾国男子及妇女奢侈之酬价也。"[②]

这段短短的文字,却使我们看到两千年前远隔重洋的罗马人对东土大国的重视,尽管他获得的信息是相当模糊的。他提到了中国对于罗马人说

罗马文化

来最重要的宝物——丝,至于他说丝产于树上,则是一个可以原谅的错误,因为他是把丝蚕和它必需的食物来源桑树混在一起了。他已认识到中国——赛里斯国远在地球的那一端,对丝路的绵长艰辛备致赞扬,他关于中国人"举止温厚"的说法,我们听来不仅有一字千金之贵,而且不由令人想起《后汉书》称罗马"其人民皆长大平正,有类中国,故谓之大秦"那段著名的评语,东西两大民族互以温厚平正相许,岂不是他们发自内心的友谊唱和么?其中还有一句"皆待他人之来,绝不求售"的话,过去有些西方研究者认为这还是原始的互不见面的以物易物,似乎与丝路发达的洲际贸易不符。我们却可认为它是指我国中央朝廷以贡纳、朝贡和回赐为主要渠道的一种贸易形式③,根据我国学者的看法,这种形式通过各少数民族和边邻友邦向汉朝中央政府派使携贡献纳于京都,中央则以天下至尊的气派回赐大量赠物,不期获取利润,唯以亲善友谊为重,所以是待他人之来,绝不求售。这种形式也适用于从丝路而来的异国绝域的大秦商人或其他西方商旅,所以传到罗马,便有了上述说法。至于最后一段联系到罗马奢侈风习而指出巨额金银外流的话,牵涉到丝路贸易本身的许多复杂问题,我们将在下一章详论。这里要指出的是,这段文字却是典型地反映了普林尼观察事物眼界的辽阔和联系的广泛,他不仅从丝绸贵逾黄金的高价想到罗马外贸入超的亏损问题,还抨击了奴隶主上层的奢靡之风,而其喜欢计算和以数字反映情况的做法也是科学求实精神的一种表现。既然有关中国的寥寥数语已可如此看,那么37卷巨著提供的信息之丰富也就可想而知了。因此,这部被小普林尼誉为"像自然本身一样丰富多彩"的书,历经中世纪的浩劫而始终流传,到文艺复兴时期更成为古典传统在科技方面的代表读物,影响至为深远。

在帝国初期的希腊文科技著作中,其广采博收也同样地反映着时代的统一综合精神,它们虽难及普林尼百科式的全面与渊博,但在具体学科的深入方面却有过之。其中在科学史上地位可和普林尼相比的是斯特拉波(Strabo,约公元前64—公元23年)的17卷《地理学》。斯特拉波出生于小亚细亚阿马西城的希腊贵族之家,长期工作于罗马并获罗马公民权,奥古斯都时,曾随罗马驻埃及总督赴埃及进行地理考察,他对希腊及黑海沿岸地区也比较熟悉,而且历史知识异常丰富,曾编写一部长达47卷的历史著作,惜已失传。他的治学态度也像普林尼那样着眼于汇总与综合。他在博览群书的基础上,广收前人成果致力于完成一部内容最全面、范围

第十二章 科学技术与经济生活

最广阔并具有科学体系的地理学专著。在写法上,他也像普林尼那样,以考察、记叙为首务,全面、系统地描述当时已知的世界,这就是他为《地理学》一书定下的宗旨。按古典传统的理解,地理学是一门内容很广的学问,举凡山川形势、气候土质、万物生息、矿泉土产、民族风俗、城郭交通以及历史沿革等等均包含其中。斯特拉波在发扬这种古典传统的渊博时,又强调了它的科学性质,因而在深度方面也有较大进展。所以,在地理这个具体学科内,斯特拉波的深度与广度皆为普林尼所不及。实际上,他这部著作完成之时比《自然史》还早了半个世纪(《地理学》是在他晚年居留罗马时写成,约完稿于 23 年)。

17 卷的《地理学》内容安排大致是:头两卷为绪言与总论;3—10 卷描述欧洲各地,尤其着重于意大利、西班牙、高卢与希腊(巴尔干);11—16 卷介绍亚洲,小亚细亚、两河流域、叙利亚等地当然是重点;17 卷谈非洲,包括埃及与整个北非。这种把欧亚非三大洲囊括无遗的世界地理学,显示了帝国时期眼界的广阔,直到哥伦布发现新大陆以前,它始终是西方已知世界的全部。如前所述,古人看世界是从人本主义出发,因而对地理学也是偏重于与人文历史有关的方面。斯特拉波原以编撰历史起家(在《地理学》之前先写了 47 卷的《历史》),他注重这种古典的人文传统当然是可以理解的。可贵的是,他虽然"未受过科学教育,也无前辈学者那样高深的观察力"④,却能在吸收前人成果的基础上强调了地理学的自然科学内涵,并反映着当时已较高涨的科学精神。在总论中他表示地理学应包括以天文学和数学为基础的数理地理学和研究地表及大气圈自然现象的自然地理学两个方面,尽管他也用很多篇幅捍卫了人文学派的"荷马地理学"。他指出要使地理研究卓有成效,便必须掌握有关天文、数学、大地测量和地理学史等基础科学知识。这种既奠基于人文亦强调数理的态度,也昭示着帝国初期古典科技知识发展的统一综合的大势。在总论中阐述理论体系后,《地理学》便以大约占十分之八九的篇幅致力于描述"已知世界",既阐述自然地理各要素,亦介绍人文地理诸方面,层次分明而重点突出,既有呼应联系亦有对比分析,集汇总综合之大成。对不同自然环境中经济生活的差异和城市地理的探究,是本书的突出成就。前者的研讨使人们注意到人与自然、经济与环境的交互关系,在古人中独树一帜。对后者研究的深入则连上引那位说他"无前辈学者那样高深的观察力"的法国学者也不得不承认:"斯特拉波对城市地理的描述,材料特别丰富,包括有

罗马文化

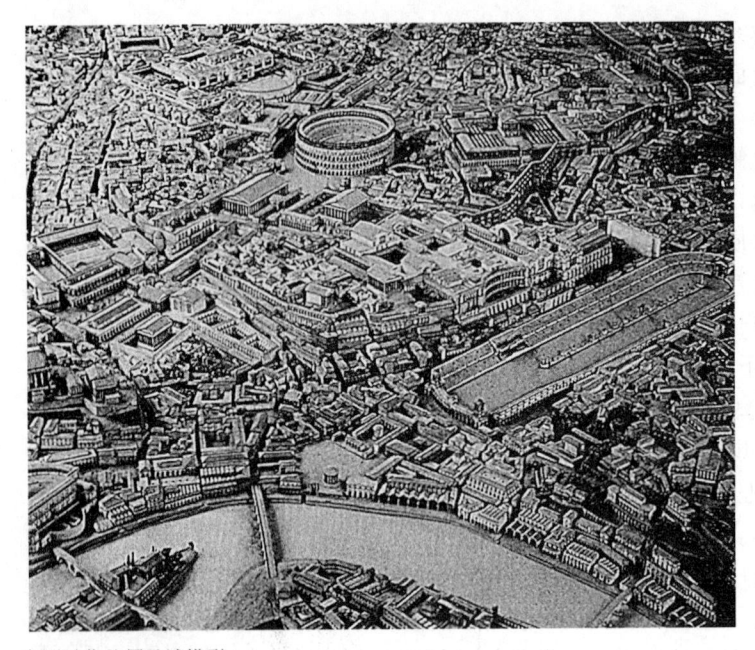

帝国时代的罗马城模型

地点、位置、作用、资源、城市平面图以及治理、港口、军事基地、工商要地、交通枢纽和宗教中心等，在这位地理学家的著作中出现达数十次之多，充分展现了公元前1世纪罗马世界市肆喧闹、百业兴旺的繁荣景象。"⑤注重城市当然是古典文明的特色，而他对希腊、罗马城市建设的比较分析，从文化史研究的角度看则更有启发意义。试看他对罗马城市规划的著名论述：

"对比于希腊人创建城市时总是特别留意于景观之美、防守之固、海港航运和土地出产等等，并把这些作为他们奋斗的目标，罗马人则把最大的注意力放在——希腊人不甚关心的方面——道路的平整、用水的供应，以及能将城中污水疏导入台伯河的地下管道。他们还把乡间的道路铺平，去其陡峭坑洼之处，因此船运货物转为陆运车辆照样畅通。他们的下水道用石造拱券建成，许多地方都高大得可容满载干草的大车通行。由各条引水道运往城内的水量如此之大，可说好几条河流皆直通城内，而下水道的输水亦与之相当，因此差不多每座房屋都有水池、水管，而自来水泉亦莫不丰盛涌出。那位把许多华丽神庙当作礼物大大美化了罗马的阿格里巴，对实用的公共设施也给予最大的关心。假若说罗马人的先辈由于其他要务缠身而把罗马城市建设放在次位的话，那么后辈的罗马人，特别是我们这个时代的罗马人在这方面就绝不落后，也绝不仅仅满足于以无数神庙充斥他们的城市。"⑥

斯特拉波在这里作的对希腊、罗马的比较,既突出了罗马人重实用的民族特色,也指出了罗马城市公用设施达到的高度水平。这些话出于一位希腊学者之口,就像波利比乌对罗马政体的赞赏一样,更显出其"旁观者清"的功效。

在斯特拉波和普林尼之世,罗马科技界不仅有他俩作突出代表,名家能手也所在多有,表明此时正是罗马科学技术的一个黄金时代。在这百余年中,科技各门类都有显著的进展,特别是技术工程等服务于生产而又与重视实用的罗马精神结合无间的学问,更呈硕果累累的丰收之势。例如,生活于1世纪的亚历山大里亚的赫伦(Heron),便是一位著名的实用科学家与工程师,生平著述甚丰,还有许多发明创造。他曾制造过比较复杂的滑轮系统和起重机械,设计过双缸单程鼓风机、计里程器、虹吸管、测量用的照准仪、投币自动限量供水龙头等等,尤其在一些精巧玩具的设计上反映了当时机械学的成就。例如他所制的蒸汽反冲球,使金属锅贮水加热变成蒸汽,再从锅中以细管引蒸汽注入金属球中,球上对列两管让水蒸气依切线方向冲出,由于反冲力的作用,金属球即可高速转动。此物虽属玩具,却可看作是以蒸汽为动力的机器的雏形,它的原理是和日后工业革命所用的蒸汽机相似的。在他的科学著作中,曾写有一部研究欧几里得的《几何原本》的注释,据说他在书中证明过一些新的定理。在《经纬仪》一书中,他还得出一个以三角形三边之长求三角形面积的公式⑦:

$$S = \sqrt{s(s-a)(s-b)(s-c)}$$

其中 a、b、c 为三边之长,s 为周长的一半,这个公式简单明了,解决了实用计算中的一大难题,说明他的科学研究也具有联系实用的特色,因此他的《测地术》一书以后长期被人用作测量土地的实用手册。

在医学和药物学方面,塞尔苏斯(Celsus,约公元前30—公元45年)写有8卷本的《医学大全》,其综合汇总之功相当于斯特拉波之于地理学。此书用拉丁文写就,尤着重外科手术之类实用的学科。此书头两卷专论治疗学和病理学原理;3、4卷谈内科各症;5、6卷谈外科;7、8卷专论手术,是全书精华所在。他在手术部分提到的脸部和嘴的外科整形术、从鼻

罗 马 文 化

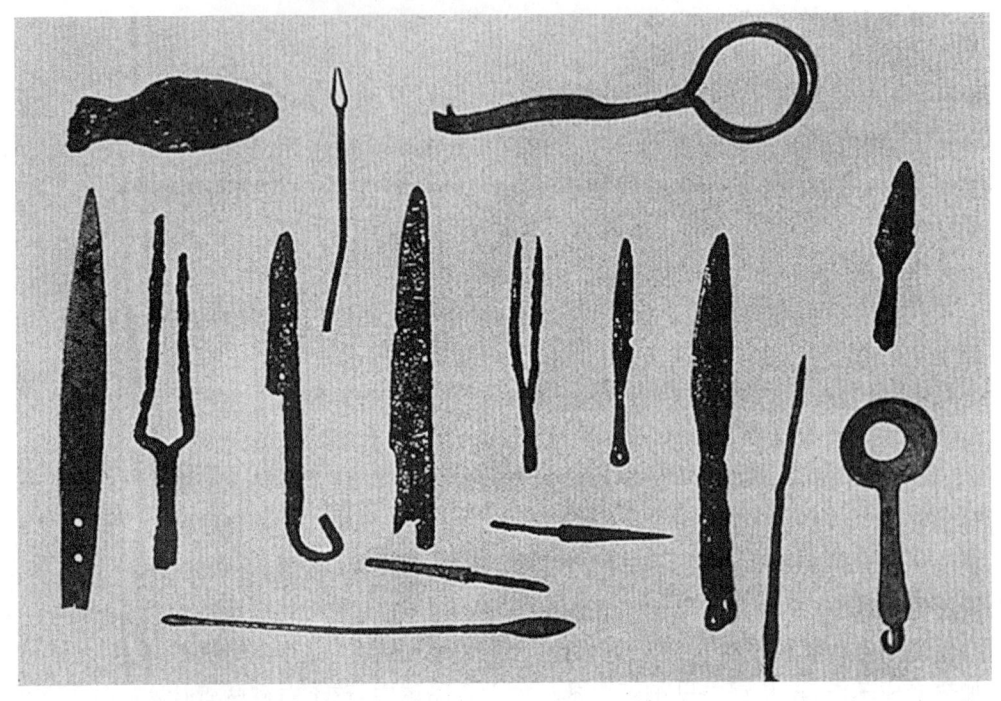

罗马医生用过的医疗器械

孔取出鼻息肉和切除甲状腺肿诸法皆颇具新意,他甚至设想了切除扁桃腺或扁桃体的手术。他对牙科各类手术亦叙之甚详,并可能使用了配合手术的牙科小镜,此外还有骨折的治疗手术、治疗膀胱结石的手术等等,在古代医学著述中堪称独步。从各种迹象看,以实用为特色的外科手术也是罗马医学最发达的门类,现存庞贝出土的医疗器械也以手术用具最称先进,其中有专用以摘除长条悬雍垂或蚓垂的镊子,有细长的针嘴弯钳、医用小剪、牙科专用镊钳、特型小镊等等,型制与近代西医所用大同小异。随着城市建设的进展和工程实践的丰富,上述两方面的研究著述必有不少,可惜皆无传于世,但偶然留存的一两部著作也告诉我们当时达到的高度水平。例如我们在前面谈到建筑时引用的弗隆提努斯(Sextus Julius Frontinus,40—103 年)的《论罗马城的供水》,除了对罗马引水道的管理维修、历史沿革详作记述外,还对工程技术和水力学等问题作了探讨。这位做过不列颠总督和罗马引水工程总监的达官贵人,也像普林尼那样有较深的学术造诣,除上举一书外,他还写了探讨大地测量和战略学

第十二章　科学技术与经济生活

的书,不失罗马人为官治学并举的传统。在水力学方面,他曾提出水流速度不仅取决于管道口径也取决于管口位于水下深度的理论,可谓水压力学的滥觞。

属于安敦尼王朝的公元2世纪,仍是罗马科技继续发展的时期,虽然总的说来罗马文化至此已面临盛极而衰的转折。此时科技界带有全面总结性的代表作是托勒密(Claudius Ptolemaeos,约85—168年)的《天文学大成》。他出生于埃及,终生在亚历山大里亚从事学术研究,于天文、地理、几何、光学、测量、历算皆有很深造诣。除《天文学大成》而外,他的《地理学》、《光学》也是重要著作,在古典传统的科技著述中皆有突出地位。其中以《天文学大成》影响最大,阿拉伯人甚至称之为《至大论》,是古典天文学中最著名的一部集大成之作。此书发挥了古典天文学以几何系统描述天地结构和天体运动的特色,论述地球、太阳、月亮及行星的运动规律,提供了1 022个恒星的位置表及其亮度,堪称古代最完备的星图,同时它还详论推算日月食、确定

托勒密

行星位置以及演算历法之方,介绍天文仪器的制作与使用方法,可以说汇总综合了古典天文学的全部成就。美中不足的是,托勒密虽相信地圆之说,却也像大多数古代学者那样坚持地球中心说,因而他的宇宙学体系有一个非科学的根本缺陷。为了发挥这一错误学说,他还设想出一种相当复杂的天体几何结构,以本轮、均轮的偏心模式解释一些地球中心说的演算难题,使对日月和行星位置的推算在数据上基本接近实测所得。这样一来,反而使地心说的错误理论获得广泛流传,直到文艺复兴时期哥白尼建立日心说后才得到纠正。从坚持地心错误模式而论,又不能不说它在一定程度上反映了罗马科技也同样面临着盛极而衰的转折。他的《地理学》(又名《地球形状概论》),也有以数量统计取胜的趋势。他把主要篇幅

罗马文化

(8卷中的6卷)介绍了总数约8 100个地名,并作有关统计,其范围像斯特拉波那样包括已知世界的全部,将其细分为82个区(如爱尔兰、不列颠等等,最远可到印度、锡兰),一一确定这8 000多个地点的经纬度位置,还附以若干幅地图。由此可见,托勒密是把地理学和地图学等同起来,范围未免褊狭,而他所"确定"的经纬度位置只有少数得自实测,大多数地点在古代条件下根本不可能进行实测,而且结合天文观测得到的实测数据只有纬度而无经度,后者只能求之于里程推算,因而很不精确。就这一点说,他的地理模式也和他的天体模式那样大有变形之处。不过在古代条件下,这已是人们对地球上已知世界最有科学数据的考察了。和托勒密同时的医学家盖伦(Galen,129—199年),则是古典医学的集大成者,他出生于小亚细亚的帕加马,曾任皇帝御医,生平著述据说有131部之多,现存者亦达83篇。盖伦曾试图对人体结构作科学分析,也就是说,试图从解剖学的角度了解人体器官及其活动,但在古代条件下是无法进行人体解剖的,他只能以猴类代之,因此他对人体的了解仍是很初步的,也包含许多错误。不过这种试图通过实体解剖发展医学的方向是值得肯定的,它不仅标志着解剖学的萌芽,有关论述也代表了古代医学的最高水平。此外,他在生理学、治疗学和病理学方面亦有较大发展,尤以对神经病钻研精深,把神经分为运动神经、感觉神经、混合神经三类。对于人体生理机制,他亦有"三灵气"说,即消化系统摄取营养而入肝脏、静脉的"自然灵气",由此再经心肺与空气接触而带上的"活力灵气",最后心脉通联大脑,成为"灵魂灵气",通过神经系统支配全身感觉运动。这种说法当然有谬误成分,但它把灵气奠基于自然摄入再经管道沟通,已对古代医学的神秘迷信成分作了较多的清除,直到17世纪血液循环学说成立以

盖伦

第十二章　科学技术与经济生活

前,始终是古典医学的生理概念的基础。他有关药物学的著述介绍了当时人们已知的各类药材,其中包括矿物药品 100 种,动物药品 180 种,植物药材 540 种,堪称古代药物学的大成。

从科技是第一生产力的角度看,帝国初期罗马科技达到的高度水平当然也就意味着此时生产力的充分发达。实际上,从古代文明由埃及、巴比伦连接于希腊、罗马的发展历程看,在将近 4 000 年的时间中,古代社会的生产力到罗马帝国初期已经进入最后的高涨阶段,也可以说是达到了古代生产力的最高水平。

科技而外,标志这一特点的便是帝国经济的空前繁荣。此时希腊、罗马的铁器时代亦经千年的发展,铁的开采、冶炼与铁制工具、武器的发达皆超过以前各代。帝制建立后,"罗马和平"造成的社会稳定、四境安宁、交通便利、各地联系的加强、东西方生产经验的交流、产品的输通、科技成果的应用,都显示了统一综合的大势对经济和生产活动的促进,各地的生产技术、劳动效率都有明显的提高。这时在希腊和意大利广泛使用带轮的重型犁具,在高卢、西班牙等地亦渐普及,这种重犁要用两头甚至四头壮牛曳引,犁田快,翻土亦深。据前述普林尼的记载,这时高卢已出现了畜力收割机,是一种配有梳形切割刀的柜式轮车,刀置车前,牲口在车后推之前进,可以说是一种相当先进的农业工具,在古代实属闻所未闻。由于高卢在当时并非经济最发达地区,因此长期以来人们对普林尼的记述不予置信。可是,1958 年在比利时南部

后代艺术家复原的罗马农夫用犁耕作的情形

罗马文化

（正是普林尼所说的高卢）却发现公元2世纪的一幅浮雕上有类似车具的图样,乃证实普氏言之不虚。这种收割机的生产效率较人力刈割毫无疑问大有提高,可是,在奴隶制条件下,它的使用未必能够顺利推广,从而表明奴隶制已和这时高度发达的生产力难以相容——奴隶制将被生产力的发展否定。

相应的进展也见于工业方面,水力机械和水力工具,例如水轮机、水磨、水车等在采矿业、磨粉业和纺织业都有广泛运用,在西班牙曾发现连续使用8个水轮机的梯级磨坊,说明运用水力的技术大有发展。在建筑工程中使用的复滑车、杠杆起重机、踏轮起重机和复合起重机等等,均属古代最高水平,虽然它们主要仍以人力、畜力为牵引动力,偶尔配以水力,但其组合之妙、规模之大皆称空前,因而能完成罗马万神祠那样杰出的大圆顶结构和起运巴尔贝克神庙那些重逾百吨的巨石。在矿山和矿井中,人力、畜力及水力的提升机械相当普遍,规模亦大。排水机械中还采用了螺旋泵。

在航运业方面,已能制造有舱房的远航货船,船首有起重杆及铰链（复滑车）,舱内除货库、住房外还备有充足的饮水与食物,可以在海洋四季航行,代表着古代造船技术的最高水平。海港码头的建造由于大量使用水泥而更见牢固,且普遍运用灯塔。据考古发现,西方远至不列颠,东方远至黎巴嫩,港口设施皆大体统一,反映了海运的发达。陆路方面,著名的罗马大道的修筑则与其发达的建筑工程并驾齐驱,已畅通于帝国各地直至边陲僻野。

手工业各部门随生产技术提高和交通贸易发达而呈现百业兴旺的景象,产品种类繁多,技术分工细密,各地皆有自己夙享盛誉的传统产品,以提供于帝国境内乃至国际的贸易交流。在意大利本土,伊达拉里亚和坎佩尼亚原有的金属冶炼和金银工艺业得到恢复和发展,玻璃吹制的器皿尤受欢迎。在古代东方与希腊,玻璃工艺沿袭金属冶炼熔铸之法,只有范模塑制镶嵌切磨之类,到帝国初期吹制之法才见流行。在此以前,玻璃器皿属高级奢侈器,价昂物稀,民间很难普及,有了吹制法,玻璃便成为罗马社会雅俗共赏最受欢迎的用具,有如我国的瓷器。古代记述首次提及吹制玻璃的是斯特拉波,他说罗马城中玻璃器皿极为普遍,以铜钱一枚即可购一玻璃酒杯⑧。因此一般相信吹制法是在公元前后之年由罗马或坎佩尼亚等地匠师发明,但1970年在耶路撒冷的考古发掘又见有公元前50

第十二章 科学技术与经济生活

年左右的吹制玻璃的残渣,可能是在作坊的垃圾堆中出土[9],证实玻璃吹制工艺最初可能发源于东方,因为这儿生产玻璃有更悠久的传统,但其发明也是在共和末年东方已置于罗马治下之时,因此它很快就传于罗马和意大利,使伊达拉里亚和坎佩尼亚原来已有较高水平的玻璃生产如虎添翼,更见兴旺。和玻璃并

罗马玻璃碗

列为大宗日用工艺产品之首的陶器,在意大利也有一个著名的制造中心——阿列蒂内,它的陶器不仅大量运销于罗马和意大利各地,还远销海外直至印度。北意莫德纳城还特以制灯业知名于时,它制的陶灯和其他灯具普遍见于首都和各行省。手工行业的兴旺与繁多,从庞贝的发掘中也可明显看出,这个避暑胜地的滨海小城人口不过数万,但城中街道两边作坊店铺密布,有呢绒、珠宝、香料、玻璃、石工、铁器、磨粉、面包等业,可看作帝国全境星罗棋布的中小城镇手工业的缩影。像罗马这样百万人口的大都市,手工行业见于记载者即达80余种,实际上可达三位数字,而从事工商业的市民和使用的奴隶总数亦以数十万计。

相比于首都罗马和帝国心腹之地的意大利,各行省经济的发展不仅没有见绌之感,反而在某些方面更为繁荣。就规模而言,东、西方的一些重要行省已有超越意大利之势,在高卢各地,原来凯尔特人擅长的冶铁、制车、武器、首饰等业更见兴盛,在法国南部和莱茵河沿岸都形成了若干金属冶炼、纺织、制陶和玻璃工业的中心,其中有些以后一直是西欧的工业名城,如法国的里昂和德国的科隆,它们的产品也非仅供本省需用,皆遍销西欧、中欧、英国和西班牙。采矿、酿酒和金属、皮革加工则是西班牙夙享盛名的行业,它的铅、锡和银矿供应了帝国各地的需要。在帝国东部,小亚细亚、叙利亚和埃及一些古老城市的奢侈品工业和传统产品又梅开二度,再现繁荣。试以前述玻璃工艺为例,在发明吹制法后,东方的玻

罗马文化

璃产品便大量运销波斯、中亚、印度、阿拉伯及非洲内陆各地,同时原有的高档铸冶玻璃也有新发展,出现了驰名宇内的腓尼基和亚历山大里亚的花玻璃器皿。其他传统的东方名产,如小亚细亚的毛毯、皮毛和纺织品,腓尼基的染料、金银器皿,埃及的化妆品、麻纱和象牙珠宝首饰,也都畅销帝国各地,尤为罗马上层社会赏识。

行省的农业发展也是后来居上,渐渐超过了意大利本部。首都罗马和京畿地区的粮食供应已主要由埃及和北非承担,这些地区的水利灌溉在帝国初期不仅全面恢复并较前大有改进,耕地面积扩大,以前未能利用的半沙漠地带已由生荒辟为良田果林,除了连年丰收的尼罗河流域外,北非沿岸由利比亚至突尼斯、阿尔及利亚连绵千里的地带,竟有田垄相依、绿荫不绝的景色,与今日此地的沙荒干涸之景完全不同,可见帝国初期这一带地区农业生产的兴旺。爱琴诸岛与希腊山区著名的葡萄园、橄榄林也重整旗鼓,油、酒的生产成为地区经济的大宗。更重要的是,高卢的沃野和多瑙河的肥土这时也开发起来,以其灌溉方便、土质丰厚而迅速发展为重要的农业地区,多瑙河的潘诺尼亚和美西亚(今匈牙利、南斯拉夫、保加利亚一带)有新罗马谷仓之称,其作用已可和埃及相比。此外,在高卢南部和西班牙还因地制宜特别发展了葡萄和橄榄的种植,所产油、酒备受欢迎,以至直到今天,两地所产美酒的声誉仍为欧美其他地区难以企及。

在这样高度发展的经济水平上,首都罗马和帝国各地的居民,不分东西南北,在日常生活的衣食住行方面可说都能享受到古代条件下的最大便利,当然,这是不包括奴隶和赤贫自由民在内的。罗马人的传统衣着比较简单,男装只有一袍一衣,即罗马袍(toga)和短袖内衣(tunica),前者以一大块半圆形的衣料缝制,圆心开口披于肩上,两边自然下垂即成大袍,内衣也是单幅衣料开一圆领,与今之"T恤"差不多,唯长可及膝,以腰带束之,女装亦大致如此,常在内衣外加一有袖花袍,有时还着披肩方巾或披风衫。帝国初期奢侈之风渐盛,宫廷和贵族衣衫便日趋华丽,东方式的长袖大袍逐渐普及,金银饰物和锦绣更使显贵的衣着特别是妇女装束达到空前的豪华。罗马尚无棉花,衣料一般以毛、麻为之,中国丝绸(通常是在东部行省沿岸大埠杂以各色麻纱织成绫缯等衣料)运入罗马后,便被皇帝和显贵们奉为最珍贵的衣料,价逾黄金,因此普林尼在前引文中说罗马是凿通金山以求中国丝绸。然而,有了丝绸绫绮,配以小亚细亚之毛呢、埃及之轻纱、高卢的厚布和西班牙的皮革,罗马人的衣着也可谓集天下之奇珍,虽然难及东方宫廷的艳丽,却已大大超过了古典理想的以简朴求雅致之美,因此遭到普林尼这样的有识之士的严厉批评。

和平祭坛上的浮雕,表现出罗马人的传统穿着

在吃的问题上,传统的罗马一日三餐原来也是比较简单的,早餐只有面包⑩和乳酪,午餐加以少许冷菜(肉及水果)和少量的酒,只有晚餐较丰盛,通常备三道菜,首盘多为蛋、豆、咸鱼或蔬菜之类,主盘是烤肉或烧鸡,尾盘则为鱼虾。主食除面包外,一般亦只有麦粥(西方当时尚不知米饭)。但是到了帝国之时,天下珍肴美味无不聚于宫廷宴席之上,饮食方面的奢华较衣着尤有过之。公元2世纪的希腊作家奥卢斯·盖利乌斯在《宴饮丛谈》中曾为罗马餐桌上能见到的来自四面八方的珍奇异味列了一小清单⑪,他提到了来自爱琴海萨莫斯岛的孔雀、小亚细亚菲利吉亚的松鸡、波斯的鹤、希腊北部安布拉齐亚的羔羊、黑海的金枪鱼、西班牙布尔提苏斯港的八目鳗鱼、开俄斯岛的扇贝、小亚细亚启里西亚的鹦鹉鱼(隆头鱼)、塔索斯岛的核桃、埃及的椰枣和西班牙的栎子棋榛实……真是天南海北无奇不有,所差的恐怕只有我们中国的熊掌猴脑燕窝蛇肉了。

罗马文化

在住的方面,罗马传统的居家宅院也是比较简单的,一般是四墙围成的一个方形小院,房屋靠四边安排,屋顶瓦面斜坡从墙头向中心倾斜,在中央辟一方形小天井,靠街的墙开门以供出入,其余墙面都是无门无窗的,所有房间都从中央小天井(atrium)取光,隔天井面对大门的房间称堂屋(tablium),作招待室和存放祖先雕像之处,是最重要的厅堂,其余则为卧房、饭厅等等。这种宅院在帝国初期仍是普通百姓常用的住房形式,不过在大城市中由于地价昂贵,普通百姓更多的是住在我们谈建筑时提到的那种公寓楼房中。此时中上之家往往在这种传统宅院后面还附以一个带古典柱廊的花园,柱廊或四面或三面地围绕全园,中心则置以花木喷泉,并以古典雕像穿插其间。随着帝制的建立,宫廷显贵的居住条件当然也豪华如仙宫琼殿,和普通百姓的宅院自然有天地之遥了。皇帝倾全国财力、集最高工艺建成的宫殿林苑,如尼禄的金屋皇宫和哈德良的蒂沃利别墅,前已多有论述,固然是豪华无比;就是一般贵族官员的住宅,这时也是金雕玉饰,特别是使用采自各地的大理石(云石)材料的繁多、昂贵,变成了一种标志身份的必备之物,相互攀比,奢靡成风,为害之烈不下于贵族妇女之用丝绸。因此塞内加也像普林尼那样对此有段著名的文字:

> "在我们当中,假若谁家用的亚历山大里亚的大理石不配以其他名贵的石料,他就会被目为寒酸穷竭。在家宅的建造中,除了上述大理石外,还必须配以鲁米底亚的大理石制的嵌板,夹以彩绘逼真的各色装饰,拱券或圆顶的天花板上必须镶嵌以彩色玻璃的图案(马赛克),浴室中必得用过去甚至连神庙都极少用的采自萨索斯岛的大理石……,否则,此屋便不屑一顾。"[12]

在行的方面,海运的畅通与陆路的便利更是帝国文明的一大特色。前引小普林尼与图拉真通信中提到罗马公民犯罪必送罗马中央提审之事,虽远隔千里翻山渡海亦习以为常,就是奠基于这个条件之上。交通的便利使人员往来、信息交流都大为加强,对商业贸易的推动就更为明显。数以千百计的罗马帝国城镇组成了繁盛的交通贸易网,各地区各城市之间通过海上航路、内陆河运、官修大道和古老商路彼此联络,互通有无,商旅往来络绎不绝的景象实为古代所仅见。不仅城镇如此,乡村农庄也参加到这种贸易网络中来了。例如1976年在原伊达拉里亚地区的塞蒂费雷斯

第十二章 ● 科学技术与经济生活

长颈双耳瓶

特尼发掘的一座帝国时期罗马农庄,其主要产品——酒和火腿便专门运销于高卢和西欧各地。此农庄养猪制成火腿(当时保存肉食的主要加工方法),所产葡萄制成酒,并用自己生产的陶瓶装载,然后定期定点运销这些产品于数百里甚至千里以外。因为西欧各地的考古发掘已经证实,有此农庄特殊印记的长颈双耳瓶(盛酒器)已出土于意大利、法国、瑞士的28个地方[13],最远者可达巴塞尔(瑞士),此地居莱茵河上游,因而也是运往莱茵河流域各地的站口,所以实际上此农庄产品已分布于帝国好几个行省。帝国全境的商旅往来之活跃,既可看作此时罗马文化统一综合大势在经济领域中的反映,也可说是这种统一综合精神赖以奠立的一个物质基础。综上所述,可见罗马帝国初期经济生活的水平在古代实属无人能及,而在以后各时代中,从中世纪直到文艺复兴,虽然许多方面大有进展,但就城市生活的总观而言仍难说超过了罗马,歌德、吉本等人所以倾慕图拉真、哈德良之世,这也是重要原因之一。有些学者甚至认为,相比于2世纪的罗马,19世纪的英国在城市生活方面也没有什么绝对值得骄傲之处。英国有一本很流行的讨论罗马文化的书叫做《伟大在于罗马》

罗马文化

(自1912年初版到1987年重印或改版共达16次之多),作者斯陀巴特和以后作修订的斯卡拉德等人,对此都深信不疑。我们不妨亦引他们的评论作为一个参考:

> "在有关交通、公共卫生、警卫公安、用水供应、工程建筑等等方面,2世纪的罗马确实没有为维多利亚女王之世留下多少可供超越的余地。今天的罗马城仍从帝国时期修建的9条大引水道中的3条取其饮用水。当今欧美各大饭店取暖用的热气系统在公元1世纪的每一个体面的罗马别墅中都已经装设了。在公元200年,对贫民的教育较公元1850年更见普及和适用。图拉真用于攻城的石炮大约也在效率方面不低于路易十四的元帅瓦邦的火炮。"[14]

最后,在结束我们对帝国初期经济生活的考察时,却必须着重指出两个基本事实:罗马社会仍然是一个奴隶社会,而且,从历史发展看更具重大意义的是,它已处于奴隶社会盛极而衰的最后阶段。因此,此时罗马奴隶使用之多、范围之广、剥削之甚、控制之严密和镇压之残酷,都可谓空前绝后。罗马皇帝自然是最大的奴隶主,宫廷与军政机关以及巨大工程项目使用的奴隶,虽无具体数字可考,估计其总数当在百万以上。贵族大奴隶主拥有数千甚至上万名奴隶的,为数不少。一般作坊店铺都使用奴隶,小者数名,中等作坊十余人或数十人,大作坊(如阿列蒂内的陶器业)则在百人以上。农庄用奴更为普遍,几乎有多少牲口即有多少奴隶,甚至比牲口还多,像前述塞内费尼斯特尼的农庄用奴隶当在百人以上。奴隶不仅用于劳动生产,也用于文教、艺术、医疗甚至警卫、监狱看守等部门,例如前述普林尼看书写字都离不开奴隶。但是,作为已处于盛极而衰境地的奴隶制,在帝国初期可以说和蓬勃兴旺的经济活动并不同步,它在某些方面反而有所萎缩,这反映奴隶制经济关系已不适应于高度发展的生产力。它既表现在释放奴隶增多、一些奴隶被分给小块土地进行独立耕作、以交租承包方式经管主人产业等等方面;还更明显地表现为隶农制的流行。隶农一词原意是指自耕农民,现在则指对主人有一些隶属关系的佃农。其所以流行,就在于奴隶主已感到以小块土地给佃农耕地收租比直接让奴隶耕种更为有利,可见奴隶制效率不高、收益下降已成为这个兴旺时代最严重的隐患,进一步发展下去,将会敲响奴隶制的丧钟。这个问题,当

时的农学家科鲁美拉(Columella,公元 1 世纪中期)已有所察觉,他在其《农业志》中写下如下一段著名的论断:

"我时常听到,我们国家的首领们今天责怪土地不肥沃,明天又斥责气候恶劣、伤害庄稼。他们认为,土地被早先的生产过失耗尽了肥力,不再像过去那样丰厚供给人们粮食了。但我不认为落在我们身上的这些不幸是什么上天震怒的结果,而毋宁说那是由于我们自己的罪过,因为我们的祖先是作为最好的人采用最好的方法经营农业的,而我们却把农业交给奴隶中最坏的奴隶,就像交给绞刑吏去惩办一样。"⑮

他所谓的"奴隶中最坏的奴隶",就是那种在农业中被迫进行强制劳动因而会以破坏工具、虐待牲畜、浪费种子直至怠工以示反抗的奴隶,他们的反抗是正义的,也击中了奴隶制的要害,因而这位农学家认为土地在他们手中就像被交给绞刑吏那样有死无生。他以经济效益优劣的比较而向罗马奴隶主推荐隶农制,实际上无异于从生产力要求的立场否定了奴隶制。罗马的奴隶主们也从自己的经营中知道隶农优于奴隶,因此这种剥削关系逐渐风行。从实际效益看,它确实对奴隶主有利——但他不知道在这有利无利的选择中作为奴隶主的他却正好否定了奴隶制本身。此后就是奴隶制危机大爆发的时期,与奴隶制结了不解之缘的罗马帝国和古典文化也将随危机的爆发而走向衰落直至灭亡。

第十三章 丝绸之路通大秦

从我们在前章引用的老普林尼有关中国的记述中可以看出,我国和罗马——大秦的联系首先是借丝绸而相通,丝绸之路也就成为研究罗马文化,特别是我们中国人研究罗马文化最感兴趣的一个主题。在罗马文化史上,丝绸之路不仅为罗马以及整个西方带来了最珍贵的丝绸,还有包括冶铁炼钢之类高超技术,大黄、桂皮等新奇药材,和遥远东方古国的技艺、

丝绸之路上的药材、香料贸易

宝货、物产与文明信息；而且不仅限于中国，同路而至的还有印度、中亚的物品，安息、阿拉伯的土产，更不用说经中国而联络的更远的朝鲜、日本以及南洋的印尼和越南了。同样地，对我们中国说来，丝绸之路也开通了一条面向世界的大道，真是天外有天，西边——西域意味着无限辽阔与新奇的世界，我们看到了最远的"日入之国"的大秦，而在大秦与中国之间，日出与日入的大地之间，更有万国千邦，通过丝绸之路给我们不断带来丰富的经济与文化交流的成果。作为丝路两端的两个世界大国——罗马与中国，通过万水千山而联系起来的这"文化之桥"，不仅有利于两国，也加惠于无数的邻国友邦，这在人类历史或全球历史的总格局中堪称独一无二。我国学术界最近有人对它作过如下生动的形容："丝绸之路是古代亚洲人、欧洲人在亚欧大陆上架起的一座具有商品交换、文化交流、友好往来等多功能的桥梁，是一条束在亚欧大陆间，象征着人类文明、进步和友谊的五彩丝缘。"[①]因此，当我们对罗马文化的考察走向丝绸之路这座五彩大桥时，我们的眼界将展向亚欧之间的广阔空间，将从欧洲展向亚洲，从西方展向东方。

如果把丝绸之路理解为亚欧之间的交流大桥，那么对它历史的悠久和形式的多样的认识，都将随人们对其丰富内容的了解而逐渐深化。丝绸之路或丝路一词的使用，最早见于曾来中国进行地质考察的德国地理学家李希霍芬的《中国》一书，时为1877年。后来德国学者赫尔曼在1910年出版的《中国与叙利亚之间的古代丝路》中加以论证，此词遂得以确立并为学术界普遍采用。但通常了解的"中国与叙利亚"之间的陆路，只是李、赫两人所指的那条从中国新疆经中亚至西亚的道路，可是丝绸之路也可理解为有丝即有路，亚欧大陆间海阔天空，尽可有多条道路而使丝的西运殊途同归。因此随研究的深入，我们发现丝绸之路实有三条大道，可分别称之为北路、中路和南路。中路即李、赫所指的那条，亦可称传统的丝绸之路；北路由我国北方经匈奴、斯基泰等游牧民族活动的地区，转中亚或高加索而入西亚，亦称原始的或早期的丝绸之路，它的出现早于中路，迨中路开通，遂退居次位；南路经南海、印度入波斯湾而达两河流域，或入红海而达埃及，亦称海上丝绸之路。三路先后西进，涉及由西伯利亚到印度洋的半个地球，比前人理解的一条陆路广阔多了，在这个广阔的背景上，丝路形成的前因后果当可了解得比较清楚。原来，在亚欧大陆之间，从中国北部经蒙古、西伯利亚到中亚直至南部俄罗斯，万里平野中无

罗马文化

高山大海阻隔,很早以来就是古代民族迁移活动长驱无极之地。来自东欧老家的印欧语系的民族,在公元前第二千年由西而东,穿过它而南下印度,也东北行向而远赴阿尔泰一带,此即斯基泰各部族。我国北部边境的众多民族,或称匈奴,或名丁零等等,也在这一地带的东边活动,与斯基泰相联结,这就是最早的、原始的丝绸之路得以建立的形势。因为匈奴可与汉人接触而得丝绸,斯基泰人则可与波斯接触而通于西亚。所以丝绸最早是无路而通,经游牧部族辗转交换之手而从我国中原悄然抵达波斯,其时至晚不过波斯帝国盛世的公元前5世纪。从波斯传到希腊和西方,那就是轻而易举的事,这样,丝绸便在罗马共和建立之年开始了搭建欧亚之桥的工程,当时罗马在整个文明世界还只是一极不起眼的小小城邦。

　　关于北方的原始丝绸之路,可从两方面得其信息资料:一是现存的古代文献,另一则是新近的考古发掘,而后者是主要的。西方古代文献中最早提到丝绸的,恐怕要算犹太人的《圣经》(《旧约圣经》),其中的《以西结书》提到上帝要为耶路撒冷城披上最美丽最豪华的衣衫,因此就要用诗的语言形容那世间最美的织物:"我也使你身穿绣花衣服、脚穿海狗皮鞋。并用细麻布给你束腰,用丝绸为衣披在你身上"②;后来上帝又说:"这样,你就有金银的妆饰,穿的是细麻衣和丝绸,并绣花衣。"③两次都提到丝绸,并且是用了至善至美的颂词,完全符合丝绸在西亚出现时的那种至高无上的身价。有丝绸就会知道中国,无独有偶的是,《旧约圣经》中也最早出现中国的名称——"秦国"(读音为"西尼"),它见于《以赛亚书》,并且也是用上帝赞扬的词句:"看哪,这些人从远方来,有的从北方来,有的从西方来,有的从秦国来!"④按犹太人自己的传说,《以西结书》和《以赛亚书》都应写于波斯帝国之前,因为这两位先知据说是生于公元前8—前7世纪的人。不过,据后人考证,两书中与上引两文有关的部分是在波斯帝国时期写的,因此和我们前面说的情况相符。犹太人居然借上帝之口把丝绸提到那么高的地位,可见丝绸在人间的实际生活中必然只为皇帝宫廷和显贵专用。波斯宫廷中既有丝绸,那么出使于波斯的希腊人以及为波斯皇帝服务的希腊雇佣军、医生、术士之流(他们人数不少),当然也逐渐知道丝绸为何物。

　　与此相连的是,希腊人也由此而知道东方极远之处有一个丝绸之国——丝国,他们称之为"赛里斯"(Seres),其中"赛"之名显然是从"丝"或"蚕"转化而来。学术界对此虽有各执一词之争,但在我们看来,无论

第十三章 丝绸之路通大秦

丝、蚕都是来自中土并和丝绸有缘,因而将"赛里斯"义释为丝国是恰当的。一般认为历史上第一个(或第一批)提到赛里斯的希腊人,便是曾在波斯宫廷作御医的希腊学者克泰西亚斯(Ctesias),他大约在公元前5世纪末来到波斯,于公元前398至397年间回归希腊,著有《旅行记》《印度记》等书,惜皆已失传,仅凭后人引述而为我们所知⑤。其书现存片断中有关赛里斯人的部分只寥寥几句,且属荒诞不经之词,但赛里斯之名从此却传开了。对克泰西亚斯的书和现存残段,历来是有争议的,不少学者认为它们皆后人伪托,不足为信,因此赛里斯之名应在波斯灭亡后,希腊人的统治扩及西亚、中亚一带才真正传到西方。这种看法若说与克泰西亚斯著作真伪有关,尚可商榷,至于有关赛里斯一词出现的早晚问题,却可从考古资料得到确证,也可从前引圣经文句得到旁证。因为写于波斯帝国时期的这段《旧约圣经》以"西尼"一语称中国,中译本一般译为"秦国",但波斯帝国是存在于我国秦朝建立之前两三百年,虽然在秦朝以后将"西尼"译为秦是正确的并已成惯例,但若认为在我们所说的这个时期"西尼"意即为"秦",此说却难以成立,倒不如说西尼之"西"与赛里斯之"赛"是同一来源,即取丝蚕之名而含丝国之意。据说公元前5—前4世纪的波斯古经中弗尔瓦尔神赞美诗也称中国为"赛尼"⑥,则更可见赛尼、赛里斯、西尼三词之互为联系,恐怕它们都是从"丝国"之意转化而来。如果此说不误,那么说"赛里斯"是在克泰西亚斯的时代(即使不是他本人)首先被介绍到希腊,还是合乎实际情况的,何况考古资料已越来越多地证明波斯帝国已可从北方的原始丝路得到丝绸。

这些考古资料主要是在原始丝路的关键地带——从中国北方经蒙古至南西伯利亚、中亚的一带发掘出土的。我国北方的民族如匈奴、月氏等

丝绸之路上的胡商

罗马文化

从春秋战国以来不断通过侵掠、交换和赏赐而得到中原丝帛绸缎之类，那倒是无需考古资料重新证实的，因为这类事实史不绝书，毋庸置疑。然而考古发现证实的却是人们从古史文献很难想见的新情况：这些民族文化联系之广、活动之远。也就是说，这些民族在当时实际起了联络中国和西方(西亚直至南部俄罗斯)的桥梁作用。从20世纪以来，西伯利亚的叶尼塞河、鄂毕河上游各支流便时有中国丝绸出土的消息，例如坎坦达河沿岸便曾有镶金丝袍、中国丝织品之类在公元前的古墓中发现[7]，被认为是这一带的斯基泰人通过匈奴等族交换而得。斯基泰是印欧语族，老家在今南俄、乌克兰等地，也和中亚各族及波斯有来往，这就使学术界想到在公元前第一千年后期或中期从匈奴到斯基泰存在着这么一条西欧至中国的中西文化联络的路线。1924年起，在蒙古人民共和国中央省色楞格河畔的诺彦乌拉山发掘的匈奴古墓，更进一步证实了有关推断。到50年代，已发现墓葬不下200座。由于是匈奴单于或贵族之墓，其中有大量丝织品和汉代文物自是意料中事，如丝织的衣服鞋帽，织有"仙境"、"皇"等汉字的织锦和汉代铜灯、铜壶、花草纹铜镜，以及有"建平五年蜀郡西工造"等57个汉字铭文的漆耳杯等等。但对我们说来更值得注意的是在这些匈奴古墓，也就是说在中国北方民族的古墓中，还有不少来自西方的东西，它有来自安息、大夏和小亚细亚的毛织品，但最令人惊异的是，它还有来自黑海岸边今乌克兰的奥尔维亚生产的织物[8]。当然，这些织物是经斯基泰人之手而辗转得来的。这样，我们就看到了一个斯基泰人从匈奴得到丝绸，而匈奴从斯基泰方面得到西方(远达欧洲)的产品的贸易交换通道。美中不足的是，诺彦乌拉墓葬的年代晚了一些，若以建平五年之铭文算，那已在公元前2年，即使有些墓年代较早，也不出公元前2—前1世纪。这个缺陷却由同样是在1924年发现的巴泽雷克冢墓(特别是它在1947—1949年的充分发掘)而得到弥补，因为这些墓葬年代早得多，其中大部分属于公元前6—前4世纪，也就是我们说的波斯帝国时期。这些墓葬分布在原苏联境内戈尔诺·阿尔泰地区丘雷什曼河流域的巴泽雷克谷地，是斯基泰系统的某一部落的古墓，从它和中国关系较密切看，也有人认为它的主人应属中国史书所说的月氏民族(月氏人亦属斯基泰之一支)。其中出土的凤纹丝绸刺绣和战国山字纹铜镜显然来自中国。例如，巴泽雷克6号墓出土的铜镜，以四个"山"字构成主题纹饰，据宋晓梅同志的研究[9]，这种四山镜的产地尚远在中国南方一带，湖南长沙是其中心之

第十三章 丝绸之路通大秦

一。而巴泽雷克之镜与长沙出土铜镜中编号为"54 长仰 m25"之镜尤为接近,不仅主题纹饰和羽状地纹、纽座尖角连叶纹等相似,大小也完全相同,可见在南西伯利亚出土的这个古镜来自湖南长沙。更有甚者,巴泽雷克墓葬中来自波斯、西亚之物也不在少数,尤以毛织毡毯、毡帐、拉绒多彩毛毯及其上的图案纹样等,显示了和波斯文化的接近。这样一来,巴泽雷克墓葬就在时间上和地域联系上表明了这条原始丝路与波斯帝国的联系,因此丝绸在波斯的出现以及赛里斯、赛尼等丝国之称经波斯而在西方传开,也就完全可以理解了。

从古代国家的发展规律看,帝国时代同时也是其社会经济处于繁荣的时代。广土众民的帝国开疆扩土往往达于其文明所能触及的最远地区,距离较近的古代文明便会合二(甚至合多)为一地归并于一个帝国之中,如罗马之于希腊,波斯之于巴比伦与埃及。中国作为东方大帝国,也尽力往西推进而有开通西域之举。在西方,罗马既并希腊,希腊在其前又占波斯与埃及等,希腊化各国有广泛的交流,所以罗马是总其大成,基本上把除印度、波斯(安息)以外的中国以西的西方文明都纳入其帝国统治之下。因此,从古代帝国逐渐扩展的形势看,东边的中国和西边的安息、罗马终有相互触及的一天,这也就是丝路正式形成之时。

从历史发展看,在此之前各个帝国客观上也为丝路的形成做了不少准备工作。例如波斯帝国很重视道路的修建与维护,以帝国四个首都为核心,形成通向四面八方的驿道。就其向西的干道而言,最重要也最长的一条驿道是从古都苏撒直达小亚细亚以弗所城的"御道",全程 2 400 公里,每 20 公里设一驿站及商馆,亦有旅舍供过往客商留宿,驿站特备快马,专差传送公文,急件可逢站换骑,日夜兼程,可达古代最快的送信速度。上述御道近五千里路程七日可达,因此波斯皇帝夸口说他可在苏撒宫中吃到地中海捕来的鲜鱼。这种完备的道路网也延向帝国东面,其主要干线起自巴比伦而东抵帝国边陲,它横贯伊朗高原,经中亚各城而达大夏和印度。巴比伦东行之路和苏撒西行之路在两个首都之间实际上并而为一,再接连其他干线,可知波斯帝国的道路已有了一个联络中亚、两河流域、小亚细亚和叙利亚、埃及的网络。一旦我国打通西域,建立了从中原经新疆而至大夏的商路后,这些道路网中的主要干道便成为丝绸之路的西段。即使是在此以前,这个道路网已为从原始丝绸之路辗转传来的丝织品提供了在波斯帝国流通的条件。亚历山大的远征开创了希腊人统

罗马文化

丝绸之路上的驿站

治东方的局面，但他的帝国政策基本上继承波斯的衣钵。他在从大夏到埃及的广大东方地盘上建立的以亚历山大里亚为名的新城史称70余座，经考古核实的也达40座，从地中海滨一直向东延伸到阿富汗、印度的边境。其中如埃及的亚历山大里亚，发展成为古代最大的一个工商业城市。其在中亚、阿富汗一带者，如阿里安纳·亚历山大里亚（今赫拉特）、索格底安纳·亚历山大里亚（今撒马尔罕附近）、马尔吉安纳·亚历山大里亚（今马里）等等，连同其交通网，后来都是丝绸之路的重镇与要道，这些希腊新城当然也把古典文化带到东方来，为以后丝绸之路正式开通所担负的文化交流任务提供方便条件。

当时人曾形容说，即使在远隔数万里的亚洲腹地，也有希腊悲剧和哲学家的著作被人传诵，过去学术界曾认为此说言过其实，但近年的考古发掘却证明此言不虚。1964年以来，法国考古队在阿富汗东北边境的阿伊哈努姆进行了连续15年的发掘，证实这座建于公元前4世纪末的希腊城市虽处于亚洲腹地，却保持了鲜明的希腊特色。其地已靠近帕米尔高原，翻山而过就进入我国新疆，可以说是在亚洲腹地中最遥远的一个希腊据点,但它却有布局井然的希腊神庙、广场、宫室、体育馆等等,三种古典柱式皆称完备。尤以城内发现的希腊文手稿灰迹,尚可辨认出类似幼里彼底斯悲剧和亚里士多德著作中的文句,可见其情况较上举之说有过之而无不及。从阿伊哈努姆的发现看,某些希腊古典文化的因素将随之传入更远的东方文明古国如中国、印度等,当是不难理解的了。希腊人既已来到这样遥远的地方,他们对丝绸和丝国——赛里斯的了解,当然也更有增加,即使是怀疑克泰西亚斯的学者,也都承认到希腊化时代赛里斯之名已流行于希腊,当时的希腊史家甚至说大夏的希腊国王欧提德莫斯已将其统治地区扩及赛里斯[10]。

综上所述,可见经从波斯帝国到希腊化各国的开拓,丝路西段已较具规模,只等我国开通西域,便可水到渠成,全线联通。但开通西域这一段,即从我国甘肃经新疆到中亚和阿富汗的一段,却是任务最艰巨的。不仅地理环境复杂,政治形势也很不稳定,只有像汉帝国这样的政权出面加以整顿维持,才能在这关键地带建立起彩虹般的联系东西的交流之桥。这任务首先由我国的张骞于公元前138年和前119年(一说115年)两次深入西域,历访乌孙、大宛、康居、大月氏等国,并派副使至安息,与这些国家建立了外交关系而完成。此后到公元73至97年间班超出使西域,又大刀阔斧地作了一番整顿,丝路更见畅通。张骞之时尚不知罗马,班超却对大秦这个丝路极西的帝国寄予很大希望,他派副使甘英去联络,虽由于种种原因没有成功,却反映了中国和罗马的来往已达到走向正式建交的水平。因此,总的说来,在罗马帝国的数百年间,丝绸之路是正式建立了起来并克尽了东西方经济文化交流大桥的职能。对于它,我国古人虽不提丝路之名,却总是给予很高的评价。最使人难忘的是《后汉书·西域传》中那段总结性的评论:

"西域风土之载,前古未闻也。汉世张骞怀致远之略,班超奋封侯之志,终能立功西遐,羁服外域。自兵威之所肃服,财贿之所怀诱,莫不献方奇,纳爱质,露顶肘行,东向而朝天子,故设戊己之官,分任其事;建都护之帅,总领其权。……立屯田于膏腴之野,列邮置于要害之路。驰命走驿,不绝于时月;商胡贩客,日款于塞下。"[11]

罗马文化

就中国与罗马的关系说,我们的先人也是随着丝路的开通,特别是班超的第二次整顿,才认识了这个西方大帝国。张骞出使西域时,和安息建立了外交关系,通过安息我国知道在它之西还有个大国名叫条支,现在一般相信条支就是指希腊化的塞琉古帝国,它的首都安条克就是条支一词的由来。但是张骞还不知道罗马,这在当时是可以理解的,因为罗马尚未正式兼并塞琉古等国,安息与罗马犹无直接接触。然而张骞又提到另一个地名——犁靬或黎轩,通常认为它是指叙利亚,或则更具体地指约旦的古代商业重镇庞特拉⑫;另一流行的说法则以黎轩为亚历山大里亚之音译,它自日本学者白鸟库吉提出后,国内外学者从之甚众,看来也很恰当。如果以为黎轩所指的亚历山大里亚是一般人心目中的埃及的亚历山大里亚,那么它和叙利亚、庞特拉相距从中国看都不甚远。问题出在我们对罗马的最初认识也与这个黎轩有关,当时我国史书常把大秦与黎轩并称,如《后汉书》说"大秦国一名犁鞬"之类⑬,如果以黎轩指埃及的亚历山大里亚,那么它当时是罗马帝国境内第二大城(仅次于罗马),安息人和东方人把它与罗马帝国等同起来,倒也合乎情理。可是张骞也提到黎轩(犁靬),那么它是否指埃及的亚历山大里亚就值得怀疑了,因为《史记》据张骞的报告指出黎轩的方位是在安息之北⑭,即中亚一带,显然就与埃及无关,更没有日后那种"大秦即黎轩"之说所包含的历史因缘。目前在我国学术界对这问题提出的新解释是:张骞所说的黎轩应为亚历山大在中亚建立的那些亚历山大里亚城市中的一个,最可能的是前述的马尔吉安纳·亚历山大里亚,它位于木尔加布河流域的木鹿绿洲上,日后成为安息东部商业重镇木鹿城⑮,到了班超了解到罗马之时,安息人和东方人已习惯于用埃及的亚历山大里亚指罗马帝国,黎轩才从中亚搬到了地中海边。此说有两全其美之妙,既符合张骞之黎轩在中亚的事实,亦解释了以后为何有大秦、黎轩并称之说。我们所以要在这儿介绍一下这些繁琐的名词考证,是为了说明另一个重要问题:既然安息人、东方人已习惯于把罗马称为黎轩,为何我国又特称之为大秦?这就不能不回到我们在本书开头时提到的我国所以美称罗马为大秦的那段话:"其人民皆长大平正,有类中国,故谓之大秦。"显而易见,从黎轩到大秦,不仅是名词的改变,也具有一定的感情上的亲近,似乎是东西两大帝国在互致友谊的问候与敬礼;无论黎轩之名在安息一带是如何源远流长、说得响亮,但在我们中国人听来,总不如大秦之名从"有类中国"的角度说来那么亲切。由此也可想见,班超在

第十三章 丝绸之路通大秦

永元九年(公元 97 年)派甘英出使大秦之举虽以夭折而成千古憾事,他们由此带回中国的有关大秦的信息却基本是善意的和肯定的。我们且看《后汉书》是如何介绍这个日入处的极西帝国的情况:

"大秦国一名犁鞬,以在海西,亦云海西国。地方数千里,有四百余城。小国役属者数十。以石为城郭。列置邮亭,皆垩墍之。有松柏诸木百草。人俗力田作,多种树蚕桑,皆髡头,而衣文绣,乘辎軿白盖小车,出入击鼓,建旌旗幡帜。所居城邑周圜百余里。城中有五宫,相去各十里。宫室皆以水精为柱,食器亦然。其王日游一宫,听事五日而后遍。常使一人持囊随王车,人有言事者,即以书投囊中,王至宫发省,理其枉直。各有官曹文书。置三十六将,皆会议国事。其王无有常人,皆简立贤者。国中灾异及风雨不时,辄废而更立,受放者甘黜不怨。其人民皆长大平正,有类中国,故谓之大秦。土多金银奇宝,有夜光璧、明月珠、骇鸡犀、珊瑚、琥珀、琉璃、琅玕、朱丹、青碧。刺金缕绣,织成金缕罽、杂色绫。作黄金涂,火浣布。又有细布,或言水羊毳,野蚕茧所作也。合会诸香,煎其汁以为苏合。凡外国诸珍异皆出焉。以金银为钱,银钱十当金钱一。与安息、天竺交市于海中,利有十倍。"[16]

这一段文字虽也有一些传闻失实、模糊不清之处,较之老普林尼关于赛里斯国和丝绸的记载,却具体、详细、确切许多了。对罗马历史和文化已有一些认识的读者,不难看出其中许多说法都是很有眼力的,地理上的海西、数千里、四百余城、小国役属数十,都不愧为对罗马帝国的简明而正确的概括。至于以石为城郭、白盖小车、旌旗幡帜、城周百余里、以水精为柱、食器亦然等语,则可看作对罗马城市文明特点的认识,在前面各章有关罗马文化的介绍中便不难找到与之相应的史迹。其中有关水精之言则更见精辟,水精者水晶也,但此处实际指的是玻璃,因为当时我国习惯把天然水晶与人造透明玻璃相提并论。而罗马帝国初期自从吹制法普及后,玻璃器皿日见普遍,所以用水精为食器,实际是指吹制的玻璃杯、盏、瓶、罐之类,而水精为柱则是指用玻璃配以各色名贵大理石的镶嵌工艺(马赛克),帝国初期用作豪华建筑装修已屡见不鲜,所以有水精为柱之

罗马文化

誉。《晋书》说的"以琉璃为墙壁,水精为柱础"⑰也是指此而言,而《旧唐书》所谓"其宫宇柱栊多以水精琉璃为之"⑱就形容得更具体。以下说政治体制的一大段,诸如王无常人、简立贤者、言事者投书供王发省、会议国事、废王更立受放不怨等等,尽管难免含混,却不失为习惯于君主专制的我国对希腊、罗马古典民主体制的一个考察和评价。其中王无常人之语,显然与帝国初期实行元首制还保留一些共和外衣的特点有关,但也不妨看作古典传统的公民政治及于东方的遥远的回响。它的简立贤者的话,若出于班超、甘英的报告,则还在安敦尼王朝五贤主之前,竟可说是带有预见性的评语了。最后一段等于列出了一份罗马与东方贸易的输出货物清单,对史学研究有很高的参考价值,下面我们还将详细讨论。这里只指出一点,即其中提及绫布缕绣等织物,前文又有种树蚕桑之语,那倒是由于罗马和东方以至中国的贸易中有用丝料杂纺而成的各项货物造成的错觉,罗马竟然能把丝纱加工织成绫缯后返销于东方以至中国,可见其技术的精到,因而说它利有十倍是有根据的。

相比于我们对大秦的介绍,罗马对于"赛里斯"的认识就未免相形见绌。尽管从奥古斯都时期以来,罗马人已像犹太圣经那样把"赛里斯"当作远方异域的大国,在维吉尔、贺拉斯、奥维德的诗句中,在斯特拉波、老普林尼的著作中已屡见不鲜⑲,但他们对于丝和丝国的信息仍总像雾中观花般模糊不清。老普林尼那段名文我们在前面已介绍了,如果从罗马距中国如此之远而这位勤学的元老尚能作如此记述的角度看,我们应给予高度评价,但如果拿来和《后汉书》所述相比,又不免觉得它的不足之处要多得多,甚至连丝从哪里来的都不清楚。老普林尼以后,公元2世纪的

罗马玻璃壶

第十三章 丝绸之路通大秦

希腊地志学家波桑尼阿关于蚕桑的问题了解得清楚一点,却仍不够确切。我们不妨把他有关记述拿来和《后汉书》对大秦国的介绍作一对比:

"埃利斯的土地是肥沃的,特别适宜于生长上等亚麻。大麻或亚麻,无论普通种的或上等种的,都是由土壤适于麻类长成地方的人来播种。但赛里斯人制衣服的材料则不是用植物外皮制造,而是另有如下不同的方法。赛里斯人国内有一种昆虫,希腊人称为'赛尔',但赛里斯人自己则给它别的名称。它的大小是最大甲虫的两倍,但在别的方面,它却像树下结网的蜘蛛,而且它像蜘蛛一样也有八只脚。赛里斯人饲养这种动物,给它建造了冬夏咸宜的房屋。这种动物的产品是一条细丝,缠绕它的脚下。他们养育它四年,用小米喂它,到第五年,他们知道它已活不了,就给它吃新鲜的芦草。这是这种动物最喜欢吃的东西;它饱食芦草过度,以致破裂身死,里边大半是丝。据说赛里斯是隐藏于红海的一个岛。但我又听说不是红海,而是称为赛尔的河,使它成为一个岛,就像埃及那样,三角洲是被尼罗河、而不是被海所围绕。这样便把赛里斯说成是另外一个岛。赛里斯人属于埃塞俄比亚人种,像邻近岛屿的居民阿巴沙和萨吉人那样。但是有些人说,他们不是埃塞俄比亚人,而是斯基泰人和印度人的混合种族。"[20]

中国古代水印木刻"练丝图"

罗马文化

波桑尼阿知道丝从蚕而出,蚕死身内大半是丝,中国人的育蚕室是冬夏咸宜之屋等等,这些信息显然得自对中国有亲身接触的人士。但他又说了不少误传或夸张之词,如谓蚕龄五岁,头四年喂小米,第五年饲芦草之类。他提到的赛里斯人是斯基泰人与印度人混合而成之说,只能说是西方人对这个极东帝国方位处于斯基泰与印度之间的模糊记忆,至于埃塞俄比亚人、红海岛屿之类,则属典型的海外奇谈,和实际情况相距不啻十万八千里了。由此可见,帝国时代罗马人士对丝国的记述,其语焉不详之处较中土之于大秦要多得多。

  细心的读者或许会发现,《后汉书》关于大秦与东方交易"利有十倍"的评述和老普林尼关于丝绸贸易使罗马"凿通金山",每年流入赛里斯、印度与阿拉伯金钱达一万万赛斯透司之论,显然有尖锐的矛盾。究竟孰是孰非?或者说丝绸贸易对罗马是利还是弊?这个问题自然会引起人们极大的兴趣。应该说老普林尼在这儿是有点夸大片面,借题发挥,他实际上是以此抨击罗马贵族奢侈的时弊,有继承奥古斯都遗风之意,不可能全面考察整个经济问题的实质。如果据此认为是弊多利少,甚至说丝绸是导致罗马衰亡的祸因,那就过甚其词,不值一驳了。正如我们前面所说,"利有十倍"之论还是比较符合实际的。这首先要从罗马帝国内外贸易的全局看。帝国内部贸易的兴盛,前章已多有介绍;帝国外部贸易的情况则需在此略作回顾。罗马外贸的主要方向有北、东、南三面:北面由高卢等地的商旅沿莱茵河、多瑙河、维斯杜纳河到达波罗的海、斯堪地那维亚一带,或经黑海而到东欧草原以至乌拉尔一带,以罗马工艺品换取北方的皮毛、琥珀与木材;南面则由北非沿岸和埃及越过撒哈拉沙漠与非洲内陆各族贸易,主要以铁器、玻璃、纺织品换取非洲的黄金、象牙和香料;但这两面的贸易与东面相比则微不足道。因为在东面罗马是通过埃及、叙利亚、小亚细亚各行省和安息、阿拉伯、印度与中国贸易,这也就是丝绸之路的贸易。东方各地的名贵特产(其中最重要的是丝)与高超工艺品花色品种数以千百计,经水陆两路运入帝国境内,罗马也倾帝国全境的各项出产和东方各行省的加工产品与之交换。由于罗马帝国整个社会生产高度发达,在技术方面仍有其优势,加以幅员辽阔,交通便利,在和安息、印度以至中国的贸易中总的说来是很有利的。我国史书说它"利有十倍",虽然不能按字面严格计较,却指出了事态的实质。

第十三章 丝绸之路通大秦

虽然在罗马东面的对外贸易中,陆路亦即传统的丝绸之路被安息、贵霜等西亚和中亚大国把持,罗马插手不易,水路——海上丝绸之路却是罗马商人大展宏图之地。《后汉书》说罗马"与安息天竺交市于海中",正是认识到了这一特点。过去一般把其中的"海"理解为地中海,虽有一定道理,但未触及要点,因为地中海已是罗马的内海,固可与外国交市,但非外

马可·波罗远航,他回程时是经海上丝绸之路从中国回国的

贸的关键,实际上文中的海应为复数,它既提及印度(天竺),可见包括了波斯湾、印度洋、孟加拉湾以至南洋等水域,也就是海上丝绸之路的航线。近年来的考古发掘已提供了不少罗马与印度、东亚各地开展贸易的物证,而且多半有罗马商人参与其间。除了在越南等地发现的罗马钱币、商物外,更为重要的发现是印度南部东海岸本地治里城附近的阿里卡梅杜商站遗址。这是一个进行国际贸易的商埠,其中有许多由罗马商人或罗马统治下的叙利亚、埃及等地商人经营的货栈、商行,遗物中还发现大量来自意大利的阿列蒂内陶器和希腊双耳罐,以及罗马帝国的钱币。这个罗马商埠在印度东岸而不是在西岸,表明它不仅与印度做买卖,还面向孟加

罗马文化

拉湾、东南亚和中国,而其规模与繁盛程度都超乎人们过去的估计。此外,在西方文献中,也可找到类似《后汉书》说的交市于海中的记载,例如公元1世纪中叶一位生活在埃及的希腊水手所写的《爱利脱雷亚海周航记》,就谈到西方商船经常往来于红海、波斯湾及印度沿岸,阿里卡梅杜遗址的发现不仅可和此类记述相印证,其程度且有过之。此书亦提及中国丝绸,并说它或经陆路而运至大夏,或经恒河水路西运,可见来往于印度、南洋的罗马商人除经营印度的宝石、香料外,也以丝绸为其宝货,因此这条海上丝绸之路给罗马带来的利益,至少不在陆路之下。所以,从罗马对外贸易的全局看,以丝路和丝绸为主轴的东方外贸是其贸易活动的命脉之一,当然是利大于弊,虽不一定是利有十倍,却是罗马繁荣必不可少的支柱。

  其次,我们还要注意到,丝绸贸易带给罗马经济的是一大推动,而不是什么祸根。老普林尼可能震惊于丝绸的极端昂贵,因此以为罗马只能凿通金山以取此物,殊不知罗马和中国(以及其他东方国家)的贸易除金银外,还有大量土特产品和工艺品,并非如老普林尼设想的那样只能输出金银换取丝绸。前引《后汉书》介绍大秦的最后一段就开列了不下于14种的"奇宝",所以我们说它等于一份罗马与东方贸易的输出货物清单。它虽然首先提到金银,但从上下文义看,是以"土多产金银"表示大秦的富裕,并不意味着金银是输出的要项。金银之后,它提到的货物中,像夜光璧、明月珠、骇鸡犀之类,应属在埃及或叙利亚加工的来自非洲等地的珍宝饰物或高级工艺品,其次则为罗马帝国境内出产的珍稀原料或通过罗马贸易而得的外地特产,如来自波罗的海的琥珀,地中海、红海的珊瑚、琅玕(可能是珊瑚的一种),红海索科特拉岛的朱丹(属埃及控制)等等。青碧也是小亚细亚和意大利产的一种颜料,另外还有苏合,它是利用小亚细亚和叙利亚产的一种灌木香胶配以其他药材制成的香膏,既作化妆品亦作药用,可见香料也并非东方的专利。除此而外,令我们惊异的是,剩下的六种罗马输出品竟全是高档织物,有的还掺杂了中国的丝绸,所以使我国观察者竟由此得出大秦也"多种树蚕桑"的推论,其实那是把加工成品返销于原料生产国,为其"利有十倍"服务。这些织物中的刺金缕绣、金缕罽、黄金涂等等,历来被认为是埃及亚历山大里亚和叙利亚、小亚细亚的纺织作坊最负盛名的产品,以细金线(金缕)织入或插绣、印染而成金光闪烁的衣料,其中可能掺有丝线。火浣布则是由爱琴海诸岛所产的石棉在小亚细亚等地织成的防火布;那种称为"水羊毳"的细布,更是地中海东岸各地引以自豪的织物,它是用当地特有的一种海贝壳边的细毛织成,故有水羊毛之名。由于它极为珍贵,通常也是杂以丝毛之类而成"细布"。"杂色绫"更是丝绸的一个变种。原来罗马人除用中国丝线配以麻、毛织成金绣锦布以作外袍——东方袍而外,还喜欢用丝麻混纺制成轻软透明的绫绮,这就是杂色绫,可作披肩、内衣和女袍。据说我国丝绸传入西方的主要有两类,其一是真丝原料,成捆论斤计算,另一则是比较厚实密致的丝帛、锦缎,真丝原料到罗马后需与其他纤维混合加工自不必说,甚至成品或半成品的丝帛、缎料到罗马后也往往被拆散,取其细丝与麻毛等混纺而成各种细布,其中杂色绫是其大宗。由此可见,丝绸运销罗马后,不仅推动了罗马人拿出各种土特珍品来交换,还大大促进了罗马的纺织业,特别是东方各行省的纺织业的发展,它对帝国初期东方各行省经济的复苏和繁荣显然立了一个大功。如果说大秦卖给我们的高级织物不少是以丝杂于其间,某些如杂色绫那样甚至是以丝为主的话,那么我们显然交付了高昂的加工费。正如一位外国学者所风趣地指出的:"中国人从大秦购买的正是这种经罗马加工的丝绫,他们完全没想到他们竟买回了自己的丝绸!"[21]丝绸于罗马究竟有利无利岂不一目了然了么?

如果说老普林尼是对丝绸的极端昂贵感到震惊而作了片面的强调,那么我们犹需对罗马丝绸价格以及他所说的一万万赛斯透司的价值问题作些分析。通常都说丝绸在罗马价逾黄金或价比黄金,但是比值究竟多大,谁也说不清楚,这当然是由于史料缺乏,难以算个明白。如果硬要有个大概,我们可从罗马历史上著名的一次限价敕令中找找参考,那就是罗马皇帝戴克里先(参看第十四章)于公元301年搞的那个全面限定物价的不成功的"改革"。限价令中反映的各种比价,基本上是按实际情况决定的,故对我们有其参考价值。从限价令中可知,当时一罗马磅(327.5克)的猪肉价格为12地那里,一通用磅(450克)的杂质白丝价为12 000地那里,一通用磅纯真紫丝之价则高达150 000地那里[22]。若以一克黄金通常可买10罗马磅的猪肉计,由黄金、丝与猪肉的比价可估算如下:

1通用磅杂色白丝 = 1 000罗马磅猪肉

1通用磅纯真紫丝 = 12 500罗马磅猪肉

1通用磅黄金(纯金) = 4 500罗马磅猪肉

罗马文化

由此可得黄金与丝的比价为：

1 磅黄金：一磅杂色白丝 = 4.5∶1

1 磅黄金：一磅纯真紫丝 = 4.5∶12.5

杂色白丝可以看作是代表了普通混有八九成甚至更多的麻毛纤维的罗马丝织衣料，因此比黄金要贱四倍多，但纯真紫丝，即道地的中国丝料的价格却高得多，它几乎等于黄金的 2.8 倍[23]，这个比价(丝比黄金贵两倍)不妨看作我们评估老普林尼时期比价的基础，但从各种迹象看，可以肯定戴克里先之时丝已更见普遍，比价亦较前时为低，因此老普林尼之时丝绸可能比黄金贵三四倍甚至五倍。为简便计，不妨取其平均值而用四倍之数，若以贵四倍论，则一两中国真丝的衣料要用五两黄金购买，真是骇人的高价了。据此推算，则一万万赛斯透司可买多少中国真丝呢？赛斯透司这种罗马银币含银量因时而异，各家说法参差很大，我们现在取一种比较流行而简单的算法，即认为老普林尼之时 1 赛斯透司含银 1 克，一万万赛斯透司则为银 1 亿克，若以《后汉书》所说的金银币以 1 金值 10 银算，则得金 1 千万克，或等于 1 万公斤黄金。不过也有人认为 1/10 之比偏高，应为 1/20 之比，那么则为 1 万市斤黄金，以前举比价算，1 万斤黄金可买 2 000 斤中国真丝，这就是老普林尼说的一万万赛斯透司能购买的按偏低估算的真丝量，若按偏高值算则最多可达 4 000 斤。这个 2 000—4 000 斤的真丝量，在整个丝绸之路的贸易上恐怕不能算占了较大的比重，在罗马的贸易额中也不能说是很大的分量。对此我们可以用老普林尼《自然史》中提到的一个例子，他说罗马有一个被释奴隶后来发了大财，死后留下家产有 4 116 名奴隶，3 600 对牛，25.7 万头其他牲畜和 6 000 万赛斯透司[24]。一个豪富之家现款即达 6 000 万，那么 1 万万赛斯透司尽管数目说来很大，在整个帝国的经济生活中恐怕不过林中一木，绝无牵动全局的分量。如果我们上述分析有其合理内核(它的数值当然是极其概略的)，可见那种对老普林尼本已有点片面的论述加以延伸膨胀、说什么丝绸贸易是罗马衰亡的祸根的论调，若不是别有用心，也是完全把事实颠倒了。

考察了与丝绸贸易有关的问题之后，我们就可谈谈丝路开通而促成的文化交流与人员互访的问题，这些显然也是我们最感兴趣的问题之一。

第十三章 丝绸之路通大秦

在此首先要明确的一件事实是：罗马帝国时期东西两大文明的交流与人员接触，应该着眼于丝路联系的两端——两国首都，也就是罗马与洛阳，因为这时东汉王朝的首都是洛阳而非长安，大秦——罗马来到中国的各类人员，其目的地是洛阳；我国官方正史如《后汉书》记载的丝路（通西域各国之路）里程也开始以洛阳为起点。如走海上丝路，到中国以后直奔洛阳也比转赴长安更为方便，因此，在我们所谈的这个时期内，丝绸之路在中国的起点应定在洛阳[25]。依此，则从大秦——罗马方面来到中国的第一批人，当推公元100年前后从地中海东岸推罗城前来洛阳的罗马商团。当然，在此以前，老普林尼所说的"凿通金山、远赴赛里斯国以取衣料"，似乎点明罗马商人直接来到中国购买丝绸之事，但他说得太笼统，无从考查。有关罗马商团的材料，见于托勒密《地理学》中所引的另一位公元2世纪初的地理学家马林鲁斯（Marinus）的著作。马林鲁斯的书名《地理学知识》[26]，他对地图、地理方位记述甚殷，约成书于107—114年之间，书中便提到了上述商团的活动。马林鲁斯本人并未到过中国，他是在搜集地理资料期间广泛拜访了曾到过东方和中国的罗马商人，从而了解到有关情况。据他说，有一位名叫梅斯·蒂蒂安努斯的马其顿商人，曾同中国保持着经常的贸易关系[27]。梅斯本人虽未到过中国，但他的代理人经常组成商团，从地中海之滨跋涉数万里到达赛里斯国的首都（洛阳）。西方记载如此，凑巧的是，我国史书也记载了梅斯的代理人抵达中国之事，当然由于双方相隔太远，所记互有出入，因而长期以来两者未得到互相印证，这个商团的活动也就未能得到史学界应有的重视。以前人们早就知道《后汉书》中有记述永元十二年（即公元100年）西域使节来访的一段话："冬十一月，西域蒙奇、兜勒遣使内附，赐其王金印紫绶"[28]。但却未注意到这可能是马其顿的梅斯派来的商团。我国学者林梅村最近就此作了考证，弄清了有关问题[29]。据他的解释，蒙奇就是马其顿，而梅斯是马奇顿商人；兜勒应为推罗，那是马林鲁斯的老家、地中海著名的商埠，无疑也是梅斯企业的一个重要据点，因此他认为无论从时间、地点还是人物看，《后汉书》所谓蒙奇和兜勒使臣无不与马林鲁斯所说梅斯代理人的商团相吻合，他还把这个商团的来华之行作了如下生动描述：

"大量史料说明，梅斯大概是在西域都护班超的副使甘英出访安息时（公元95—97年）与甘英相遇，获悉中国情况，两年之

罗马文化

中国的唐三彩,反映的是昔日丝绸之路上商旅驼队来往不息的盛况

后,大约99年11月左右,梅斯委托代理人组成商团,其主要成员是罗马帝国马其顿行省和东方行省推罗城人。出发地点应在推罗和马其顿至安息两条交通线交叉点阿蛮或其东某个丝路重镇。如果在阿蛮启程,他们途经安息首都和椟城、安息东境重镇亚里和木鹿。其后进入贵霜帝国境内,至大夏故都蓝氏城。由此沿喷赤河东行,至葱岭最高点休密人居地。然后下山,经瓦罕走廊,进入中国境内。再沿塔什库尔干河北行至无雷,在此顺塔什库尔干河转东行,三百余里行至著名的'石塔',也即玄奘后来称为'大石崖'的地方。

又二百余里至蒲犁。此后沿叶尔羌河东行,经德若、西夜到莎车,东经于阗、精绝,穿塔克拉玛干大沙漠直抵罗布泊西岸楼兰,又经敦煌,最后于公元100年11月抵达洛阳。在洛阳受到汉和帝的召见,赐予'金印紫绶'。此事被东汉宫廷史官记录在册,后来又被范晔编入《后汉书》。他们可能仍沿原道返回阿蛮。"[30]

梅斯代理人的商团这次被作为友好使节受到汉朝政府的隆重接待,今天看来似乎有点冒名顶替之嫌,但在古代条件下,这却是远邦异域的商人向当地政府友好联络常见的方式,外商贡献方物,政府回报封赐更见优渥,不仅罗马来华商人以后也多用此法,我国商人到罗马也有被当作赛里斯使节的(详见下文)。据马林鲁斯所述,梅斯商团来华是经常的,只不过100年的这次凑巧双方皆有记载罢了。由此也印证了老普林尼说的"远

第十三章 丝绸之路通大秦

赴赛里斯"之事。

梅斯商团走的是陆路,但更多的罗马商人却是走海路,因为如前所述,海上丝绸之路对罗马人说来似乎更为自由自在。《后汉书》曾记载2世纪初有一批罗马艺人(当然也有商人)曾随缅甸(掸国)使团来到中国,他们到缅甸当然走的是海上丝路:

"永宁元年(公元 120 年),掸国王雍由调复遣使者诣阙朝贺,献乐及幻人,能变化吐火,自支解,易牛马头。又善跳丸,数乃至千。自言我海西人。海西即大秦也,掸国西南通大秦。"㉛

四十多年后,从海上丝绸之路还来了一批更为著名的商人使团,因为他们直接用了安敦尼王朝的马可·奥理略·安敦尼努斯的名号,我国史书郑重记录下来,也首开我国正史提及罗马皇帝名号的记录。马可·奥理略就是我们前面多次提到的那个哲学家皇帝,他被安敦尼收为养子,所以用安敦尼努斯为姓氏。这事发生在公元166年,《后汉书》是这样记述的:

"至桓帝延熹九年,大秦王安敦遣使自日南徼外献象牙、犀角、玳瑁,始乃一通焉。其所表贡,并无珍异,疑传者过焉。"㉜

延熹九年(即 166 年),对罗马说来也是一个好年头,因为在此之前一年马可·奥理略派罗马大将加西乌斯远征安息,一度攻占两河流域的塞琉西城,罗马与亚洲关系空前密切,罗马商人东来亦更见活跃。再加上这一年的使团正式用了安敦之名,所以不少学者认为这次恐怕是真情实货,是马可·奥理略亲自派来的帝国官方使团了。可是此年派使中国之事在罗马史籍中绝无记载,而我们知道这位皇帝是富于才学之士,著述甚勤,如果真有这么一件破天荒的大事,他不会不予记述,而这样一件具有重大战略决策的要项,罗马朝廷和元老院也不会不加以讨论、拥护和欢呼。而罗马史书文献对此却无一字之录,这就不能不使人怀疑实际上它仍是大秦商人假托皇帝名义进行的友好访问。这次不仅从海上丝绸之路而来,而且是临时在南洋一带买些象牙、犀角等南亚传统土产当作贡物,毫无大秦特色,所以连我国官方也有点疑心。但是我国政府仍以帝王之礼予以接待,表明中国抱有与罗马正式建交的愿望。因此,总的说来,这次罗马商人以

罗马文化

皇帝名义进行的访问仍不失为中国罗马交流史上的一段佳话。此后直到帝国后期,大秦商人来华仍史不绝书,有一次甚至留下了商人大名,那就是《梁书》所载的"大秦贾人字秦论"[33]。他于孙权黄武五年(226年)从交趾来到南京,得到孙权接见,中国政府还派刘咸送他回国,可惜刘咸在旅途中病故,"论乃径还本国"。虽然刘咸没有成为另一位有名有姓访问罗马的中国人士,但这些来往却充分表现了东西两个帝国之间交流的频繁与深入。

在文献记载中有关中国人访问大秦的事,最令人难忘也令人无限惋惜的莫过于班超副使甘英的"临大海欲渡"了。甘英到达的大海,已是地中海(或红海),只要登上航船,落脚处必然就是罗马。对这件本应在中西交通史和世界文化史上留下巨大影响却不幸夭折的事,《后汉书》记述说:

"和帝永元九年(公元97年),都护班超遣甘英使大秦。抵条支。临大海欲渡,而安息西界船人谓英曰:'海水广大,往来者逢善风三月乃得度。若遇迟风,亦有二岁者,故入海人皆赍三岁粮。海中善使人思土恋慕,数有死亡者。'英闻之乃止。"[34]

造成这件千古憾事的真正原因,并不是甘英的胆怯,而是安息贸易界为垄断丝绸买卖而千方百计地阻挠,安息船人的夸大海上风险只是其中之一而已。实际上,罗马人要从陆上丝路到中国,也受到安息多方阻难,"故遮阂不得自达",这可看作古代商业战的一个著名事例。可以想见,就像大秦商贾已至洛阳那样,中国人士亦必有不少已到过罗马,只是史书未予登录罢了。在罗马文献中,具体提到赛里斯人涉足帝国朝廷的,有前面谈过的罗马史家弗洛鲁斯的《罗马史要》,他记述奥古斯都之时有中国人来到罗马。他说:在那个太平盛世之际,不仅斯基泰人和萨尔马提亚人遣使结欢,远方绝域如赛里斯人、印度人也都遣使奉献珍珠宝石大象等物,求与罗马订友好之约[35]。这种赞美诗的语言,倒有点像犹太圣经欢呼远方来的秦国人那样以远为荣,历史真实性未必很高。奥古斯都之时正当我国西汉末年衰乱之际(汉河平二年至新莽天凤元年),很难有遣使大秦之举,而且我国史书对此也绝无记述,可见也是像梅斯商团或安敦使团那样是中国商人和旅行家的一种友好拜访活动,同样的,罗马人对"赛里斯使节"的欢迎与敬重,也反映了东西两大帝国朝野上下发自内心的钦慕。

第十三章 丝绸之路通大秦

在文化交流方面,最突出的事件莫过于希腊罗马的古典风格借丝绸之路而东传了。如前所述,希腊化时期以来,希腊人在中亚、大夏等地建立的城市(如阿伊哈努姆和各个以亚历山大为名的新城),已在这方面作了不少开拓工作。印度西北部的犍陀罗地区更首倡熔本土艺术与希腊风格于一炉的新风,后来又和佛教艺术结合起来,至贵霜时期而愈见兴盛。犍陀罗和贵霜的"希腊式佛教艺术"连同印度佛教随丝路的开通而传入中土。从新疆的克孜尔、库木吐喇直到敦煌、云冈、洛阳龙门等中国石窟艺术宝库,从菩萨、飞天的形象到藻井、佛龛的彩饰,都可依稀看到西方古典传统的某些流风余韵。然而,从评价罗马文化的角度看,我们要强调的却是罗马艺术在这个世界文化史上传为美谈的西风东渐运动中的贡献。因为贵霜已和罗马帝国初期同时,都处于公元1—2世纪,此后从

犍陀罗艺术中的佛陀像,身上的衣纹雕塑带有明显的希腊风格

贵霜经阿富汗而传入中国的佛教艺术,实际上是在不断有从西方传来的新风格之影响下取得的新发展,犹如波浪之前推后涌,希腊化居于前,而帝国的罗马则续于后。这时西方政治势力在中亚已不复存在,文化影响却借丝路而常见更新。这个过去很少为学术界注意的问题,随着阿富汗这个关键地区的考古发掘的开展而引起人们重视。例如,今阿富汗首都喀布尔以北80公里的贝格拉姆古城,2世纪是贵霜帝国之都,其中就有大量当时新从罗马和帝国东部的埃及、叙利亚行省传来的工艺品和艺术雕像,如罗马的玻璃器皿、埃及的金银首饰、青铜和石膏的古典风格雕像等等,反映此时新涌现的文化交流的浪潮,其主流来自罗马帝国。另一个著名遗址哈达尔以2—3世纪的灰泥塑像最为突出,形制为以前所未见,体形圆浑,立体感强,有的且着罗马衣袍,显然仿自罗马雕刻,它的技术娴

罗马文化

熟、动象鲜明、身材优美、衣褶流畅的特点,也是承袭了罗马雕像诸如拉奥孔等名作的熔古典写实与巴罗克风格于一炉的传统。这种处处以罗马帝国风格为尚的情况使人感到遥远的阿富汗必和罗马有某种直接的联系。同样地,在较后的遗址中(3—6世纪),这种罗马特色的古典风格亦有延续复振之势。如索托尔·铁佩的泥塑佛像、供养人像、装饰雕像等,也突出人体表现,浑厚之中见动感,具有鲜明的罗马特色;而丰杜基斯坦的灰泥造像则以姿态自如、形体丰满见称,虽距帝国初期有数百年之遥,其风格却有直追古典之势,较同时期的欧洲中世纪艺术高明许多。所有这些都说明罗马艺术为这种贵霜—阿富汗流派注入了新鲜血液,而传到我国新疆、敦煌以至洛阳的西方因素也以取自此派为多。就这个意义说,我们在中土石窟宝库中看到的魏晋以至隋唐艺术中的西方影响,通常一律称之为希腊,实际上毋宁说得自罗马的为多,就像在哈达尔、丰杜基斯坦等地出土文物所见的那样,我国石窟造像和雕饰的某些圆浑流畅、动态鲜明和华丽雅致的西方古典风韵,其渊源实为罗马帝国古典与巴罗克的综合风格。《洛阳伽蓝记》中有句话说:"自葱岭以西,至于大秦,百国千城,莫不欢附。商胡贩客,日奔塞下,所谓尽天地之区矣。"㊱倒是没有忘记在汇聚到中原大地上的千城百国的文化宝物中提到大秦的名字。只是写这段文字的作者可能没有想到,就在洛阳城外的宾阳洞中,那些雕花镂藻的圆柱和驰神入幻的造像,其渊源都溯自遥远的大秦,而它们又是多么形象地反映了大秦在古代的西风东渐中的贡献。

第十四章 帝国后期的危机与古典文化的衰落

安敦尼王朝以后,罗马帝国进入后期,自此经历近三百年,直到罗马帝国在 476 年宣告灭亡。这是西方古代奴隶社会连同它的古典文化陷入危机连绵而江河日下之时,因此,在罗马文化史上,这是一个不断衰落而终于使古典传统在欧洲土地上宣告结束的时期。从政治上看,继安敦尼王朝的塞维鲁王朝已经是在战乱中侥幸而起,气势大不如前。塞维鲁靠军队得权,做了皇帝后也一直以笼络军队犒赏士兵为要务,据说他临终时留下的统治秘诀便是:"让士兵发财,其余皆可不管!"然而收买、依靠这种雇佣军队的结果是官兵日益骄横跋扈,政局更为混乱。他的儿子卡拉卡拉为政暴虐,收买军队亦难保皇位,终被近卫军所杀,后来几个继任者也都不得好死,塞维鲁王朝只维持 40 余年便告结束(193—235 年)。此后罗马进入为时 50 年的大混乱,竟无王朝体系可言,有一年接连推出 4 个皇帝,却全为士兵所杀。帝国分裂为许多割据地区,军事

戴克里先

罗马文化

政变不断发生,皇帝像走马灯般出没,而且绝大多数不得善终。在253—268年间,各地割据称帝的竟达30人,有"三十暴君"之恶名,政治混乱达于极点。3世纪末到4世纪初,戴克里先(284—305年在位)和君士坦丁(306—337年在位)两个皇帝力求加强专制,挽救垂死的奴隶制度,不仅于事无补,反而使帝国初期还保留的少许古典公民政治传统剔除无遗。戴克里先正式以君主制取代元首制,皇帝不再称元首而叫主上,一如东方专制帝王般被奉为神明,臣民觐见须行跪拜礼,君主权力绝对至高无上,不受任何限制,极端的专制高压,使人人处处感到毫无权利可言。他想以限制物价阻止经济滑坡,结果是黑市交易变本加厉,税收负担空前加重,人民反抗更为激烈。君士坦丁于313年承认基督教,想以此为皇权添一支柱,并在东方的拜占廷建新都,称君士坦丁堡,企图依靠比较富裕的东方行省苟延残喘。但他挽救奴隶制的倒行逆施(如加重对隶农的镇压,把隶农当奴隶看待等等)终属枉然。因此这两位皇帝的反动整肃也未能使帝国有何起色,到4世纪末,情况愈来愈糟,皇帝不得不把帝国分成东西两部分别统治,而人民起义和蛮族入侵结合起来,终于使包括罗马城的西部帝国寿终正寝。

政治上的混乱衰败是和经济的崩溃并行的,它们共同反映着奴隶制已面临穷途末路的深刻危机。从3世纪直到罗马的灭亡,经济一直在走下坡路,终于陷入全面崩溃的深渊。总的来说,农业萎缩、商业衰退、城市萧条、财源枯竭,是整个帝国后期经济"负增长"的写照,而其趋势则是愈演愈烈,终至不可收拾。经济方面的危机首先表现于农业,尤以意大利之农业为甚,而农业衰落的根本原因在于奴隶制农庄无利可图,以奴隶劳动为基础并主要面向市场的古典庄园经济遂告衰败。奴隶主想从隶农制找出路,但从3世纪起却加重了隶农对主人的依附,所受剥削日益加剧,因此隶农制的发展仍然意味着贫穷农民苦难的加深,无法改变农业萎缩的总趋势。奴隶制生产关系的没落也影响于手工业,3世纪以后,原来广泛使用奴隶的矿山和各类手工作坊也陷入无法维持的困境,意大利尤为突出,过去一度兴盛的许多行业现在都萧条颓败,除塔林敦的毛织业勉强支撑门面外,其他如玻璃、陶器、灯具、金属冶炼、榨油酿酒等皆日见衰落。工农业的衰落导致商业和城市的萧条,而政治混乱、内战频仍、剥削加重、税收竭泽而渔等等,更是火上加油,使城市的衰败越发不可收拾。宫廷、官僚、军队这整个统治机构都已膨胀、腐败到空前的程度,国库开支既已

第十四章 帝国后期的危机与古典文化的衰落

极其庞大,而不断增税和滥发劣质货币更使经济处于恶性循环。在经济崩溃、政治腐败的大漩涡中,受害最烈的首推帝国境内大大小小的城市。它们曾是古典文化赖以生存的基础,无论规模大小、位于何方,帝国城市无不以拥有自由自治、成为帝国社会支柱而自豪,现在则成为皇帝暴政下一切必须俯首听命的奴仆和帝国政府榨取勒索的对象。各自治市必须为摊派的苛捐杂税、繁重贡纳作担保,若有拖欠则予严惩。以前被当作一种荣誉和体面身份的市议员,现在则沦为欠税抵债的替罪羊,为此而倾家荡产者大有人在,于是许多市议员宁愿卖地流亡以逃避重负,有的甚至乞降为隶农以求逃官逃税。这样一来,不仅城市的没落日甚一日,古典文化发展所依靠的一个较广泛的社会阶层也零落殆尽。随着罗马社会在政治、经济上的全面衰乱,古典文化的特色也无可挽回地消褪、变质,终于弄得面目全非。毫无疑问,在这种奴隶制危机全面爆发的背景上,古典文化本身也陷入了最后导致它覆亡的危机。

法国画家托马斯·库斯蒂尔的作品《罗马的堕落》,画面一侧出现了两个蛮族人,暗示他们将替代罗马人的地位

在文化史的研究中,帝国后期古典文化无可挽救的没落已是尽人皆知的事实,但如何解释这一没落却并不容易。这里的一个关键问题是要

罗马文化

看到古典文化尽管有许多先进成果,它在本质上仍然是奴隶主阶级的文化,因此只能和奴隶制的古典社会同其命运。在我们前面提到的奴隶制国家的发展规律中,奴隶制的繁荣和帝国统治分不开,帝王专制是奴隶社会必不可免的体制,希腊、罗马由于情况特殊,曾有一段公民政治民主共和的时期,但终于转为君主制的帝国。古典文化先进成果的取得主要有赖于这些特殊情况和这段相比于整个奴隶社会而言也是短暂的时期,其物质基础则是古典的城市。罗马帝制的建立已意味着这些条件有所改变,而帝国后期的混乱腐败则使这些条件完全丧失。更有甚者,以皇帝、贵族为代表的罗马奴隶主阶级在面临末路时特别疯狂地进行垂死挣扎,倒行逆施不绝如缕,罗马社会自我革新以转向封建社会(例如我们中国那样)的道路全被堵绝,只有在人民起义和蛮族入侵的打击下彻底毁灭,因而古典文化也随之同归于尽。到帝国末年,罗马奴隶主阶级的自我表现已让历史作出无情的判决:如果不彻底摧毁这个奴隶制帝国和它的整套上层建筑,新的生产关系就不可能建立起来。就像执行这个判决的人民群众——起义的奴隶、隶农和蛮族——已不可能从古典社会的公民中产生出来那样,执行这个判决的思想工具也不可能来自古典文化本身。古典文化不得不退出历史舞台,但它的先进成果却可作为一种光辉的传统永远给人以启迪,并且在下一次新旧社会的革命转折中发挥巨大的作用。

帝国后期的危机和古典文化的衰落,总的来说,是愈演愈烈、每况愈下,但它的根本原因,却是生产力的发展已引起了和旧的生产关系——奴隶制的尖锐矛盾,因此我们要看到生产力已经达到高度水平这个基本事实,还决定了这一时期不可能一切都在衰败倒退。在帝国初期已臻峰巅的古代社会的生产力,这时虽由于奴隶主的反动而受到摧残,但在某些具体的技术工程项目中,它仍能显示出一定的威力,因此帝国后期在城市建设和建筑工程方面并非毫无进展。紧接着安敦尼王朝的塞维鲁王朝继续在罗马大兴土木,尤其致力于其"龙兴"之地——王朝的老家北非的大莱普提斯城的建设。此朝的卡拉卡拉在罗马兴建的大浴场,是这类工程中规模最大、设备最完善、结构最先进的,它的废墟至今仍能给人深刻印象。君士坦丁在罗马广场接其前任马克森西之手完成了一个规模空前的大会堂——君士坦丁大会堂,把水泥结构的交叉拱顶成功地用于大会堂的建筑中,高大、牢固、明亮皆有超越前人之处。它的废墟在罗马广场的所有建筑遗迹中也最宏伟,无怪乎文艺复兴以来西方崇尚的古典建筑的最高

第十四章 帝国后期的危机与古典文化的衰落

理想就是"把罗马万神祠的圆顶和君士坦丁大会堂的结构结合起来"。此外,君士坦丁在拜占廷营建新都,竭其全力再建一个"新罗马",工程量(即使仅就数量而言)也是前所未见的。高度的技术和帝国数百年来掠夺积累的财富仍把罗马这个奴隶主阶级的"永恒之城"装扮得富丽堂皇。据4世纪时帝国政府对罗马城市设施的调查,统计全城共有庭院式的贵族邸宅1797座,中下阶层居住的公寓楼房46 602栋,磨坊254所,谷仓190处,另有桥梁8、街道大市场8、广场11、凯旋门36、自来水泉1 152、公共图书馆28、赛马场2、圆形竞技场2、剧场3、浴场11和856间私营小浴室①。可见这个人口逾百万的古代最大都市,在它覆亡之前是一片多么豪华的"车水马龙"的景象。

　　像一切盛极而衰的文明那样,混乱颓败的另一面往往就是统治阶级腐化堕落造成的"畸形繁荣"。宫廷的豪奢,国家机构的膨胀,再加上面临末路的奴隶主阶级的醉生梦死,使罗马和整个帝国从某些方面说确实是披着锦衣华服走向死亡。许多大奴隶主在别墅里饮宴终日,将大量土地围成猎场或辟为园林,挥金如土,互为攀比。政府为满足统治阶级的狂欢纵欲,屡屡增加娱乐假日。据统计,1世纪时罗马全年娱乐日为66天,2世纪时增至123天,4世纪则达175天。在娱乐日里,由皇帝或当地政府组织各项演出,有奴隶角斗、斗兽、戏剧、海战、骑术等等。奴隶和工农劳动群众当然不能享受娱乐日的闲暇。它只为宫廷和达官贵族提供消遣的机会,同时也是统治阶级笼络城市流氓无产者的一个手段,他们以世代为罗马公民而自居为高人一等,不事生产,成为奴隶制社会的寄生赘瘤,平时流浪街头,每逢娱乐节日则喝彩起哄,要统治者施舍面包和戏票。因此,如果细加分析,我们仍能从当时文化发展的某些数量上的增长看出其质量上的

卡拉卡拉大浴场遗址

罗马文化

倒退,虽然其具体的成果我们亦不应忽视。

与此有关的另一更为重要的情况则是,既然罗马衰亡是属于生产力发展引起的向新社会转化的运动的一部分,那么它的另一部分就意味着未来社会的新制度、新文化的萌生。从这个角度看,帝国后期的历史与文化也不会是漆黑一片,黑暗之中也有星星点点的闪光。孕育着未来封建社会文化的这些微弱亮点大致有三个来源:其一是公元1世纪以来在帝国东部兴起的基督教。到3世纪时它已传遍帝国全境,4世纪初得到皇帝承认,以至升为国教。基督教视古典文化为异教邪物,因此它是自外于古典传统的(虽然它也吸收了一些古典遗产以为己用),它的神学世界观和古典的理性世界观也是完全对立的。然而基督教在兴起之初,是下层群众的宗教,以后也一直有较广泛的群众基础,而在获得承认升为国教以后,它的神学统治体系也可为历代帝王服务——既为奴隶制帝国、也为日后的封建王朝服务,所以帝国后期兴起的基督教不能不被看作这时罗马文化总的发展中的一个重要方向——尽管在我们这个谈论古典传统的书中对它不能着墨太多。另一个与未来的中世纪文化有关的新事物则是蛮族群众以及起义的奴隶、隶农群众中的思想与信仰。它们带有民间的甚至原始的色彩,然而,对于已堕落为统治阶级玩物的古典文化的躯壳,它们却能表现为强大的冲击力量。有些学者把这些东西笼统地称为蛮族的"世界模式",认为它和基督教的"世界模式"是构成中世纪世界观的两个主要来源[②]。最后一类标志着未来新文化萌芽的东西,却来自古典文化或罗马文化本身。因为在帝国后期的罗马文化中也分离出一些有异于古典传统的因素,如强调心智通神的新柏拉图哲学、着重图解程式而偏离写实的雕刻艺术等等。它们是古典传统中斜出的旁支,因为前者是祖述柏拉图,后者则来源于图拉真纪念柱所代表的"图解式写实主义"。与此相似,在建筑、工艺、史学中出现的变异现象也并非个别。过去只把这些东西当作古典传统衰败的表现,一概予以否定,但在学术界抛弃了以古典传统为唯一标准的偏见后,就会看到这些变异旁支实际上是联系着未来中世纪文化的萌芽。虽然在古典世界转化为中世纪世界的毁灭性大灾难中,它们也像经济中的隶农制那样未能获得顺利发展,只以扭曲的形式偶尔显现一下,却说明了古典文化与中世纪文化之间并非毫无联系。上述三方面的新因素,在一定程度上都可看作历史发展中合乎辩证规律的现象,如基督教意味着古代世界观向对立面转化,蛮族或民间的成分代表文

第十四章 帝国后期的危机与古典文化的衰落

化社会层次的上下交替,而古典本身的变异则是综合后的新的一分为二等等。因此帝国后期的衰亡之中也有新生的东西,这时期文化史研究的丰富内容已越来越受到学术界的注意。与此相联系的是,我们对粉碎罗马奴隶社会的革命力量——起义的奴隶、隶农和蛮族迁移的运动,自应给予充分的评价。大家知道,恩格斯曾经指出,罗马帝国后期陷入了绝境,"只有一次彻底革命才能摆脱这种绝境"[3]。而人民起义和蛮族入侵的结合,就是这种彻底革命最主要的表现形式。

对古典传统而言,帝国后期的危机使它受害最烈的莫过于它奉为最高理想的自由、理性与法制的丧失。自从建立帝制以后,自由已受很大限制,但只要人们(有时包括最高统治阶层)还推崇理性和法制,则三者尚能互补而存,以至于使后世贤哲若歌德等还认为图拉真、哈德良之时是历史上理想的太平盛世。但到了帝国后期,理性与法制亦荡然无存,自由就更是无踪无影了。这种情况之所以造成,元首制变成君主制、专制强化是一方面的原因;政治混乱、法制崩坏、城市瓦解则是另一方面的原因。终生致力于研究帝国后期历史和文化的挪威学者汉斯·彼得·洛兰奇曾总结说,帝国后期的变化是全面的,从政治、经济到社会生活都起了变化,它影响及于每一个普通老百姓的日常生活——用我们现在的话说,就是社会素质的变化和下降。在专制加强的情况下,整个社会都走向一体化、标准化、集权化、军事化的道路[4]。市议员从荣誉之职变成无法摆脱的桎梏;工商百业也成为固定不变的职守,父死子不准自由迁徙;农民都降为隶农,隶农又等同于奴隶,更是丧失了一切人身自由。除奴隶主上层这个特权阶级,其他社会阶层和阶级可说都成为皇帝的奴仆,固着于他们的行业岗位之中,没有行动、言论和信仰的自由是他们共同的特征(因此基督教在被承认之前也受到极残酷的迫害)。甚至文武百官也不能说是自由的,专制皇帝这时常用的口头禅是"军法从事"。按罗马公民政治的传统,军队只对付敌人,因此军队不能入城,军法亦非公民之法,军队只绝对服从司令——皇帝个人的意志。这时的文职官员,无论高低,皆以军曹或兵勇相待,官署称为营帐,办公称为服役,连工薪也叫军饷。这倒不是搞什么全民皆兵,而是有意用军法的严酷显示专制的淫威。可见军事化的推行,是和社会文化生活各方面的简单化、定型化、单一化沆瀣一气,其结果是整个文化生活死气沉沉,与帝国初期在统一综合之中的生气勃勃形成鲜明对照。然而专制的加强也只能以统治者力所能及为限,可是政治的混乱、军匪的横行和法制的荡然无存,却使连专制统治表面上要维持的稳定也化为乌有。专制的绝对秩序转变为混乱的绝对无秩序,交相递变、愈演愈烈,于是专制的死寂和混乱的猖狂双管齐下,人民生活于水深火热之中。试听听3世纪中期天下大乱之际一位作家的呼声:

"看,道路被匪徒盘踞了,海上被海盗封锁了,到处是战争、营房、血腥的恐怖。全世界灌注了互相屠杀所流的血;如果只是个人杀人,就被认为是犯罪,然而,如果是公然杀人,反被认为是勇敢之行。有罪可以不受惩罚,这不是由于没有罪恶,而是由于坏事大得骇人听闻……人们不但实行犯罪,而且教导犯罪……尽管法律写在十二铜表上,尽管它刻在铜表上让大家知道。但是,有人就在法律面前公然犯罪,侵犯法权。无罪甚至在应该得到保障的地方也不能得到保护。相互的激烈争执达到发狂的地步,罗马人之间没有和平,市场上响彻敌对的叫声。那里备有短剑、投枪、拷问器械:钳子和拷问台,还有火。对于一个人的肉体所施的刑罚比他的肢体数目还多。谁来抵御这些呢?保护人吗?可是他是背信弃义者和欺骗者。法官吗?可是他出卖自己的判决。本来是承担消除犯罪之责的人,但是,他自己就容许犯罪;而且,为了陷害无辜的被告,法官本人也就犯罪。法律没有什么可怕,检察官和审判官没有什么可敬。收买能得到的东西,就引不起畏惧。"⑤

写上面这段话的人叫启伯里安努斯(Cyprianus),他是当时犹处地下状态的基督教的一个主教,曾学过修辞,文笔甚佳,有大量书信传世,他后来也遭迫害被处死刑。可以认为他的话反映了广大被压迫群众和深受法制破坏之苦的罗马公众的心声,他们最感到恼怒的就是有法而无效,执法者带头犯法,统治者公然向人民施暴,罗马民族经数百年努力建立起来的法律秩序已变成明目张胆的无法无天。这并不令人惊奇,因为启伯里安努斯控诉的时代就是那个产生"三十暴君"的时代。可是,一百多年以后,经过戴克里先、君士坦丁徒劳无功的整顿,甚至在基督教获得承认升为国教以后,情况变得更坏。这时罗马人感到绝望的,不仅是跟自己历史上法制开

第十四章 帝国后期的危机与古典文化的衰落

明的时代无法相比,甚至连邻近的蛮族社会也有比罗马优越之处:原来高唱人性和人道的罗马现在比谁都更无人性、人道,而蛮族被名为野蛮之族却有让人安身立命之所,因此起义群众和逼上梁山的人都纷纷投向蛮邦和与他们联合起来进行斗争——为此他们获得巴高达的称号,意即"战士"。当时的另一位基督教作家萨尔维安卢斯(Salvianus)提到巴高达运动之后就指出了罗马的无人道和蛮族的人道:

"在罗马国内,穷人遭搜刮,寡妇在呻吟,孤儿被蹂躏,因此他们中有不少人,决非出身微贱而是受过良好教育的人,也纷纷逃往敌国而不愿在国内横遭欺压或被折磨至死,可见现在他们只能在蛮族中找到罗马的人道而在罗马国中他们却再也不能忍受那种野蛮的不人道了。虽然他们所投奔的那些人跟他们风俗不同、语言不同,甚至可说蛮族的身体、衣着、气味都与他们迥然不同,可是他们现在宁愿在蛮族当中过迥不相同的生活,也不愿在罗马人当中忍受不公道的虐待。因此,他们迁居各地,或者投奔哥特人,或者投向巴高达,或者投到随便什么蛮族人统治的地方,并且他们绝不后悔离乡背井:因为他们宁愿以寄人篱下之贱过自由人的生活,而不愿披自由的外衣却过着奴仆的生活。于是,罗马人这个名称,曾经不仅被珍视过,并且曾以很高代价被换取过的,现在却被人们求之不得地拒绝、抛弃、逃避,把它当作可鄙的甚至令人恶心的东西。对于一些诚实正直、名闻乡里的人来说,罗马应该是他们莫大的荣誉,而他们现在则由于罗马公道沦丧、残酷无情被迫不愿作罗马人,难道还有什么能比这件事更有力地证明罗马的不公道吗?"⑥

确实,这位基督教作家一句"难道"的问话,就简单明白地点出了罗马由于抛掉了自己奉为圭臬的自由、人道、理性和法制而陷入的人心尽失的绝境。就像罗马的人民群众居然到蛮族中求人道与自由那样,他们也到与古典思想对立的基督教中求得心灵的慰藉与苦难的解脱,这难道不也是同样有力地证明了古典文化的没落吗?

由此可见,在帝国后期的文化发展中,那些曾在古典传统中大放光芒的、属于精神文化领域的文化形态,例如文学、艺术、哲学、史学之类,是衰

罗马文化

落得最明显的。一般说来,帝国后期没有产生一位古典文化或罗马文化的代表人物,这个尽人皆知的事实最典型地说明了上述问题。尽管数量上仍有一些作家和作品问世,质量上却远远不能跟以前各时代相比。文学与修辞方面堪称大家的黎巴尼乌斯(Libanius,约314—393年)可为一例。他的著作等身,仅书信传世者即达1500封,他的门生包括基督教的教会神学大师,也有反基督教的皇帝朱里安。他讲究文化教养,提倡宽容综合,但无论修辞教学还是文学写作皆限于复述前人成果,自己了无新创。史学方面也是这样,史家只满足于摘抄前人著述编纂成书,出于他们自己之手的有关当代史事的记述则质量远不及前人。这方面的著名人物如狄奥·卡西乌斯(Dio Cassius,约150—235年),尚能编写一部卷帙浩繁的罗马史,从远古一直述至229年塞维鲁王朝之世(用希腊文写成),为后世保存了一些有用的史料。在他之后,就每况愈下了,4世纪史家如维克托尔等辈多以写汇要、简史、略传为务,眼界学识皆无足称道。帝国后期的哲学唯一值得提及的是开倡新柏拉图主义的普罗提卢斯(Plotinus,约204—269年),他知识广博,曾随军旅远赴波斯,结识了波斯甚或印度的宗教哲学思想,进一步发挥了柏拉图的唯心主义。他提出"太一"之说,认为太一超越一切,非理智所能理解,因此太一是摆脱了理性而与宗教概念的神合而为一。他断言:

"创造万物的'太一'本身并不是万物中的一物。所以它既不是一个东西,也不是性质,也不是数量,也不是心智,也不是灵魂,也不运动,也不静止,也不在空间中,也不在时间中,而是绝对只有一个形式的东西,或者无形式的东西,先于一切形式,先于运动,先于静止。……这些困难中有一个最大的困难,就是我们对于'太一'的理解与我们对其他认识对象的知识不同,并没有理智的性质,也没有抽象思想的性质,而具有高于理智的呈现的性质。"[7]

普罗提卢斯(一译柏罗丁)在这里用晦涩的语言向人们兜售一种非理性的哲学,实际上是在哲学与宗教神学之间搭桥,无怪乎教会神学家如奥古斯丁等对他表示首肯,而古典哲学在他之后却销声匿迹了。

帝国后期艺术的发展也有同样的情况。总的说来是写实倾向减弱,

第十四章 帝国后期的危机与古典文化的衰落

抽象程式增强,同时技艺水平也在退化。于是,帝国初期那种技艺高超、形象生动、风格豪放的带有巴罗克特色的古典艺术,现在走向了它的反面:技艺粗劣、形象呆板、风格沉滞。这既是专制强化及整个社会生活简单化、定型化等等对艺术创作的毒害,也是长期混乱衰败堵塞了艺术自由发挥的生机的结果。试以罗马人最引以自豪的纪念性建筑物的浮雕——凯旋门的浮雕为例,紧接着安敦尼王朝的塞维鲁王朝尚续有新建,但技艺的退化已见其端。此后五十年大动乱间就再也见不到凯旋门的修造,经过戴克里先的整顿,到君士坦丁时才又有凯旋门的建造,时距塞维鲁朝又近百年,而风格与技艺的退化也更为明显,和帝国初期之作相较真可谓规格依旧而面目全非了。我们不妨从塞维鲁和君士坦丁建在罗马广场及其附近的两个著名凯旋门看看具体情况。塞维鲁凯旋门建在罗马广场的东北角,靠近元老院会议厅,取三拱三门形制,气魄倒还雄伟,可是大门两边的浮雕却无足取。它表现塞维鲁出征安息的情节,除了看到一队队的兵员车马横列于前面外,毫无动感与气势,人物拥挤,空间局促,姿势重复,衣褶也千篇一律,令人觉得艺术家在此只是奉命而作某种官方宣传品,他已失去对追求形象优美的任何艺术兴趣。在构图上也是那种只求交代明白的图解式布局代替了一切,再也谈不上对空间效果的追求。君士坦丁的凯旋门则建在罗马广场的西南面,正好位于哥罗赛姆大竞技场旁边,也是三门三拱,前后两面还分别以四根高大的科林斯式圆柱为衬,柱基雕花,柱顶立雕像,轩昂之中显得华丽,在建筑设计上不失为成功之作,它和也处于罗马广场南端的君士坦丁大会堂互为呼应,显示这时在技术性的建筑工程方面还有所进展,但它的浮雕装饰却实在无法恭维。如果拿同在罗马广场上并距它不远的提图斯凯旋门的浮雕作个比较,那么按古典风格的发展水平说它要较提图斯凯旋门倒退好几百年,回到共和初期的古拙时代,而实际上它却比提图斯凯旋门晚出两百余年。但这还不是问题的全部,因为从表面看,凯旋门上有些浮雕还是很精美的,不明底细的观众会认为创作这些浮雕的君士坦丁时代的艺术家还有一定水平,但他不知道恰恰是这些较精美的作品却不是君士坦丁之时制作的——它们是从帝国初期的纪念建筑上硬搬过来,其中有从图拉真广场上搬来的两块表现图拉真出征的浮雕,堂而皇之地装在中央拱门的内壁,还有从哈德良的建筑物上搬来的几块圆形浮雕,也摆在门上最显眼的位置,檐壁上的好几块方形浮雕,则是从马可·奥理略的纪念碑上搬来的,这样做表面上看

罗马文化

来是为君士坦丁的建筑物添了光彩,实际上却反映这时雕刻艺术的沦落已到了不得不借前人的作品装点门面的地步。而真正出自君士坦丁时期匠师之手的作品,和这些帝国初期之作比起来就有天壤之别。这类真正属于君士坦丁时期的作品,最有代表性的是两边小拱门上的两幅横浮雕,分别表现君士坦丁来到罗马后和群众接触的两件大事:皇帝在罗马广场发表演说和向群众发放救济粮款。我们知道,图拉真的凯旋门也有类似的演说、赈济的刻画,虽然同样是宣传皇帝的"仁政",图拉真之时是以古典风格表现,皇帝在人群中间,有真实的空间感,皇帝形象固然以其英俊使人信服,但群众也莫不是姿态自然优雅,不失其人性的尊严。可是在君士坦丁这儿,两个场面只见图解而全失写实之趣。演说一场中,皇帝能被辨认出来只因为他被放在正中央而且是唯一以正面表现脸部者(其他群众一律侧面),构图是简单的一字儿排开,所有的人物都挤在一块,没有空间,更没有舒展的余地。包括皇帝在内的一切人物形象都无自然生动可言,头部过大,与身躯失去比例,令人觉得都是像侏儒般的畸形矮个子。过去的古典艺术处理人物形象大多有自由发挥的细节:重心对应的姿态、灵活的手势、蜷曲的头发、富于变化的衣褶等等,现在统统被千篇一律的程式化的图样代替,甚至岩石的刻画也一律简化为蜂巢般的图案。这样强烈的非写实的倾向,令人感到它不仅仅是由于艺术技巧的退化和不足,而是一种有意的追求。在普罗提卢斯的新柏拉图主义哲学中,就提出了美不在于形体外表而属内在心灵之说,再加上基督教宣扬的肉体卑贱的信条,就形成了这种塑造人物不求体形优美和气韵生动的非写实的艺术观。它只要求用一定的图样传述甚或象征一定的概念,倒可和陷于粗劣境地的表现手法沉瀣一气、相得益彰,从而使古典风格的退化更见加速。当然,这种退化只是相对于古典风格而言,假若从前述历史辩证发展的角度看,它却意味着向中世纪的基督教艺术的迈进。

　　基督教在罗马帝国内部的发展当然也是帝国文化本身辩证演进的一部分。基督教祖述犹太教,从来源看属于东方宗教的传统,和古典传统是对立的。希腊、罗马也有其宗教信仰,但多少经过古典世界观的改造,如前所述,它的多神崇拜和神人同形同性论且构成了古典文化的一个组成部分,可是基督教从犹太教那里承袭的一神论和救世主的信仰,经它发展为基督教神学之后,这种无所不包的神学体系和古典世界观却有水火不

第十四章 帝国后期的危机与古典文化的衰落

相容之势。古典是理性至上,它却是神学至上;古典是人本主义,它却是神本主义;古典强调和谐秩序中的自由发展,它却以上帝包揽一切,万流归宗于神的至高无上的统治。这些对立虽有其东方渊源,却也与罗马的社会危机、内部矛盾有关。强调上帝和神学的统治,实际上是专制强化及于宗教思想的反映,尽管罗马皇帝从尼禄到戴克里先都残酷迫害基督教,他们却不知道专制暴政本身已为理性的泯灭、宗教信仰的复振创造了条件,更何况愈演愈烈的政治混乱、经济衰败和奴隶制危机的加深,已使社会广大阶层普遍感到前途渺茫、悲观失望,他们对古典体制丧失信心后,只好到宗教中寻求慰藉,从而使基督教徒的行列日益壮大。更有甚者,基督教在它产生初期和下层群众有密切的联系,"它最初是奴隶和被释奴隶、穷人和无权者、被罗马征服和驱散的人们的宗教"[8]。它的一神论与对罗马皇帝的神化崇拜不相容;它的救世主信仰意味着要给广大信徒带来新天新地、新耶路撒冷的幸福王国;它的秘密结社和铁板一块的宗派活动隐含着对帝国统治的蔑视,凡此等等,都使它被官方看成眼中钉,却使群众把它看作有反抗色彩的组织。它长期惨遭迫害的记录也自然引起人民的同情。所有这些,都说明是罗马自身的历史发展把基督教作为古典世界观的对立面而推向时代的前列。当历史已对古典社会作出判决之时,执行这个判决的思想工具就由基督教来承担了。历史的辩证发展就是这样:无论基督教按古典标准看有多么荒谬,它却是代表未来的中世纪的"新"世界观。

罗马帝国前期基督教徒的地下教堂

基督教在帝国初期即已流行于东部各行省,首都罗马也有了它的社

罗马文化

团。前面提到的尼禄之时那场罗马大火,基督徒便被作为替罪羊受到迫害;小普林尼和图拉真的通信也谈到基督徒在东部行省已是人数众多,形成一股势力。虽然学术界对耶稣基督是否确有其人大多持否定意见,二次大战后死海文献的发现却证实公元初年巴勒斯坦一带确实有类似基督教的小教派的活动,他们合群而居,相信救世主,行公餐,有十二门徒为首。可是它只是当时出现于巴勒斯坦的许多犹太教小派别之一,人不过数十,地不出死海之滨,而不到百年便汹涌澎湃,冲出东方和犹太民族的局限而在更广阔的罗马世界发展壮大,自有其顺应帝国形势的特点。因为基督教虽源于犹太教,却打破了后者只承认犹太一族为上帝选民的狭隘传统,它强调信奉新教的选民可扩大到一切民族,福音面向万国众民、四面八方;而且它宣传只要坚信基督即可因信得救,仪礼简单平等,信众团结自助,对罗马皇帝和异教统治抱着必胜的信心,令人有耳目一新之感。特别是入教的许多基层群众本来就有反抗罗马的斗争经历或组织联系[9],信众也以被罗马迫害为荣。据说耶稣就是被罗马当局钉死于十字架上(十字架是对叛乱者所施的酷刑),所以这个新教派尽管不是一个革命的政治组织,却具有反官方统治的传统和心理。有了这些特色,基督教在罗马帝国境内的前途就可用"星火燎原"一语概之。到2世纪时,西部各行省也日见流行,3世纪时信徒已达600万,不仅遍布全国,许多中上层人士也加入教会,基督教已从下层群众的宗教变为全国性的、可为统治阶级服务的宗教,它的不合法身份只是由于皇帝执迷不悟而造成的"时代错误"。许多教会人士写了名为《护教篇》的请愿书上呈皇帝,一再向帝国政府效忠投靠,极力表示统治者与基督教利害一致。与此同时,教会领导权已转到社会上层集团手中,基督教神学体系亦已形成,它成为统治阶级御用工具的条件已经成熟,一旦皇帝正式宣布承认,即可和当局密切合流。这个转变的标志就是君士坦丁313年的《米兰敕令》。此后基督教不仅获合法地位,而且很快发展为超越罗马旧有的多神崇拜而成为居统治地位的宗教,基督教也就跻身为罗马文化最后阶段(4—5世纪)的主流。教会文学成为此时拉丁作品的主干,教堂代替皇宫和广场而成为主要的建筑项目,绘画和镶嵌画(马赛克)主要表现教义和福音故事,它们与浮雕同样承袭了那种非写实的图解风格。只有雕像艺术与基督教因缘较浅,因为它太容易使人联想起那些邪恶的、异教的裸体雕像了,而这正是一位虔诚的基督徒避之唯恐不及的东西。显而易见,这个最后阶段的罗马文

第十四章 ● 帝国后期的危机与古典文化的衰落

化(有时也称为早期基督教文化)已为走向中世纪文化提供了必要的过渡。

基督教能为皇帝效劳,却不能容忍古典文化的存在。为了加强教会在文化精神领域唯我独尊之地位,它对古典文化毁之唯恐不足。它认古典为异教,斥之为妖魔邪恶,在抢夺古典神庙的财产之后,又捣毁神像,禁止祭祀,矛头同时指向古典传统的文艺作品甚至体育活动。392年,皇帝提奥多西下令严禁异教,信异教者有罪,古典文化亦在摈弃毁废之列,大批建筑物、艺术品和图书典籍都遭破坏、毁灭,从古希腊以来连续千年的奥林匹克运动会亦被禁绝。古典文化到这时真是上天无路、入地无门了。对于古典文化的毁灭,教会人士如果不是欢欣鼓舞,至少也会幸灾乐祸,因为这是一出上帝之城战胜人世之城的神圣喜剧。基督教最著名的作家奥古斯丁(Augustine,354—430年)眼见罗马沦为灰烬,却欢呼上帝之城将由此而更显永恒:

奥古斯丁

> "我曾把人类分作两种:其一是为人世奔波,另一则为上帝服务。我也曾按神秘的启示把它们称为双城之争;两个城市、两个人类社会,一个与上帝同在必将永恒统摄宇宙,另一个与魔鬼为伍必将永远受罚受苦。"⑩

奥古斯丁这番话,是针对410年蛮族和起义奴隶联合攻陷罗马城这个震动整个帝国的事件而说的,他以上帝之城代表基督教,以人世之城代表古

罗马文化

典文化,并进一步贬之为魔鬼之城。他以双城之争形象地表明古典世界必将灭亡,基督教世界必将胜利,因此罗马的失陷并不像罗马人通常所想的那样等于整个世界完蛋,反而意味着一个新时代的来临。只是他不可能知道这一切并非由什么上帝决定,而是罗马历史自身发展的结果;他对之欢呼的古典文化的灭亡也不是永远的,它日后还有更为辉煌的新生;至于蛮族和起义人民在推动这个"双城"之争中的伟大作用,更是作为上层人士的他决难想象的了。

人民的反抗斗争从3世纪危机开始就持续不断。塞维鲁之时,意大利已出现布拉领导的起义队伍,此后北非发生人民起义,埃及出现牧人造反,罗马城市也有造反斗争,而西西里岛重新爆发的奴隶起义,更使统治者惊呼为往昔奴隶战争的再现。在帝国各地中,高卢的斗争最为激烈,巴高达运动使这里烽火连天,几伏几起,这个波澜壮阔的运动一直继续到罗马帝国的灭亡。4世纪以后,在奴隶、隶农和其他劳动人民的反抗斗争已汇聚为股股洪流之时,蛮族也大批涌入帝国境内,驰骋四方,互为配合。

壁画上的蛮族汪达尔人的骑兵

第十四章 帝国后期的危机与古典文化的衰落

北非先有阿哥尼斯特运动,后有多那图派的起义(奥古斯丁作为统治阶级的一员曾对罗马当局镇压多那图派助了一臂之力),而高卢的巴高达运动则再度高涨,因此前引萨尔维安卢斯的话一再提到罗马人纷纷投向巴高达。蛮族与起义人民的结合,更形成对罗马致命的一击。在378年阿德里亚堡一战罗马全军覆没,皇帝瓦伦斯也丧了命。此后罗马边防即告崩溃,蛮族长驱直入,终于导致410年西哥特人攻陷罗马。当时西哥特首领阿拉里克已称雄于意大利,对罗马围城猛攻之时,城内奴隶和贫民起义响应,打开了城门,让蛮族与人民起义联军第一次攻破了这个自封为"永恒之城"的奴隶主巢穴,这最清楚不过地表明帝国气数已尽。其后西欧的日耳曼各族又纷纷南下高卢和西班牙,其中的汪达尔人甚至远走北非,扬戈于摩洛哥直到突尼斯的广大地区,并于455年渡海再度攻陷罗马。此时西部帝国已全属蛮族天下,476年蛮族将领奥多亚克废罗马最后一个皇帝自立为王,遂正式宣告了罗马帝国的终结。其实,只有这段人民革命的历史,才真正揭开了帝国末年新旧世界斗争的实质。

结　束　语

威廉·弗莱明在《艺术与观念》一书中总结罗马文化的历史意义时说：

"直到18、19世纪的考古发掘破土之前，古典世界那些较罗马更早的文化中心如雅典、帕加马等等，都由于毁损严重而未能以它们更为纯净也更有节制的风格对西方艺术施加任何可觉察出来的影响。在此期间，一切学习古典、仿效古典的古典主义艺术实际上都是罗马文化和罗马风格的恢复。西方建筑是凭罗马建造技术的确立而决定了自己的发展道路，并循此方向前进一直到19、20世纪的技术革新为止。还要一再强调的是，地中海文明的各种风格、形式与观点都是经过罗马之门而传于后世。罗马人经过有选择地广采博收并配合自己的创造而形成独具一格的文化。在东方，它经过拜占廷的新罗马帝都，在西方则经过拉文纳而传于中世纪文化。当罗马已不再是世界帝国首都时，它仍然一直是基督教世界的首都。它的建筑、雕刻和文学纪念物始终是人们朝拜的对象，对各个时代的统治者、普通百姓和艺术家都有巨大影响。由于在其后的西方文明的各个阶段它都拥有这种优先地位，可以说西方任何一个重要城市都可找到某些罗马的东西。因此，罗马过去曾被恰当地称为永恒之城，直到今天它仍能当之无愧地拥有这个光荣称号。"①

弗莱明在这儿是从更广阔的历史角度(实际上是经历了1 500年沧桑巨变的历史角度)来重新考察"永恒之城"的问题，他的结论——"永恒之城"终属永恒——自然要较罗马人自己的评价有分量得多了。它还说明：罗

结 束 语

马之所以"永恒"在于它拥有或代表着西方文明的古典传统,因此它像凤凰那样获得新生,像春雨那样滋润人间。

千余年的沧桑巨变意味着古典传统的形成经历了曲折起伏的过程。在罗马帝国后期,古典文化由盛而衰,逐渐戕绝了自己的生机,而帝国灭亡的那场大灾难却真正使它堕入黑暗的深渊。当然,这深渊只是对古典文化而言,有历史发展眼光的人将会看到与此同时一个新的中世纪文化正在孕育萌生——可是罗马确实被攻陷、被毁灭、被废弃了。经过百余年的战乱,罗马在6—7世纪已从一个百万人口的帝国首都沦为居民不足5万的废墟,罗马广场以及它旁边的从凯撒广场到图拉真广场的一系列帝国广场,这时只见残砖碎瓦,满目蓬蒿,人迹罕见,只有牛羊徜徉其间。中世纪时,罗马广场被人们名副其实地称为"牧牛场";而巴拉丁山上深夜可再次听到狼的嚎鸣——而这已不是那曾经哺育罗慕路斯的母亲之

中世纪时的罗马城市广场旧址

狼,而是标志着罗马已真正沦为荒野的惩罚之狼。当文艺复兴时代的人们把中世纪称为"黑暗时代"之时,他们心目中印象最深刻的情景就是罗马古城的一片废墟。虽然中世纪文化并未完全断绝与古典文化的联系(这种完全断绝实际上是不可能的),罗马的纪念物仍有人来朝拜,查理曼的帝国仍称为罗马人的帝国,修道院书库中也还有几本拉丁文的古籍,但基督教的虔诚信徒仍把罗马的毁灭和古典文化的埋没当作上帝的惩罚,所以古典传统在中世纪确实是不见天日、命绝如缕达数百年之久。

罗马文化

　　14世纪以后,文艺复兴运动才使古典传统得以再生,历史的辩证法似乎为了补偿它前此的埋没而给它后来的新生以特异的光辉,有新时代觉悟的人们决不把它们看作尘封的古物,而是奉为征途的向导和生活的导师,以至整个新时代的开端就以它的复兴为名。但丁称维吉尔为父亲,彼德拉克尊西塞罗为他的另一只眼睛,薄伽丘则为文艺女神的复归欢呼;即使是古典著作中没有闪烁多大天才之光的卷册,例如维特鲁威的《建筑十书》和昆体良的《修辞学教程》,当它们在阿尔卑斯山的某个僻远修道院的古塔中被意外发现时,也被学术界推许为震惊世界的新闻,它们发挥了古代当年远难比拟的巨大作用。两位新艺术的伟大开拓者:布鲁内莱斯奇和多纳太罗,在新领域迈出的关键一步,便是来到罗马广场的废墟中"寻宝",以至被当地人误认为挖窖盗墓之徒,但他们搜寻的宝物确实比世俗的珍宝贵重万倍——那是古典艺术和古典传统的宝藏……经过意大利文艺复兴的推动,古典传统作为新文化的良师益友,确实如日中天般照耀着欧洲大地,它不仅被恢复过来,而且推崇到文化主流的地位。这一伏一起的马鞍形的大曲线,在世界文化史上也是独一无二的。

　　古典传统作为西方近代文化的主流的意义,当然不是指它代替了新文化的创造而是强调其启迪开导之功。古典传统的核心,就是我们通常所说的"德先生"与"赛先生"——古典文化中的民主性与科学性的精华。应该说,世界各民族的古代文化优秀遗产都或多或少包括这两位先生,而希腊、罗马的古典文化又确实在其中居于优先之列。希腊开创而罗马发扬的古典文化所以能在西方世界所有的艺术和思想意识中留下它们的烙印,其关键亦在于此。

　　如果具体分析一下这个古典传统的含义,那么它至少还包括以下四个方面:一、它意味着高层次的、有典范意义的文化传统,"古典"一词的拉丁原文有"第一等级"之义,当罗马人作为"征服者被征服"而全盘吸收希腊文化时,他们便是出于高低优劣的比较而赋予它典范楷模的含义。文艺复兴以来,凡称古典也是首先强调其典范意义,既是典范,当然位居一品或主流。二、它标志着祖述希腊、罗马的文化与思想体系,以区别于中世纪基督教的、民间的或本地民族的文化体系。就这个意义说,古典对西方人就意味着希腊、罗马的古代,它的精华当然是古典文化,但也旁及政治、经济和社会体制。三、它代表着一定的文艺风格,推而广之,也可说是思想意识的甚或生活方式的风格,古典风格以庄重典雅、优美和谐为主要

结　束　语

特征,或如温克勒曼所说,那是一种高贵的单纯与静穆的壮伟,它讲求形式与内容、现实与理想、规范与自由、纯净与丰富之间的辩证统一、平衡以至最高度的和谐,这些关系的过度倾斜和破坏则是非古典的。四、它遵守着一些行之有效的传统与制式,构成其表现形式的特点,例如文学中的史诗、悲剧的规格和各种诗词格律,艺术中的人体中心和人体比例,建筑中的柱式、拱柱组合等等,加上希腊、拉丁文的语义学、语源学和古典神话的影响,古典传统便有其特定的、一望即知的表现形式,而这些形式又是和它的内容密不可分的。从以上几方面的具体含义看,人们不难发现西方近现代文化在许多方面确实是在古典传统的基石上发展起来的;同时也就不难理解,古典对于西方人说来尽管时间上已那么遥远,情感上却那么亲切……

从世界历史的全局看,西方由于有古典传统为其先导,他们走上近代化和现代化的道路要比东方略显轻便快捷。拿我国的例子说,在西方文艺复兴开始以前,我们一直保持着领先的步伐,此后就逐渐落后了。原因当然是多方面的,但若以文艺复兴为分野,那就不能不说西方之有和我们之无是造成先后错位的一个主因,而西方之有文艺复兴又不能不归功于古典传统给它较早地带来了德先生和赛先生——这两位先生我们是从"五四"以来才对他们表示热忱欢迎的。这个对比虽然简单,却形象地说明了古典传统在推动近代化以及现代化进程上的巨大意义。当然,古典传统也是全人类共有的优秀文化遗产的组成部分,如果说它在文艺复兴时期受到西方人士的欢迎,那么,在今天世界各族人民都向现代化迈进的时候,它理所当然地也受到人们的普遍欢迎。我们的"五四"运动在欢迎德先生和赛先生的同时,不也是对西方古典抱有浓厚兴趣么?说到这里,也就是本书的结束语应该结束的时候了。我们当会抱着同样浓厚的兴趣,以使我们对古典传统的学习与研究有助于我们的现代化的伟业!

壬申冬至于北大畅春园

注　释

第一章

① 《杰斐逊著述精选》,佛纳尔编,1944年英文版,第288页。
② 普卢塔克,罗马史学家,见本书第九章。
③ 参看朱龙华:《关于古代奴隶社会发展规律的一个探讨》,《世界史研究》,1984年第1期。
④ 《伊尼阿特》,第6卷,847—851行。
⑤ 此书中译本已列入《世界文化丛书》,浙江人民出版社1988年版。
⑥⑦⑧《希腊方式——通向西方文明的源流》中译本第5页。
⑨ 《牛津古典世界史》,波尔德曼等编,1986年英文版,第805页。
⑩ 此书已由中国对外翻译出版公司延聘国内学者译成中文,即将由台湾方面出版。
⑪ 《后汉书·西域传》。
⑫ 罗马史学家及文法学家,见本书第五章。
⑬ 巴里·孔勒夫:《罗马及其帝国》,1981年法文版,第44—45页。
⑭ 波利比乌:《历史》,第1卷,第1章。波氏所说的五十三年是指公元前220年到前168年,即第二次布匿战争序幕到第三次马其顿战争结束之年。

第二章

①②《中外文化交流史》,河南人民出版社1987年版,前言,第1、2页。
③ 罗马历史上不乏家长处死儿女的事例,直到共和国末期(公元前1世纪初),还有一位名叫富尔维乌斯的贵族因其子参加卡提林纳叛乱而将他处死。
④ 休·拉斯特:《罗马家庭与社会生活》,载《罗马遗产》,1923年英文版,第211页。
⑤⑥⑦⑧⑨《历史》,第6卷,第56章,第11章,第18章,第57章。
⑩ 罗马在国家紧急情况时特别任命的官职,可在六个月任期内独掌军政全权。
⑪ 顺便提一下,"法西斯"仪仗图案原来并无贬意,欣慕古典传统的近代政权多有用之,例如美国国会讲台旁即刻有它的图像,但自从墨索里尼和希特勒用它而成为暴政的象征后,它遂臭不可闻了。

⑫⑬⑭《希腊方式——通向西方文明的源流》中译本,第1页,第3页(引文略有删节),第1、3页。
⑮ 朱龙华:《世界历史:上古部分》,北京大学出版社1991年版,第393—394页。
⑯ 波利特:《希腊化艺术》,1986年英文版,第17—18页及第150页。

第三章

① 贝洛赫:《罗马的源起》,1960年英文版,第99页。
② 由于共和国建立初期伊达拉里亚人常有复辟之举,有些史家遂认为509年并非共和建立之年而主要是纪念神庙建成之年。
③ 罗马规定除非首都被围军队不能入城,因此百人队会议是在城外的马尔斯(战神)练兵场举行。
④ 例如我们在第一章提到的贝尔纳·安德烈亚。
⑤ 有一个"鹅救了罗马"的故事,说卡彼托林山上奉祭朱诺神的鹅群发现了晚上前来偷袭的高卢人,唤醒了守军,才使罗马人保住城中最后一个据点。但现代史家相信这个故事多少有点遮羞之嫌。
⑥ 远古时代的"七丘节"所指的只是巴拉丁山及其附近的几个小山头,这儿说的罗马七丘要比它大好几倍。
⑦ 目前西方建筑史学界对罗马建筑这一"革命变革"评价甚高。可参看特拉奇登贝尔格与海曼的《世界建筑史》(1986年英文版)及瓦特金的《西方建筑》(1989年英文版)。
⑧⑨ 杜德利:《罗马文明》,1962年英文版,第30页,第40—41页。
⑩《罗马道路》,1932年英文版,第3页。
⑪ 以人在巨型转轮中踏动轮轴起吊重物的机械,参看本书第十二章。
⑫ 杨宪益、王焕生先生译的普罗塔斯喜剧有《凶宅》、《一坛金子》、《俘虏》、《孪生兄弟》等,见《古罗马戏剧选》,人民文学出版社1991年版。
⑬ 米海尔·格兰特:《罗马文学》,1954年英文版,第21页。
⑭ 据伊迪丝·汉密尔顿的摘译,见《罗马道路》第20—22页。
⑮《罗马道路》第22页。
⑯ 中译只能按中文把爱情读作两个字,原文是拉丁文Amor,称四个字母(英译文用Love,也是四个大写字母)。
⑰《罗马道路》,第38页。
⑱ 据说此书有18卷之多,今存者(多为后人摘引)仅550行。
⑲《农业论》,第5章,第1—4节,译文略有删节。
⑳ 据普卢塔克所述,这次凯旋除了把被俘的马其顿王伯尔修游行示众外,展示所得的希腊马其顿文物精品用了整整3天,第一天展示绘画雕像的车即有250辆之多

(《埃米利乌斯传》,第18节)。

㉑ 维特鲁威:《建筑十书》第7卷,序言,第15节。

第四章

① 例如德国学者伏格特在《古代奴隶制度与人的理想》(1975年英文版)的有关论述,他也认为起义军的文艺活动当较史料偶尔提及者为多。

② 《马克思恩格斯全集》,第30卷,第159页。

③ 克拉苏是镇压斯巴达克起义的刽子手,因此,从某种宏观历史因缘看,我们也可说是东方民族为西方起义奴隶报了一箭之仇(《简明世界史》古代部分,北大历史系编,人民出版社1980年版)。但双方对峙的历史后果主要仍在经济文化交流方面。

④ 骑士原指公民第一等级中拥有资财可提供战马和骑兵全套装备的人。

⑤ 普卢塔克:《提比略·格拉古传》,第9节。

⑥ 每户最高限额为1000犹格(约等于4000市亩),但只涉及公地,私地不在其内。

⑦ 如德国皇帝不称帝而称凯撒,俄国沙皇之"沙"字亦源于此。

⑧ 后两庙的名字都是后人所加,原供神名现已不可考。

⑨ 《剑桥艺术史》,第1册,中国青年出版社1990年版,第164页,译文略有改动。

⑩ 牺牲是指在祭台前宰杀祭神的牲口,罗马习惯以三牲肢腿在祭台上焚化以祭神。

⑪ 波利特:《希腊化艺术》,第146页。

⑫ 《短论》,据《宗白华美学文学译文集》,北京大学出版社1987年版,第4页。

第五章

① 这位加图是第三章介绍的老加图之孙,史称小加图,他当时是元老院领袖之一,西塞罗的密友、凯撒的政敌。

② 亚狄加是雅典城所在地区之名。

③ 奥卢斯·依尔久斯:《凯撒高卢战记第八卷序言》。

④ 西塞罗:《论布鲁图斯》,第262节。

⑤ 转引自格兰特:《罗马文学》,第95页。

⑥ 商务印书馆1979年初版。按照古典学术惯例,引用古典著作只注通行的卷、章、节数,不提版本页码之类,我们在本书所引各古典著作之注亦循此例。

⑦⑧⑨⑩⑪ 《高卢战记》,第1卷,第7、8章,第12、13章,第25、26章,第40章,第41章。

⑫⑬ 同上,第2卷,第35章;第4卷,第38章。

⑭ 他是在凭险固守的阿来西亚城为凯撒长期围困无法突围后而投降的,后被解送罗马,在公元前46年的凯旋式示众后被杀。

⑮ 《高卢战记》,第7卷,第90章。

注　释

⑯ 凯撒用十天时间在莱茵河上搭起的木桥,被认为是罗马工程技术的杰作(桥址在今科布伦茨附近),见《高卢战记》,第4卷,第17章。
⑰ 《高卢战记》,第8卷,第51章。
⑱ 昆体良:《修辞学教程》,第10卷,第1章,第105—110节。
⑲ 《论崇高》,第12节。
⑳ "腓力皮克"原为德谟斯提尼批斥马其顿国王腓力二世的演说,西塞罗援用其名,既有反专制也有比附于德谟斯提尼之意。
㉑㉒ 西塞罗:《致亲友书》,第16卷,第16书;第2卷,第4书。
㉓㉔㉕㉖㉗ 西塞罗:《致阿提库斯书》,第13卷,第52书;第15卷,第2书;第1卷,第14书;第2卷,第25书;第14卷,第9书。
㉘ 《致昆因图斯书》,第3卷,第1书。
㉙㉚ 《致阿提库斯书》,第1卷,第8书;第4卷,第4书。
㉛ 《致亲友书》,第9卷,第8书。
㉜ 《罗马文明》,第116页。
㉝ 《致昆因图斯书》,第2卷,第9书。
㉞ 《物性论》,第2卷,第1030—1102行。据方书春译文,略有改动。

第六章

① 最高统帅一词,源自拉丁文"因佩拉多"(imperator),原指率兵出征握指挥全权的最高将领,现由一人终身独掌全权已等于皇帝,英文"皇帝"(emperor)即用此字。
② 在他死后,巴拉丁山的"王宫"及罗马其他宫殿才逐渐兴建起来。
③ 塔西佗:《编年史》,第4卷,第34章。
④⑤ 《罗马史》,第1卷,序言。
⑥ 同上,第5卷,第21—22章。据王敦书译文,略有改动与删节。下同。
⑦⑧⑨⑩ 同上,第27章,第41—42章,第47章,第54章。
⑪ 《修辞学教程》,第10卷,第3章,101—2节。

第七章

① 维吉尔这个名字是从英文转译过来的,它的拉丁原名是 Vergilius Maro。
②③ 《牧歌》,第10首,第12—18行;第4首,第5—7行。
④⑤ 《田园诗》,第1卷,第1行以下;第3卷,第51行以下。
⑥ 塞内加:《书信集》,第86封信。
⑦ 《伊尼阿特》,第2卷,第298行以下。
⑧ 特洛耶之战因其王子帕里斯诱拐希腊王墨涅劳斯之妻海伦而起,帕里斯得维纳斯女神之助,因他在评判金苹果时偏袒维纳斯,对立面的众神遂站在希腊一边。

⑨ 拉丁原名 Horatius Flaccus。
⑩⑪⑫《颂歌》,第 3 卷,第 19 歌,1—8 行;第 3 歌,1—8 行;第 2 卷,第 10 歌,1—12 行。
⑬《罗马道路》,第 152 页。
⑭《情诗集》,第 1 卷。
⑮ 莱辛:《拉奥孔》,第 21 章。据朱光潜先生的译文,略有删节改动。
⑯《情诗集》,第 1 卷,第 9 歌。
⑰ 赖恩:《奥古斯都诗坛与社会》,载《牛津古典世界史》,1986 年英文版,第 615 页。
⑱《奥古斯都传》,第 28 章,第 3 节以次。
⑲《建筑十书》译者序,中国建筑工业出版社 1986 年版,第 5、6 页。
⑳《建筑十书》中译本,第 3 卷,第 1 章,1—4 节。

第八章

① 这三位外孙都遭到皇后李维娅的仇视(因其母是奥古斯都前妻所生),有两位被毒死,另一位被流放。
② 凯旋式在帝国时期只能由皇帝家族专享,无军功亦可随意举行凯旋式。
③ 语见《后汉书·西域传》。
④ 普林尼:《书信集》,第 10 卷,第 97 节。据司马英译文。
⑤ 同上,第 10 卷,第 96 节。
⑥ 马可·奥理略:《沉思录》,第 10 卷,第 6 章。据齐良骥先生的译文,下同。
⑦⑧ 同上,第 6 卷,第 44 章,第 38 章。
⑨《沉思录》,第 11 卷,第 16 章。
⑩《法律篇》,第 1 卷。据张学仁译文。
⑪ 恩斯特·巴克尔:《帝制的概念》,《罗马遗产》,英文版第 71 页。
⑫《新约·使徒行传》,第 25 章,第 11 节。
⑬《书信集》,第 10 卷,第 96 节。
⑭《历史》,第 3 卷,第 80 节。参看朱龙华:《海洋,商品与民主》,《读书》1985 年第 9 期。
⑮ 修昔底德:《伯罗奔尼撒战争史》,第 2 卷。
⑯《马克思恩格斯选集》,第 3 卷,第 143 页。
⑰《宽容》,三联书店 1985 年版,第 53—55 页。

第九章

①《马克思恩格斯选集》,第 3 卷,第 143 页。
② 德·祖鲁塔:《罗马的法律科学》,载《罗马遗产》,第 188—189 页。

③《法律篇》,第1卷。
④ 罗马法的最后完成是以东罗马皇帝查士丁尼编纂的法典为标志,总称《民法大全》,包括《查士丁尼法典》、《法学阶梯》、《法学汇编》和《新律》四部分,虽无创新,却是全面总结罗马法的最重要文献。
⑤《马克思恩格斯全集》,第19卷,第333页。
⑥ 谢邦宁主编:《罗马法》,北京大学出版社1990年版,第59页。
⑦《阿格里科拉传》,第3节。
⑧《编年史》,第1卷,第1章。据李雅书译文。
⑨⑩⑪⑫⑬ 同上,第9章、第10章;第16卷,第37章;第1卷,第61章;第16卷,第38、39章。
⑭《阿基斯、克利奥米尼、格拉古兄弟合论》,第1—3节。据吴于廑先生译文。
⑮《提比略·格拉古传》,第2节。
⑯《普卢塔克〈传记集〉选》序言,见《外国史学名著选》,商务印书馆1986年版,上册,第291页。
⑰《罗慕路斯传》,第15节。

第十章

① 《编年史》,第16卷,第42、43章。
② 苏韦托尼乌斯:《尼禄传》,第31章。
③ 威尔逊:《罗马艺术与建筑》,载《牛津古典世界史》,第786页。
④《剑桥艺术史》,第1卷,第172页。
⑤《自然史》,第36卷,第102章。
⑥ 特拉奇吞贝格与海曼:《世界建筑史》,1986年英文版,第120页。
⑦ 优里乌斯·弗隆提努斯:《论罗马城的供水》,第1章,第16节。
⑧ 狄奥·卡西乌斯:《罗马史》,第68卷,第16章,第3节。
⑨ 埃米安卢斯·马赛林卢斯:《罗马史》,第16卷,第10章,第15节。
⑩ 万神祠的原名Pantheon,只有众神、泛神之意,"万"字是中译所加。
⑪ 狄奥·卡西乌斯:《罗马史》,第69卷,第4章,第1—4节。
⑫《罗马诸帝传:哈德良传》,第25章,第5节。
⑬ 宗白华:《艺境》,北京大学出版社1987年版,第106页。

第十一章

①《自然史》,第36卷,第37章。
②《中国大百科全书·美术卷》,1990年版,第904页。
③ 莱辛:《拉奥孔》,人民出版社1984年版,第156页。

罗 马 文 化

④ 这座别墅实际上是一个避暑的岩洞,最初建于奥古斯都之时,提比略加以扩建并配上雕像装饰,通称"提比略岩洞"。
⑤ 拉奥孔与伊尼阿斯的历史联系还在于:他忠告特洛耶人勿中木马计的话只有伊尼阿斯予以重视,因而有助于伊尼阿斯以后从特洛耶逃脱并终于来到意大利。
⑥ 转引自迟轲:《西方美术史话》,中国青年出版社1983年版,第44页。
⑦ 温克勒曼:《关于在绘画和雕刻艺术里模仿希腊作品的一些意见》,参照朱光潜和宗白华两位先生的译文,略有删节。
⑧ 拉奥孔的右手的前肘与手掌在出土时散失,后人把它修复为伸向高空之状。近年已发现右手部分原件(缺手掌),证明它是呈回曲状,更显强力。现梵蒂冈博物馆展出的原作右手已改为回曲状。
⑨ 所有遗物现皆藏于斯柏隆加考古博物馆。
⑩ 图拉真广场约建于106—113年,浮雕只能在后期开始,故完工期必在5年以内。
⑪ 达西亚战争共进行两次(101—102年和105—107年),因此头次胜利后还有图拉真与达西亚头领议和、战事再起等情节,浮雕带的后半部即表现第二次战争的情况,场面与前次相仿,唯以敌酋自杀、首级送于图拉真、黑夜之神降临为结束。
⑫ 卡哈尼:《古代与古典艺术》,《世界绘画两万年丛书》,1967年英文版,第117页。
⑬ 《剑桥艺术史》中译本第1卷,第158页。
⑭ 约翰·怀特:《绘画空间的诞生与再生》,1967年英文版,第258—259页。
⑮ 李其特:《希腊罗马艺术中的透视法》,1970年英文版,第49—55页。
⑯ 昆体良:《修辞学教程》,第10卷,第1章,第129节。
⑰⑱ 《金驴记》中译本,第1页,第128—129页。

第十二章

① 《罗马遗产》,第276页。
② 《中西交通史料汇编》,辅仁版,第1册,第33—34页。
③ 参看《洛阳——丝绸之路的起点》,中州古籍出版社1992年版,第197页。
④⑤ 保罗·佩迪什:《古代希腊人的地理学》,商务印书馆1983年版,第152页;第159页。
⑥ 斯特拉波:《地理学》,第5卷,第3章。
⑦ 潘永祥:《自然科学发展简史》,北京大学出版社1984年版,第128页。
⑧ 《地理学》,第16卷,第2章,第25节。
⑨ 《以色列考古发掘学刊》,22期(1972),第198—200页。
⑩ 面包在古埃及金字塔时期即已普遍食用,以后一直是希腊、罗马各族的主食。
⑪ 奥卢斯·盖利乌斯:《宴饮丛谈》(原名《亚狄加之夜》),第6卷,第16章,4节以次。
⑫ 塞内加:《致卢西鲁斯的信》,第86节。此处说的马赛克可见下面第十四章。

注　释

⑬ 韦德曼:《奴隶制》,《希腊罗马杂志》,1987年19号特刊。伦弗组:《考古学通论》,1991年英文版,第404页。

⑭ 斯陀巴特与斯卡拉德等:《伟大在于罗马》,1987年修订四版(英文),第254页。

⑮ 科鲁美拉:《农业志》,第1卷,序言1—3节。

第十三章

① 丁毅华语。见《洛阳——丝绸之路的起点》,第79页。

②③《旧约圣经·以西结书》,第16章,第10节,第13节。

④《旧约圣经·以赛亚书》,第49章,第12节。

⑤ 关于此两书的简介,可见保罗·佩迪什:《古代希腊人的地理学》,第49—51页。

⑥《洛阳——丝绸之路的起点》,第65页。

⑦ 明斯:《斯基泰人与希腊人》,1913年英文版,第248页。

⑧ 弗烈德里克·提伽特:《罗马与中国》,1939年英文版,第213页。

⑨ 宋晓梅:《巴泽雷克墓出土铜镜新考》,载于《洛阳——丝绸之路的起点》,第178—182页。

⑩ 此说最早见于阿波罗多斯(约公元前130—前87年)之书,参看塔恩:《大夏与印度之希腊人》,1951年英文版,第118页。

⑪《后汉书·西域传》。

⑫ 周一良主编:《中外文化交流史》,第263页。

⑬《后汉书·西域传》。据考大秦以犁靬为号始见于三国鱼豢之《魏略·西戎传》,《后汉书》、《晋书》、《魏书》皆从之。

⑭《史记·大宛列传》。

⑮ 刘光华:《犁靬、大秦、洛阳》,载《洛阳——丝绸之路的起点》,第296—301页。

⑯《后汉书·西域传》。

⑰《晋书·列传第六十七·大秦国》。

⑱《旧唐书·拂菻传》。

⑲ 关于他们诗作中引用的情况,可参阅戈岱司编:《希腊拉丁作家远东古文献辑录》,中华书局1987年版。

⑳ 波桑尼阿:《希腊记事》,第6卷,第26章,第6—9节。据刘文鹏译文。

㉑ 索利:《罗马帝国鼎盛时期与中国的丝绸贸易》,载《希腊罗马杂志》,第18卷,第1期。

㉒ 卡尔·克里斯梯:《罗马人》,1984年英文版,第184页。

㉓ 据汉斯·彼得·洛兰奇引孟森、弗兰克等人的折算和他的估计,《限价敕令》中1地那里等于1磅黄金的1/50 000,故1磅真丝等于3磅黄金,与我们的折算相符。见《罗马帝国》,1985年英文版,第96页。

罗马文化

㉔《自然史》,第 33 卷,第 47 章,第 2 节。
㉕ 可参看《洛阳——丝绸之路的起点》一书有关文章的阐述。
㉖㉗ 保罗·佩迪什:《古代希腊人的地理学》,第 170—171 页;第 150 页。
㉘《后汉书·和帝纪》。
㉙《公元 100 年罗马商团的中国之行》,载《中国社会科学》,1991 年第 4 期。
㉚ 林梅村:《汉唐丝绸之路上的洛阳》,载《洛阳——丝绸之路的起点》,第 470 页。
㉛《后汉书·南蛮西南夷列传》。
㉜《后汉书·西域传》。
㉝《梁书·列传第四十八·诸夷》。
㉞《后汉书·西域传》。
㉟《罗马史要》,第 4 卷。
㊱《洛阳伽蓝记》卷三《城南》条。

第十四章

① 克里斯梯:《罗马人》,第 104 页。
② 古列维奇:《中世纪文化范畴》,浙江人民出版社 1992 年版(世界文化丛书),第 19 页。
③《马克思恩格斯选集》,第 4 卷,第 147 页。
④ 汉斯·彼得·洛兰奇:《罗马帝国》,第 21—23 页。
⑤ 启伯里安努斯:《致多纳特信》。
⑥ 萨尔维安卢斯:《论神的统治》,第 5 卷,第 22 章以次。据谢义伟译文,略有改动。
⑦ 普罗提卢斯:《九章集》,载《古希腊罗马哲学》,三联书店 1957 年版,第 462—463 页。
⑧《马克思恩格斯全集》,第 22 卷,第 525 页。
⑨ 据说耶稣 12 门徒中有一个叫"奋锐党的西蒙",此党即主张通过暴力斗争把犹太人从罗马统治下解放出来。
⑩ 奥古斯丁:《上帝之城》,第 25 章,第 1 节。

结束语

①《艺术与观念》,1969 年英文版,第 96 页。

后记

本书原名《罗马文化与古典传统》，这次改名在上海以大开本精印问世，我要向张广勇先生的推荐和出版社的支持深致谢意。更令我高兴的是，南京大学历史系教授陈仲丹先生还为本书新版配了许多精美的插图，不仅使之大为增色，也为读者了解罗马文化提供更为丰富的信息与方便。

罗马文化对于了解西方文明及其古典传统至关重要，这是本书一再强调的宗旨，也获得广大读者的认同。当今中国的日益开放和不断发展，当会大大推动我们对罗马文化的了解，而这种了解也正如本书结束语所说，将有助于我们的现代化的伟业！

朱龙华

图书在版编目(CIP)数据

罗马文化/朱龙华著.—上海:上海社会科学院出版社,2012
（世界历史文化丛书）
ISBN 978-7-5520-0178-5

Ⅰ.①罗… Ⅱ.①朱… Ⅲ.①文化史-古罗马 Ⅳ.①K126

中国版本图书馆 CIP 数据核字(2012)第 238395 号

罗马文化

作　者：	朱龙华
丛书策划：	张广勇
插　图：	陈仲丹、顾村等
责任编辑：	张广勇
封面设计：	闵　敏
出版发行：	上海社会科学院出版社
	上海顺昌路 622 号　邮编 200025
	电话总机 021-63315900　销售热线 021-53063735
	http://www.sassp.org.cn　E-mail:sassp@sass.org.cn
照　排：	南京理工出版信息技术有限公司
印　刷：	上海颛辉印刷厂
开　本：	710×1010 毫米　1/16 开
印　张：	21.5
插　页：	2
字　数：	350 千字
版　次：	2012 年 12 月第 1 版　2018 年 10 月第 3 次印刷

ISBN 978-7-5520-0178-5/K·180　　　　　定价:45.00 元

版权所有　翻印必究